北京外国语大学"双一流"建设科研项目
全球史和跨国史前沿丛书

涩泽荣一的精神之路

戴秋娟　于　臣　编译

学苑出版社

图书在版编目（CIP）数据

涩泽荣一的精神之路 / 戴秋娟，于臣编译. — 北京：学苑出版社，2021.8
（全球史和跨国史前沿丛书）
ISBN 978-7-5077-6122-1

Ⅰ.①涩… Ⅱ.①戴… ②于… Ⅲ.①涩泽荣一（1840—1931）—思想评论 Ⅳ.①K833.135.38

中国版本图书馆 CIP 数据核字（2020）第 271918 号

责任编辑：李　耕　徐志琴
出版发行：学苑出版社
社　　址：北京市丰台区南方庄 2 号院 1 号楼
邮政编码：100079
网　　址：www.book001.com
电子信箱：xueyuanpress@163.com
联系电话：010-67601101（营销部）、010-67603091（总编室）
印 刷 厂：北京建宏印刷有限公司
开本尺寸：710mm×1000mm　1/16
印　　张：25.25
字　　数：360 千字
版　　次：2021 年 8 月第 1 版
印　　次：2021 年 8 月第 1 次印刷
定　　价：168.00 元

序 一

　　谈及19世纪末至20世纪初期东亚地区的近代化，我们会联想到东西方文明之间的"冲击—回应"关系。在有关近代化的因果叙述中，即使东亚国家固有的传统张力使这一历史叙述模式逐步淡化，但以产业革命为标志的西方近代文明给亚洲的政治、经济、社会、文化带来了诸多变革的契机是不争的事实。这种契机促使东亚各国的有识之士从开始"放眼看世界"，到走出国门直接触碰、参与、体验西方文明，再到回国之后推动诸项改革。其中，对于西行体验中的认知主体来说，他们所感受到的不只是诸多新鲜事物带来的视觉冲击，往往也会伴有一种反思情结，那就是重新认识本国既有的文化传统，即社会、政治、经济等因素。

　　本书中心人物涩泽荣一是明治、大正时期推动日本近代资本主义发展的灵魂人物，他的动力源泉正是其首次旅欧时的见闻和心得。在他的精神世界里必然存在着不同文明之间的冲突与交织，其中包括他自身的汉学素养和对西式价值观以及政经体制所进行的思考。与之相关联，当我们回望20世纪初中国掀起的留日高潮，重新思考学子们所热衷的是日本文明还是已经被日本化了的西方文明时，日本人直面西方文明时的处理方式是一个不可或缺的视角。在同时期众多旅欧人员当中，为何唯独涩泽荣一成为"日本资本主义之父"？其理性思考与感性体验在民族国家意识构建过程中起到了何等作用？东西方文明的正面碰撞会擦出怎样的火花？正是在上述问题意识的强烈推动下，本书回到涩泽荣一成为"日本资本主义之父"的原点上去，尽量为中国的研究者和读者们提供一个参考答案。

虽然本书定名为《涩泽荣一的精神之路》，但当我们检读前言和目录时，便会发现其中的论文并不完全拘泥于纯粹的思想意识层面，编者精选的论文忠实记载了涩泽荣一具体的经济、外交活动和社会关怀，力图为读者全方位地展现一个致力于推动日本资本主义发展的实业家形象。这种编辑手法在丰富思想史质地的同时，使得主人公的精神张力显得更加强大。

关于本书所面向的读者层，我认为，由于收录的论文涉及思想史、经济史、社会史、经营史、外交史，所以它首先适宜于各专业的研究者以及年轻学子们参阅。同时，此书解构了长期以来因《论语与算盘》而为商界或企业家们所熟知的单一的涩泽荣一形象，阅读此书后，读者眼中的涩泽荣一的形象应该更为饱满和全面。至于收录论文字里行间所体现的日本独有的历史文化背景，相信对于所有对日本历史文化感兴趣的读者朋友来说，都能提供某些思考或者参考的线索吧。

本书的编译者于臣、戴秋娟都是我曾供职的北京日本学研究中心（简称日研中心）培养的青年学术精英。按照1985年中日合办的办学模式（中日两国教授共同培养，硕士在北京攻读，博士选派入读日本大学），于、戴二位前期分别攻读日本思想史和日本经济，后分别于日本东京大学和学习院大学取得博士学位。这本书的编译就是他们发挥各自专业特长进行的一次跨学科合作。这种合作研究既能够从不同学科的视角和射程，尽量多侧面全景式地呈现出涩泽荣一这个"超人式"人物的思想脉络、精神全貌及其与时代的关系，又能从总的观照下精选和介绍具有代表性的研究论文，使读者能够尽量生动、全面，而又见仁见智地理解日本近代资本主义发展的精神支撑（包括它的变动、沿革、价值的杂糅等）。这样一种跨学科研究和对该学科相关资料与文献的博搜、约取、编撰、翻译等学科基础性研究工作的执着认真，反映了二位年轻学者受过严谨正统的学术训练，相信这也保证了他们今后学术道路必将行稳致远和日臻成熟。

最后再交代几句。我与于、戴二位虽于23年前就有过亲近的师生关系，但在日研中心所教授和研究的课题，跟他们的专业不同。对于他们，我既愧于无授业之功，又难有中肯之评。所以，说起作"序"，本人既无资格，更无底气，最初我是辞谢了的。但是，作为一个老教员，对于昔日弟子、今日中坚的每次赠书，不说"活到老学到老"的俗套吧，我都是满怀欣喜去拜读的。虽老，我还是有触类旁通的自信和寻求收获所谓"知的刺激、知的兴奋"的心态的。越老，越有一种昔日后进成才迅猛、周围树木参天的感觉。自己终日被一片"出蓝"的青葱色调所包围，这就是自己一生幸为教师的最大快慰、喜悦、幸福和荣耀。以此作为我献于本书卷首的一片感言。

北京外国语大学教授　严安生
2020 年 10 月

序 二
代言日本的涩泽荣一研究

最近，日本掀起了前所未有的涩泽荣一热潮。其契机正是日本政府于2019年春宣布的日本新版万元纸币将会使用涩泽荣一头像图案这一举措。此外，日本的NHK电视台也决定把2021年度的"大河剧"，即一直以来备受观众钟爱的长篇历史题材电视连续剧的主人公定为涩泽荣一，这使得众人对涩泽的关注度一举飙升。步入书店，映入读者眼帘的便是数种以涩泽荣一为题材的书籍和杂志。同时，与涩泽荣一生平密切相关的地区也在不遗余力地建设相关设施，开发与涩泽荣一有关的宣传商品。

迄今为止，在日本，还没有哪位企业家的头像被用作纸币图案，也没有哪位企业家能成为历史剧的主人公。早期纸币上的图案几乎是政治家，近期则以文化界的名人为主。历史剧的关注点也是那些在日本战国时期或者幕府末期动荡的社会背景下被迫为国家生死存亡而战斗的领袖人物。

对涩泽荣一的关注或许反映了当今日本社会的某种愿望。换言之，日本的经济影响力已大不如前，昔日引领世界经济的自信和自负逐渐消退，而经济活力的复苏是重振雄风的关键所在。忆往昔，一个名叫涩泽荣一的小个子青年不仅创办了企业，更是推动了金融业、制造业、能源业、运输业等工、商产业在日本的生根发芽和全面发展。此外，他还广泛活跃于社会福利、教育学术、道德建设等领域，推动了日本社会文化事业的基础建设。聚焦涩泽荣一的一言一行，也体现了一种夙愿，那就是期盼日本经济再次焕发活力，保持社会的稳定发展。

以往对涩泽荣一的认知多停留在他是一位杰出人物的层面。在日本，他的历史活动在最近30多年被一一考证，这为全方位理解涩泽荣一奠定了重要基础。成立于1989年的涩泽研究会更是起到了引领作用，每年大约举办8次涩泽研究会，截至2019年年末已累计举办了241次。研究会所属刊物《涩泽研究》每年发行1期，现已发行到第32期。《初识涩泽荣一——探寻的路标》一书作为研究会的成果于2020年5月由密涅瓦书房出版问世。该书探讨了涩泽荣一研究的方法以及亟待发掘的研究课题，对于国外读者、青年学子亦有意义，只是目前只有日文版本，稍显遗憾。本书《涩泽荣一的精神之路》把日本国内多年来的涩泽研究成果翻译成中文出版，实乃可喜可贺之事，希望本书能为中国的广大读者理解涩泽荣一提供一些帮助。

在受新冠肺炎疫情影响，全球陷入低迷消沉之际，想必人人渴盼实现经济重生和社会安宁。希望更多的民间人士能够以涩泽荣一的言行为启示，群策群力，共同行动起来，创造一个美好的社会！

日本文京学院大学教授、涩泽研究会会长　岛田昌和
2020年10月

目 录

001　编者序

001　第一篇　涩泽荣一的"论语与算盘"
003　近代日本资本主义的创造者涩泽荣一的原点　/ 井上润
012　合本主义的思想来源——道德经济合一论　/ 田中一弘
034　近代中国的"孔教"论与《论语与算盘》　/ 于　臣

059　第二篇　涩泽荣一的企业家精神
061　涩泽荣一的合本主义——独立市场型模式的形成　/ 岛田昌和
087　以正当的手段获得财富——企业道德与涩泽荣一　/ 珍妮特·亨特
113　涩泽荣一和张謇实业思想之比较　/ 周　见

135　第三篇　涩泽荣一的公益理念
137　"公益主义"和"职责"　/ 中岛哲也
160　"社会企业家"涩泽荣一与社会事业　/ 杉山（石井）里枝
177　涩泽荣一的公益情怀与慈善——以东京养育院为例　/ 山名敦子
200　论涩泽荣一的和平主义教育理念　/ 冲田行司
213　涩泽荣一的"义利"观和商业教育理念——通过与张謇相比较
　　　的视角探讨　/ 于　臣

233	**第四篇　涩泽荣一的国际认识**
235	论民间经济外交领袖涩泽荣一　/ 木村昌人
280	涩泽荣一与中国——以其对华态度为中心　/ 片桐庸夫
348	追求精神世界的统一——涩泽荣一面临的挑战　/ 见城悌治
365	**附　录**
367	涩泽荣一生平简介
369	涩泽荣一生平年表
372	人名索引
378	论文作者简介
382	编译者简介
383	**后　记**

编者序

通常，经济的近代化是指由传统农业社会向近代资本主义社会进化的过程。东亚各国在从传统农业社会迈向近代工业社会的历史进程中存在某些相似的经历。在学习引进西方先进科学技术以及经验的过程中，如何处理西方文明与以儒家思想为代表的本土文化的关系是影响近代化发展的重要课题。日本是东亚地区首先摆脱沦为殖民地的危险、发展资本主义从而跻身强国之列的国家。在这一过程中，企业家在增强国家实力、建立一国经济体系、制定市场规范和准则、构建合理的政商关系、开展民间外交等方面发挥了不可替代的重要作用。其中，最具代表性的人物就是有"日本近代资本主义之父"之称的涩泽荣一（1840—1931）。

涩泽荣一历经德川幕府、明治、大正、昭和四个时代，自幼修读汉学，深受儒家文化影响，青年时期前往欧洲考察，目睹了欧洲资本主义、工业化迅猛发展。通过对西方社会的深入观察，他领悟到一国的繁荣富强必须依赖市民社会的繁荣和商业社会成长这一道理，工商业者是日本发展资本主义经济的主力军。他认识到培养工商业者的实力、提高他们的社会地位和道德修养是当务之急。同时，在日本走向近代化、学习西方文明的过程中，与福泽谕吉的"脱亚论"和批判儒学的立场不同，他主张以儒家思想和道德伦理为精神支柱，吸收西方资本主义经营之道，将道德理想与谋利的经营活动相结合来实现富国富民的理想。在从事大量企业活动的同时，他经过艰苦的探索，提出了一套独具特色的实业思想，包括"道德经济合一论""合本主义""公益与私利一致"等经营思想，终其一生在金融、钢铁、机电、矿山、纺织、铁道等众多行业参与创建了500余家企业，培养了众多优秀人才，为日本近代发展资本主义奠定了坚实的基础，在推动日本工业化进程中发挥了重要作用，对后世影响巨大。

20世纪60—70年代，日本成为引领世界资本主义经济的强大引擎，以"终身雇佣制""年功序列工资制"和"企业工会组织"为特点的日本模式引起广泛关注。其中，以人为本、重视协作等精髓应该说与涩泽荣一的经营思想是一脉相承的。经济的高速发展固然极大地丰富了物质生活，但也不能否认在这一过程中，日本也出现了某种程度的经济发展目标迷失的现象。企业只把追求利润作为自身目的，公司员工"过劳死"频发，一直以遵纪守法著称的日本企业被爆虚报财务业绩、造假等，社会出现种种病态。这一切最终导致泡沫经济的形成、崩溃及至平成时代的经济长期低迷。京瓷集团的创始人稻盛和夫指出，经济发展中的"道德失衡"与经营伦理的缺失是造成社会、经济困境的根本原因。

中日两国虽然社会制度不同，但是在经济高速发展的社会转型期所出现的问题是相似的，如过度开发导致的环境污染、假冒伪劣产品屡禁不止、社会缺乏公信与公德心等问题。涩泽荣一强调，作为个人要有道德操守，作为社会要讲道德规范，公利与私利须和谐共存。这些对于处于低迷期的日本和处于转型困惑期的中国都是很有警示意义的。

中国的涩泽荣一研究起步于20世纪80年代，主要研究方向可以分为三类。第一类是对涩泽荣一实业思想的专门研究。周见的研究认为，涩泽荣一主张的经济道德、公益私利、义利三者统一的思想即为日本型的资本主义精神。王家骅认为，涩泽荣一所表现出来的儒家思想不仅促进了日本近代经济的发展，也是儒学实现自身转化的标尺。还有学者将涩泽荣一与同时代中国的实业家进行比较。例如，马敏从士商的角度对张謇和涩泽荣一做了比较考察，描画出近代东亚特有的士商经济伦理观。他认为，儒家伦理只有与市场法则和现代经济观念相结合才能发挥作用。第二类是对涩泽荣一的对华观所做的研究。李廷江的一系列研究有不少内容论及或专门考察了涩泽荣一与中国的关系。在他看来，涩泽的对华立场经历了"中国东洋盟主论""支那保全论""日本东洋盟主论"三个阶段，他围绕设立对华投资公司、与孙中山的交往、中国中央银行设立计划、20世纪中日民间经济外交等问题进行了深入的考证。此外，金东以涩泽荣一1914年的访华为中心，围绕利权问题考察了涩泽荣一的对华实业思想与他的国家本位意识、经济伦理思想和汉学背景等因素之间的内在关联。第三类是关于涩泽荣一的译著。幸田露伴的《涩泽荣一传》被译成中文，国内对涩泽荣一最知名的著作《论语与算盘》的翻译更是热情高涨，先后由多家出版社翻译出版。

国内目前出版了一些有关涩泽荣一思想的普及性书籍，学术界对涩泽荣一的研究也有了一些积累，主要集中在涩泽荣一的经济思想和他与中国的关系上，而对涩泽荣一具体的企业家活动以及公益思想等涉及得较少。另外，对涩泽荣一的研究还是以日本学者居多。由于涩泽荣一影响力巨大，而且他的活动涉及企业、公益、教育等各个方面，因而其很受关注，在日本，相应的研究成果也较多。为了尽可能全面地将日本研究涩泽荣一的成果介绍给国内读者，本书主要聚焦涩泽荣一的思想特征，从涩泽荣一的思想起源、企业家精神、公益思想以及对外思想四方面入手，精选14篇日本国内优秀的涩泽荣一研究论文进行编译出版。希望广大读者通过阅读本书，对涩泽荣一能有一个初步的了解，并进一步走进这位"日本近代资本主义之父"的精神世界。

为了方便读者更好地把握本书的脉络及精髓，下面简单介绍一下本书所选论文的特点。

一、新史料的发掘与分析

近年来，日本国内从事涩泽荣一研究的学者在已有学术成果的基础上加大力度对与涩泽荣一有关的新史料进行收集和整理。本书所选岛田昌和的论文《涩泽荣一的合本主义——独立市场型模式的形成》，通过对涩泽家族的财务收支进行分析整理，总结出涩泽荣一作为投资者和经营者的资金流动去向，从而印证涩泽荣一与一般财阀之间存在的差异。杉山里枝的论文《"社会企业家"涩泽荣一与社会事业》，也是通过活用涩泽史料馆所藏的《青渊先生公私履历》中的记录，进一步剖析了涩泽荣一作为社会企业家的性格特征。本书中的其他论者也在已有材料的基础上通过跨专业、国际比较等新手法，使涩泽荣一的研究更上一层楼，同时提出了许多值得关注的论点。

（一）有关涩泽荣一道德文化论的新视点

日本文豪幸田露伴称涩泽荣一为"时代之子"。意思是说，涩泽的思想言行与他所处的时代是密不可分的，当然包括其出生、成长的青少年时代。本书中井上润的《近代日本资本主义的创造者涩泽荣一的原点》，回归到涩泽荣一的原点，对其家庭背景、社会环境做了详尽的考察，能让读者对涩泽荣一在青少年时期就表现出来的与众不同的性格特征有一个全面的了解。

若提及涩泽荣一的《论语与算盘》，大家会立即联想到一种商业伦理，即行商须有道。但是在理论层面，对于涩泽荣一如何把"道德"和"经济"这两个看似不相干的概念有机地结合在了一起，大家也许并未给予太多的思考。在本书中，田中一弘的《合本主义的思想来源——道德经济合一论》对涩泽荣一的道德论进行了细致的整理，并把它分为"积极道德"和"消极道德"来辨析，不禁让人眼前一亮。

更为有趣的是，中岛哲也的《"公益主义"和"职责"》则从质疑马克思·韦伯所提倡的新教伦理与资本主义经济关系论出发，通过把涩泽荣一的道德论在日本传统的"职责"思想中进行定位来阐述其道德论产生的必然性。中岛大胆地提出，涩泽荣一的职责意识"未必是从《论语》中获得的"。那么，究竟从何而来？诸位读后便知。

（二）通过比较的视点分析涩泽荣一的思想脉络

本书收集到 5 篇通过比较或接近比较的视角对涩泽荣一的思想进行考察的论文。首先，针对涩泽荣一的道德论与中日两国近代经济发展的整体关联，周见的《涩泽荣一和张謇实业思想之比较》和于臣的《涩泽荣一的"义利"观和商业教育理念——通过与张謇相比较的视角探讨》都通过比较的视角，即对涩泽荣一和张謇的实业思想进行探讨，认为实业家的思想缘起和本国的传统及国情密不可分。在具体的比较中，周见将涩泽荣一的"商"和张謇的"工"加以区分，于臣则对中日两国传统思想中的"公"概念进行了界定。前者涉及两国近代化的两个路向，即商业立国还是工业立国的问题。其中，涩泽荣一的工商立国究竟是何义？张謇的"棉铁主义"源自哪里？两者提倡的近代商业教育目的何在？这两篇论文会引发读者对两国近代化差异的更多思考。

其次，为了回应"和涩泽荣一相比，同时代的中国人如何读《论语》"这个问题，除了张謇之外，于臣的《近代中国的"孔教"论与〈论语与算盘〉》也尝试把梁漱溟作为涩泽荣一的比较对象。作者在论述的最后所提及的，涩泽荣一把发源于农业大国的"论语"作为座右铭并使其为"工商"立国的理念服务一说颇有启发意义。

因为目前关于欧美各国如何看待日本商业道德的论述较少，所以本书还专门收录了珍妮特·亨特（Janet HUNTER）的《以正当的手段获得财富——企业道德与涩泽荣一》。该文通过引用欧美政商界人士对日本商业道德的意见以及日方对此的回应，凸显了当时日本商界所存在的严重道德问题，也印证了涩泽荣一思想的重要性。其中不乏栩栩如生的例证，很有阅读性。

由于涩泽荣一的《论语与算盘》为广大中国读者所熟知，所以针对涩泽荣一思想的国际性，本书收录了见城悌治的最新论文《追求精神世界的统一——涩泽荣一面临的挑战》。面对国内外道德人心的迷失，涩泽荣一试图通过把儒学、佛教和基督教有机地融合到一起，从而实现世界范围内思想信仰的统一。能否达成所愿是该篇论文的最大看点。同时，提到涩泽荣一与基督教的关系，本书还收录了冲田行司的《论涩泽荣一的和平主义教育理念》。该文通过分析考察涩泽荣一与基督教徒新岛襄之间的交往以及与同志社大学的关系，很好地阐释了涩泽荣一的和平教育构想。其中，涩泽荣一所表现出的对基督教的开明态度与见城悌治在论文中提及的涩泽荣一希望通过信仰的统一来实现世界和平的愿望是一脉相承的。由此可见，本书各篇论文之间存在内在的关联性。

二、涩泽荣一政治、经济、社会事业的相互关联性

本书认为，涩泽荣一在政治、经济、社会方面的言行与上述道德文化是相辅相成的，所以收录了与涩泽思想紧密相关的各个领域的专家论文。

首先，岛田昌和的论文对涩泽荣一独特的经营活动进行了新的解读。对涩泽荣一的一般认识都会始于其在日本资本主义发展以及创立股份制有限公司过程中所起到的决定性作用。上文也提到，涩泽荣一被称为"日本资本主义之父"，他的思想也体现为一种"日本资本主义"精神。但在岛田昌和的论文中，"资本主义"这一词语被重新考证。文中谈到涩泽荣一使用"合本法""合本组织"这两个词。与之相关联，涩泽荣一经营活动的特点也与一般的资本主义经营模式不同。他开创了一种独特的经营模式，即市场型模式。在公司性质上，岛田昌和特别强调了涩泽荣一与某些非股份制的匿名公司之间的关联。那么，资本主义到底是什么？何谓市场型经营模式？想必读者在读完这篇论文后会进行一番思考。

其次，综观涩泽荣一的一生，除了经济活动，他参与了大约600个团体的社会福利事业以及教育设施的创立。关于其在社会事业方面做出的卓越贡献，本书收录了杉山里枝和山名敦子的论文。正如杉山里枝所说，以往对涩泽荣一作为"社会企业家"的研究不够全面，为此她从涩泽荣一受到东京府表彰的实例入手，对其尽心从事的社会事业进行重新评价，包括

中央慈善协会、"爱之家"的成立以及救护弱势群体法案的制定。山名敦子的《涩泽荣一的公益情怀与慈善——以东京养育院为例》集中考察了涩泽荣一在东京养育院的创立和运营中所起到的作用。两篇论文都提到的一个视点就是，涩泽荣一充分认识到若救济措施不当会滋长被救济者的怠惰心理，因此救济、慈善活动须有理有节。但同时，山名敦子的论文中提到，涩泽荣一认为的没有人道的政治会变成"暴戾的政治"的思想也是很有见地的。从某种意义上说，涩泽荣一对"人道政治"的提法与我国政府在处理新冠肺炎疫情时采取的"以人为本"的立场是十分相似的。这也从侧面印证了涩泽荣一研究对于当今社会发展是有价值的。

最后，有关涩泽荣一在政治层面的活动，本书特别收集了两篇反映涩泽荣一对外思想的论文。片桐庸夫的《涩泽荣一与中国——以其对华态度为中心》详尽论述了1910年代至1930年代涩泽荣一和我国政治家及实业家进行的经济文化交流，包括东亚兴业、中国兴业、日华实业协会的创立和运营。从中可以窥知涩泽荣一对中国所持有的立场和态度。

由于中、日、美三国关系一直都很复杂且处于不断的变化发展之中，所以本书在探讨涩泽荣一的对华活动时，自然不会忽略涩泽荣一对美国的态度和立场。木村昌人的《论民间经济外交领袖涩泽荣一》则细致考察了涩泽荣一于1902年和1909年访美的经历，其目的是学习先进经验以及推进两国实业界的交流往来。

对于涩泽荣一在对外关系方面所表现出的立场，片桐庸夫和木村昌人都使用了"民间经济外交"这一词汇。这里的"民间"让我们联想到本书其他论文中多次提及的涩泽荣一试图打破"官尊民卑"的信念，还有岛田昌和的论文中提及的涩泽荣一提倡的经营模式包括创建一个"民间公共平台"。

那么，我们就会有个疑问，在涩泽荣一所有的活动中，他是如何看待"官"或者政府职责的呢？首先，我们必须看到涩泽荣一对日本政府怀有期待的一面。比如，片桐庸夫的论文中提到，在1923年中国爆发大规模的反日、反日货运动时，涩泽荣一曾要求日本政府采取强力措施来保护在华日侨的安全。同样，木村昌人的论文提到，涩泽荣一在 1909 年的访美也曾获得了以外务省为中心的政府方面的大力支持。还有杉山里枝的论文也引用过涩泽的原话，慈善事业"如果不能和政治紧密相连就不能发挥其充分的作用"，可见其对政府的职责还是有很高的要求的。所以，阅读此书也会为我们思考政府和民间的互动关系提供一个广阔的空间。

由于中日两国语言文化背景的不同，本书在词汇处理方面，难免有不足之处，望诸位读者朋友海涵、指正。

编　者
2020 年 11 月

第一篇 涩泽荣一的"论语与算盘"

近代日本资本主义的创造者涩泽荣一的原点 *

井上润

一、出生、成长的地区和家庭

涩泽荣一出生于天保十一年（1840）。在这一年，中国爆发了鸦片战争。欧美列强纷纷加紧对亚洲的侵略，日本很快也将难以置身事外，国内形势十分严峻。在这样的时代背景下，涩泽荣一出生在武藏国榛泽郡血洗岛村（现埼玉县深谷市血洗岛）。"血洗岛"听起来是一个令人恐惧的地名，但这个词似乎预示了一个时代的走向，也意味着涩泽荣一波澜万丈的人生。

血洗岛是水田极少、以旱田为主的农村地区。在江户时代，日本被称作"米社会"，因为当时的主流纳税方式是"用米纳税"。不过，血洗岛属于一个名为冈部的小藩。冈部藩[1]不是"用米纳税"，而是"用钱纳税"。换言之，血洗岛是日本近世时期较早普及货币经济的地区。

---

* 原文「渋沢栄一の原点」收录在『渋沢栄一　近代日本社会の創造者』山川出版社，2012 年。
[1] 冈部藩：由德川氏谱代家臣安部信盛作为藩祖创立，以武藏国冈部作为大本营，在三河半原、摄津樱井谷、瓜生也有领地。与大本营相比，形状歪斜的三河和摄津的不相连的领地规模更大。

环视血洗岛周边环境，利根川流淌在村庄北边，主要交通干线中山道[1]经过村落南部地区。血洗岛距离江户20里左右（约80千米）。当时货物运输主要通过水路，所以利根川沿岸船运十分兴盛。位于血洗岛东北方向的中濑，有一处沿河商业区。这里汇集了码头、批发店和仓库，是人员集散和货物运输的交通枢纽，也是地区经济的要冲。此外，经过血洗岛村南部的中山道，有一个名为深谷宿的大型驿站中心。根据天保十四年（1843）的"住宿明细账"，深谷宿包括可以接待封建领主大名的高级旅馆1家、仅次于高级旅馆的中级旅馆4家、大小客栈80家，是一处总计人口1 928人的驿站群，由于地处中濑河岸以及寄居（现位于埼玉县西北部）方向的分岔路口，商业活动十分兴盛，来自近江的行商逐渐安定下来，成为当地的主要商贩。

如上所述，由于血洗岛周边地区距离江户大约80千米，在江户流传的各类信息和各种文化，随着人员集散和物资流转一起进入这片土地。涩泽荣一就成长在这样的环境之中。

涩泽荣一的家族在村里很有地位。直到现在，每年的10月17日，如果前往血洗岛，我们还能看到一种名为"竹帚舞"的狮子舞祭祀仪式。从村里的诹访守护神社出发，会依次经过吉冈、福岛、笠原、涩泽四家旧宅。据《新编武藏风土记稿》[2]等文献记载，"血洗岛村由五个家族发展而成"，至今只剩下四个，祭祀就围绕着这四个家族进行。也就是说，涩泽荣一出生于村落中一个极具背景的家庭。

由五个家族发展而来的村落，随着时代推移，户数日益增多。涩泽家族的分家数量增加到10个左右。其中，作为家族本家的叫作"中家"（Nakanchi）（括号内为当地读法，下同）。以本家为中心，又有"前家"（Maenchi）、"东家"（Higashinchi）、"新屋敷"（shinyashiki）、"古新宅"

---

[1] 中山道：江户时代五大要道之一，以江户日本桥作为起点，途经本州岛中部内陆部分，至草津宿为止，途经六七处驿站。又称中仙道，正德六年（1716）幕府下令统称为中山道。

[2]《新编武藏风土记稿》是昌平坂学问所地理局于1810年开始执笔编写、1830年完稿的武藏国地方志，共266卷，记载了该地的自然条件、历史、农地、产品、寺庙及神社、历史古迹、人物及其习俗等。

（koshintaku）等分家逐渐出现。涩泽荣一就出生在作为本家的"中家"。

涩泽家族是村落中的望族，户主世世代代自称"市郎右卫门"。涩泽荣一的父亲担任过村长助理，可以拥有名字权和佩刀权。

另外，与村落中的户数相比，这个地区产量稳定的耕地很少。如果单纯依靠农业，生活难以为继。在较早普及货币经济的背景下，该地区很多家庭开始经商。涩泽家族也是其中之一。在血洗岛周边村落，人们可以大量采集到一种被称为"武州蓝"的蓼蓝叶。蓼蓝叶可用于蓝染。很多商人收购蓼蓝叶，加工后销往信州（长野）及上州（群马）的染坊。涩泽家族的"中家"从涩泽荣一的父辈这一代起，正式从事这项商业活动，为涩泽家族发家致富奠定了基础。此外，涩泽家族还广泛从事其他生意，其财力丰厚，排在村里数一数二的位置。涩泽荣一就成长在这样的家庭中。

单从蓝草球[1]的销售额来了解"中家"的生意规模，我们会发现，在客户中，交易额最高的是585两，交易额最低的是5两2分。虽然客户之间的交易额存在较大差距，但如果简单计算下交易额的平均值，我们可以知道客户年均交易额每家达到100两。举个例子，单在信州的小县地区，涩泽家族就和50家左右的染坊存在商业往来。假设和100家客户有商业往来，那么涩泽家族一年销售总额会达到一万两以上。虽然这个数值只是销售总额，从中难以推算实际利润，但可以证实"中家"通过蓼蓝生意积累了财富。

虽然分家有十来个，但涩泽家的家族意识比较强。事实上，涩泽荣一的父亲是作为养子从分家"东家"过继到"中家"的。这一方面是因为涩泽荣一的母亲是招婿入赘，所以必须过继一个养子；另一方面，直到涩泽荣一祖父这一辈，家族的生意都没有起色，处于停滞不前的状态。相较之下，分家"东家"的经营势头更盛，很是繁荣。

当时，大家都认为"'中家'是本家，无论如何不能断了香火"。原本出生于"东家"的元助，也就是涩泽荣一的生父，能力出众。家族一致

---

[1] 蓼蓝叶发酵后可加工制成蓝草球。——译注

认为，如果"中家"收其为养子，他一定可以使家业兴旺。元助成为"中家"的一员后，果然让"中家"再度兴盛。元助还作为涩泽家族的代表（市郎右卫门）开展多元经营，积累了许多财富。

涩泽家族都认为，"无论分家'东家'如何兴盛，如果本家'中家'断了香火也是不行的，整个家族必须团结起来守护'中家'"。涩泽家族就是这样一个拥有强烈家族意识的族群。

另外，对上述蓼蓝生意进行如下补充。根据涩泽荣一讲述，他所在的"中家"在上州、江户近郊等地辗转经营，但主要销路还是在信州上田地区。各分家也在从事种类多样的蓼蓝生意。比如，一家销往上州伊势崎地区，一家销往信州其他地区，各家之间销路不尽相同。虽然各家经营相对独立，但家族的共同目标都是进一步扩展销路、扩大规模。所有经营都是以此为基础展开的。笔者推测，大概就是从这时开始，涩泽荣一意识到分家之间密切联系的重要性，其家族整体特征已经接近于一种公司组织形式。

涩泽荣一在收购蓼蓝叶片时，会亲自制作供货商排名表。他充分利用供货商质量越好销售就越好的竞争心理，低价收购到质量更好的蓼蓝叶片。另外，这种买卖特征与日后的资本主义经营模式有些类似。可以说，涩泽荣一从那时起，已经开始了一种连接资本主义社会的商业实践。

从在村落生活的少年时期开始，涩泽荣一就帮忙照看家里的生意，他是看着父亲经商长大的。耳濡目染使他在不经意间掌握了日后进行经济活动所需的商业能力。那不是一个可以进入大学系统学习经济学的年代，涩泽荣一几乎也从未接受过类似的训练。他是通过商业实践积累了商业知识，培养了经济观念。

二、打破"官尊民卑"思想的萌芽

涩泽荣一成长的上层社会家庭非常重视教育，注重提高子弟的教养。涩泽史料馆还保存着涩泽荣一父亲创作过的俳句原稿。这说明，涩泽荣一家具有很高的文化水准。涩泽荣一说，6岁左右，自己就在父亲的教导下学习了《大学》《中庸》《论语》等"四书五经"。

在邻村手计村里，有一位在当地享有盛名的汉学通，名叫尾高惇忠[1]。涩泽荣一与他是表兄弟关系。涩泽荣一在接受父亲教导还不到一年时，就开始每天到尾高惇忠门下读书学习。直到现在，如果去深谷这个地方，我们就会发现血洗岛村和手计村之间还有一条十分干净的"论语之道"，路旁立有"涩泽荣一每天从此经过"的标志牌。

尾高惇忠教授的读书方法与众不同。在当时，读书方法以诵读、释义、逐字逐句背诵为主。当然，尾高惇忠有可能也采用了这种方法。但是他要求涩泽荣一"首先须大量逐一阅读自己有兴趣的书籍"。当时血洗岛地区购书还不太方便，涩泽荣一有时从来到村子里的租书商人那里借阅，有时借尾高惇忠的藏书来读。除了阅读历史书，涩泽荣一还大量阅读《南总里见八犬传》[2]等小说。在此过程中，涩泽荣一应该还接触了一些思想方面的文献。

在这里，笔者认为，尾高惇忠所传授的"首先须大量逐一阅读自己有兴趣的书籍"这种读书方法是涩泽荣一日后取得成功的一个重要原因。当然，也归功于后来涩泽荣一积攒了大量的人脉资源。值得注意的是，涩泽荣一总是能够收集到海量信息，并在自己脑海中进行细致处理、有效理解，然后在此基础上明确自己前进的方向。虽然也出现过数次意外和小的失败，但在人生的分岔路口，涩泽荣一总能准确无误地判断出应该选择的路，从而在自己92年（虚岁）的人生中取得成功。这种宽泛性阅读应该是他成功的原点。

涩泽荣一对读书的兴趣日深，后来又前往江户进入学塾继续学习。除了读书，涩泽荣一还跟着伯父学习剑术、书法。对此，当时他的父亲持反

---

[1] 尾高惇忠（1830—1901），涩泽荣一的表兄，也是涩泽荣一的老师。出身彰义队，后组建振武军，参加饭能之战。历任富冈制丝场第一任场长、第一国立银行仙台分行负责人等职。

[2] 《南总里见八犬传》是龙泽马琴（曲亭马琴）创作的江户时代的文艺作品，是长篇传奇小说代表作之一。文化十一年（1814）开始连载，天保十三年（1842）连载结束。该作品是共计98卷、106册的鸿篇巨制。

对态度，但抱着"如果在农闲期间就无所谓"的想法，还是允许涩泽荣一去了江户，让他在一家由汉学家海保渔村[1]开办的私塾学习，在千叶周作[2]开设的千叶道场学习剑术。

当然，涩泽荣一不仅学知识和剑术，还非常看重在与同学交流中获得的各种信息，这有助于涩泽荣一对自己的思想进行正确定位。血洗岛地处交通要塞之间。中山道沿线是思想家们聚集的地方，常常有思想家在驿站驻留。在血洗岛的北面周边，也有和涩泽荣一有同样想法的人。当涩泽荣一听说有思想家暂住其家中后，就前往思想家的住处，聆听思想家传道并和他们交换了意见。在这个过程中，涩泽荣一的思想也渐渐受到影响。当时盛行攘夷思想，那些抵御来自外国威胁的意见、动向对他影响很深。

事实上，前面提到的尾高惇忠撰写了《交易论》[3]，涩泽荣一也誊写了这本书。因为那时候没有今天这种印刷条件，所以如果有"自己无论如何也想留存一份"的重要资料，涩泽荣一就会手写一份随身携带，反复阅读。从这份手抄本最后标注的年份，可以判断涩泽荣一抄写时大概21岁。

阅读《交易论》的内容，就可以了解当初涩泽荣一和老师尾高惇忠是如何看待攘夷思想的。在当时，从批判幕府政治出发，在精神层面接纳攘夷思想的思想家不在少数。但涩泽荣一和尾高惇忠是基于自己从事的经济活动而主张必须排除外国的威胁，因此，这是一种归属于经济活动层面的攘夷思想。

---

[1] 海保渔村（1798—1866），最初是太田锦城的门下，27岁时开办"扫叶轩"，作为儒学者自立门户，因为平易近人、学识渊博受到很高评价。晚年在佐仓藩的藩校及幕府医学馆教授儒学。
[2] 千叶周作（1793—1856），江户时代剑术派别之一北辰一刀流的创始人，担任过千叶道场"玄武馆"的总教头。天保十年（1839）受德川齐昭邀请，成为水户藩剑术教头，两年后担任骑马卫士，领受100石的俸禄。
[3] 《交易论》是尾高惇忠撰写的以攘夷为主题的文章。在其附录中，收录问答形式的《或问篇》以及表达文章主旨的《交易论诗》共10首。文章在对与外商随便交易的日本商人的现状敲响警钟的同时，从经济层面展开有关攘夷的论述。

下面看一段文章的内容："西洋列强正企图从日本转移出高纯度的黄金，而日本商人正在索性接受西洋的劣质白银，从而使日本正在流失优质黄金。"这段警示日本商人的文字，正是源自对攘夷的思考。"欧美各国想骗取日本商人的财产，进而夺取日本全国。应该立即驱逐全部在日的外国商人，此后来到日本的外国商人也应全部遣返。"在公然写下这些文字后，作者还以"即便如此仍要前来日本的外国商人应该斩首"这样的决绝之词收尾。由此可见，涩泽荣一的攘夷态度是非常坚决的。

由于涩泽家在村子里是数一数二的富裕，因此每当有什么事，领主都会要求涩泽家捐献钱财。比如，会遇到"因为公主要出嫁，所以必须缴纳500两或1000两"这样的事情。有一次，涩泽荣一代表父亲前往代官官署，他没有点头同意代官的要求，而是说"我无法接受这样的要求"。作为一个追求近代化的人，涩泽荣一反对一切不合理的事物。当时，有人凭借武士或者官吏身份作威作福，还提出一些莫名其妙的要求，农民等普通百姓只能看他们的脸色行事。面对这样不合理的现象，涩泽荣一十分生气，他认为必须改变尊崇官员、蔑视百姓的社会风气，打破人们心中的官尊民卑的固有观念。

三、批判国政

在江户通过与各路人等交流思想，涩泽荣一渐渐发现有许多和自己想法类似的人，他开始广泛结识、召集同道中人。他还邀请了村里志同道合的人，文久三年（1863），他和同伴们决心"通过行动表达对幕府政局的不满，坚决进行攘夷行动"。首先，他们计划攻下高崎城，顺着镰仓街道向南到达位于横滨的外国人居留地并将那里烧毁。他们还借用神明显灵的形式制作了"神托"告示，向临近的各个村落表达决心。

涩泽荣一的父亲似乎担心儿子的行为过于激进，对儿子成为社会活动家也感到痛惜，但是恐怕在父亲的内心也未必不能理解儿子的行为，甚至愿意为儿子提供一些援助。之所以这样说,是因为对于涩泽荣一不断用自己经商赚到的钱来筹措武器之事,他虽然能隐约感觉到,但是都默许了。涩泽荣一的父辈坚信只有扎根土地才能活下去,他们无法达到涩泽荣一想要去改变国家的高度。不过,忧国之情是相同的,他们对儿子或许多少也有些期待。

之后,在起事计划即将付诸实施之际,涩泽荣一碰巧得知有过类似起事经历的表兄尾高长七郎[1]为了逃脱参与板下门外之变[2]的嫌疑滞留在京都。涩泽荣一于是写信邀请表兄共同起事。

长七郎回到当地后,参加了起事之前在尾高惇忠家二楼举行的最后一次联络会议。长七郎发言道:"京都是攘夷行动的中心城市,我曾数次感叹攘夷行动是大势所趋,也曾亲赴起事现场。然而,这些活动被幕府力量悉数瓦解。虽然多少产生了影响,但无论策划多少次攘夷活动也不能对当下国内政治形势产生根本改变。既然如此,很多人不就无谓丧命了吗?我们到底在追求什么呢?"

涩泽荣一当时由于搜集到很多相关信息,对于何去何从,他直言不讳、畅所欲言,和同伴进行了激烈的辩论。当时,聚集的同伴中不乏血气方刚的年轻人,他们认为"这次计划一定要付诸行动"。结果大家各执一词,议论纷纷。

这时,尾高惇忠和涩泽荣一冷静地阐述了接下来应该努力的方向。"我们制订攘夷行动计划并非为了做一件小事。诚然,如果行动实施,我们多少会对时局产生一些影响,但我们的目标是从根本上改变这个国家的政治现状。根据现在的情况,如果起事,我们的确可以夺取高崎城,烧毁横滨的外国人居留地,但这并不会对当下社会产生决定性影响。既然这样,我们不如选择好好活下去,在体制内去逐渐改变这个社会。"这番话说服了

---

[1] 尾高长七郎(1836—1868),尾高惇忠的弟弟,号东宁。曾前往江户参加袭击老中安藤信正的计划,计划失败后逃亡至京都。
[2] 板下门外之变是发生在文久二年(1862)1月15日江户城板下门外的,尊皇攘夷派的水户浪士6人袭击老中安藤信正的事件。安藤仅背部受轻伤,水户浪士6人未能实现目标,全部战死。

众人，攘夷行动计划也就此终止。

虽然计划终止，但涩泽荣一一时难以洗脱策划攘夷行动的嫌疑。因为处于关东取缔出役[1]的严密监视之下，即便是为了逃避监视，他也必须先隐藏起来。之后，涩泽荣一以参拜伊势神宫的名义逃往西部地区。

---

[1] 关东取缔出役是江户幕府的官职之一。职务是巡查关八州全境（包括幕府领地和私人领地在内），负责维持治安、处理犯罪、管理取缔风俗产业。虽然身份似最下级武士般轻贱，但权威十足。

合本主义的思想来源
——道德经济合一论[*]

田中一弘

一、何谓道德经济合一论

众所周知，实业家涩泽荣一信奉儒教，爱读《论语》，并将其所学运用于实践。涩泽荣一在明治六年（1873）5月请辞大藏省后，开始在民间从事经济活动。此时，他决意"凭借一《论语》过一生"并"终身以《论语》教诲为标准来经商"。[1] 此后，涩泽荣一不仅自己在"道德与经济不可分"的信念下从事实业活动，也将这一信念传播给了实业界和社会大众。

涩泽荣一的这一信念被称为"道德经济合一论"或"道德算盘论"。在一般的理解中，"道德和经济容易相互产生矛盾"。但涩泽荣一主张，"道德和经济在本质上并不矛盾""论语和算盘须相互一致"。

详细解说涩泽荣一的"道德经济合一论"是本文的主要目的。[2] 有关

---

[*] 原文「道徳経済合一説：合本主義のよりどころ」收录在パトリック・フリデンソン/橘川武郎编『グローバル資本主義の中の渋沢栄一』東洋経済新報社，2014年。
[1] 渋沢『論語と算盤』国書刊行会，1985年，12頁。
[2] 本文中解说道德经济合一论的有关材料引自：田中一弘「道徳経済合一説の真意」橘川武郎ほか编著『渋沢栄一と人づくり』有斐閣，2013年。

道德经济合一的思想，涩泽荣一自身留有大量发言。但作为实业家的涩泽荣一，并没有将这一理念系统地展现出来。也可能是出于这个原因，到目前为止，有关该理论的明确解释尚未被广泛认知。因此，本文将对涩泽荣一的道德经济合一论进行系统的梳理，明确其思想的全貌，为大家提供一个深入了解涩泽思想的平台。

本部分将明确道德经济合一论中的"道德""经济""合一"这三个用语的含义，阐述理论的概要。在这三个用语中，对"合一"这个词的正确理解尤为重要。第二部分和第三部分是本文的核心。道德经济合一论由"经济＝道德论"和"道德＝经济论"两个论点构成。第二部分将对前者、第三部分将对后者进行详细说明。第四部分将用亚当·斯密的理论与道德经济合一论做比较，明确它在现代市场经济中对商界人士的启示。最后，在第五部分考察道德经济合一论与合本主义的关系，并以此作为本文的总结。

（一）经济与道德

涩泽荣一的道德经济合一论中，"经济"有两层意思：一是利益和财富，二是产生利益和财富的经济活动。比如，制造业通过收集原材料、生产销售产品来为大众生活做出贡献。这一系列的过程就是经济活动。其结果是进行活动的主体获得利益和财富。这样的经济活动与利益和财富的关系是前者为因，后者为果。同样的理论当然也适用于金融业和服务业等多种行业。

"道德"也有两层意思：一是"不去做那种是人都不能做的事"，即消极道德（passive morality）。如欺骗他人就是"人都不能做的事"。对这类行为实行限制、禁止的消极道德，是我们在听到"道德"一词时能最先想到的。但道德还有另一个层面，那就是"做人应该做的事"，这是积极道德（active morality）。如帮助在自己面前正在苦恼的人就是"做人应该做的事"。促使、要求这类行为的发生也是道德的一个侧面。要正确理解涩泽荣一的道德经济合一论，必须掌握这两种道德。

道德是对所有人的要求，并不只针对经济活动的参与者。涩泽荣一的道德论立足儒教，儒教的教诲也是讲如何做人。但涩泽荣一通过道德经济合一论，特别论述了道德和经济之间的关系。他从经济活动参与者的应有状态这一观点出发，强调了道德的重要性。作为当时居于指导地位的经济人，他认为道德基准对经济而言尤其必要。

（二）"经济＝道德论"和"道德＝经济论"

道德经济合一论主要由两个论点组成，后续将分别在本文第二部分和第三部分进行详述，这里先介绍一下它们的基本内容。

第一个论点是"经济同道德一致"，即"经济是符合道德的，也是道德不可或缺的"。涩泽通过这个论点在道德层面使经济正当化。只要利益和财富的获取方式以及产生利益和财富的经济活动本身是正当的，那就绝不是道德之恶。相反，由于经济是实践道德不可或缺的要素，所以经济活动的参与者应该积极实践道德之善。可以明显看出，这里强调的是积极道德。在本文中，笔者称此论点为"经济＝道德论"。

第二个论点是"道德同经济一致"，即"道德是符合经济的，也是经济不可或缺的"。在本文中，笔者称该主张为"道德＝经济论"。[1] 这里的道德指的是消极的道德。为解释说明这一希望商业人士都要具备的道德，涩泽使用了当时的惯用词"商业道德"。有关商业道德，涩泽有很多演说和著述，其精华可总结为"不可说谎""不可将自我利益放在第一位"这两点。"道德＝经济论"认为，遵循这样的商业道德非但不会影响经济，还会让经济更好地发挥作用，因为道德对于经济的稳定和可持续发展来讲是必不可少的。

（三）道德经济合一论的逻辑结构

涩泽提倡的道德经济合一论由"经济＝道德论"和"道德＝经济论"组成。更确切地说，这两个论点就像一张纸、一枚硬币的两面一样，表里一致。也正因如此，道德经济合一论才有道德和经济是不可分的这样

---

[1] 涩泽本人并没有做过"经济＝道德论""道德＝经济论"这样的划分，也没有使用过这样的用语。

的说法。

大正八年（1919）1月，涩泽在东京高等商业学校（现一桥大学）就道德经济合一论进行讲演时，陈述了如下内容：

> 如果缺乏道德，不论经济上怎样发展，必会产生纷争。纷争的结果就是经济受到破坏。/ 再者，只强调道德，如果这个道德是没有物质的进步和财富的力量去支撑，就算是精神可嘉也会力不从心，更做不到济世救民。/ 因此二者〔道德和经济〕必须一致。[1]

用斜线画出的第一部分是"道德＝经济论"，第二部分是"经济＝道德论"。这两方面成为一个整体，也就是第三部分说的"二者一致"。这就是道德经济合一论的逻辑结构。

这样的讨论在涩泽的其他讲演和著作中也经常可以看到。如在著名的《论语与算盘》〔大正五年（1916）初版〕的卷首就有用"论语和算盘"来简单阐述"道德和经济"概念的一句话。

> 算盘来自论语，/ 论语又通过算盘得到真正的财富，所以我始终认为论语和算盘的关系看似遥远但实则很近。[2]

涩泽的"经济与道德一致，道德与经济一致，所以道德和经济不可分"这一逻辑结构与上面的例示是完全相同的。

（四）不是"协调"而是"不可分"

很多论述提到"涩泽阐述了道德和经济协调发展的重要性"，他的确劝诫过不可过分重视经济，也不可过分强调道德。他劝诫那些无视伦理的

---

［1］渋沢青淵記念財団竜門社編『渋沢栄一伝記資料』渋沢栄一伝記資料刊行会，第44卷，1962年，270頁。斜线和〔 〕内的内容为引用者添加，全书同。

［2］『論語と算盤』，1頁。

逐利活动，同样也批判那种认为经济活动全是卑贱的传统道德观。所以，讨论涩泽思想是"协调"道德和经济的提法也并非不对。

不过，这样的表述可能会忽略道德经济合一论的本质，因为"协调"这个词容易招致误解。把两个事物加以协调的前提是此二者在本质上不同。正因为不同，所以需要协调。通常，我们将道德和经济看作不同性质的东西，所以为了使二者统一，就认为必须要协调，按照这个思路就会误以为"涩泽也是这样想的"。

但在涩泽那里，道德和经济并不是需要协调的两个不同的东西。二者是"一致"且"不可分"的。所谓缺一不可、不可或缺，讲的就是道德和经济间的关系。对此涩泽做过如下发言：

> 或许很多人不会想到〔论语与算盘〕之间有相互协调的东西。根据古代汉学家的想法，《论语》是道德上的经典，算盘是与之完全相反的赚钱工具。照这样想，一定会得到二者岂能相容的结论。但是，我……从很早以前就一直认为论语和算盘必定是相互一致的。[1]

只是，涩泽并没有说道德和经济是无条件一致的。他不认为"贪欲也是善的"，也并未说过"因为遵守伦理可以挣到钱，所以就按伦理去做事"[2]。要使二者一致，需要当事人自身有意识地去努力，争取通过道德实践收获经济方面的成就。涩泽表示："比如一株植物漂在水面上，让道德和经济如同其雄蕊和雌蕊在风力作用下挨在一起那样绝佳的协调是绝对不可能的。所以，要让道德和经济达成一致，就需要当事人具备足够的觉悟和平时的用心。"[3]

涩泽要求人们做出以上努力，他同时还明确了一个观点，那就是道德经济合一论指的是乍一看相反的道德和经济，其本质上是一致的观点。这

---

[1] 1917年10月在东京高等商业学校的讲话（『青淵百話 再版』同文馆，1926年，112頁）。
[2] 这一点在第四部分详述。
[3] 『渋沢栄一伝記資料』第44卷，212頁。

一点须引起我们的注意。

此外，道德经济合一论是由"经济＝道德论"和"道德＝经济论"这两个论点组成（此为 a），且由于二者表里一致，实现了"道德和经济合二为一"（此为 b）。只是涩泽完成包括 b 在内的逻辑构建并使用"道德经济合一论"这一名称进行宣传，其实是在明治四十三年（1910）左右。所以，从严格意义上说，道德经济合一论这个说法只能用来描述该时期以后的涩泽的言论。

但在这里，我们没必要追求到这么严密的程度。道德经济合一论的构成要素"经济＝道德论"和"道德＝经济论"这两个论点——特别是前者——是在涩泽提出合本主义的思想后，其活跃在经济领域第一线时经常提及的。只不过当时没有把这两个论点有意识地放在一起表述，也就是说还没有导入 b 的观点。虽说如此，认为道德和经济是不可分的道德经济合一论（此后有了这个称呼）的精髓可以分别通过"经济＝道德论"和"道德＝经济论"做充分认识。因此，本文接下来的部分将主要着眼于 a 来详细考察构成道德经济合一论的"经济＝道德论"和"道德＝经济论"。

二、经济 ＝ 道德论

道德经济合一论的第一个侧面是"经济＝道德论"，即"经济是符合道德的，也是道德不可或缺的"。正如上文所述，"经济"由工商业等经济活动和由此产生的利益、财富构成。

一般认为，利益和财富是道德的反面，是应该被道德厌弃的。因此，在道德层面，产生财富的商业活动也被投以质疑的目光。但涩泽认为，利益和财富自身并不违反道德，由此可以推论出商业活动自然也不再是"恶"的原因，在道德层面也得以正当化，即"利益和财富与经济活动是符合道德"的。

涩泽不只是简单地通过陈述经济活动不是道德层面的"恶"来使经济行为被动地正当化，他认为可以让大家富裕起来的经济活动就是最重要的道德。他主张要实现这一极致的道德，经济活动是不可或缺的。此外，他还指出要让这样的活动能够充分进行，从事经济活动的人所获得的利益和财富也是必不可少的，即"经济活动与利益和财富在道德中是不可或缺的"。

（一）利益和财富与经济活动须符合道德

任何道德和宗教对谋求富贵的价值观多少都持怀疑态度。名与利被定义为应遭厌弃的东西，最多被当作必要的、不好的行为而被勉强容忍。在儒教中，这类倾向也是存在的。特别是儒教的学派之一、对包括近世日本在内的东亚影响很大的朱子学认为，经济的财富和对财富的欲求是道德层面的"恶"，安于贫穷才是道德层面的"善"。

在江户时期的日本，利益以及作为获取利益手段的商业被认为是低贱的。直到涩泽开始涉足商业活动的明治初期，这样的想法依然根深蒂固并辐射至整个社会。涩泽从正面批判了这种观念。

涩泽表示，财富本身或者说人类追求财富这件事本身不是道德之"恶"。他经常做如下论述。无论如何阅读儒教最重要的经典之一的《论语》，孔子（和他的弟子们）从未说过逐利是不好的事情。的确可以发现，《论语》中有很多对获得财富进行劝诫的句子。但是，如果准确解释那些句子就会发现，那里劝诫的都只是"不正当地获得财富"的行为。如《论语·里仁》云："子曰：'富与贵，是人之所欲也。不以其道得之，不处也。'"[1]这里讲的"绝不是看不起富贵，而只是在劝诫获得不义之财的行为"[2]。他还说，"一直以来学者们往往将本章里的'人'解释为恶人，富和贵是恶人追求的，而获得富贵需要施行有悖道德的计谋，所以，若是君子就要主动不与富和

---

[1]《论语·里仁》。解读是根据金谷治翻译注释的『論語』（岩波文庫，1963年）。
[2] 渋沢栄一「道徳経済合一説」『竜門雑誌　第五九〇号附録・青淵先生演説撰集』竜門社，1937年，307頁。

贵沾边，即便是富贵找来，也应该回避"[1]，对传统的《论语》解释进行批判。他谈道："通过正当途径获取的富贵绝不应该被瞧不起，被唾弃"[2]，"可以明确的是，君子合乎义的逐利行为，是不应该感到羞耻的"[3]。不仅如此，他还强调孔子也说过"邦有道，贫且贱焉，耻也"。[4]

如果利益和财富在道德层面被怀疑，那么产生利益和财富的经济活动也会被视作恶的源泉而成为道德批判的对象。但通过正确的方法获得的利益和财富如果在道德层面不被怀疑，那么作为其源泉的经济活动也能免受道德的谴责。涩泽通过肯定利益和财富在道德上的正当性，来拥护经济活动的正当性。他这样做是因为对于实现他的目标，即在明治初期的日本推动产业全面发展的最大障碍是社会对商业的蔑视——特别是来自社会领导层的蔑视。

为了给商业正名，涩泽不仅对商业所产生的利益、财富进行道德辩护，还大力宣扬商业活动本身所具有的道德价值。

（二）经济活动与利益、财富在道德中不可或缺

涩泽认为，"让人们不用在经济上发愁，并使生活更加富裕"才是儒家道德的关键。因此，为了让人们的生活更加富裕而进行的活动不但不是卑贱的，反而在道德层面是极其重要的。工商业者的商业活动本来就是这个目的。但到现在为止，在自古以来认为"经济活动是卑贱的、错误的"儒教思想解读下，工商业者在道德上被人蔑视，自己也变得谦卑。为了纠正这个错误，涩泽尝试在社会层面确立商业的正当性。

涩泽认为，将儒教道德的关键视为"使人富裕"就是孔子教诲的核心。为展示孔子对此有多么重视，涩泽时常引用《论语》中孔子与其弟子子贡之间的问答：

---

[1] 渋沢栄一『論語講義　新版』明德出版社，1975年，50頁。
[2] 同上书，150頁。
[3] 渋沢栄一「道徳経済合一説」，307頁。
[4] 『論語』泰伯篇。

子贡曰:"如有博施于民而能济众,何如?可谓仁乎?"子曰:"何事于仁,必也圣乎!"

(子贡问:"如果能对所有百姓施恩,对多数人施行救济,可以认为是仁吗?"孔子说:"如果可以做到的话,岂止是仁。硬要说的话,可以说是圣人了。")[1]

孔子把使人富裕当作人(或者说是超过人)的极致的善行来颂扬。涩泽在其著作《论语讲义》中对《论语》的这个部分评价道:"称之为论语的精髓也不为过。"[2]他还表示:"个人范围的小小的惠恤、亲切、同情这类行为是小仁。广泛地热爱民众、救助百姓这样的仁政仁术是大仁。"[3]除《论语》之外,他还引用儒教经典中所谓的"给人们的生活以支持、让人们的生活变富裕是君子的职责"来证实自己的观点。

但以往的主流派儒学者故意无视孔子的这些教诲,他们一直提倡的观点是,孔子的教诲里没有与经济活动有关的内容,不只是没有关联,经济活动就是反孔子教诲的。涩泽不断对这种说法进行批判。在晚年的讲演中,他这样谈道:"一直以来,讲《论语》的学者都将仁义道德和生产营利作为不同的东西,这是谬误。仁义道德和生产营利一定是要一起实现的。"[4]对他而言,既然通过经济活动让人们致富才是极致的道德实践,那经济和道德就是不可分的。

本来,为民众谋福是孔子对执政者的希望。工商业者可以说是受益的一方。在涩泽涉足实业领域时的日本,所有人都这样想——让民众的生活变得更好是政府的事情。但涩泽认为,在当今社会,民众中工商业者也可以通过各自的工作——经济活动——来谋求自己所在的这个国家和社会的

---

[1]『論語』雍也篇。翻译是基于吉田賢抗的『新釈漢文大系 第一巻 論語』(明治書院,1960年)。
[2] 渋沢栄一『論語講義 新版』,284頁。
[3] 同上书,433页。
[4] 渋沢栄一「道徳経済合一説」,308頁。

公益,并且也应该这样做。或者不如说民众一方更应起到主导作用。[1]

涩泽认为,要实现让人们致富这个极致的道德,民间的经济活动不可或缺;而且,要充分开展这样的活动,从事经营活动的人获得的利益和财富也必不可少。这样一来,个人获得的利益和财富也就实际上在道德层面成为不可或缺的部分。

正因为自己对可以获得的利益有所期待,所以人们会积极地、耐心地参与谋求公益这一道德之善。涩泽表示:"有个不争的事实就是,如果某项工作与自己的利害没有关系,别人获利也成就不了自己的幸福,别人亏损也不会使自己受到牵连,那么工作就无法进展。但如果是自己的工作,就会积极去推动,让其进步。"[2]他还说:"私利可以促生公益。公益若不是由私利产生的,那就无从谈起。"[3]这里强调要让公益事业变得牢固,谋划公益者自己的收益也是必不可少的。

涩泽没有"追求极致的道德就要牺牲自己全部"的想法。他没有提过一听到"道德"二字就很容易联想到"清贫禁欲之德"之类的看法。他立足人情本身来思考道德。利益和财富只要是用正当方式获得的,就非但不是道德层面的恶,反而可以推动产生道德之善。所以,尽可以堂堂正正地去逐利,让"经济和道德达成一致"。

但即便如此,从事经济活动的人也不可以将追求自我利益作为第一动机。接下来让我们将目光转向道德经济合一论的另一个侧面:"道德=经济论"。

三、道德=经济论

"道德=经济论"是道德经济合一论的第二个侧面,即"道德是符合经济的,也是经济不可或缺的"。正如第一部分"何谓道德经济合一论"

---

[1] 坂本慎一『渋沢栄一の経世済民思想』日本経済評論社,2002年。
[2] 渋沢栄一『論語と算盤』,87頁。
[3] 渋沢栄一「商人の本分」渋沢青淵記念財団竜門社編『渋沢栄一伝記資料』第26卷,1959年,159頁。

中所述，这里的道德指的是为了不做不可为之事而对行为进行限制、禁止的被动性道德。说得具体一点就是，涩泽在"道德＝经济论"中提到的道德是指在通过商业活动获取利益、财富的过程中"不说谎""不把自我利益放在第一位"这样的"商业道德"。

不说谎指的就是要诚实地做事。不把自我利益放在第一位指的就是把他人利益放在第一位。这些道德容易被认为是对经济活动以及对获取利益、财富的行为形成阻碍。但涩泽认为，这些道德都是符合经济的，也是经济不可或缺的，即道德与经济是一致的。

（一）诚实做事与经济活动的一致性

"不要不诚实地做事"是涩泽商业道德的精髓。

做生意应该要坦率诚实，不做欺诈和不正当之事。在江户时代的日本，当然也有这样的观点。众所周知，这也是石田梅岩创办石门心学时所提倡的。但在当时的商人中，与之完全相反的想法却占据了主导地位。比如，有"谎言也是资本"这个谚语。其含义是，资本不限于资金，向顾客和供货商说谎的能力也是事业的资本，有了这个资本才能顺利做生意，才能获利。[1]

涩泽惊讶于"以前的商人自暴自弃，感到自己几乎没必要考虑道理和道义之事"[2]。虽说涩泽生活的明治时代与以往相比，这样的想法没有那么严重了，但他还是表现出自己的担心：直至今日，"工商界中也有人认为不需要介意道理道义之事"[3]。涩泽对当时日本实业界道德意识的低下提出了批判，指出应该遵循道德伦理，也就是正直诚实地做生意。

有关"谎言也是资本"这个谚语，涩泽于明治二十六年（1893）在题为《商人的本分》的演讲中严厉地批评道："这实在是大错特错，可悲得令人汗颜。"[4]在此基础上，他表示，"商人没有信用能经商吗"[5]，强调"信

---

[1] 土屋喬雄『日本経営理念史』麗澤大学出版会，2002年，566頁。
[2] 『青淵百話 再版』，138頁。
[3] 同上。
[4] 渋沢栄一「商人の本分」，160頁。
[5] 同上。

用和诚实"才是经商之根本。

经济活动不可或缺的不是偷奸耍滑而是诚心实意。这一点是不言而喻的。任何顾客都不愿光顾只会撒谎的商人，谁也不愿卖货给这样的商人。银行不会第二次借钱给不诚实的债务者。这样一来，经济活动不会顺畅，利益和财富也得不到。"诚实为上策"（Honesty is the best policy）这句话不论在哪个国家的商界都是通用的。

可是，为什么有很多观点认为"诚信经营与经济相矛盾"呢？原因在于不诚实的商业行为虽然只是暂时的，但也可以增加收益。涩泽表示："在营利这件事上，因为收益越多越好的想法总是占主导的，所以自然容易与道德背道而驰。"[1] 比如，有的商人明明知道产品有瑕疵，还藏着掖着出售，只要事情不暴露，他就可以获得利益。当然，如果暴露的话，他就会承担比获得的利益更大的损失。涩泽不断发出警告："用不正当手段获取的财富绝对不可能持久。"但在现实生活中，事情有可能不会被曝光。作为一名现实的企业家，涩泽并未否认这种可能性。

的确，不诚实的行为可能会暂时或者偶尔带来长期利益。但是，即便如此，也并不表示"诚实就不能获益"。诚实做事会获取足够的利益。可以说，这样获得的利益才能确确实实地存续下去。正因如此，诚实地做事与"经济活动、追求利润"确实是不矛盾的。这就是涩泽的看法。

虽说如此，只要人有"收益越多越好的想法"，即使已经获得了足够的收益，但为了追求更多额外的利益，不诚实做事的诱惑会持续存在。在本质上，诚实与获取利益并不矛盾，但因为这个诱惑，就有可能去从事那种违反诚实做事原则的经济活动。正因如此，涩泽不断重申从事经济活动的每个人要主动加强道德修养的重要性。

不过，"收益越多越好的想法"可能不只是促使人不诚实地去做事，还可能会有那种为了自我利益而不顾他人利益的做法。只要诚实、正确地从事经营活动，专注于追求自我利益是被允许的。这也是资本主义的常

---

[1]『青淵百話 再版』，137 頁。

识。[1]但涩泽的想法有所不同。接下来将围绕这一点进行探讨。

（二）利他与经济活动相一致

1. 他人第一，自己第二

上文提到过，涩泽认为追求个人利益是应该被允许的。不仅如此，他还主张应该鼓励追求个人利益。但他并不同意把追求个人利益作为首要目的的做法。"不要把个人利益放在第一位"是涩泽提倡的商业道德的又一主题。最应优先的不是个人利益而是他人利益。优先他人利益的做法，对正常进行经济活动并从中获益并不形成阻碍，反而是实现个人利益不可或缺的，因为道德和经济是一致的。

涩泽为说明这个观点频繁引用《论语》中的"夫仁者，己欲立而立人，己欲达而达人"（仁者想要让自己站稳的时候，首先要让别人站稳；想要完成自己的目的的时候，首先要完成别人的目的）[2]。孔子的这句话把涩泽想要表达的内容简洁准确地表述出来了。

这句话首先倡导的是，在实现自己的愿望之前，应该先实现别人的愿望。其次，并没有否定实现自己愿望这件事本身。优先达成他人的愿望，并不等于不能实现自己的愿望。这句话讲的是，实现自己的愿望也是可以的，但还是先去实现别人的愿望。这里需要注意的是，这里呈现的道德观念与那种一听到道德的教诲就容易联想到的"无私的奉献"在感觉上是不同的。

在承认自我欲求这点上，可以说这个教诲具有现实性。即便如此，人们也有可能指责这句话是不现实的，也就是"如果遵循这个教诲，不断让利给他人，最后自己的愿望不就无法实现了吗"。涩泽表示，没必要有这样的担心。他警告称，若每个人都把个人利益放在前一位反而欲速则不达。比如，如果所有人都想最先通过铁路的检票口，那么就会挤成一团，结果谁都没法通过。如果每个人都抱着"只要自己好就行"这样的心态去

---

[1] 关于这一点，在第四部分会通过与亚当·斯密的理论相比较来进一步论述。
[2] 『論語』雍也篇。

做事，结果反而得不到任何利益。[1]

2. 不能独占个人利益

从诚实且将他人利益放在第一位的经济活动中获取的利益，是否可以全部据为己有呢？涩泽对此持否定态度。如果一个人独享利益，社会就无法实现富裕。他认为，只有每个人都将自己收益的一部分投入社会，社会才会更富裕。涩泽追求的不仅是在盈利的经济活动中考虑他人的利益，还要用自己获取的利益来为他人谋福利。只有这样，社会才能富起来，自己也会变得更加富裕。涩泽的观点是长期的、动态的。

应该主动将自己获得的财富返还给社会是涩泽特别向事业成功的富豪们提出的要求。同时，他将经营实业获得的一大部分收入积极捐赠给了福利设施和学校等机构。这也是在把自己的观点付诸实践。他高度评价热心于慈善事业（philanthropy）的安德鲁·卡内基（1835—1919），并称其为实践道德经济合一论的模范经营者。与之形成鲜明对比的是，在明治三十九年（1906）于龙门社进行的演讲中，他批判约翰·洛克菲勒（1839—1937）当时大量独占财富。[2]涩泽认为，获得利益在道德上并非不可以，但即便是正当获得的利益，如果将其大量独占，这个利益就会成为道德之恶。

四、道德经济合一论的特征

（一）"君子喻于义"

我们可以从上一节谈到的"道德＝经济论"获得如下启示：诚实经商也能获得足够利益，且这样的利益才是可以持续获取的。同时，将他人利益放在第一位，反而更容易获得自我利益。并且，如果不独占财富，将财

---

[1]『論語と算盤』，87頁。
[2]「国際経済と商業道徳」『渋沢栄一伝記資料』第26卷，390頁。需要补充说明的是，洛克菲勒设立洛克菲勒财团是在涩泽讲演过后的第七年，也就是1913年。

富归还给社会,最终这笔财富将成为自我利益,实现回流。

我们可以由此联想到"道德可以获利"(Ethics pays)这句话。在告知企业家要遵守道德时,人们常使用这一口号。其逻辑是很清楚的,那就是"道德可以挣钱,所以要有道德",换言之就是,"遵守道德就能挣钱,所以要遵守道德"。

但涩泽的真实意图不在于此。"道德是应该遵守的,所以要遵守道德",是他的本质立场。他表示,如果有人说"为了获利才遵守道德",那么在不遵守道德也能获利的时候,那些人应该就不会遵守道德了。在《论语与算盘》中,他做了如下表述:

> 如果为公司和银行拼尽全力的想法实际上只是出于谋求自我利益的利己心,或者增加股东的分红是因为自己就是股东,且想增加自己的金库储备,那么问题就产生了。如果遇到只要让公司和银行破产、损害股东利益自己就可以获利的情况,那么他能否战胜这种诱惑就说不准了。[1]

利益不是遵守道德的原因和动机,而是结果。涩泽经常引用《论语》中的"君子喻于义,小人喻于利"(君子对该做什么不该做什么很敏感,小人对这件事对自己有利还是有弊很敏感)[2]。君子将道德作为判断标准来做事,结果也能获得利益。道德是目的,利益是从道德实践中获得的副产品。如涩泽就"夫仁者,己欲立而立人,己欲达而达人"一句,做了阐释:

> 〔说到"夫仁者,己欲立而立人,己欲达而达人"〕听上去像是一种交换原则,也可以理解为了满足私欲,首先要自我忍耐,让利给他人,但孔子真正想表达的绝不是这样卑屈的东西。……他只是教导

---

[1] 渋沢栄一著・守屋淳訳『現代語訳 論語と算盤』筑摩書房,2010年,209頁。
[2] 『論語』里仁篇。

君子应该按照这样的顺序来行动罢了。[1]

因为君子相信应该优先他人，所以就这样做了。其结果就是，不仅他人获得了利益，自己也得到了收益。道德和经济就应该是这样一种"顺序"。

涩泽在道德经济合一论中讲"道德＝经济论"，并不是想说明可以将道德作为获得利益的手段来利用。他是想通过消除那种认为只要遵守道德就不能获利这一误解，来揭示道德和经济是必须一起实现的这个道理。"道德＝经济论"的焦点一直在道德层面，没有设在经济层面。

（二）同亚当·斯密思想之比较

很多人发现涩泽的道德经济合一论与亚当·斯密（1723—1790）的思想有一些共通性。涩泽自己也承认二者之间存在共同点。在大正十二年（1923）的录音讲话《道德经济合一论》中，涩泽做了如下发言：

> 听说经济学之父、英国人亚当·斯密是格拉斯哥大学伦理哲学的教授，他提出了同情主义的伦理学，此后写了有名的《国富论》，开创了近世经济学，这也就是说，先出的圣人和后出的圣人，他们所遵循的准则是一样的。我相信利义合一〔道德经济合一〕是东西方通用的亘古不变的原理。[2]

在二者的思想中的确能看到明显的共通点。第一，他们都对人的私心持肯定态度，强调个人利益的追求对社会整体的繁荣起到了重要的作用。涩泽认为，要让人们积极地、有耐心地参与道德实践并让全社会富裕，就必须要让他们自身可以从这个事业中获益。亚当·斯密认为，只要每个人为追求自己的财富和社会地位进行经济活动，那么一只"看不见的手"就会最终实现社会整体的繁荣与和谐（《国富论》）。

---

[1]『論語と算盤』，122頁。
[2]「道徳経済合一説」，307頁。

第二，二者都不是无限制地容忍这样的私心，他们肯定的是被道德规范约束的私心。涩泽不认可那些为了追求自我利益而漠视"诚实地做事""不能把个人利益放在第一位"等商业道德的行为。此外，商业活动的获利被认为是正当的，是源于这些活动同时对人们的经济生活做出了贡献。涩泽不认为只顾自己挣钱，不给社会带去任何福利的行为是正当的经济活动。因此，涩泽认为追求个人利益需要消极的道德（商业道德）和积极的道德两方面来支撑。

亚当·斯密肯定的私心是被"义务感"（sense of duty）所约束的（《道德感情论》）。"义务感"是指在考虑"不可触犯正义"（justice）、"要有善行"（beneficence）这样的一般规则（general rules）后采取行动时的想法。如果触犯"正义"，就会激怒他人。限制、禁止这样的行为就是消极的道德。若做"善行"，受恩惠的人便会开心。促成这种行为的就是积极的道德。[1]因此，在亚当·斯密的理论中，个人利益的追求同样是以消极道德和积极道德两方面的支撑为条件的。

涩泽和亚当·斯密的思想具有以上的相似之处。但如果详细比较二者，还可以发现很重要的不同点。简单说，其不同点就是对经济活动的主体是否怀有期待。涩泽怀有期待，亚当·斯密则不尽然。

在第二部分"经济＝道德说"中已经论述过，对于涩泽而言，谋求公益让人们富起来是"极致的道德"实践。他强调民间从事经济活动的人也应该为这一道德的实现添一份力。这一主张正是涩泽道德经济合一论的核心。

反之，亚当·斯密没有对每个经济主体追求公益这件事抱有期待。在《国富论》中，以下名句明确地表述了这一点：

> 我们对用餐抱有的期待不是肉铺、酒铺、面包店的仁爱，而是我们期待他们对他们自己的利益抱有的顾虑。我们不是和他们对人类的

---

[1] 堂目卓生『アダム・スミス 「道徳感情論」と「国富論」の世界』中公新書，2008年。

关爱对话，而是和他们的爱己心对话。而且绝不是同他们聊我们自身的需要，而是谈他们的利益。[1]

如果是涩泽的话，他应该是期待肉铺和面包店把顾客的需求放在心上，站在各自的位置推动公益的发展。

亚当·斯密确实谈到正义，即谈到"不做不该做之事"这一消极道德的同时，也谈到了慈善，即"做该做之事"这一积极道德。但是，他重视的明显是正义，而不是慈善：

〔慈惠〕是让建筑更美的装饰，不是支撑建筑的地基，因此这个方面只要在进步就好，绝对没必要去强迫。相反，正义是支撑宏大建筑主体的主柱。[2]

亚当·斯密构思的经济人只要遵循"不侵犯正义"这一限制条件，就可以专心追求自我利益。他们不会在公德的基础上推动社会繁荣，只是要提升自己的财富和地位。即便如此，社会繁荣还是得以实现，这是多亏了"看不见的手"发挥的作用：

他们想的只是自身利益，并且在其他场合也一样，他们被看不见的手引导着去促成实现自己完全没有意识到的目的。[3]

"公益遵从私利"是亚当·斯密的立场。与此相反，涩泽的立场是"私利遵从公益"。他认为，经济人"不触犯正义"是天经地义的事，期待在此基础上（某种意义上比这个程度更高），能有意识地去"做慈善"，即"实践让众人富有的'大仁'"。不难理解，儒教的信奉者涩泽重视的是去

---

[1] アダム・スミス著、大内兵衛・松川七郎訳『諸国民の富（一）』岩波文庫，1959年，118頁。
[2] アダム・スミス著、水田洋訳『道徳感情論（上）』岩波文庫，2003年，224頁。
[3] アダム・スミス著、大内兵衛・松川七郎訳『諸国民の富（三）』岩波文庫，1965年，56頁。

实践儒教的最高道德——"仁"。

涩泽期待经济人都成为"仁者＝君子"。社会的繁荣不是通过当事人没有意识到的、看不见的手来实现的，而是通过每个经济人有意识地增进公益的努力堆积而成的。在这个过程中，他们自身也能获得私利，而且如果因此社会富起来了，那么众人就可以享受更多来自社会的利益、财富。涩泽是用这种长期的、动态的观点来审视个人与社会之间的关系。

在涩泽的自传《雨夜谭》（岩波书店版）的卷末解说中，围绕亚当·斯密与涩泽思想的不同，长幸男指出，"从私益到公益这一西欧市民社会的精神是以沙夫茨伯里、哈奇森、休谟、亚当·斯密的顺序发展起来的，而日本式共同体的精神是从公益到私益的过程，应当关注两者的差异"[1]。的确，在二者背后，我们看到的是西方和东方在基本思考方式上的差异。在西方，人们首先思考的是个人利益。与此相对，在东亚，尤其在日本的传统规范中，人们首先考虑的是自己的义务，自己应该享受的权利被放在其后。但同时这种规范稍微发展过头，就会产生一种认为个人享受权利和利益一事本身是罪恶的倾向。涩泽明确指出须杜绝这种过火的行为，而积极肯定了追求私利的行为。但即便如此，他并没有主张把追求私利放在第一位。他主张把追求公益放在第一位。

君子喻于义，小人喻于利。思考的出发点是应该放在"自己如何赚钱"还是"自己应该做的事是什么"上呢？即便同样是追求私利，出发点的不同也左右着由此展开的经济活动的方式。现今世界所面临的全球资本主义的危机与此不无关系。

五、合本主义与道德经济合一论

涩泽希望通过振兴工商业使国家富强起来。他为实现这一目的而采用

---

[1] 長幸男「解説」渋沢栄一『雨夜譚——渋沢栄一自伝』長幸男校注，岩波書店，1984年，330頁。

并广泛推广的就是合本组织。涩泽使用"合本"这个词所要强调的是,通过这种组织发展事业,不是只有特定的人(该事业的经营者)为经济活动提供经营资本并独占收益,而是要让更多的人根据自己的能力提供各种各样的经营资本,同时得到与之相称的回报。

这里重要的是,提供的资本不仅只限于资金。涩泽所说的"合本"中的"资本=资源"也包括人。他认为,要通过工商业使国家富起来就需要汇拢多种经营资源来从事社会所需的事业,与此同时,参与者各自获利。

涩泽推广这种具有合本组织性质的公司,同时他自己也按此方式来经营公司,其根据是《论语》,还有被《论语》所代表的儒学证实过的道德经济合一论。只是,涩泽自己明确表示,合本组织的开端本不是《论语》。[1]《论语》和道德经济合一论是涩泽通过合本组织开展事业的想法形成之后,作为"标准"补充上去的:

> 要用合本组织来经营公司,就必须依据完备、牢固的道理。如果已经按照道理去做了,那么其标准要归入哪里呢?除了奉行孔夫子的遗训,以论语为准绳别无其他。所以,鄙人要按照论语来经营事业。一直以来,讲论语的学者把仁义道德和生产营利割裂开来。这是谬误。二者是一定可以一起实现的。我心里对此看法很坚定,好在经营事业数十年,没有太大的过失。[2]

道德经济合一论认为"仁义道德和生产营利可以一起实现",即"道德和经济是一致的"。不论是"经济=道德论"还是"道德=经济论",都让涩泽推广普及了合本组织,也为他自己以此类组织为基础经营事业提供了道德依据。

"经济=道德论"强调了以下两点:①发展事业让大众富起来,即增

---

[1] "振兴工商业,推动国家走向富裕,同时也要提高居于两者之间的工商业者的地位的想法不是从《论语》得来的。我只是顾及我个人的境遇,来决定按怎样的方针去经营会比较稳妥。我认为经营事业的标准应该遵循《论语》……"(『渋沢栄一伝記資料』第 26 卷,448 頁)。

[2] 「道徳経済合一説」,308 頁。

进公益是最高的道德价值标准。②该事业的从业人员由此获得的足够的私利不仅在道德层面是正当的,而且在增进公益方面也是不可或缺的。涩泽表示,"广泛给百姓恩惠,很好地救助大众"是"用王道治理国家者的行为","脱离了利用厚生,王道就无法实现"。[1]对于涩泽来说,通过合本组织来开展事业也正是等同于"用王道治理国家",对此他有如下叙述:

> 如果不是以自我为中心,而是以一国的繁盛、多数人的富裕为目的,在经营事业的时候首先也以此为根本,然后其事业覆盖至全国,那么我认为这就可以称为实业界的王道。与之相反,如果只谋求一家的利益、自己一族的财富,即便是伤害到别人也不惜获取自己财富,那么这可以说是实业界的霸道。……但我对实业家真正的期望是他们用此王道去经营事业。[2]

涩泽在这里用"霸道"一词想暗示的大概是岩崎弥太郎那样的"独立主义""个人经营主义"。涩泽认为,与岩崎弥太郎的做法完全相反的合本主义才是"实业界的王道"。

可以说,为推进合本主义提供直接依据的是道德经济合一论中的"经济=道德论",其主张的积极道德是合本主义最大的支柱。只是,在"用合本组织经营公司"这一点上,涩泽依据的不只是"经济=道德论","道德=经济论"也起到了重要的作用。

与"道德=经济论"相关的是"不做不该做的事"这一消极道德。"道德=经济论"讲的是应该遵守"诚实地做事,不要把个人利益放在第一位"的商业道德。同时,遵守商业道德与通过开展经济活动获取利益、财富并不矛盾。其中,"诚实地做事"这一条商业道德指的不仅仅是合本主义形式的经营活动。诚实做事之原则是不论独立主义、个人经营主义还是其他任何主义,即所有的商业活动都适用的基本道德。

---

[1] 参见1907年涩泽在龙门社秋季总会的演讲(『渋沢栄一伝記資料』第26卷,406頁)。
[2] 渋沢青淵記念財団竜門社編「青淵先生訓言」『渋沢栄一伝記資料』第26卷,450頁。

使合本主义能与众不同的是另一个消极道德——"不要把自我利益放在第一位"。按照亚当·斯密的观点，只要用诚信不欺、符合正义原则的方式进行商业活动，把追求自我利益放在第一位也没关系。这也是人们对市场经济的一般认识。但涩泽并不认为只要做到"正义"，即不做不正当的事就足够了。他同时也很重视"慈善"，即为他人谋利益。不把个人利益放在第一位对他而言是必须遵循的道理。

关于"实业界的王道"，即合本主义的应有状态，涩泽所说的"不以自我为中心"正是为了明确这一点。追求自我利益这件事情本身是很好的，但不应该把个人利益放在第一位，而应该把他人利益放在第一位，这样才能更好地实现自我利益。这样基于道德而经营事业的方法正是合本主义。

为实现"用合本主义推动工商业发展，促进国家富强"这一目标，涩泽奉献了自己的一生。支撑他的思想基础就是道德经济合一论。他一生中依据道德经济合一论发展了很多事业，只用"没有太大的过失"是难以概括的。涩泽做了如下表述，表明自从实践合本主义以来自己作为一名实业家的自信：

> 感觉自己到现在为止经营的事业……功效甚微，成果甚小，但在刚才谈到的福利之道和仁义道德的教训是完全可以结合在一起的这一点，我想我可能进行了很好的证明、诠释。

涩泽用其一生诠释了以道德经济合一论为基础的合本主义经营是可以实现社会富裕的，道德和经济也是有可能达成一致的。

近代中国的"孔教"论与《论语与算盘》*

于 臣

一、《论语》的诸多解读

2006年10月,北京师范大学教授于丹在中国国家电视台(CCTV)的教育节目《百家讲坛》中做了关于《论语》的系列演讲,深受欢迎。将她的演讲内容总结并编写成的《论语心得》一书在当年售出了千万余册,成为名副其实的畅销书。对于自己的演讲,于丹分析道:"比起拘泥于对原典的严谨释义,我的演讲尽可能用简明的语言来表述《论语》的精髓,而听众也更愿意聆听。"[1] 正是因为没有拘泥于"严谨释义",许多人认为于丹的演讲是不负责任的,于丹自己也因此受到了猛烈的批判。[2] 于丹

---

* 原文「近代中国の孔教論と『論語と算盤』」载于町泉寿郎编『渋沢栄一は漢学とどう関わったのか:「論語と算盤」が出会う東アジアの近代』ミネルヴァ書房,2017年。
[1] 于丹著、孔健監訳『論語力』講談社,2008年,221—222頁。
[2] 2007年3月,在北京中关村某大型书店的于丹签售会上,一名男子脱去外衣,露出事先写在衣服上的标语表达他对于丹的批判,衣服背面写着"孔子很着急,庄子很生气"。该男子很快被保安请出签售会。同月,清华大学、北京大学等多所高校的十位博士生签名发起了一篇名为《我们为什么要将反对于丹之流进行到底》的声明,要求《百家讲坛》立即让于丹下课,并向全国人民公开道歉。http://www.southcn.com/nfsq/ywhc/ws/200703070184.htm,2016年9月8日10时40分访问。

对《论语》的解读在网络上受到的评价褒贬不一，应该如何解读古典也成为争论的焦点。在笔者看来，且不谈是否应当忠实地遵循古典作品的主旨进行解读，"读者是站在什么立场上进行解读的"是一个值得思考的问题。

因为撰写了《论语与算盘》这一名著而在中国也广为人知的涩泽荣一，在回顾自己对《论语》的解读时，谈到了不同学者理解方式的不同。他说："余对于论语原本就不像学者那样进行考证性的阅读，而仅从论语文字中忖度孔子精神之所在也。"[1] 由此可见，涩泽荣一并没有站在学者的立场上对《论语》进行解读。

迄今为止，许多先行研究均引用了《论语与算盘》这部展现涩泽荣一经济思想的书。长幸男认为，涩泽荣一对《论语》的解读，本质上是通过解读传统古典来展现他自身的思想，是为培育日本的实业思想而采取的一种行动。也就是说，涩泽荣一是为了创造日本的实业思想而带着自主性去重新解读《论语》的。[2] 王家骅认为，有关日本资本主义精神的培养，荣一为谋求"传统伦理观与现代资本主义精神的结合"[3]，对儒家思想进行了重新解释，这一观点与长幸男相似。加地伸行则认为，《论语与算盘》一书"既是人生论，又是人格论，既是经营哲学，又是与生财问题相关的道德论"。他认为，涩泽荣一将《论语》与"算盘"联系起来是内涵深刻、用意深远的。[4] 那么，涩泽荣一的意图具体是围绕着哪一点展开的呢？如加地伸行所言，对《论语与算盘》似乎可以从人生论等多个角度理解，涩泽荣一自己最重视的是《论语》的哪一方面呢？他为什么要着重关注这些内容呢？

为了解决这些问题，笔者尝试从儒教的发源地中国入手，引入与涩泽荣一几乎同时期的中国思想家的观点，借助他们对《论语》的解读来分析

---

[1]『実業訓』東京成功雑誌社，1909年，49頁。
[2] 長幸男編『現代日本思想大系 11 実業の思想』筑摩書房，1964年，20頁。
[3] 王家驊『日本の近代化と儒学』農山漁村文化協会，1998年，255—256頁。
[4] 渋沢栄一『論語と算盤』角川学芸出版，2008年，3—5頁。

上述问题。

在同时期的中国，虽然不同立场的学者和文人对《论语》有着各种各样的解读，但是其中却看不到与涩泽荣一相似的解读方式。那么，在当时的中国，人们是如何看待《论语》及孔子的学问的呢？

杜维明将近代以后以孔子思想为起始的儒学所面临的命运分为三个阶段进行分析。第一阶段是从鸦片战争到五四运动期间，这是儒家思想直面西方文化冲击的考验阶段；第二阶段是从五四运动到中华人民共和国成立期间，反传统的思潮成为主流；第三阶段是中华人民共和国成立以后中国在思想方面的自我反省和变革以及海外儒学的发展阶段。[1]本文以这一阶段划分为基础，将第一阶段中的辛亥革命之后及第二阶段作为时代背景，对中日两国的孔学进行比较分析。

在第一阶段和第二阶段的中国，"孔教"这个称呼被广泛使用。这一称呼背后包含了对以孔子学问为首的全部儒学思想，特别是对作为封建意识形态的儒家思想所做的批判。本文将在考虑涩泽荣一解读《论语》的立场的同时，采用中性的概念，即"孔学"这一称呼来指代孔子的学问和思想。[2]

为了与涩泽荣一进行对比，我们将引入被称为"中国最后的儒者"[3]的梁漱溟（1893—1988）的思想观点。

虽然二者的年龄有差距，但他们的著作出版时期大致重合。涩泽荣一的《论语与算盘》一书于1916年出版，《实验论语处世谈》（后更名为《处世大道》）和《论语讲义》分别于1923年、1925年出版。梁漱溟的著作中提到孔子思想的《东西文化及其哲学》和《中国民族自救运动之最后觉

---

[1] 杜維明「二十一世紀の儒学」土田健次郎編『二十一世紀に儒教を問う』早稲田大学出版部，2010年，48—49頁。
[2] 涩泽荣一使用了"孔子教"一词。比如，他曾论述"在封建时代所存在的轻视农工商的倾向，来源于只重视士这一阶层的封建制度本身，而不是孔学的影响"。参见渋沢栄一述・尾高維孝筆録『論語講義』二松学舎大学出版部，1975年，315頁。由于他从根本上批判了以朱子学为首的性理学，可以推断这里的"孔子教"一词主要指代孔子的学问和思想。
[3] 美国芝加哥大学原教授 Guy S. Alitto 回忆道，在1980年拜访梁漱溟的时候，梁本人认可了"儒者"这一称呼。梁漱溟口述：《这个世界会好吗》，东方出版中心，2006年，2页。

悟》分别于1921年、1932年出版。[1]

有关解读《论语》的立场，梁漱溟本人将自己与"学问家"（学者）区别开来，认为自己是"思想家"。他说，"学问家"是博学多识的，比起创造，他们更强调"吸收"；"思想家"与之相反，他们的知识并不一定丰富，但比起知道，他们更把创造作为自己的专长。[2] 换言之，梁漱溟把重点放在了对新思想的创造上。由此也可以看出，梁漱溟对自己的思想的自信。此外，当思想界被反传统思潮主导时，梁漱溟积极地解读孔子观念，塑造新的孔子形象这一做法也值得我们关注。

那么，涩泽荣一是站在怎样的立场来解读《论语》的呢？前面提到，涩泽荣一没有采取梁漱溟所谓的"学问家"的立场，即进行"考证性"的"研究"。涩泽荣一指出，"（对）论语的解释应当是在孔子宗旨的基础上与时代相适应的，不应拘泥于个人，亦不应拘泥于文字"[3]，即应当适应时代对《论语》加以解读。这一说法无疑让人想起梁漱溟所说的"创造"的研究方法。为了进行"创造"，涩泽荣一采用取舍选择的方法，他认为"论语的章句中也存有因为时代不同而无法直接适用于当今的内容"[4]。

更有趣的是，对于如何看待"义"和"利"的关系，梁漱溟与涩泽荣一观点相近，认为两者并不一定对立。那是1988年梁漱溟在香港中文大学举办的名为"中国宗教伦理与近代化"的国际学术会议上作视频讲话时提到的。以下是梁漱溟的讲话原文：

---

[1] 梁漱溟对于自己早期的学说，在之后多次追加观点和视角，整理论述。为阐明他所描绘出的孔子的整体形象，我们引入了他从1941年开始创作的《中国文化要义》（1949年出版）一书来进行研究。
[2] 参见梁漱溟口述，[美]艾恺整理：《这个世界会好吗》，生活·读书·新知三联书店，2015年，323页。也有观点认为，梁漱溟对构筑学理之上的思想体系并没有兴趣，而是一位将理念诉诸行动的社会运动家。参见李善峰「梁漱溟思想的现代的意义」梁漱溟著·長谷部茂訳『東西文化とその哲学』農山漁村文化協会，2000年。
[3] 渋沢栄一述・尾高維孝筆録『論語講義』二松学舎大学出版部，1975年，594頁。
[4] 渋沢青淵記念財団竜門社編纂『渋沢栄一伝記資料』別卷第六，渋沢栄一伝記資料刊行会，1955—1977年，657頁。

> 有人说，发展商品经济要讲"利"，而中国传统强调"义利之辨"，耻于言"利"，因此是彼此矛盾的。讲义与利，义不是空的；利在义中，义包含了"利"的问题。合乎情理的利叫作义，不是完全对立的。[1]

在梁漱溟看来，"义"本身包含着"利"，当"利"符合"情理"之时，与"义"就是一致的。但他所说的"情理"是指什么呢？和涩泽荣一所重视的商业道德又有什么关系呢？基于以上问题，本文围绕与孔学相关问题，通过将涩泽荣一与梁漱溟的思想进行对比来凸显涩泽荣一思想的独特性。

二、关于孔学的两大争论焦点

在近代中国，有关孔子思想的讨论涉及很多领域。其中之一就是孔学是否为宗教的问题。

在有关儒学命运的阶段划分中，第一阶段中的辛亥革命前后，代表着孔子思想的"三纲五常"被看作封建主义的意识形态。然而辛亥革命胜利后，手握实权的袁世凯倡导了一场尊孔复古运动。从1912年年初到1916年年底是尊孔运动产生、发展、强盛的时期。[2]在这一时期，康有为（1858—1927）及其弟子陈焕章（1880—1933）推动了以孔子为教主的孔教国教化运动。其他封建官僚和文人也加入了尊孔运动之中，组成了"孔教会""尊孔会""念经会""孔道会"等团体。[3]这就导致孔子这一原本就被当作保守封建思想的代表形象被进一步恶化。除此以外，袁世凯、张勋（1854—1923）进行的帝制复辟运动也大都在这一时期进行。因此，在这

---

[1]《梁漱溟全集》第6卷，山东人民出版社，2005年，646页。
[2] 张卫波：《民国初期尊孔思潮研究》，人民出版社，2006年，29页。1917年7月，张勋策划的帝制复辟这场"闹剧"宣告失败，此后，尊孔思潮迎来衰退期。张卫波：《民国初期尊孔思潮研究》，43页。
[3] 当时的孔教团体名单详见《民国初期尊孔思潮研究》一书，32—33页。

一阶段，人们对孔学产生了越来越大的反感。

那么，孔学是宗教吗？《论语》中有几句话被认为是承认了天命、鬼神的存在。比如，"吾谁欺？欺天乎？"（《论语·子罕》）、"获罪于天，无所祷也"（《论语·八佾》）、"亡之。命也乎"（《论语·雍也》）、"五十而知天命"（《论语·为政》）、"君子有三畏：畏天命，畏大人，畏圣人之言"（《论语·季氏》）、"生死有命，富贵在天"（《论语·颜渊》）等。孔教会正是利用了《论语》的这些言辞来实现以孔子为教主的孔教国教化。陈焕章在引用《论语·述而》中的"天生德于予，桓魋其如予何"之后，言道："此孔子自信其为天生之圣子，非人之所能伤害也。"[1]以此来建立孔子的权威。

对此，革命派知识分子中的国粹派学者提出了异议。他们主张发动一场推翻封建王朝的政治革命，并对传统文化进行重新评价。国粹派代表人物之一的刘师培在《中国白话报》中发表了《孔子传》一文，对孔学进行了定位。他说："孔子学术本是九流里面的一种，叫作儒家。没有一个提孔教二字的。随后因为有道教佛教，这班读书人也要说孔子是儒教，到了现在又把孔教共耶教并言，真真是愈出愈奇了。孔教二字实在是狗屁不通"，另外"孔子的教育在后世是很有影响的，可不是个教育的大家么？如若说孔子是个宗教家，这话就真真不确了。他的学问也是儒家的一派，一定说他是至圣先师，却也未免太过了。"[2]也就是说，在刘师培看来，孔子不是教主、宗教家、圣人，而是普通的教育家。另外，刘师培也分析了孔子被政治利用而陷入窘境的深刻原因，指出了孔子的弱点。那就是相对民权，孔子更强调君主的权力。[3]另一位国粹派学者章太炎（1869—1936）将孔子看作一个想要通过出仕为官谋得功名利禄之人，[4]也认为孔子不能被称为宗教教主[5]。

---

[1] 参见《孔教论》，《民国丛书第四编2》，上海书店，1992年，正文第6页。当时的孔教团体名单详见《民国初期尊孔思潮研究》，32—33页。
[2] 参见《中国白话报》第13、14期。
[3] 参见《中国白话报》第13期。
[4] 汤志钧编：《章太炎政论选集·上》，中华书局，1977年，272—273页。
[5] 《申报》1913年9月25日。

实际上，刘师培的观点涉及本文中提到的有关孔学的另一个争论焦点——孔子与后世儒家，特别是宋代以后的性理学（研究贯通宇宙自然的理、明确人类本性的学说）之间的关系。刘师培将孔学定位为诸子学中的一个流派，与后世儒教区别开来。有意思的是，陈焕章为建立孔子无上的权威，曾断言说儒教是孔子创立的。他说，"儒"这个字原本是对一部分文人的通称，但由于孔子宗教的创立，"儒"成了一个特殊名词。此外，他认为，"夫中国之教字，本含三义：曰宗教，曰教育，曰教化。惟孔教兼之，此孔教之所以为大也"[1]。儒家思想是否为孔子所创至今仍是学界争论的话题之一。[2] 特地从儒家思想的发展史中摘取并强调孔子的绝对地位，这是尊孔派的最大特色。与之相对，刘师培等国粹派学者则尖锐地否定了孔子的宗教性。

随着时代的变迁，以1910年代的新文化运动的兴起为契机，孔学遭到了彻底的批判。当时，陈独秀（1879—1942）等新文化运动的旗手们怀着"民主"和"科学"的理念，对孔子的学问及其后的整个儒家思想予以否定。其中，陈独秀对孔子进行了如下批判：

> 孔子生长（于）封建时代，所提倡之道德，封建时代之道德也。……封建时代之道德、礼教、生活、政治，所心营目注，其范围不越少数君主贵族之权利与名誉，于多数国民之幸福无与焉。[3]

也就是说，陈独秀把孔子作为封建道德的鼓吹者而加以批判。就这样，在掀动全中国的反传统思潮中，孔学受到了毁灭性的抨击。

---

[1]《孔教论》，93页。
[2] 杜维明认为儒家在孔子之前发展了很长时间，孔子不是儒家的创始人。参见『二十一世纪に儒教を問う』，40頁。
[3] 陈独秀：《孔子之道与现代生活》，《陈独秀著作选》第1卷，上海人民出版社，1993年。

三、梁漱溟的"人生实践之学"

涩泽荣一以《论语》思想为座右铭推动了日本经济近代化的发展。在前面的内容中,我们粗略梳理了近代孔学在中国的命运。在那种反传统思潮的最盛期,出现了一个认可孔学并希望在孔学中发现新价值的人,那就是梁漱溟。

梁漱溟是中国第一代现代新儒家的代表人物。[1] 10 岁左右,他受父亲重视实用、实利思想观念的影响,有着类似西方功利主义的价值观,即"以利害得失来说明是非善恶,亦即以是非善恶隶属于利害得失之下也,认为人生要归于去苦、就乐、趋利、避害而已"[2]。这可以概括为,要重视利害关系和得失。然而,在那之后,梁漱溟将自己始终信奉着的功利主义所肯定的对象"欲望"归结为迷惘,价值观从而向佛教转变。他说:

> 利害云,得失云,非二事也;异其名,同其实。核求其实,则最后归着当不外苦与乐乎?……何为苦?何为乐?我乃发现一真理曰:苦乐不在外境。……而人当所欲得遂时则乐,所欲不遂时则苦也。……欲望通常表现于吾人意识上……却每因通过意识而大有变化。……人生基本是苦的。……一切问题原都出自人类本身而不在外面;但人们却总向外面去解决。这实在是最普泛最根本的错误。……由肯定欲望者一变而判认欲望是迷妄。[3]

在梁漱溟看来,欲望是由与苦乐相连的人类意识所左右的,因而不应

---

[1] 楊儒賓著・表智之訳「梁漱溟の『儒家将興説』を検討する」『季刊日本思想史』41 号,ぺりかん社,1993 年。
[2] 黄克剑、王欣编:《当代新儒家八大家集之一・梁漱溟集》,群言出版社,1993 年,52—53 页。
[3] 《梁漱溟集》,53—55 页。

取决于外部,而应当回问自己。然而,在醉心于佛教 10 年之后,梁漱溟在 27 岁前后转向了儒家。[1]《论语》就是他转变的契机。

梁漱溟认为,《论语》是关注"乐"的。他说:"全部《论语》通体不见一苦字。相反地,辟头就出现悦乐字样。其后乐之一字随在而见,语气自然,神情和易,偻指难计其数,不能不引起我的思寻研味。卒之,纠正了过去对于人生某些错误看法,而逐渐有其正确认识。"[2]此外,对于孔子所体会到的快乐,他还说:"生趣盎然,天机活泼,无入而不自得,绝没有哪一刻是他心里不高兴的时候,所以他这种乐不是一种关系的乐,而是自得的乐,是绝对的乐。"[3]由此可见,梁漱溟是从"乐"的视角理解了《论语》。除了"乐"之外,他还发现了孔子对于"生"(生命)的重视:

> 孔子赞美欣赏"生"的话很多,象(像)是"天何言哉,四时行焉,百物生焉,天何言哉"如此之类总是赞叹不止。这一个"生"字是最重要的观念,知道这个就可以知道所有孔家的话。孔家没有别的,就是要顺着自然道理,顶活泼顶流畅的(地)去生发。他以为宇宙总是向前生发的,万物欲生,即任其生,不加造作必能与宇宙契合,使全宇宙充满了生意春气。[4]

梁漱溟眼中的孔学,可以说是一种天然的、快乐的、生动的生命哲学。他说:"在我思想中的根本观念是'生命''自然',看宇宙是活的,一切以自然为宗。"[5]因此,我们在了解了梁漱溟对孔学的看法后,首先应理解他对生命和生活的关注。谈及给孔学加一个学名,梁漱溟就将孔子的学

---

[1] 然而,梁漱溟晚年谈到自我认识时强调,自己最终仍然是一个佛教徒。参见《梁漱溟集》,60 页。
[2] 《梁漱溟集》,56 页。
[3] 《梁漱溟全集》第 1 卷,464 页。
[4] 同上书,448 页。
[5] 《梁漱溟全集》第 2 卷,125 页。

问定义为"人生实践之学"。正如他自己所说:"其学问不是外在事物知识之学,亦非某些哲学玄想,而是就在他自身生活中力争上游的一种学问。这种学问不妨称之为人生实践之学。"[1]

在定义"文化"和"生活"的概念时,梁漱溟也有着自己独特的观点。

> 你且看文化是什么东西呢?不过是那一民族生活的样法罢了。生活又是什么呢?生活就是没尽的意欲(will)——此所谓"意欲"与叔本华所谓"意欲"略相近——和那不断的满足与不满足罢了。[2]

梁漱溟认为,文化就是"生活方式"本身,"生活"就是由与"苦"和"乐"直接相关的"欲望"而产生的"不断满足"与"不满足"。梁漱溟这些思想的产生,很大程度上在于亨利·柏格森的生命哲学对他的影响。

梁漱溟在评价柏格森的思想时说道:"他说……宇宙的本体不是固定的静体,是'生命'、是'绵延',宇宙现象则生活中之所现,为感觉与理智所认取而有似静体的……他这话是从未有人说过的,迈越古人,独辟蹊径,叫人很难批评。"[3]结合梁漱溟对"文化"和"生活"内涵的理解来看,他应当会对柏格森所说的"宇宙""生命"和"持续"这样的词语产生强烈的共鸣。

那么,具体来说,梁漱溟是如何将孔学看作"人生实践之学"的呢?笔者将围绕前文提到的孔学研究中的两大争论焦点,对梁漱溟和涩泽荣一的观点进行比较分析。

---

[1]《梁漱溟集》,485页。
[2]《梁漱溟全集》第1卷,352页。
[3] 同上书,406页。

四、涩泽荣一与梁漱溟对孔学的看法

涩泽荣一曾就孔学的宗教性发表观点,谈到了井上哲次郎和阪谷芳郎的辩论。他说:"从八佾篇中的'获罪于天,无所祷也'来看,孔子深信天意,且以之为其信条。因而井上博士所论孔教原本就有一半是宗教,也有其道理。而阪谷博士反对,凡宗教必有祈祷礼拜之形式,而孔教则不具备此形式,故不可视之为宗教。虽然尚不能笼统地断定其是非,然余并不相信儒教乃宗教,儒教仅是实际的修身处世之道,是公认的人之所应遵循的规约准则的教条,应遵循论语之说教而不懈躬行而已。"[1]就是说,涩泽荣一不认为孔学是一种宗教,他并没有从宗教的角度入手来审视孔学,而是关注孔学中的"修身处世"。换言之,他将孔学作为一种处世之道来解读。

与涩泽荣一一样,梁漱溟也断然否定孔学是宗教这一说法。他认为,孔学即便具备宗教仪式也不算是一种宗教。而且,孔学既没有宗教那样的独断性(dogma),也不具有迷信和世俗之外的思想倾向。[2]

从这个角度出发,他对康有为和陈焕章提倡的孔教论进行了猛烈的批判:

> 他[康有为][3]所作的《大同书》替未来世界作种种打算,去想象一个美满的境界;他们一班人奉为至宝,艳称不胜,我只觉其鄙而已矣!他们根本不曾得到孔家意思,满腹贪美之私情,而见解与墨子、西洋同其浅薄。……直到后来还提倡什么物质救国论,数十年来冒孔子之名,而将孔子精神丧失干净!其弟子陈焕章办孔教会,我们

---

[1]『渋沢栄一伝記資料』第41卷,336頁。
[2]《梁漱溟全集》第5卷,71頁。
[3] 引文中"[ ]"内的内容为笔者添加,全书同。

一看所谓孔教者，直使人莫名其妙。[1]

梁漱溟以亵渎孔子的精神为论点批判了孔教论。显然，他感到带有宗教色彩的"孔教"一词十分古怪且不协调。此外，谈及"贪欲"，梁漱溟回想起了有关陈焕章捐款一事。

> 陈焕章办"孔教会"，在北京西单修房子，需要款，叫"劝募款"，订一个条例，如果捐五万块钱就怎么样，捐十万块钱怎么样，引诱人捐款，这个简直要不得，完全是一种名利的俗心，俗的，俗的不得了，俗的不得了。一点高尚的意思都没有。[2]

梁漱溟指出，以孔教国教化为目标的尊孔派实际上怀有贪图名利的用心。由此可见，在否认孔学为宗教这一点上，梁漱溟和涩泽荣一的观点出乎意料地一致。

不仅如此，在将孔学与后世宋学割裂开来理解这一问题上，涩泽荣一和梁漱溟也有着相似的看法。

涩泽荣一认为："孔子之教处处注重实践，并无格外高远难涉之处。后世学者各自注解且学说晦涩，……致使学问与实践相分离，朱子学等特有此弊病。"[3]他还批判道："以理来解释孔子圣言乃宋儒之通病，与孔夫子之本意截然相反。孔夫子之学问为浅显易懂、通俗易行的实学，而不言空理。须知论语之中无一理字。"[4]显然，涩泽荣一关注到孔学的浅近及实践性。他认为以朱子学为首的理学本质上就是脱离实践的"空理"而已。

同时，梁漱溟还认为，孔子讲的是人生，并没太提及宋学中的性理等问题。他指出，宋代以后的儒教中存在着严苛的教条主义，而这些教条大

---

[1]《梁漱溟全集》第1卷，第463—464页。
[2]《这个世界会好吗》，285页。
[3]『渋沢栄一伝記資料』第41卷，408—409页。
[4] 渋沢栄一述・尾高維孝筆録『論語講義』二松学舎大学出版部，1975年，174页。

多是强行施加在人们身上的。[1]他还认为,"三纲五常"并不是孔子的根本精神,[2]孔学的本质是关乎生活的,弟子们对孔子的向往也正是源于这个本质。[3]这样的观点显然和他一直以来对"生活""生命"哲学的重视相通。总之,可以明确的是,梁漱溟和涩泽荣一同样指出了宋学的弊端,站在了回归原本孔学的立场之上。

五、涩泽荣一对《论语》的解读与工商立国的思想

综上所述,涩泽荣一和梁漱溟对于两大争论焦点的观点似乎很相似,但论证其观点的切入点却不一定相同。那么,两人分别是基于什么原因而选择重读孔学的呢?

涩泽荣一在谈到孔子的宗教性时说:"增强人们对孔子信赖的是《论语》中未提及任何奇迹之类事物的发生。而无论是基督还是释迦,都有许多奇迹产生。……人们信于此[奇迹],便会陷入迷信吧……而孔学之中全无如此奇迹迷信之处,这正是余深信孔子之缘故,进而由此产生了真正的信仰。"[4]这里所说的"真正的信仰",应当是一种比宗教信仰更强韧的东西。也就是说,涩泽荣一对自己所做的《论语》解读,或者"义利合一论"有着绝对的自信。换言之,他正是通过对《论语》的再解读来宣扬个人学说的正当性的。

那么,涩泽荣一为什么要重新解读《论语》呢?从结论来看,这源自他工商立国的思想。他旨在通过重读《论语》,使得追求"利"的商业经营实现正当化,从而提高工商业在众行业中的地位。

涩泽荣一的工商立国思想,是他在1867年巴黎万国博览会期间周游

---

[1]《梁漱溟全集》第1卷,477页。
[2]《梁漱溟全集》第4卷,770页。
[3] 同上书,769—770页。
[4]『論語と算盤』国書刊行会,1985年,175頁。

欧洲时逐渐产生的。在回忆录中，他谈到了那时比利时国王利奥波德二世劝说日本购买比利时铁一事，说："当时我们都认为，一国的帝王竟谈及买卖之事，实在过分圆滑且具有商贾之气质也。然而对其所言之事我皆是赞同，又十分钦佩他如平民一般的言语态度。国王身居如此高位尚具有此态度，平民自然也不会对产业漠不关心。"[1]他还回忆道："维新之前，我曾到欧罗巴旅居一年，观察了其值得借鉴之处，……近乎全部国家皆是以商业或工业为基础，……其民众均有着共同观念，生存之上实业最必不可少。发展实业，就是富国强国。"[2]可以认为正是在欧洲的生活体验，使得涩泽荣一产生了工商立国的思想。

提到日本的工商业现状，涩泽荣一写道："我国的封建残余把实业家称为素町人［卑贱的商贩］，将其置于士农工商末端的轻商思想仍然存在。"[3]可以看出，自古以来，商人就被蔑称为"素町人"。关于"封建残余"，涩泽荣一先通过商业与政治的关联性，指出封建时代商业地域的狭小。他说道："在封建时代，大部分商业基本在各地的藩主所管理的区域内进行，……因皆为掌权者兼为经营，故而商业区域在封建时代是极其狭小的……"[4]有关抑制农工商业发展的封建制度，涩泽荣一指出："明确划定统治者和被统治者的界限，不让被统治者侵犯任何统治者的权力，这就是武力推动下强权政治的惯用手段。"[5]他认为，在统治者对民众的控制体系中，商人的生存空间被压制。

除统治者的压迫之外，涩泽荣一也没有忽略日本商人自身的问题，如他们在道德观念上的自轻自贱等。涩泽荣一说："偶尔拥有些个人财产便成为守财奴，只是较锱铢小利而度日，毫不思索生活之道理与做人之本分，对国家一无所知，也许读过全日本地方志等书籍，但毫无国家观

---

[1]『青淵回顧録・上卷』青淵回顧録刊行会，1927年，183—184頁。
[2]『渋沢栄一伝記資料』第26卷，475頁。
[3]『渋沢栄一伝記資料』第43卷，503頁。
[4]『渋沢栄一伝記資料』第26卷，575頁。
[5]『論語講義』，285頁。

念。"[1]这里涩泽荣一指出，当时日本的商人拘泥于"锱铢小利"而没有国家观念。

基于此，提高工商业者的社会地位成为涩泽荣一的主要课题。他必须强调工商业发展的意义，从而在根本上打破人们的贱商思想。为此，涩泽荣一从儒家伦理道德入手，对其进行重新解读，具体而言，就是解读《论语》这部讲述道德准则的儒学经典。他就孔子与后世儒家的关系做了如下阐述：

> 孔孟之训主张义利合一是有确凿之依据，利益并非与仁义相违背也可明确。然而后世之学者［指朱子学者］误将财富与仁义忠孝或是道德相割裂，此种解释方式使得汉学被世间忽略。若真如此解释，汉学便失去了存在之意义而仅成为心学。心学若不能在社会上加以活用，余以为孔子之教便不值得尊敬。……我想和各位一道，以利益福祉和仁义道德的合一为一主义，并使之发展壮大。[2]

涩泽荣一在这里提出了"义利合一论"，认为朱子学的解释是对孔子思想的误解。在涩泽荣一看来，如果不将"财富"引入人们的视野，汉学就成了无用之物，孔子也完全不值得尊敬了。从对利益的重视来看，涩泽荣一可以说是站在功利主义的立场来解释孔学的。换言之，涩泽荣一通过将孔子的学问与朱子学相分离，来倡导他自己构建的"义利合一"理论。

对于我们之前提到的那些主张孔教国教化的中国文人来说，他们在探讨"义""利"关系时，则贯彻了反功利主义理念，认为"盖以利之一字蛊人最深，祸世最烈"，"知我孔子之教真是使国利民福，适如乎大学之所谓以义为利而不以利为利也"。[3]

---

[1] 『渋沢栄一伝記資料』第26卷，237—238頁。
[2] 同上书，467—468页。
[3] 徐炯：《义利之辩》，《孔教会杂志》第1卷第12号，1914年。

六、梁漱溟的孔学与"人生的三路向"

梁漱溟在论述"义"与"利"的关系时，使用了"情理"一词。接下来，我们就来探讨一下梁漱溟看待孔学的着眼点。想要厘清这个问题，我们须了解梁漱溟的"人生三种问题论"和"人生的三路向论"。

梁漱溟认为，人生的三种问题分别是：（1）可满足者（人与自然的问题）；（2）满足与否不可定者（人与人的问题）；（3）绝对不能满足者（人与自身的问题）。[1] 解决这三种问题时，他考虑了以下三个路向：（1）直面并努力解决问题；（2）不去要求解决问题，而就在这种境地上寻求个人意欲的调和；（3）取消问题本身。梁漱溟分别将第一路向与西洋文化、第二路向与中国文化、第三路向与印度文化对应起来，将世界上所有文化都归类到这三个模型中。例如，在第一路向所对应的西洋文化中，物质文明是人类对自然不断推动而形成的结果。第二路向所对应的中国文化是以自觉、调和、持中为根本精神，表现为安分、知足、寡欲、摄生。第三路向所对应的是印度文化，印度人崇信宗教，不像西方人那样要求幸福，也不像中国人那样安分知足，而是努力从生活中解脱出来。[2] 梁漱溟认为，人类基本上是按顺序步入这三个路向的。但中国和印度，原本应该先步入第一路向的两国，却先走上了其后的路线，梁漱溟将这种现象解释为"文化早熟"[3]。他认为，儒家和佛教在人类历史演进中都属于未来的产物，因而他断言，展望世界文化的主流发展，中国文化会在不久的将来得以复兴。[4]

在笔者看来，梁漱溟正是基于三个路向的构思，才会在当时社会普遍

---

[1]《梁漱溟全集》第1卷，379—380页。
[2] 同上书，381—383页、392—394页。
[3] 梁漱溟：《中国文化要义》，上海人民出版社，2005年，229页。
[4]《梁漱溟集》，58页。梁漱溟还推断，在中国文化之后，印度文化也会迎来复兴。参见《这个世界会好吗》，22页。

对传统文化持批判态度的大形势下聚焦和发展孔学,以挽救中国传统文化。

关于本文中提到的孔学的第二个争论焦点,即孔学与后世儒家的关系问题,梁漱溟使用了"周孔教化"这个词。意思是说,中国几千年的传统文化是由周公(礼乐制度的创造者)和孔子(解读礼乐制度、教化民众的负责人)所构筑的,"周"代表周公以前的人物,"孔"则代表孔子以后的人物。梁漱溟在说到孔子之后的人物时,只提到孟子继承了孔子,王阳明继承了孟子,却没有提及朱子学(宋学)。[1] 那么,为什么在孔子之外,还肯定了孟子和王阳明呢?

原因之一是阳明学,特别是泰州学派的王心斋(1483—1540)[2] 促成梁漱溟从佛教到儒教的转变。他说:

> 我曾有一个时期致力过佛学,然后转到儒家。于初转入儒家,给我启发最大,使我得门而入的,是明儒王心斋先生;他最称颂自然,我便是如此而对佛家的意思有所理会。[3]

也就是说,在重视"自然"这一点上,王心斋的思想给梁漱溟留下了深刻的印象。前文提到,梁漱溟认为自己的根本理念是扎根于"生命"和"自然"的,其主旨也全在"自然"之中。除了对自然的关注外,梁漱溟对王心斋的《乐学歌》[4](以学为乐的歌)也十分赞赏,认为"此乐是深造自得之乐,与彼有所得于外之乐迥然两回事,恰为生活上两条脉路"[5]。

这就是说,在梁漱溟看来,王心斋的"乐"正是他自己所憧憬的《论语》之中的"乐"。之后,他根据王心斋的"乐",结合"欲望"又总结出三条路向:

---

[1]《中国文化要义》,92 页、96—97 页。
[2] 泰州学派是阳明学的一个学派,王守仁的直系弟子、泰州的王心斋是其创始人。
[3]《梁漱溟集》,51 页。
[4] "乐是乐此学,学是学此乐;不乐不是学,不学不是乐。"参见《梁漱溟集》,57 页。
[5]《梁漱溟集》,57 页。

一、肯定欲望，肯定人生；欲望就是人生的一切。

二、欲望出在众生的迷妄，否定欲望，否定一切众生生活，从而人生同在否定之中。

三、人类不同于其他动物，有卓然不落于欲望窠臼之可能；于是乃肯定人生而排斥欲望。儒家自来严"义""利"之辩、"天理""人欲"之辩者，盖皆所以辨别人禽也。[1]

显然，这三条路向又分别与人生三大路向的第一、第三、第二路向相对应。正如前文所说，梁漱溟在转向佛教世界时，认为欲望来自与"苦"和"乐"相关的人类意识，并不取决于外部，而应当求诸自己内心。这个"求诸自己内心"，不正是他引文中王心斋所说的内心之"乐"吗？

此外，与孔学的第一个争论焦点相关，我们应注意到的是，梁漱溟断言"周孔教化"不是宗教，其理由是孔子启发了人类的理性。也就是说，"孔子并没有排斥或批评宗教，但他实是宗教最有力的敌人，因他专从启发人类理性上下功夫"[2]，还有"在孔子有他一种精神，又为宗教所不能有。这就是他相信人都有理性，而完全信赖人类自己"[3]。梁漱溟从人类理性的开发方面肯定了孔子的贡献。梁漱溟还认为，孔学的宗旨与宗教的不同，在于它不给予人类任何的教条，只是促进人类不断反省，发现自身的理性。在他看来，这种理性在中国比在其他国家先发展起来，正体现了中国文化的早熟，这就是前文提及的"文化早熟论"。

那么，"理性"是什么呢？在梁漱溟看来，那是无私的感情（impersonal feeling），意味着调和持中、清静安然的心。[4]再者，由于这种理性的存在，历来不被怀疑的所有存在于古老习俗和观念中的独断之处都消失了，人们会依据"情理"来处理发生的问题。[5]结合梁漱溟所说的"合乎情理的利

---

[1]《梁漱溟集》，57—58页。
[2]《中国文化要义》，94页。
[3] 同上书，93页。
[4] 同上书，95—96页、111—117页。
[5] 同上书，104—105页。

叫作义",再看"情理"一词,可以发现,梁漱溟的"情理"并不是涩泽荣一所说的"道德规范",而是依据实际情况进行考量的条理。

正如前文所说,梁漱溟在肯定柏格森的同时,认为宇宙的本体不是固定的静体,是"生命""绵延",而生活就是"没尽的意欲和那不断的满足与不满足",这些正体现了他永不停止、生生不息的学问观念。他对"义""利"关系的处理方式,正是他用动态的视角将孔学作为人生实践之学去理解的结果。

与此同时,在反传统的思潮中,人们由于过度强调孔学道德教化的特征,而视之为封建意识形态。梁漱溟当然也意识到了这一点,并通过"理性"一词赋予孔学以新的生命力。总之,梁漱溟所说的"理性"这一着眼点与倡导"经济道德一致论"的涩泽荣一基于道德的着眼点形成了鲜明的对比。

除此之外,关于"义"和"利",梁漱溟还认为,孔子"不计较利害"[1]。"理欲之争,义利之辩,自古为思想界之大问题,亦殊影响于社会人生。……类此者,皆消极地或积极地,直接地或间接地,遏阻其社会经济之进步,可无待言。"[2] 从这里看,梁漱溟并没有像涩泽荣一一样,聚焦在"义"与"利"之间的紧张关系上。他承认,中国的社会经济反而由于"理""欲""义""利"理念的争辩而落后于时代了。

七、梁漱溟的生命哲学与乡村建设理论

梁漱溟是否与涩泽荣一一样,为了富国的目标,接受了工商立国的理念或是认同资本主义生产模式呢?答案是否定的。在梁漱溟看来,其他国家的模式,比如第一路向的西洋文化,并不一定适用于中国,中国今后只能走自己独有的发展道路。

梁漱溟为什么认为日本和欧美国家的工商立国之路在中国是行不通的

---

[1]《梁漱溟全集》第1卷,458页。
[2]《中国文化要义》,210页。

呢？他结合中国的现实，指出，"自从西洋强大的势力过来，中国已经没有走资本主义的路的余地了，不可能走资本主义，所以它不能不走社会主义的道路"[1]。在此，梁漱溟明确指出与中国发展模式相关的外部因素。然而，我们也不应该将中国的发展模式问题全部归咎于西方的压力。近代的日本同样受到过西洋的压迫，那么为什么日本实现了比中国更快的发展呢？梁漱溟承认中日两国发展差距，并在此基础上分析了其中原因。他认为，日本和中国的社会构造（政治和社会制度、社会秩序、国民行为准则）是不同的。在他看来，日本在明治维新以后，政局与社会都趋于稳定，因而得以顺利地接纳、吸收了西方的长处，向资本主义工商业的道路大步迈进。与之相对，近代以后的中国，不用说手工业，连同农业也遭到了极大的破坏。在这样的社会环境中，工商业者们虽然想谋求发展，但因此蒙受损失而倒闭的比比皆是。梁漱溟认为，这是中国社会没有秩序所造成的。人们生活在一个社会中，如果没有秩序和条理，生活就无法顺利进行，而迄今为止阻碍中国发展的最大问题就是内战和内乱。[2]

那么，应当如何建立起中国的新秩序呢？梁漱溟发表了以下见解：

> 我们仿佛找到了几个原理原则，认识了一个方针，本以此建立中国的新秩序、新组织构造。但是从什么地方入手呢？那么，入手处就是乡村。中国这个国家，仿佛是集家而成乡，集乡而成国。我们求组织，若组织家则嫌范围太小，但一上来就组织国，又未免范围太大；所以乡是一个最适当的范围。正因为中国的新社会组织要从乡村去求，恰好也就适合了那种从理性求组织的意思。换句话说：在乡村中从理性求组织有许多合适点。掉过来说，在都市中从理性求组织原则比较不容易。[3]

梁漱溟论及一个组织应有的规模，认为乡村（农村）是最合适的。这

---

[1]《这个世界会好吗》，232页。
[2]《梁漱溟全集》第5卷，818—820页、844—845页。
[3]《梁漱溟全集》第2卷，313页。

里需要关注的是，梁漱溟所言的从农村着手的理论依据，正是前文提到的"理性"。在此"理性"概念的基础上，为了强调中国农村建设的必然性，梁漱溟从以下四个方面对农民和工商业者进行了比较：

> 第一层：以农夫与工商业者较，从他们职业的不同、环境的不同，所以影响到他的性情脾气者很不一样。农夫所接触的是广大的自然界，所以他心里宽舒安闲；工商业者居于人口密集的窄狭的都市中，睁眼所碰到的就是高墙，所以他的性情褊急不自然。农民的宽舒自然的性情，很适于理性的开发。
>
> 第二层：农民所对付的是生物——动植物；而工商业者所对付的是死物质。生物是囫囵的、整个的、生动而有活趣的；死物质恰好相反，是呆板的、可以分割破碎的、任人摆弄的。……西洋因工商业，将人训练成一种喜欢分析解剖的脾气，将一切都看成是机械的、可以割裂的；这正是理智。中国农夫因其对付的是囫囵的、不可分的生物，所以引发了他的活趣；这正是理性，而不是理智。……此即因其有活趣，可以引发一种自然活泼之温情。
>
> 第三层：工商业者老是急急忙忙，农夫则从容不迫。……工商业者……出产愈快，愈可以多赚钱，为多赚钱逼迫着叫他快。农民则欲快而也不得，种植五谷与自然的节候非常有关系，急忙不得；所以养成他一种从容不迫的神气。……工商业者总是一天到晚的奔忙，常在一种有所追逐贪求之中。……这个地方，也是让乡村人容易开发理性，而工商业者则不能。
>
> 第四层：农业最适宜于家庭的经营，工商业则不然；男工、女工、童工部分散到工厂作工。可以说：农业是巩固家庭的，工商业则是破坏家庭的。家庭乃最能安慰培养人的性情者，……也适足以培养人的感情；这与我们情谊化的组织很有关系。[1]

---

[1]《梁漱溟全集》第2卷，314—315页。

在这里，梁漱溟以农民的性情、特质以及农村环境的特殊性为论据，强调了建设农村、培养人类理性的必然性。特别是"农民所对付的是生物"，"生物是囫囵的、整个的、生动而有活趣的"，此类言辞和他的生命哲学是一脉相承的。

对于工商业者，梁漱溟的评价为"常在一种有所追逐贪求之中"，这与涩泽荣一的立场形成鲜明的对比。涩泽荣一为了控制商人的"贪欲"，通过对《论语》进行重新解释树立了伦理观念，而梁漱溟则想要通过优先进行农村建设来解决工商业的问题。那么，对于在农村建设及自治方面所面临的"义""利"问题，梁漱溟是怎样处理的呢？他从对利益概念的解释入手，阐释他的乡村建设理论。在提到如何领导农民进行乡村建设时，他谈道：

> 何谓利益？就是好处。所谓好处，就是能增进我们生命之活动的，有裨于生命活动的。诚然，适当的物质资料，适当的闲暇休息，皆为生命活动所不可少。但他们只是一些相关系的条件，并非这就是好处……人情和洽，最能增进生命的活动，论到好处这是根本可贵的好处；毁伤了这个，有形无形不知有多少损失，实非所以帮助农民之道。工作中的乐趣是生命活动的源泉……[1]

将利益与生命活动直接联系到一起，正是梁漱溟独特的关乎"生"之学问的展现。把"工作中的乐趣"作为"生命活动的源泉"，也与他通过"乐"来理解孔学的方法相通。另外，笔者认为，"人情和洽"也与他的"理性"概念紧密相连。那么，为什么像这样通过"理性"结成的组织结构在城市就难以立足呢？对此，承接上述四个层面的分析讲解，梁漱溟进一步对农村和城市做出如下比较：

---

[1]《梁漱溟全集》第2卷，410—411页。

第五层：这一层最重要。乡村人很有一种乡土观念，仿佛他的村庄也被看作他的家乡。乡村人对于他的村庄的亲切意味，为住在都市的人对于都市所不易有者。……住在都市里的人，对街坊邻居，看得很平常，并无多大关系，往往对于街坊邻居的姓氏都不知道。……乡村人对于他的街坊邻里很亲切，彼此亲切才容易成为情谊化的组织。……都市人各不相关，易引起狭小自私的观念；乡村则比较能引起地方公共观念。

第六层：中国固有的社会是一种伦理的社会、情谊的社会。这种风气、这种意味，在乡村里还有一点，不象（像）都市中已被摧残无余！西洋风气——个人本位的风气进来，最先是到都市，所以此刻在都市中固有空气已不多见，而在乡村中倒还有一点。所以"礼失而求诸野"，在乡村中还保留着许多固有风气。

第七层：乡村是本，都市是末。乡村原来是人类的家，都市则是人类为某种目的而安设的。……若都市来控制乡村的时候，那就是少数人用力量以统治多数人，这是不对的，不是常态。现在我们是从乡村起手求组织，是自下而上，由散而集，正合乎常态，合乎人类的正常文明。……讲乡村建设就包含了都市，我们并不是不着意都市，因为着意于本，则自然有末；乡村越发达，都市也越发达。

第八层：我们培养新的政治习惯，要从小范围——乡村着手。……所谓新政治习惯，即团体分子对团体事件的关切注意……而乡村人头脑简单，多运用感觉，不会运用观念，故其注意力所及，必从小范围——乡村入手才行。……再则，也必从其活动力所及的范围入手，才容易培养新政治习惯。……怎样培养？亦必从小范围的乡村入手。因为范围大的时候，他就感到不易活动，很容易使人畏缩；必须是其活动能影响所及的范围，他才容易活动。[1]

---

[1]《梁漱溟全集》第2卷，316—320页。

显然，梁漱溟在批判西方个人本位思想的同时，对中国传统的"伦理社会"或"情谊社会"的回归抱有期待。基于此，他着眼于充满人情味的农村社会，认为农村才是人类的终极故乡。对于民众的政治习惯，梁漱溟乐观地认为，比起城市，培养农民的政治觉悟和行动力是更易于实现的。

八、孔学的意义

正如梁漱溟所说，对孔子学说的解释可以"千百其途径"[1]。因此，笔者认为，读者可以根据各自的立场来解读，关注点也可以不同。于丹对《论语》的解读自不必说，近代中国的尊孔派、国粹派、新文化运动派学者也分别站在自己的立场上，描绘出不同的孔子形象。

面对中国反传统的思潮，被称为"中国最后一个儒者"的梁漱溟说："孔子之真若非我出头倡导，可有哪个出头？"[2]他把宣扬孔子思想的真意作为自己的使命，从农村建设及自治的立场出发，重新审视作为文化之祖的孔学。他把孔学视作人生实践之学，用"生""乐""理性"等词语，对孔学进行重新解读，创造了新的孔子形象。与梁漱溟不同，涩泽荣一把发源于农业大国的中国的孔学，特别是把《论语》思想作为座右铭，同时不以农业而以工商业立国的理念为基础，从《论语》中发现了"义利合一"的可能性。通过和梁漱溟的对比，我们应该重新认识涩泽荣一的才干与独创性。

另外，梁漱溟指出，推动工商业发展这样西洋式的发展模式具有一定的局限性。他说，"近代西洋人走的这条路，内而形成阶级斗争社会惨剧，外而酿发国际大战世界祸灾，实为一种病态文明"[3]。他进而分析产生这些问题的病根，认为其关键在于西方社会轻视了农村发展。他说："现在西

---

[1]《梁漱溟全集》第5卷，549页。
[2] 同上书，70页。
[3] 同上书，222—223页。

洋社会的毛病，就是政治的、经济的大权都操在都市人手里，重心集于城市，这是一个顶不妥的社会、顶偏欹的社会，所以不稳当。"[1] 由此看来，梁漱溟不仅对中国农村的问题，也对包括西洋文化在内的全人类文明的发展方向抱有浓厚的兴趣。他说：

> 西洋人自秉为我向前的态度，其精神上怎样使人与自然之间、人与人之间生了罅隙。……从他们那理智分析的头脑把宇宙所有纳入他那范畴悉化为物质，看着自然只是一堆很破碎的死物，人自己也归到自然内，只是一些碎物合成的，无复囫囵宇宙和神秘的精神。其人对人分别界限之清，计较之重，一个个的分裂、对抗、竞争……人处在这样冷漠寡欢、干枯乏味的宇宙中，将情趣斩伐的净尽，真是难过的要死！而从他那向前的路一味向外追求，完全抛荒了自己，丧失了精神；外面生活富丽，内里生活却贫乏至于零！[2]

梁漱溟认为，由于西方文明这一注重物质的文明发展，人与自然、人与人之间的平衡崩坏，生活的快乐和精神（人情）也随之丧失。这也是现代人所要面临的问题。为了解决这些难题，梁漱溟将孔学作为"人生实践之学"加以解读的做法，无疑给了我们很大的启发。

---

[1]《梁漱溟全集》第2卷，318页。
[2]《梁漱溟全集》第1卷，504—505页。

第二篇　涩泽荣一的企业家精神

涩泽荣一的合本主义
——独立市场型模式的形成*

岛田昌和

一、对涩泽荣一评价的变迁

涩泽荣一（1840—1931）是日本近代最具代表性的企业家。有"涩泽荣一研究第一人"之称的土屋乔雄所说的"民间资本主义最高领袖"成为反复用于形容涩泽荣一的代名词，经营史学家森川英正所说的"他是组织者，是指路人，是设计师，是发言人"，也是对其影响力的高度肯定[1]。

国外学者对涩泽也有诸多评价。其中，广为人知的是撰写过众多名著的著名管理学家彼得·德鲁克（1909—2005）对涩泽的高度评价。德鲁克认为，岩崎弥太郎和涩泽荣一"比罗斯柴尔德、摩根、克虏伯、洛克菲勒的成就更显著"。他感叹："仅凭两人之力，拉动了近三分之二的日本工业和运输行业，对国家经济产生如此巨大的影响，这是在任何地方都未有过

---

* 原文「渋沢栄一による合本主義　独自の市場型モデルの形成」收录在パトリック・フリデンソン / 橘川武郎編『グローバル資本主義の中の渋沢栄一』東洋経済出版社，2014年。

[1] 土屋喬雄『日本資本主義史上の指導者たち』岩波書店，1939年。森川英正「渋沢栄一——日本株式会社の創立者」『日本の企業と国家（日本経営史講座　第4巻）』日本経済新聞社，1976年。

的例子。"[1]

德鲁克高度评价了涩泽的用人能力，即在扩充人力资源上的能力。他将其称作"人才能力至上主义"。"近50年间，他作为活跃于民间的、无报酬的'经营管理开发中心'，成为数百位年轻公务员、实业家、经营者的顾问和导师。他积极开展培训业务、组织经营者俱乐部，举办各种讲座、研讨会。"他认为，涩泽培育了不可或缺的人力资源，这与岩崎弥太郎重视资本增长的立场形成鲜明的对比。[2]

美国经营史学家曼塞尔·布莱克福德是这样评论涩泽荣一的："他是第一个将商人视为日本新武士的人。他们认为只要按照正确的道理行动，企业不仅可以获取私人利益，也可以对公益产生价值。普及对经营活动的全新认知并为之鞠躬尽瘁的人便是涩泽荣一。"他认为涩泽的成就主要在提高企业家地位和普及公益概念上，但并不认为涩泽是日本商人的典型，因为"很多商人并没有和涩泽一样的公德心"[3]。

美国的日本近现代史、劳动史研究学者安德鲁·戈登认为，在日本资本主义系统中发挥中心作用的是财阀，他高度评价支持该事业的政府以及来自民间的高度竞争和经营意识。对于其背后的支撑理念，戈登聚焦于涩泽荣一，认为是他所强调的"借助儒教思想来追求'无私'公益"的思想。[4]

从上述三位学者的评论可以看出，相比布莱克福德和戈登，德鲁克对涩泽的评价尤其高。同时，在从人才开发的角度来评价涩泽的作用方面，

---

[1] P. F. 德鲁克『断絶の時代——来たるべき知識社会の構想』ダイヤモンド社，1969年，158—159頁。
[2] 德鲁克也在其后的著作『イノベーションと企業家精神』(1985年，190—207頁)中提到涩泽创办银行，是一位系统战略的决策者。
[3] M. G. 布莱克福德『ビッグビジネスの比較経営史——イギリス、アメリカおよび日本』同文舘，1988年，89頁。(原著：Mansel G. Blackford, The Rise of Modern Business in Great Britain, The United States, and Japan, The University of North Carolina Press, Chapel Hill, 1988)
[4] 安德鲁·戈登『日本の200年——徳川時代から現代まで(上)』みすず書房，2006年，202—208頁。(原著：Andrew Gordon, A Modern History of Japan: From Tokugawa Times to the Present, Oxford University Press, 2003)

他的评价也高于以往日本经营史学家的评价。

虽说对涩泽的高度评价早已存在，但日本经营史学家的兴趣长期以来一直集中在财阀研究上。然而，近10年的研究发现，"二战"前大型企业的主流实际上是非财阀型企业，其经营者中高投资股东占比较高，为此该领域的研究备受关注。[1]例如，一些具体的研究证明，所有者型经营者，即对公司具有所有权的经营者，占大型企业的38.1%，大型企业通过发行股票筹措它们所需的大部分资金，但由于资本所有者有限，因此股份的分散程度很低，企业运转通常在股东协商的条件下进行。因此，通常认为明治、大正时期的经济体系是由市场型体制和企业的大股东共同支配的。[2]

在重视非财阀型的企业家和经营者的研究中，对涩泽的评价开始转向不同于以往的方面。宫本又郎从"重新认识人类在经济现象中的战略重要性"的视点切入，再次聚焦企业家活动研究。关于涩泽，他认为，"涩泽的企业家活动最值得一提的是作为公司创立的推动发起人而发挥作用"。同时，其作用并不仅限于创立公司，他还"选拔并监督一批人才担任实际上的最高管理层"，对承受着来自大股东的压力的管理层员工提供保护并进行调整，还担负着保障公司正常运营的责任。他将涩泽定位为热情（具有野兽般的活力）工作的革新型企业家代表，首次高度评价了涩泽在公司成立后的运营方面所发挥的作用。[3]

企业家网络研究关注共同投资多家股份公司的企业家团体，认为涩泽荣一在战前日本企业家网络中起到主导作用，为企业家团体提供了一个值得参考的经营模式。[4]

---

[1] 岡崎哲二・奥野正寛『現代日本経済システムの源流』日本経済新聞社，1994年。
[2] 寺西重郎『日本の経済システム』岩波書店，2003年。
[3] 宮本又郎『企業家たちの挑戦（日本の近代　第11巻）』中央公論新社，1999年，288—289頁。
[4] 鈴木恒夫・小早川洋・和田一夫『企業家ネットワークの形成と展開——データベースから見た近代日本の地域経済』名古屋大学出版会，2009年。

二、对涩泽的客观定位

首先,让我们客观地考察一下涩泽荣一是否可以被定义为非财阀型的所有者型经营者中的代表者或主导者。表 1 列举了 1898 年的高收入人群和 103 个大型企业的大股东中除去华族后的企业经营者。[1] 例如,涩泽在 1898 年的东京、横滨的高收入者排行榜中位列第 18。同年,在 103 家大型企业大股东中排行第 25 位,共计在 31 家公司担任过董事,在供职公司数排名中位列第一。他是众多公司的董事,也是许多公司的个人股东,由此可知他的高收入来源于这些公司的董事报酬和股份收益。

表 1 高收入者与高额出资者名单

姓名	所在地	1898 年东京、横滨的高收入者排名	1898 年 103 家大型企业大股东排名	1898 年供职公司数	职业及所属机构
岩崎久弥（岩崎家）	东京	第 1 位	第 3 位	*	
三井八郎右卫门（三井家）	东京	第 2 位	第 4 位	*	
住友吉左卫门	大阪	第 4 位	*	*	
安田善次郎（安田家）	东京	第 6 位	第 7 位	9 家	
大仓喜八郎	东京	第 8 位	*	7 家	
雨宫敬次郎	东京	第 13 位	第 6 位	7 家	武相中央铁道社长,西洋银币交易

---

[1] 島田昌和『渋沢栄一の企業者活動の研究——戦前期企業システムの創出と出資者経営者の役割』日本経済評論社,2007 年,3—8 頁。

续表

姓名	所在地	1898年东京、横滨的高收入者排名	1898年103家大型企业大股东排名	1898年供职公司数	职业及所属机构
野本祯次郎	东京	*	第10位	*	
若尾一家（若尾几造）	神奈川	*	第12位	12家	生丝推销商，横滨若尾银行经营者
田中平八	神奈川	*	第13位	15家	生丝商，第百二十国立银行行长
足立孙六	静冈	*	第16位	*	农业、地主
外山脩造	大阪	*	第18位	12家	浪速银行行长，商业兴信所所长
田中新七	神奈川	*	第19位	*	
松本重太郎	大阪	第14位	第30位	28家	服饰商，第百三十银行行长
诸户清六	三重	*	第22位	*	山林经营，米商
原六助	东京	*	第23位	*	
涩泽荣一	东京	第18位	第25位	31家	
阿部彦太郎	大阪	第19位	第21位	19家	大阪米商
原善三郎	横滨	第20位	*	12家	横滨推销商
古河市兵卫	东京	第22位	*	*	足尾铜山
茂木惣兵卫	横滨	第23位	*	*	横滨推销商，第二银行行长
鸿池善右卫门	大阪	第25位	*	*	鸿池银行
渡边福三郎	横滨	第26位	*	9家	横滨推销商，横滨贸易仓库社长
龟田介治郎	东京	*	第29位	*	

续表

姓名	所在地	1898年东京、横滨的高收入者排名	1898年103家大型企业大股东排名	1898年供职公司数	职业及所属机构
藤田组	大阪	*	第31位	*	
塚本合名	京都	*	第32位	*	

来源：石井寛治「成立期日本帝国主義の一断面」『歴史学研究』383号，1972年。
　　　高村直弼『会社の誕生』吉川弘文館，1996年。
　　　鈴木桓夫等『企業家ネットワークの形成と展開——データベースから見た近代日本の地域経済』名古屋大学出版会，2009年。
　　　吉林亀次郎編『実業家人名辞典』東京実業通信社，1911年。
注：表中星号"*"所代表的意思在原文中没有说明。——译注

接下来，笔者将从不同的视角分析涩泽对产业界的影响程度。涩泽于明治四十二年（1909）表示要退出实业界第一线。除部分公司和银行以外，他辞去了在大部分公司担任的职务。这表明，这个时期涩泽对产业界的直接影响力达到顶峰，表2显示了涩泽在日本排名位于前列的大型公司中的参与程度。此表根据总资产额（使用总资本额）进行排名，不包括如银行等金融行业、商业、不动产、财阀等非股份公司。[1]

表2　1911年日本大型公司排名与涩泽的参与

	公司名	总资产额（千日元）	传记资料是否记载	记载卷数	有无供职	股份转移总数（股）
1	南满洲铁道	261 406	○	16/54	创立委员	212
2	日本邮船	57 884	○	8/51	董事	1 687
3	北海道炭矿汽船	36 143	○	8	常务议员	950

[1] 大企业排行榜有很多，这里使用最常用的总资产额排名。制作该表参考了中村青志「企業ランキングの変遷——鉱工業上位100社と運輸・電気・ガス業上位30社」伊丹敬之・加護野忠男・伊藤元重『企業と市場（リーディング日本の企業システム　第4巻）』有斐閣，1993年，第12章，以及「鉱工業上位100社、運輸・電気・ガス業上位50社の2表（1911年版）」経営史学会編『日本経営史の基礎知識』2004年，398—407頁。

续表

	公司名	总资产额（千日元）	传记资料是否记载	记载卷数	有无供职	股份转移总数（股）
4	东京电灯	34 642	○	13	创立委员	2 705
5	钟渊纺织	33 967	○	10		
6	大日本制糖	28 440	○	11/52	董事	400
7	大阪商船	28 419	×			
8	日本制钢所	26 867	×			
9	台湾制糖	25 935	○	11		200
10	东京瓦斯	25 581	○	12/53	董事长	13 241
11	川崎造船所	23 145	×			
12	东洋汽船	21 369	○	8/51	创立委员长	7 457
13	富士瓦斯纺织	21 115	×			
14	宝田石油	17 480	○	15		1 060
15	三重纺织	15 626	○	10/52	董事长	
16	富士制纸	13 344	×			
17	大阪电灯	12 900	×			
18	日本石油	12 859	×			
19	王子制纸	12 057	○	11/52	董事长	12 771
20	名古屋电灯	11 994	×			
21	大日本人造肥料	11 355	○	53		6160
22	南海铁道	11 054	×			
23	大阪纺织	10 774	○	10	顾问	2 980
24	盐水港制糖拓殖	10 724	×			
25	大日本麦酒	10 089	○	11	董事	19 472
26	京阪电气铁道	9 724	○	9	创立委员长，顾问	4 263
27	宇治川电气	9 468	×			

续表

	公司名	总资产额（千日元）	传记资料是否记载	记载卷数	有无供职	股份转移总数（股）
28	日清汽船	8 824	○	8	创立委员长，顾问	402
29	摄津纺织	8 597	×			
30	东京纺织	7 827	×			
31	明治制糖	7 619	○	11	创立委员长，顾问	2 580
32	大阪合同纺织	6 937	×			
33	阪神电气铁道	6 922	×			
34	日本制布	6 901	×			
35	日本纺织	6 704	×			
36	东武铁道	6 652	×			600
37	大阪瓦斯	6 515	○	12	监事会成员	700
38	日清纺织	5 977	×			
39	京滨电气铁道	5 900	○	9		
40	东洋制糖	5 831	×			
41	加纳矿山	5 753	×			
42	帝国制麻	5 729	○	10	顾问	1 580
43	箕面有马电气轨道	5 580	×			
44	内外锦	5 261	×			
45	京都电气铁道	5 154	×			
46	横滨电气	5 150	×			
47	横滨船渠	4 637	○	12	发起人	1 220
48	京都电灯	4 550	×			
49	中国铁道	4 540	×			
50	尼崎纺织	4 513	×			

来源：経営史学会編『日本経営史の基礎知識』有斐閣，2004年，400—401頁。

虽然这不是最完备的日本大型公司排行榜，但此表足以说明涩泽在其主导培育的股份公司中的参与程度。作为参与程度的指标，我们选择了《涩泽荣一传记资料》全68卷所记载的公司、龙门社（涩泽去世后，仰慕他的经营者、管理者成立的组织）制作的"青渊先生任职年表"中所记载的涩泽有正式职务的公司以及"涩泽同族会会议记录"中记载的股票买卖关系等记录。

表2可以说明，在1911年，日本有多少家工矿业、运输业、电力、燃气等行业的大型企业在设立、人事、持股等方面与涩泽有着直接或间接的关系。排名前10位中的8家、前20位中的12家、前30位中的17家、前50位中的22家均与涩泽有着经营或所有权方面的关系，占比均在半数以上。

如此多的大型企业在所有权和经营两方面均与涩泽一人有关，其影响力可见一斑。

通过以上研究，我们可以了解到当时对涩泽荣一在产业界的影响力评价之高的原因，同时还确认了他作为非财阀所有型企业经营者曾经居于产业界代表性的地位。

三、合本主义与股份有限公司制度

下面分析涩泽为何会认为日本应该引进股份有限公司制度。[1]涩泽于1866—1868年作为幕府将军德川庆喜之弟德川昭武的随行人员前往欧洲，主要留居于法国巴黎。回国后，于1869—1873年在明治政府供职，出任大藏省的高级官僚。其间，他于1871年以在欧洲的见闻为素材写下《立会略则》一书，主张在日本引入公司组织。书中强调董事等的选任必须从

---

[1] 2012年8月3日至9月1日在巴黎召开由EBHA（European Business History Association）和BHSJ（日本经营史学会）共同举办的共同大会圆桌会议，其报告概要发表于橘川武郎・岛田昌和・田中一弘编著『渋沢栄一と人づくり』有斐閣，2013年。

大股东中选出:"公司代表人以及其他管理者的选举则应根据公司规模大小有相应的身份,且应限于出资数额高、持有股份多的出资人。"

他提到"商社为众人所共同创办,谋利益,维生计,助物流,故聚资结社应以国家公益为重",主张公司组织的公益性。他认为,公司组织虽为私有化产物,但也为公司成员带来利益,使之得以维持生计,且与物资流通息息相关,因此必须考虑国家公益。[1]

在之后的许多场合,涩泽在说明同一问题时都使用了"合本"一词,其信念始终不变。现在广泛流传的"合本主义"一词实际上是涩泽身边的人应用的词语。涩泽本人使用的是"合本法""合本组织"等词。

接下来我们通过涩泽的几段发言来解释其主张的"合本"之意。"合本"所必需的动机是"一人之富非国富,亦非国强。今工商业者位卑权弱,若无挽救此现状之觉悟,则共富难成。共富之观点,即为合本法"。也就是说,个人的富裕不能带来国家的富强。工商业者地位较低,要改变这一现状必须追求共同富裕,为此有必要让股份有限公司制度扎根于日本。他认为,对于较晚开始近代化进程的日本来说,为实现国家产业的全面近代化,必须改变工商业者自古以来地位较低的现状,为此应该采取合本(股份有限公司)的方法建立组织。[2]

同时,他提到公司组织"类似共和政体,股东犹如国民",公司组织的参与者中大多存在着各种意见,因此经营需要一个标准,"这一标准即为《论语》,从此以后的经营亦必须遵循道理"。这里反映了涩泽基于《论语》实行正道经营的想法。

同一篇文章中,他写道:"振工商,促国富,并提升工商业者地位,这并非出自《论语》,而是根据我自身的经历认定必得依此方针而行。"也就是说,发展工商,促进国富,并为此首先提高工商业者地位的观点并非出自《论语》,而是他本人的想法。他还提到,《论语》十分适合作为商界

---

[1] 渋沢栄一述『立会略則』大蔵省,1871年,29—31頁。
[2] 渋沢栄一「青淵先生訓言」『竜門雑誌』第249号,1909年,5頁。

的共同准则,并在实践中加以应用。[1]

涩泽荣一有一段关于亚当·斯密的道德情操论的著名广播讲话,其中也阐述了同样的主张:"我最大的夙愿就是实现真正的国家富强,为此必须实现国富。为实现国富则必须促进科学进步、依靠工商活动。依靠工商则必须有合本组织。在合本组织中运作公司则必须遵循严谨的道理。"也就是说,要实现真正的国家富强就必须使国家富裕起来,要使国家富裕起来就必须促进科学进步和工商业发展,要促进工商业发展就必须建立集体出资的股份有限责任公司,在股份有限责任公司体制下运营公司就必须有一个强有力的准则。[2]

涩泽设想的"合本"在以欧美模式为原型的同时加入了个人的解释,这反映出其对股份有限责任公司公共性的重视。他认为市场型股份公司并不是作为特定人的财产而运行的,它被赋予了民间公共财产的职能。股份公司是打破"官尊民卑"的根据地,涩泽认为,与"官"相对,为了蓄"民"力,提高"民"之地位,就必须强调"民间公共性"理念。这些应该是接受过近代教育的人的责任。同时,涩泽本人也付诸实践。[3]建立民间公共性需要团结新旧各阶层并调动所有人的积极性,利用自古以来被广为尊崇的《论语》是最为有效的办法。

四、涩泽创造的股份有限公司体系

(一)关联公司的全貌

迄今为止,关于涩泽是如何设立和运营数量如此庞大的民间企业的实证研究十分稀少。笔者在继续讨论涩泽经营手法的基础上,通过目前为止

---

[1]「青淵先生訓言」『竜門雑誌』第249号,6—7頁。
[2] 渋沢栄一「道徳経済合一説」録音整理,1923年,『青淵先生演説選集』,1937年,305—309頁重新收録。
[3] 島田昌和「商業教育制度の発展と私立商業学校への支援」橘川武郎等編著『渋沢栄一と人づくり』,144—165頁。

尚未利用过的涩泽家的财务资料，分析作为大股东的涩泽所持有的资产情况以及其运作数个公司的人脉网络情况。下面先介绍一下这一独特体系的概要。[1]

首先，我们通过1931年涩泽去世后为追思他而制作的"青渊先生任职年表"对其参与公司经营的整体情况进行分析。其中列举的公司数共计178家。关于涩泽荣一参与公司经营的整体倾向，可以通过这张年表分析出其特点[2]。

通常所说的先驱型企业，即明治初期诞生的著名企业，如第一国立银行、东京海上保险公司、大阪纺织公司、石川岛造船所等。我们发现，仅明治二十年（1887）涩泽就创办了11家公司。自1886年下半年开始的三年被称为第一次企业振兴期，涩泽也借这阵东风于1888年、1889年先后创办了5家和7家公司。[3]这一年诞生的公司，诸如东京制钢、北海道制麻、京都织物、日本造砖、帝国酒店、东京人造肥料等，大多是涩泽作为发起人或创立委员、随后担任董事长或监事的长期关联企业。

1893年日本开始实施《商法公司篇》，但这一时期涩泽在创立公司方面并没有什么动作。1895年涩泽创建了5家公司（其中4家为铁道公司），1896年创建了13家公司（其中4家为铁道公司），1897年创建了7家公司（其中只有1家为铁道公司），随后在第二次企业振兴期（也称作铁道热时期）又诞生了一批他参与创建的公司。这一时期，涩泽对关联公司的管理模式表现为，虽然在建立初期作为发起人等表现积极，但之后只是担任这些公司的监事会成员或顾问，并不直接参与公司的运营，主要负责对企业进行监督。

---

[1]『渋沢栄一の企業者活動の研究——戦前期企業システムの創出と出資者経営者の役割』。
[2]『竜門雑誌』第519号，竜門社，1931年。島田昌和『渋沢栄一の企業者活動の研究——戦前期企業システムの創出と出資者経営者の役割』，49—55頁。
[3] 宮本又郎・阿部武司編著『経営革新と工業化』岩波書店，1995年，8頁。高村直助『会社の誕生』吉川弘文館，1996年，125頁。

之后，明治三十九年（1906），涩泽关联公司达到34家之多，接下来的1907年也达到了18家。在日俄战争后的第三次企业振兴期，他参与创办的公司达到惊人的数量。[1]

涩泽荣一于明治四十二年（1909）宣布退出实业界，除了保留第一银行等少部分公司的职位以外，他辞去了在实业界担任的职务。从"青渊先生任职年表"中可以得知，他辞去54家公司的职务。还可以看出，他从实业界退休以后参与创建或担任顾问的企业仍然达到26家。从行业分布来看，主要有：①陆运（铁道）业22家；②对外事业19家；③银行业16家；④各种工商业11家；⑤矿业8家；⑥窑业8家；⑦化学工业7家；⑧电气业7家；⑨保险业6家；⑩海运业6家。

我们从这些与涩泽关联的公司中可以总结出以下四个特点：第一，其所属行业大多是在此之前日本未曾有过的，而是从欧美引进知识技术的全新行业，如日本造砖、东京制钢、东京人造肥料、东京海上保险、石川岛造船所、王子制纸、东京瓦斯、札幌麦酒等。第二，涉及铁道、港湾、铁碳等近代经济基础的行业众多，如日本铁道、北海道铁道、北越铁道、若松筑港、门司筑港、磐城煤矿、长门无烟煤矿等。第三，其担任主要职位的公司，以每个行业仅限一家公司为基本原则。第四，若在铁道和煤矿等同一行业下数家公司任职，则以同一地区不重复任职为原则。这一点迄今为止少有人留意到。

接下来进一步详细分析涩泽与各个公司的关联程度。他的关联公司可以分为以下几种类型。[2]

①从1895年至退出实业界之前长期担任会长或行长的公司及银行。属于这一类的是东京瓦斯、日本造砖、第一银行、东京人造肥料、东京储蓄银行、石川岛造船所、磐城煤矿等7家公司。

---

[1] 这一时期成立的公司以矿山、电气铁道、电力、制糖、造纸和纺织为中心（石井宽治『日本の産業革命——日清・日露戦争から考える』朝日新聞社，1967年，194頁）。
[2] 島田昌和『渋沢栄一の企業者活動の研究——戦前期企業システムの創出と出資者経営者の役割』，22頁。

② 1895—1907年持续参与经营并曾担任会长的公司，如东京制钢、京都织物、帝国酒店、东京帽业4家公司。

③ 1895—1907年一直担任董事或监事的公司，如东京海上、日本邮船、北海道制麻等3家公司。

④ 曾经短期担任过会长的公司，如王子制纸、京釜铁道、长门无烟煤矿、京仁铁道、广岛水力电气等。

第①类与第②类都是涩泽长期参与甚至担任最高经营责任者的公司，可以说是与他关系最密切的一批公司。第③类与第④类的特点则各不相同：第③类是其长期奋战在公司经营一线的公司；第④类是其虽坐过会长之位，但因为各种原因却未能长久参与经营的公司。所以，要相对地比较第③类与第④类的参与度是非常困难的。

从这些公司的董事成员结构来看，多次与涩泽关联公司产生交集的经营者并不多，应该是有一批数量庞大的经营者队伍一起负责公司运营。为数不多的重复出现的经营者包括三井的益田孝、三菱的庄田平五郎等部分核心人物。同时，在浅野总一郎的7家公司和大仓喜八郎的6家公司中干部兼任的情况十分明显。西园寺公成、尾高次郎等都在涩泽创建的核心企业第一银行兼任董事。

对这些涩泽兼任职务的公司，我们使用《银行公司摘要》调查涩泽的持股比例，结果显示涩泽在这些公司中的职位与其控股比例呈正相关。在长期担任会长等职位的第①类与第②类公司中，他的控股比例达到10%—30%之高（东京瓦斯除外）。

与之相比，第③类与第④类的控股比例就低了许多，最多的也只有数个百分比，甚至在一些公司的大股东中并未见到涩泽的名字。

从时间顺序来看，涩泽在各公司的控股比例呈下降趋势。由相关资料可以得知，一是因为增资带来总股份的增加，所以他的控股比例有所减少；二是因为涩泽本人多少有意抛售一些股份。即使在担任会长或董事的公司中，涩泽的股份也只是保持在不妨碍其行使公司经营权的程度。

（二）涩泽的资产管理与投资行为

从涩泽家族财务资料中可以得知涩泽作为投资者和经营者的资金流动状况。[1]首先是1891年度涩泽家族单年度的财务收支资料，从中我们可以读出以下几点。

①涩泽家族的财务收支是按照明文化的规定进行管理，须定期向家族会报告。

②涩泽家族的财务收支有着严格的预算管理，且基本可以按预算实施。

③涩泽家族的财务报表主要有《利润表》和《资产增减表》两种。家族的开支通过《利润表》进行管理，资产管理则是单独进行的。

④涩泽收入的60%以上主要来源于其名下公司的股份分红，公司数量为32家。其中，分红数额最多的是第一国立银行，涩泽家族可以得到43 824日元的分红。其他分红数额较高的还有来自浅野漕运公司的12 000日元、来自大阪纺织公司的5 100日元、来自石川岛造船所的4 000日元等。涩泽在任职的各公司的薪水收入只占总收入的10%左右。比如，1891年，其担任委员长的札幌麦酒公司就规定了委员长不领取报酬，其担任理事长的帝国酒店也规定理事长不领取薪水。我们推测其薪水收入只来源于第一国立银行。[2]

⑤涩泽家族的生活费支出在总收入中的占比不足20%。收支差额按规定用于共同储备金或给各家分红。

⑥向匿名组合法人投资的总额为38 175日元，超过缴纳和购入股份的总金额32 560日元，可见其向个人提供的贷款与投资比例接近。

⑦可以推断其资产的增减在单年度内有意识地保持在均衡范围内。买入共计70 735日元股份的同时卖出持有的52 895日元股份，买入资金应

---

[1] 涩泽秘书留下的『芝崎家文書』和用于分析涩泽家族资金情况的『渋沢同族会会議録』都是目前为止未被发掘分析的财务数据史料。以下内容详见岛田昌和（2007）第七章。
[2] 渋沢青淵記念財団竜門社編『渋沢栄一伝記資料』第11卷，渋沢栄一伝記資料刊行会，1956年，365頁。五十嵐卓「『芝崎家文書』について」『渋沢研究』第2号，69頁。

大部分来源于卖出所得。

涩泽的资产管理原则基本是通过卖出持有股份调整资产数额,以达到平衡。也就是说,以分红收入为中心的利润计算不会与追加持有股份等新投资发生关系。当然,利润计算包括收益资产统计、共同准备金和涩泽本人的利益分红等收益,这部分收益可以成为资产管理的本金。对于积极进行新兴公司投资、向匿名组合法人的无限责任出资以及对个人进行高额借贷的涩泽来说,这部分收益作为其应对以上高风险投资行为的准备金是必不可缺的本金。事实上,涩泽也数次在公司濒临破产时耗尽共同准备金用于偿还债务。

从以上对涩泽投资行为背后资产动向的分析可以推测,在大规模兴建企业时期,因为有高回馈的分红收益做保障,他可以实现对高风险行业的投资。

我们还可以确认其在1891年至去世(1931)的40年间的资产动向。涩泽投资对象的性质从匿名组合法人到有限责任公司,种类繁多,这与其倡导并培育有限责任公司一直以来的大众形象略有不同。涩泽将需要高额资本、高公益性的公司设为有限责任公司,高风险、高回报的设为合资公司,小规模的个人公司设为合名公司,再进一步与匿名组合法人进行组合,将投资家的风险限定在一定范围之内。

合资公司由无限责任与有限责任两种形态的出资者组成,承担无限责任的员工掌握业务行使权,承担有限责任的员工不掌握业务行使权,其责任只限于出资额范围之内。无限责任公司的所有出资者都掌握业务行使权,或者说全体员工都是有实际权力的资本家,但所有出资者都负有无限连带责任。所谓无限责任是指当公司负有对外债务且出资额已不足以偿还时,所有出资者均须将个人资产拿出用以抵偿债务。[1]

值得注意的是,涩泽并没有只把有限责任公司作为商业舞台,反而根据规模和目的选择了适当的组织形态。特别是对于合名公司这种承担无限

---

[1] 高村直助『会社の誕生』,13—14頁。

责任的小规模的个人公司，为了不让外部出资人承担无限责任，涩泽将起源于江户时代的匿名组合法人进行重组，这样有利于出资人投资，这一点是通过研究证实的新发现。[1]

通过将涩泽出售的股票与同时期东京证券交易所的交易数据对照，我们可以发现许多股票交易并非在交易所进行。众所周知，明治时代股票交易的一大特点是除交易所内的股票交易之外还存在着在所外市场进行的交易。所外市场指在证券交易所周边的现货交易商的店面进行的交易，是一种一定程度上有组织的准市场。[2]我们可以推测涩泽也在这里进行过交易。明治时期，正是在这里形成了投资市场。[3]

通过分析涩泽出售的股票，我们可以得知涩泽将证券交易所内的交易和交易所外的现货市场交易巧妙结合起来，获取进一步认购股份的本金，并且即使是对自己担任董事的公司，只要是有利于投资的情况，他也会积极抛售股份。由此我们了解到，比起强化对现有公司的控制，涩泽更重视获取资金创建新公司。

笔者还对涩泽的股份认购及各种商业投资、除出售持有股份以外的各种股份和资金进出进行分析。涩泽在第一银行拥有2万日元左右的定期贷款额度，超过这一额度的贷款则需要进行担保并说明贷款目的。可以看出，其认购新股份的本金基本来源于在市场中抛售现有股份的所得，并非依赖银行的股份来担保金融贷款。

同样值得关注的还有，涩泽是采取何种方式对名下公司的出资和股份抛售进行组合。因为有一些公司的股份流动规模较大，所以我们来分析这批公司的整体股份流动情况。[4]

---

[1] 島田昌和『渋沢栄一の企業者活動の研究——戦前期企業システムの創出と出資者経営者の役割』，240—242頁。
[2] 片岡豊「明治期の株式市場と株価形成」『社会経済史学』第53巻第2号，1987年，161頁。
片岡豊『鉄道企業と証券市場』日本経済評論社，2006年。
[3] 野田正穂『日本証券市場成立史』有斐閣，2007年，269頁。
[4] 島田昌和『渋沢栄一の企業者活動の研究——戦前期企業システムの創出と出資者経営者の役割』，264—268頁。

买入和卖出等股份交易单纯合计超过 3 000 股的公司有 30 家。第一位是浅野水泥，第二位是第一银行，第三位是涩泽仓库。其中，浅野水泥远远超过第一银行。早有研究指出涩泽与浅野财阀关系密切，涩泽在浅野水泥的可流动股份为 110 000 多股，增加股份 70 000 多股，减少股份近 40 000 股。这些具体数值大大超过一般认为与涩泽关系最为密切的第一银行，涩泽在第一银行的流动股份为 75 000 股，增加股份 50 000 多股，减少股份则为 20 000 多股。

排在第四位的是札幌麦酒（大日本麦酒）。札幌麦酒的前身（札幌麦酒酿造所）作为北海道开拓事业于 1876 年诞生，1888 年依靠大仓喜八郎、浅野总一郎等人的投资实现了股份有限公司化，涩泽也在其中担任董事长。[1] 1906 年，札幌麦酒与日本麦酒、大阪麦酒合并为大日本麦酒有限公司，涩泽出任董事。[2] 它的股份流动记录可以延续到 1939 年，与第一银行并列成为涩泽参与时间最久的公司。

第五位和第六位分别是田园都市和目黑蒲田电铁。两家公司都是大正以后创办的，交易记录只限于涩泽生命中的最后 10 年左右，但其股份流动规模却超过了交易多年的其他数家公司。

第七位到第十位都是涩泽担任董事的公司，分别是东京瓦斯、东京制帽、王子制纸、东京制钢。排第十一位的东京人造肥料和大日本人造肥料是合并后更名的同一公司，合并后的公司接受了原有公司的董事，股份流动数与以上公司不相上下。

下面再来看一下表 3 的股份减少和增加比率。这些数据只是有记录其间的股份增减情况，之前的认购股份数量尚不可知。但可以看到，抛售股份超过认购股份的公司有 9 家，股份减少/股份增加的比率超过 50%，即抛售/认购半数以上股份的公司有 19 家。由此可知，新购股份数额和抛售股份数额同样巨大。

---

[1]『渋沢栄一伝記資料』第 11 卷，353 页。
[2] 同上书，392—396 页。

表3 股份流动数量居前列的企业

序号	企业名称	开始交易年份	停止交易年份	交易年数	流动股份总额（股）	增加股份数量（股）	减少股份数量（股）	股份增减差额（股）	股份减少/增加比率
1	浅野水泥*	1912	1928	16	112 596	72 810	38 586	34 224	0.530
2	第一银行*	1891	1930	39	75 517	51 186	22 186	29 018	0.433
3	涩泽仓库*	1909	1929	20	23 000	17 500	3 400	14 100	0.194
4	札幌麦酒（大日本麦酒）*	1892	1931	39	22 728	12 836	6 492	6 344	0.506
5	田园都市*	1918	1928	10	21 920	14 570	5 100	9 470	0.350
6	目黑蒲田电铁*	1922	1931	9	20 989	10 908	9 881	1 027	0.906
7	东京瓦斯*	1894	1930	36	13 241	6 865	6 276	589	0.914
8	东京制帽公司*	1893	1928	35	12 785	11 480	1 055	10 425	0.092
9	王子制纸*	1894	1931	37	12 771	5 679	7 092	-1 413	1.249
10	东京制钢	1895	1921	26	12 625	6 753	4 322	2 431	0.640
11	东京人造肥料公司（大日本人造肥料）*	1891	1926	35	12 444	5 379	5 645	-266	1.049
12	磐城煤矿*	1893	1929	36	12 390	4 293	5 177	-884	1.206
13	冲电气*	1912	1927	15	11 392	9 892	400	9 492	0.040
14	秩父铁道*	1919	1931	12	11 346	10 646	500	10 146	0.047
15	桦太工业*	1920	1928	8	10 471	6 880	3 591	3 289	0.522
16	东亚兴业公司	1909	1918	9	9 400	6 600	1 000	5 600	0.152
17	王子电气轨道*	1910	1930	20	8 800	4 100	4 400	-300	1.073
18	汽车制造	1896	1931	35	8 373	4 503	1 200	3 303	0.266
19	三重纺织公司	1893	1913	20	7 937	3 612	3 975	-363	1.100
20	东洋纺织*	1914	1931	17	7 536	3 568	3 968	-400	1.112

续表

序号	企业名称	开始交易年份	停止交易年份	交易年数	流动股份总额（股）	增加股份数量（股）	减少股份数量（股）	股份增减差额（股）	股份减少/增加比率
21	东洋汽船	1896	1918	22	7 457	2 673	3 984	-1 311	1.490
22	十胜开垦*	1911	1924	13	7 121	2 911	4 190	-1 279	1.439
23	日本钢管	1912	1919	7	7 050	3 750	3 300	450	0.880
24	东京海上保险*	1896	1930	34	5 510	2 975	2 485	490	0.835
25	浦贺船渠	1903	1919	16	4 874	2 226	2 648	-422	1.190
26	京阪电气铁道*	1899	1926	27	4 283	3 383	900	2 483	0.266
27	京都织物	1893	1920	27	4 180	2 660	1 520	1 140	0.571
28	东京毛织物	1906	1920	14	3 880	2 180	1 700	480	0.780
	平均年数			22.64					

来源：『渋沢同族会会議録』（渋沢資料館所蔵）。

注：表中标注"*"的为股份有限公司。——译注

创办企业所需资金不仅有创办或大规模投资时的必需增资，还包括紧急情况下的运转资金筹措和应对突发情况的计划外追加投资等，自然有一些资金无法依靠控股股东的追加出资。因为低利率的资金筹措十分困难。为了能应对这些情况，涩泽也曾通过各种形式的资金和信用担保帮助企业筹措资金进行周转，比如直接贷出资金，贷出部分股份作为从金融机构贷款的担保，担任连带担保人等。

在这些借贷中，有的是由涩泽本人通过贷款筹措的资金，其中也有未能全部收回的情况。这种未能收回借贷的情况甚至发生了很多次。涩泽通过出资和多种形式的资金、信用借贷支持了明治中期具有不稳定且不确定特点的商业建设，从长远角度来看确保了企业的稳定经营，也为此投入了大量私人财产。

(三)公司运营方法

涩泽主导了多家公司的创办,通过认购股份,担任董事或董事长、社长等职务,采用恰当的方式适时处理持有股份,长期关联多家公司。接下来,笔者将介绍他之所以能同时关联多家公司的手法。

关于其参与创办的公司,涩泽基本都是在创立总会中负责确定董事人选等重要工作。与"二战"后的日本企业相比,明治时期的公司中,股东的权力较大,从创立之初就已经出现了需要调节大股东与中小股东意见的情况。为了贯彻创始成员的意见,作为出资人和经营者,"涩泽荣一"这个名字有很大的影响力。[1]

公司成立之后,在董事会关于公司存亡或与其他公司合并等涉及公司长期方向的重大决议上,涩泽也发挥着重要作用。与"二战"后不同,"二战"前的日本公司董事会会议有些能持续6个小时以上。涩泽有时会代替身体不佳的社长担任议长,在利害关系错综复杂的股东间巧妙权衡。这种时候,涩泽会耐心倾听各种主张,而不会主导会议方向。他能耐心地从利益对立的双方之间找到平衡点。这一过程中,利益对立的双方一旦找到共同利益,公司就具有了长期拥有共同利害关系的公共特征。也就是说,公司成为稳定的"民间公共"平台。[2]

当公司合并、股东结构发生变化时,新的经营负责人团队的人选会委托涩泽这样能从股东利益和经营稳定性两方面权衡考虑的人物来处理。当公司出现纠纷时,负责善后处理的经营者人选也由涩泽决定。

涩泽的企业家活动和经营手法的特点是重视信息收集。其中,最有效的方式是面谈。之所以如此重视面谈,一是因为面谈包括信息的收集、传递、处理等全部程序,二是通过面谈可以共享、传递言语之外的

---

[1] 島田昌和『渋沢栄一の企業者活動の研究——戦前期企業システムの創出と出資者経営者の役割』第2章。
[2] 島田昌和『渋沢栄一の企業者活動の研究——戦前期企業システムの創出と出資者経営者の役割』第3章。

心照不宣的信息。涩泽通过与众多经营者、出资人和政府相关人员等企业外部人员的面谈直接收集与交换信息，这些信息又通过召开与企业内部管理层的会议等面谈创造出新的知识价值，形成具体应对方案以帮助决策。[1]

笔者还对涩泽担任董事或董事长的公司的亲信经营者进行了研究。为了能辅助涩泽同时进行多个行业的运营，与涩泽保持步调一致，必要时能代替涩泽发挥作用的出资经营者不可或缺。特别是在事业初创期，出资经营者发挥了重要的作用，其中就有浅野总一郎、大仓喜八郎、益田孝与益田克德兄弟、马越恭平以及第一银行的西园寺公成、日下义雄等。

同时，为了能维持其创立的众多公司的发展，繁忙中的涩泽还需要能够代替他对公司日常运行进行监督的助手。这一类人有植村澄三郎、大川平三郎、梅浦精一等由涩泽提拔并培养的年轻经营者和须藤时一郎、土崎广等第一银行的元老经营者。涩泽在处理事业扩张过大以及原经营管理层的失败导致的企业经营危机时，通常采用公司合并等大胆的整合方式。正因为有这些深得涩泽信赖的亲信经营者，彻底改变公司组织这样的处理方式才得以成功。[2]

非财阀系企业必须独立筹措资金和选拔人才。因此，涩泽参与的非财阀系企业首先从注重短期利润的华族资本家和商人、地主等资本家那里筹集资金，然后将那些认可长期稳定利益的重要性的一批出资经营者放到管理层的位置。在明治中期，由于受过学校教育的人才储备不足，企业必须想方设法地寻找能够负责日常经营的常务董事和经理等人才。涩泽通过多种方式发现人才，进而在实际工作中培养专业经营者。正是因为有了这些特点突出的亲信经营者，涩泽的企业活动才会无比绚烂。

---

[1] 島田昌和『渋沢栄一の企業者活動の研究——戦前期企業システムの創出と出資者経営者の役割』第4章。
[2] 同上书，第5章。

五、市场型模式与财阀型模式的并存和呼应

涩泽荣一创办了多家公司和银行，在作为商界掌舵手和企业家社会活动领路人活跃的同时，举着"合本"这面旗帜在日本普及了有限责任公司制度。他发起创办了多家公司，并主动出资，在创办公司中起到了主导作用。他将地主和商人等富裕阶层的资金引入有限公司，在实战经营中培养出一批经营者。可以说，他引入了资金和人才可以自由流动的市场型经营模式。

在利害关系错综复杂的股东和经营者中周旋，使市场型公司平稳运行，并不是一件简单的事。涩泽挺身而出，在各个公司中培育出一批专业经营者和可以成为出资伙伴的出资经营者。他采用重视信息收集的管理方法，及时解决了一些效益不佳、商业模式不完备的问题，建立了丰富的人脉网络。他还注重针对不同业务选择合适的企业形态，在调配资金方面巧妙利用市场的信用创造功能。尽管市场是竞争型的，但他在企业周边编织出许多张严密的安全网络。长期来看，这是一种较为稳定的运营模式。

然而，在明治时期的日本，财阀这种封闭型企业团体仍在资本和组织方面拥有超强实力。它们注重引进有欧美留学经验和近代知识的大学毕业的精英，推进近代化的发展。企业的成立资金一般由财阀及其家族提供，一般资金无法参与。

从表面看，涩泽的市场型模式与资本组织封闭型的财阀模式相互对立、水火不容，它们在各个行业都是实力强劲的竞争对手。但是仔细观察会发现，许多财阀经营者参与了涩泽的市场型企业，涩泽自身也作为董事与财阀系企业发生关联。无论是人才还是资金方面，两种模式之间互通有无。

明治时期的市场型企业大多克服了各自为政的股东和各具个性的经

营者之间的摩擦，在错综复杂的利害关系中找出为了共同利益而前进的发展方向，使企业获得长期发展目标。谋求长期共同利益的基本方向由两个模式的经营者发扬光大。这与此后推行近代化的日本国家利益有重合的部分，但寻找出大股东间的共同利益具有更重要的意义。[1]

六、从合本主义到合本资本主义

涩泽创造的"合本主义"股份有限责任公司是如何对现代社会发挥启蒙作用的呢？江户末期，涩泽前往法国，亲身感受到现在被称为盎格鲁－撒克逊模式的市场型股份公司的原型后回到日本。[2]他深切地感受到，欧洲的经营者能与权力阶层平等对话并开展大规模商业活动，而江户时代的商人以保护个人家庭为第一要务，在守旧权力阶层面前卑躬屈膝，难以承担建设近代国家之重任。他在当时的日本第一个认识到，要完成尽快发展民间经济的目标，就必须尽早引入"整合分散的资金和人才的模式，即股份有限责任公司"，并需要依靠能力主义而非权威主义建立起强有力的领导层，让全面合理的决策模式扎根日本。他将这些思想以"合本"一词在社会上大力传播，并决心身先士卒作为范本加以普及。

涩泽在导入股份有限公司制度时注重因时制宜的"合目的性"选择。也就是说，为了能将更多的资金引入股份有限公司制度，必须在日本介绍一种全新的、回报同样丰厚的份额所有形式，同时极力排除不稳定性，将稳定提高收益放在首要位置。

因此，涩泽的合本主义模式能根据风险系数选择不同的公司组织形态，充分监督企业的运作，使其避开破产风险。在股东大会上，为了避免一部分大股东以获取短期利益为目的，股份有限公司极力废除多数表

---

[1] 橘川武郎等编著『渋沢栄一と人づくり』，26—27頁。
[2] 当时法国的股份有限公司制度带有圣西门思想的色彩。参见鹿岛茂『渋沢栄一 ＜一＞算盤篇』文藝春秋，2011年。

决制度，推行以西欧的近代知识为基础、重视"道理"和道德的长期利益决策机制。

所谓"合本"，就像常用来解释的"私利和公益的统一"一样，其意为追求私人利润的组织同时也是实现公益性的组织。这归因于他的直觉体验，即在资本主义经济原理基础上，将深植于日本社会内部的"立身＝平天下＝出世"这一人生价值观融入民间经济活动，这才是适合日本资本主义发展的道路。

涩泽经常提到一个故事：他在招募一位东京大学毕业生时，那个学生因为"在民间工作得不到尊重"而拒绝进入瓦斯公司工作。[1]这个故事体现出在民间创造公共性载体的重要性，怎样才能让"民"积蓄力量，从底层打破"官"高高在上的位置？也就是说，股份有限公司必须成为打破人们潜意识中"官尊民卑"思想的重要依托。为此，聚集在有限公司的人们要有共同的利害关系。这种共同利益不是要冒着破产风险去追求短期利益的最大化，而是在充满不确定性的情况下，寻求稳定商业发展的长远视角。

不同利益人之间固然有长期利益，但为了能发掘出他们的价值，还需要道德和理论。"道德是多数人的常识"，民间公共团体需要新旧阶层团结起来，因此涩泽选择传统经典《论语》来说明道德的重要性。涩泽的理论可以归结为道德与经济合理性的融合。也就是说，从道德以及来自欧美的经济合理性中推断出的结论一定可以获得大多数人的认同。这一结论并不依靠财力与权力以及过半数的理论，而是给商业动机赋予公共性的特征。这与优先国家利益的志向有些不同，伴有使命感和责任感。

涩泽在约束股东和经营者等人时强调道德观，反对利己行为，同时强调企业竞争需要遵循一定的秩序，这与一般意义上的资本主义观有明显不同。

有学者指出，在资本自由的全球化市场中，隐形的资金股东及其追求

---

[1] 橘川武郎等编著『渋沢栄一と人づくり』，28頁。

的价值最大化给现代社会中的资本主义带来了许多问题。如果能将涩泽创造的"合本"应用于现代社会,那么也许就能在股份有限公司制度中建立起重视长期稳定运营的规则,构筑企业利害关系者之间的公共关系,并以此为基础确立起相应的利益分配原则。同时,现代社会还应该重视股份公司系统的韧性,修正资本主义的方向,使之规避背后无穷的潜在风险。

以正当的手段获得财富
——企业道德与涩泽荣一*

珍妮特·亨特[1]

一、涩泽荣一商业道德的两面性

本文把视角放到19世纪后半期到20世纪前半期关于商业道德的广泛讨论中来考察涩泽荣一对企业道德的看法。

涩泽荣一的"合本主义"思想中含有"道德与经济活动的关系"与"把资本与人力资源结合起来形成的企业活动实体组织"这两个重要内容。正是这两种内容要素的相互作用，才形成涩泽的两种经济思想：一是"道德与经济活动不可分，这对于合资性质的任何企业管理都不可或缺"；二是"经济活动应对地区社会的广泛利益做出贡献"。

在这里，涩泽认为商业活动不得使用"不正当的手段"来进行。他强调商业活动中的道德，特别是诚实的重要性。涩泽说，不道德的企业活动

---

* 原文「公正な手段で富を得る　企業道徳と渋沢栄一」收录在パトリック・フリデンソン／橘川武郎編『グローバル資本主義の中の渋沢栄一』東洋経済新報社，2014年。该书英文版为 *Ethical Capitalism：Shibusawa Eiichi and Business Leadership in Global Perspective*，University of Toronto Press，2017.

[1] 珍妮特·亨特：Janet HUNTER。

会丧失信用，没有信用，工作则无法开展，进而危及国家的未来。在阐述此观点时，涩泽正在思考当时日本国内及西方的商业道德问题。但他并不喜欢"商业道德"这个词[1]，也很少明示不道德的商业惯例。

涩泽在东京高等商业学校的讲座中明确讲到"商业道德"是由"不撒谎"和"不优先个人利益"这两个主要原理构成[2]，即不能为了私利而撒谎，也不能进行欺骗他人的商业活动。[3]

涩泽的规范虽然来自儒学，但他对在19世纪西方发展起来的，同时从1890年代开始在日本广泛传播的基督教也产生了共鸣。虽然涩泽如此关注有关道德与商业关系的探讨，但在当时，欧美对日本商人在国际经济往来上的不道德行为的投诉却与日俱增。

涩泽或许充分认识到了当时在西方盛传"日本欠缺商业道德"这个事实。与同时代的其他人一样，涩泽认识到那些议论的正当性，并强烈意识到有必要在日本的实业界设置企业伦理标准。也就是说，涩泽对那种用不正当的手段来积蓄财富的不道德行为的看法，不仅来源于《论语》，还是基于当时的社会状况以及制度框架等产生的，这是不言而喻的。

关于商业道德的国际性探讨是组成涩泽思想周边环境的重要部分。我们可以通过了解涩泽对日本商人社会地位低下的担忧，或是其他有关商业道德问题的讨论，来探究涩泽的思想是如何影响同时代的人们去解决各种实际问题的。

本文将涩泽关于企业道德的见解置于两个范畴去思考：一是西方和日本关于商业道德的广泛讨论；二是让西方对日本商业不道德行为产生不满的日本企业的行动模式。以此来证实，虽说涩泽的合本主义思想从各方面来看都是很明了的，但商业道德至少是时代的产物，也是明治维新以后日本企业经营所处环境的产物。关于商业道德的这些议论，本文将借助当时

---

[1] 渋沢栄一『青淵百話　再版』同文舘，1926年，60—66頁。
[2] 田中一弘「道徳経済合一説の真意——東京高等商業学校での講話から」橘川武郎等編著『渋沢栄一と人づくり』有斐閣，2013年，61頁。
[3] 田中一弘「道徳経済合一説：合本主義のよりどころ」橘川武郎等編『グローバル資本主義の中の渋沢栄一』東洋経済新報社，2014年。

的新闻和报纸等文献进行深入考察。虽然这些媒体上的观点也有很多不公正和歪曲事实之处,但它在工业化进程中发挥了重要作用,并把经济思想从一个国家传到另一个国家,促进有关国家经济发展理论的形成。[1]在英国,报道媒体也被称为"商业伦理的极端守护者"。[2]

本文的核心由三个部分组成。第一,明示产生于18世纪、以英国为中心的西方式的,并受到基督教强烈影响的商业道德理论的概要。第二,分析形成这些理论的西方对日本的商业道德的态度,界定那些使日本企业被认为不道德的日本式商业习惯。第三,考察日本对商业道德的讨论,分析涩泽及其同时代人的观点。

二、西方关于商业道德的探讨

(一)基督教与个人道德责任

西欧的商业道德论扎根于基督教。中世纪与近代神学有关基督教信仰和利益追求能否并存的争论持续了几个世纪。争论主要体现在对合适的企业经营模式的讨论。其中一部分人认为经营须遵守宗教以及伦理层面的价值观。例如,1790年代的神职人员托马斯·吉斯伯恩(Thomas Gisborne)认为,正直与诚实是从事商业的所有人都需要遵守的根本性道德准则,他认为商业必须"基于公平性与光明正大的规则"来进行。[3]

吉斯伯恩等人的著作列举了在道德上不被提倡的企业活动和商业习惯,其中使用了"商业道德""商人的道德"等字样。这些问题能被国民广泛讨论是由于英国的通商、产业、财政得到迅猛发展,一些传统上不被允许的不道德行为在受到批判的同时,不道德经济行为也日益增多。我们

---

[1] L'Aoufir, Rachid(2004):*La Prusse de 1815 à 1848:l'Industrialisation comme Processus de Communication*,Paris:l'Harmattan,pp.121-154,373-376.
[2] *South Australian Register*,Feb.27,1862.
[3] Gisborne, Thomas(1795):*An Enquiry into the Duties of Men in the Higher and Middle Classes of Society in Britain*,London:B&J. White,pp.200-218.

还能频繁地在宗教论文里看到一些议论指出，虽然违背伦理的商业惯例有时会给个人带来利益，但长期来看会给当事人和地区社会双方带来损害。1860年代发行的某刊物指出，当时相继发生的企业诈骗和因为诈骗产生的恶性事件不仅是不道德的罪证，更有可能给英国的通商稳定带来危害。[1]

这种"不道德的商业惯例"与它带来的经济性的负面效果之间的关联问题超越了宗教和教育范畴，也影响了实业经济界，引起个人或者组织单位对经营伦理的大争论。1868年1月，正值明治维新之际，日本的商业信用和商业道德问题成为英国报道机构关注的焦点。报道称，众多企业垮台和破产的原因在于欺骗行为。此类议论直接引发从19世纪后半期到20世纪初期在英国广为流传的有关商业道德的讨论。正确把握何种行为模式才会被认为违背了商业道德的行为并不是一件容易的事情，但就像有一句话所说"只借自己有能力偿还的数量"，不难知道急躁的利益投资本身就是恶性的。遵守契约被认为是最重要的。违约事例包括商品质量的低劣化、违反缴纳期限、发行伪造的汇票、未注册抵押权而进行假的贷款、伪造产品标示、发行伪造的船货证券等。[2]

人们广泛议论，是不是法律助长了这些行为？利物浦商会的成员们为了调查汇报这些问题而设立了特别委员会。他们特别关注到破产法以及婚后继承来的不动产所引发的问题。比如，如果破产了，法律对有诈骗嫌疑的人也无法进行刑事诉讼，还可以令其很容易在不正当破产后继续开展不正当交易。[3]还有一种处理婚后不动产的例子，就是从事有风险性或是不正当冒险性事业的人如果把财产的主要部分转移到妻子的名下，即使事业失败，他也有可能从各种债务纠纷中逃脱。[4]

但是人们也意识到，要把从事商业活动的个人及集团的行动控制在适

---

[1] Anon（1861）：*Mercantile Morals*：*A Book for Young Men Entering upon the Duties of Active Life*, London：James Blackwood & Co., p.128.
[2] *Times*, Jun.11, 1873；Aug.11, 1873；*Manchester Guardian*, Jul.4, 1868；*Economist*, Jan.14, 1868；Nov.22, 1884.
[3] *Manchester Guardian*, Jan.30, 1868；*Times*, Jan.30, 1868.
[4] *Economist*, Feb.1, 1868.

当的范围内,仅仅通过法律来约束是不够的,因为选择善或恶,从来都是个人的自由。多数人认为,如果法律没有合理的社会性约束力量来支撑,就不能起到理想的效果。人们似乎达成一种共识,那就是实业界本身应该引导从业人员采取正确的行为模式,避免发生那种给地区社会带来不良影响的行为。不过,这终究取决于个人的道德责任意识。

有人认为不应把某些行为夸大成"完全脱离了廉洁范畴",也有人认为实业界全体的信用因极少数人的道德缺失而遭损害。另外,人们也意识到,某些不正当的习惯性行为如果被当成普通的商业惯例而被纵容,对于从事合法竞争和交易的人来说是不利的。例如,世人因曼彻斯特的商品质量低劣而给出差评,这不仅对英国商品的竞争力有影响,同时广义上也给英国商人的口碑带来切切实实的危害。[1]

(二)经济状况与不正当行为

经济状况被认为是不正当行为的巨大诱因。在商业繁荣的时代或是美国南北战争之后经济景气的影响下,"超额交易与放荡式的消费"逐渐增多。[2]同时,在市场开展商业活动的难度越高,就越容易在激烈的竞争中采取不当行为。在1870年代的兰开夏,棉纺织工业中还有过"如果追求诚实,自身的存活就会变得危险"之类的说法。[3]可以说,信用交易的蓬勃发展是英国实现工商业扩大发展的基础,但同时也诱发了不当行为和投机活动的产生。发现不当行为越发困难,个人的过错还会给他人带来广泛的影响。

有关商业道德的争论,在此之后一直持续了数十年。在世纪更迭之际崭露头角的社会活动家、著名法官爱德华·弗莱(Edward Fry)表示,"只要不正当行为能带来利益,人们就不会去改"。弗莱批判了那些虽然不违法,但也会危及因公平、公正交易而树立口碑的英国商人的信誉以及社会

---

[1] *Economist*, Feb.1, 1868; *Times*, Jun.11, 1873.
[2] *Manchester Guardian*, Jan.30, 1868.
[3] *Times*, Jun.11, 1873.

整体的道德信用状态的惯性行为，有劣质产品、欺骗性商标、为免交手续费而从事的贿赂行为、虚假广告、过度保险等。[1]即便进入战争时期，英国还存留着忧虑，就是总有一些商人或生产者不仅违反法律，同时也不遵守法的精神或被普遍认可的道德价值观。虽然"商业道德"和"商人的道德"这样的词语逐渐被淡化，但根本问题并没有得到解决。

（三）在美国的争论

并不只是英国对企业行为有着担忧。在美国发行的商业手册上也强调应对买卖等各个行业领域的道德手段；在成功指南之类的书籍上，个人道德与物质文明进步之间的平衡、诚实、勤奋、节约等美德也得到重视。同时，都强调必须远离以下行为：卖方欺诈客户、通过借贷资金进行商业投机、利用破产法来回避债务。[2]

美国的金融从业者杰伊·古路德（Jay Gould）等人进行的无节操的金融操作受到批判，这至今仍然推动着有关商业道德的讨论。《纽约时报》批判了华尔街，特别告发了那些为个人利益而榨取、欺瞒他人利益的从业者。[3]这些担忧在战争时期仍在持续，为此该国的一流商业学校提供了有关企业伦理的研修课程。根据1926年出版的企业伦理书籍《有关经营伦理现行标准的探讨》(*The Ethics of Business: A Study of Current Standards*)中作者所作的描述，相比一个世纪前，虽然状况有了很大改善，但依然存在只顾眼前利益而继续进行可疑活动，从而降低产业信誉的"个别无赖"[4]。作者认为，不道德行为的结果会损害企业的信誉，没有信用，商业自身也无法正常运作。他说："近代的商业因为信用而成立。比如借款，是在确保将来能够偿还的基础上而实施的。这个事项本身就明示了相互之

---

[1] *Times*, Sep.6, 1899; Dec.5, 1904; Jan.25, 1905; *Spectator*, Nov.19, 1896.
[2] Hilkey, John (1997): *Character is Capital: Success Manuals and Manhood in Gilded Age America*, Chapel Hill & London: University of North Carolina Press, pp.4, 127, 133-134.
[3] *Manchester Guardian*, Oct.2, 1872.
[4] Heermance, Edgar L. (1926): *The Ethics of Business: A Study of Current Standards*, New York & London: Harper & Brothers, p.21.

间的信赖关系。信用交易利用范围的扩大是实业界诚信度进化的基准。商人们也逐渐意识到只要获得诚实守信或具有忠诚心这样的评价，就会获得回报。因为考虑自己的信用等级、可获得的交易条件、做生意的成本等多种情况，成功和失败的差距均取决于这个评价。"[1]

对某种特定的牟利性商业惯例所引发的道德问题的担忧同样存在于盎格鲁-撒克逊系美国人以外的美国社会。可以想象的是，只要把自身利益视作经济活动的原动力，就会使经济与道德的关系成为广泛的话题和议论的焦点。[2]

明治维新之后，英、美成为日本的主要贸易伙伴国，对19世纪后半期日本贸易产业的格局及制度的形成起到重要的作用。因此，英、美两国对日本的认识非常重要。

三、西方对日本商业道德的态度

（一）商业道德基准与等级

涩泽荣一与同时代的日本人开始意识到商业道德问题的存在是在与西方人交流之后的事情。对于西方人来说，特别关注的一点可能是，日本人极其缺乏商业道德之类的评价。虽然英国商人在日本国内所获的评价也有值得商榷之处，但他们在国际上所获的评价与其他国家的商人相比一直都是较高的。

当时，有关商业道德基准，世界各国被划分为几个等级，英国居于最顶端，包括日本在内的发展中国家处于最底端，这已成为国际性共识。作为世界上第一个成为先进工业国的英国，伴随周密的信用交易制度的发展，早于任何国家开始应对商业上的诚信度的课题。据说该国半数以上的企业已经克服了这个难题。

---

[1] Heermance（1926），p.107.
[2] Ehrenburg, Richard（1897）: *Der Handel*: *Seine Wirtschaftliche Bedeutung*, *Seine nationalen Pflichten und sein Verhaltnis zum Staate*, Jena: Gustav Fischer, pp.44-49.

当英国的商业及投资面向以非西方诸国为中心的发展中国家的时候，这些国家的商人或生产者开始被指责为缺乏商业诚信度，英商在当地遭遇了各种商业惯例。而且，这些是英商企图把在西欧与美国的规则强加给该地区以达到相互牵制的情况下出现的，因而对当地的道德性所发出的忧虑和批判伴随着相当强的双重道德标准，这是不容置疑的。另外，也有证据表明，一部分西方实业家承认，在与其他国家的交易中，采用比国内要求更低的企业行为基准也是可以的。[1] 而且，尽管很多欧洲人拒绝"外国人骗人可以不受任何惩罚"这样的提法，但认为一些驻日的西洋商人有违背伦理的商业行为，同时在通商口岸的贸易往来中，正直和诚实不一定会有回报，此类观点确实增多了。

从某种意义上说，对日本的批判与对希腊和巴西的批判没有区别，但日本位于等级的最底端这一事实让人惊讶。1899年日本开始实施《日英通商航海条约》时，很多西方人认为日本人的商业道德远远低于"印度教教徒和土耳其人"[2]，跟拥有亚洲最高商业道德标准的中国比也要差很多。即便对中国人在商业上的诚信度的好评持怀疑态度的人也一致认为，相比于日本，中国要优秀得多。[3] 因此，对日本人在商业上的诚信度的评价要远远低于想象中的日本在国际贸易中逐渐上升的地位。笔者认为，其主要原因是，西方试图把由日本日益增强的竞争力所带来的威胁控制在"维持现状"的范围内。对日本商业上不道德行为的批评，只有在这个文脉中才能得到理解。

（二）英国的媒体与领事报告的批判

在英国，对日本商业手段的担忧到了1880年代变得尤为明显，又因

---

[1] *Times*, Nov.6, 1873; Nov.7, 1873.
[2] *Economist*, Jul.22, 1899.
[3] Bartrum, Edward（1899）: *Wanderings*, *West and East*, London: S. W. Partridge, p.104; Longford, Joseph H.（1905）: "The Commercial Morality of the Japanese", *Contemporary Review*, 87, Jan. June. p.705; Emery, Henry C.（1923）: "Chinese Commercial Morality", *Harper's Monthly Magazine*, July, p.227; *Economist*, Aug.24, 1929.

通商相关人员的证言而增加了这种担心。处理日本商人不正当行为案例的是位于横滨和神户的领事裁判所。[1]但19世纪后半期的英国媒体大多以报道告发一般性问题为主，这些一般性问题在国内争论中也同样被强调。在上述条约有望修改之际，特别是1890年代，西方商人对日本的法庭对西洋商人的权利能保护到何种程度，或者是否有保护的意愿感到不安，同时对日本缺乏商业道德的批判之声也越来越多。对日本的批判在20世纪的前十年也能频繁听到，在第一次世界大战后再次浮出水面。随后，批判变得更为具体，日本商人缺乏商业道德的行为被看作违反西方法律行为。同时，日本商人的某些特定的商业惯例被指责为所具有的道德水准不够。

日本"商业道德的欠缺"可以用两方面的原因来解释。第一个原因是，商人从近代以前至今长时间处于日本社会的底层，这导致日本商人的行为是自私的、不道德的。第二个原因是在通商口岸，西方人未能展现出诚信的商业模式，加之缺乏适当的规则限制，那里成为吸引性质恶劣的日本商人来赚钱的场所。在通商口岸，日本商人不适应西方的商业惯例，对于从外国人身上勒索金钱也没有罪恶感。这里就吸引了想不择手段迅速赚钱的日本商人。西方人之间迅速形成一种认识，那就是日本商人是打破所有商业规则的贪婪者。[2]

来自各地的领事报告记载了直接参与此类案件者的证言和愤怒的表现，从中可以了解日本商人的道德问题确实存在。报告认为日本的商业道德基准实在恶劣。该报告在欧洲被广泛认为是属实的。领事报告不单单是告发，也包含说明和分析，但对于经常缺乏客观性的媒体来说便成为报道的依据。据报道，驻横滨的澳大利亚领事认为日本商人的诚实程度低于中国商人，他认为自古以来日本商人社会地位低下并被"普遍蔑视"，这意

---

[1] Hoare, J. E. (1995): *Japan's Treaty Ports and Foreign Settlements: The Univited Guests 1858-1899*, London: Routledge/Curzon; Honjjo, Yuki Allyson (2003): *Japan's Early Experience of Contract Management in the Treaty Ports*, London: Routledge.

[2] Murphy, Kevin (2002): *The American Merchant Experience in Nineteenth Century Japan*, London & New York: Routledge Curzon, pp.30-32, 68, 109, 117.

味着他们"没有道德进化的可能性"。[1]

此外,其他如驻神户领事的报告也被取证,证实了"西方认为是印证文明程度的诚信原则,在日本很欠缺的事例非常多",同此类日商的贸易使日本不健全的商业习惯和商业道德的缺失进一步受到非议。[2] 曾经担任驻日英国领事的约瑟夫·亨利·朗福德(Joseph Henry Longford)对商业道德问题抱有特别浓厚的兴趣。朗福德认为日本人不如中国人,强调虽然日本现代新兴企业的道德标准很高,但从整体水平来看,日本商人不能信任。他说,"根据与日本商人打过交道的人们的一般性意见,日本商人在履行义务上是绝对不可靠的,有人评价说,日商在其商业交易中甚至连最基本的诚实都没有"[3]。朗福德也和其他人一样,指出导致日本商人懒于改正不遵守商业诚信行为的原因正是通商口岸这样的环境。他同时也表示期待通过提高商人的地位和终结条约港制度来改善现状。

这些报告所表达的观点,在1890年代以后与日本相关的游记和其他出版物中也有所涉及。作者虽然常常赞扬日本的"进化",但很少有人对日本人的商业活动应该大幅度改善的见解提出异议。1890年代在日本进行快乐旅行的约瑟夫·卢埃林·托马斯(Joseph Llewellyn Thomas)也著书描述了英美商人对日本商人抱着"缺乏诚实而又狡猾,总的来说没有节操"的看法。[4] 就连伦敦日本协会的创立者、非常亲日的阿瑟·迪奥西(Arthur Diosy)也觉得自己不得不在畅销书《新远东》(The New Far East)中提到不诚实的日本商人的问题。[5] 德国的政治经济学家卡尔·拉特根(Karl Rathgen)认为,日本人的竞争方式未必是优秀的,也不一定是值得称赞的,但他指出,作为西方人的贸易伙伴,他们总是"最无节操"[6]。对

---

[1] *Times*, Sep.26, 1888.
[2] *Economist*, Oct.10, 1891.
[3] *Longford* (1905), p.706.
[4] Thomas, Loseph Llewellyn (1897): *Journeys among the Gentle Japs in the Summer of 1895*, London: Sampson Low, p.179.
[5] Diosy, Arthur (1904): *The New Far East*. 5th edition, London: Cassell & Co., pp.283-293.
[6] Rathgen, Karl (1911): *Die Japaner in der Weltwirtschaft*, Leipzig: B. G. Teubner, pp.122, 138.

此，迪奥西和拉特根指出，通商口岸的西洋商人的行为也有几分责任。

这种整齐划一的日本人观此后还在持续着。据埃里克·鲍威尔（Erich Pauer）的说法，即使在战争期间，德国工程师及其家属们也把日本商人看作低等人种，对日本商人常常抱有一种典型的看法，即认为他们不是革新者而是模仿者。[1]

是什么把西方人逼到这种鲁莽的观念里的呢？日本人最初被批判的是与所谓的撒谎和欺骗有关。据说汤森·哈里斯（Townsend Harris）把日本人称为"地球上最大的骗子"[2]。阿尔加农·米特福德（Algernon Mitford）也持有同样的观点[3]。

（三）不履行合约与粗制滥造

不仅是日本，包括一部分欧洲国家都认为，围绕价格的竞争是缺乏诚信度和文明素质的体现。1890年代访问过日本的一位人士指出了一个反映日本人商业道德低下的习惯，就是商品的卖价不由商品的价值来决定，而是取决于买主能支付的金额数量。[4]这种对日本不诚实的商业惯例进行的具体批判被用来证实日本商人有缺乏诚信的不正当行为。最为显著的是，不履行合同、生产次品和提供低于标准的产品。同时，伪装标识和商标也被举报说会带来具有很大危害的告发。

对日本人不遵守合同的评价，在交易早期确已出现。凯文·墨菲（Kevin Murphy）考察过的美国商人曾抱怨说，有的日本商人不接收订购的外国商品或故意拖延是为了和卖方再次讨价还价。由于不能积压产品，卖方被迫以不划算的汇率销售。[5]日本人忽视履行契约义务的倾向也被大众

---

[1] Pauer, Erich (1990): "Deutsche Ingenieure in Japan, japanischelngenieure in Deurtschland in der Zwischenkriegszeit", in J. Kreiner and R. Mathias (eds.), *Deutschland-Japan in der Zwischenkriegszeit*, Bonn: Bouvier Verlag, pp.309-311.
[2] Peery, R. B. (1897): *The Gist of Japan*, London & Edinburgh: Oliphant, p.67.
[3] Murphy (2002), p.138.
[4] Peery (1897), p.119.
[5] Murphy (2002), p.159.

传媒反复报道。就连迪奥西也留下了举报日本小商贩的记录，包括其无视合同义务、不履行契约、不偿还债务。[1]朗福德表示，"就连正式的合同都被厚颜无耻地拒绝了。如果没有尽早履行合同的必要，被延长合同期限还算好的"。他还提到，大部分西方人在条约修改后也不相信日本的法庭会保护外商在合同上的权益，而日本商界下决心说自己会采取改善措施等就更不可信了[2]。对日本不遵守合同义务的批判一直持续到20世纪初，在第一次世界大战后经济萧条时期更为明显。

和违反合同一样，日本受到批判的第二个主要"罪证"是故意提供劣质产品，如提供比签约时的样品还要劣质的产品等。虽然这种行为可能触犯法律，但公开被强调的是道德的缺失。在通商口岸贸易时代，人们能够频繁地听到有关日本商人试图售卖不符合合同要求的商品的报道[3]，但在废除不平等条约后，直接交易和买卖行为的增加，使得西方批判日本上述商业行为的声音更大了。也有买家在产业展览会上看到高质量的样品后进行大量订购，最终却收到无法满足质量标准的商品。还有委托日商生产的大部分产品无法达到要求。在这样的商品中，就有日本主要出口商品之一的丝绸制品。法国的经济学家皮埃尔·勒鲁瓦·博利厄罗（Pierre Leroy-Beaulieu）提出，这些丝绸制品和火柴等日本商品频频产生质量问题，与其说是故意怠慢，不如说是过度的竞争心理导致了此类问题的发生。[4]即使到了1920年，曼彻斯特商业会议所还收到诸如"印度的卖主从日本购买商品时，箱子里的一半完全是别的东西"这样的举报。[5]大多数情况下，让日本商人改正不正当行为是极其困难的。

---

[1] Diosy（1904），p.283.
[2] Longford（1905），p.710.
[3] Murphy（2002），p.159.
[4] Lehmann, Jean-Pierre（1978）：*The Image of Japan：From Feudal Isolation to World Power, 1850-1905*, London：George, Allen & Unwin（Republished Routledge in 2011），p.77.
[5] *Manchester Guardian*, Nov.27, 1920.

(四) 关于商标的几个问题

特别是从1890年代开始，令日本批判者最为愤怒的是商标、产品标识和商品保护的问题。用假产品信息欺骗社会的行为在当时的英国已经被认定为是违法的，但其他西欧各国和美国直到19世纪中期才开始着手确立国内的商标注册制度。到19世纪末，这些国家在国内也开始对商标和品牌进行一定程度的保护。

但是，因为文化传统的多样性，其他外国市场由于没有同等的法律保护手段，所以存在着保护方面的问题。[1]这种侵权的案例在通商口岸贸易时代的初期就可窥见。墨菲指出，"公交车、健力士啤酒、白兰地、葡萄酒、加糖炼乳、保存肉等，餐厅里客人要求的所有饮料的标签都被调酒师调换了。这类侵权行为是家常便饭"[2]。英国大使馆和西方一样，根据日本法律推荐注册商标，但保护效果很有限。[3]

其中最著名的是，格拉斯哥的威士忌酒制造商布加尔兹对销售与本公司贴着大致相同标签商品的大阪商人提起诉讼一事。被告承认为了伪装成进口商品而模仿标签的事实，但由于仿制品明显比原装品差，法庭很难想象顾客会被骗，于是布加尔兹败诉了。最终，布加尔兹成功让日方撤销了商标的使用，但这一典型案例凸显了日本法庭缺乏保护商人权益的能力。[4]

产品保护问题在法律保护条款特别欠缺的亚洲市场尤其严峻。在那里，日、英生产商之间存在竞争关系。据说日本的某个商标仿造者认为特定的商标可以在全中国自由使用。[5]此外，据说中国和朝鲜的成百上千家店铺销售的香烟都是贴着外国厂家的牌子，实则为质量差很多的日本产香

---

[1] Da Silva Lopes, Teresa, and Duguid, Paul (2010): *Trademarks, Brands and Competitiveness*, New York & London: Routledge.
[2] Murphy (2002), p.51.
[3] *Manchester Guardian*, Dec.26, 1907.
[4] *Manchester Guardian*, Oct.17, 1907; Mar.20, 1908.
[5] *Manchester Guardian*, Jun.1, 1907.

烟。"亨特利&帕默斯（Huntley & Palmers）牌饼干和布莱恩特&梅（Bryant & May）牌的火柴等外国的一流商品，虽然只在外观上模仿得很好，品质却没法保证，但是取代了高价的正品而销量不错。"[1]这样的报道，明确了一个事实，就是有部分商人蓄意通过仿造从事不正当的商业活动。

但这个问题烘托出另一个现象，就是日本厂家有能力在低收入国家销售比其他西方竞争对手价格更低、质量更差的产品。这威胁到西方的传统优势。至少有的评论家在深知这一点的基础上，又意识到在这一系列事件中，满怀热情想保护自己利益的英国人的情感只能被一个事实支撑，那就是"我们只是偶尔可以寻求日方遵守规则的资产所有者而已"[2]。英国对日本不正当的商品标识进行的批评在第一次世界大战后再次燃起。那时候，兰开夏的棉纺工业再次提出要在世界上取得竞争优势。日本的销售商使用和英国的商品相似的标志在中国以不正当手段获得了利益。比如，一支模仿英国包装和产品样式的钢笔以英国产品的几分之一的价格来销售。另外，在1920年以后，西方投诉日本对其他棉制品、刀具、陶器等进行大范围的商标侵害的案例也是不绝于耳。[3]

四、日本关于商业道德的探讨

（一）日本领导层的见解

对日本人商业道德低下的批判之声也传到日本的实业界以及政界领导人的耳中。就像1902年和1909年出国考察的涩泽荣一那样，访问欧美的日本领导层往往会受到严厉的谴责。在1898年农商务大臣视察美国时，陪同出访的众议院议员根本正报告说，当时遭到的批判是，"日本商人不把承诺当作承诺，即使承诺了一次如果不满意，也会打破承诺而不去理

---

[1] *Manchester Guardian*, Oct.17, 1907.
[2] *Manchester Guardian*, Feb.10, 1909.
[3] *Manchester Guardian*, Nov.27, 1920; Jan.7, 1922; Dec.7, 1933.

会，所以与日本商人约定好的事情，一丝一毫都不值得信任"[1]。

1908年春，为了避免日本在国际交易上失去信用，农商务大臣松冈康毅召集各县的知事，向他们提出"需要整顿步伐，团结一致""尊重工业产权，不许盗用他人商标"等，认为日本商人需要团结成一个整体，确保商品的品质和其统一性，保护商标权等商业产权。[2]第二年，农商务省向各商业会议所发出了如下通告："商人和制造商为了自己眼前的利益而不顾他人……。对于我国产业界的未来来说，让人感到非常遗憾的是，有不少人模仿或抄袭他人的发明与商标等工业所有权。外国的商标和商品名称也被滥用……。与不道德或欺诈类似的所有行为对我国的商业信用来说都是极大的危害。"[3]曾任总理大臣等职务的政治家、时任早稻田大学校长的大隈重信从《不列颠百科全书》中引用西方人追求的伦理基准，强调日本政府需要对商人滥用权利的行为进行教育。[4]特别是对此问题异常关注的农商务大臣大浦兼武在1910年访问里昂时，遇到有人投诉说购买的日本丝绸制品质量参差不齐，还说实际收到的商品和样品大不相同。回国后，在对实业界人士进行的一系列演讲中，大浦要求产品检验员严格检查，并说"要充分做好关于优秀商业道德的研究"，要求通过调查研究，提出强化日本人商业道德的对策。[5]

数年后，阁僚仲小路廉发出要尊重商业道德的强制命令。他向实业家们提出要求："像那种为了贪图眼前的利益而不惜破坏商业道义的行为是不被允许的，在工业上也需要培养同样的道义观念。"[6]

在公共层面接触到此类问题的也有商界带头人，领导三井财阀的益田孝就是其中一位。益田在访问英国时，直接被批评说日本人缺乏道德。

---

[1]『実業之日本』1898年2月15日。
[2]『東京朝日新聞』1908年4月14日。
[3] *Manchester Guardian*, Jan.26, 1909.
[4] "The Claim of Japan: By a Japanese Statesman" in *Encyclopedia Britannica*, 11th edition, 1910-11, Vol.15, pp.273-275.
[5]『読売新聞』1910年9月5日、9月20日、12月15日、1911年4月22日、*Economist*, Dec.24, 1910。
[6]『東京朝日新聞』1913年1月8日。

益田虽然在认定违法行为的程度上有些犹豫，但他在《经济学家》杂志上表明了自己的见解，之后在用英语出版的书籍上也进一步阐明了自己的看法。[1]

受到西方国家这样的批判，以涩泽为首的明治时代的企业家致力于引进与国际商业惯例相适应的新的商业手法和形式，同时也努力促使社会层面尊重日本国内企业活动和商业活动。从应遵循西方式的规则这一认识出发，虽然众人意识到有必要遵守有关企业道德的西方规范，但普及与此等规范相关的知识以及如何使日本实业界全体接受它并不是一件容易的事。

但是，日本的商业巨头很清楚，如果不接受这些规范，在国际贸易层面，日本的未来就很让人担心。值此日本企业的道德水平令人担忧之情境下，涩泽荣一的有关企业伦理以及经济和道德之间关系的观点被广泛讨论，并进一步发展进化。这不仅仅是为了提高世人对商业和企业的尊敬而引进新制度的问题，也是很紧迫的国家课题。那就是必须改变那种认为日本人，特别是商人阶层缺乏诚信度的传统观念。

（二）涩泽荣一的对策

1880年前半期，涩泽对日本的商业道德持比较肯定的态度，但由于1890年代中期开始的批判之声日益高涨，处在世纪转换期的涩泽就变得不太乐观了。从他在东京高等商业学校[2]的授课中可以看出，1902年外游后回国的涩泽对日本商人的道德越来越担忧，他害怕投身商界的应届毕业生被贴上道德缺失的标签。[3]

1903年，在给日本各个高等商业学校的校长所做的一次演讲中，涩泽赞赏了欧美商业道德之高，警告说日本与同等标准相比还有很大差距，这

---

[1] *Economist*, Jan.14, 1908; Masuda Takashi (1908): *Japan: Its commercial Development and Prospects*, London: Sisleys.
[2] 东京商学校在1885年改为高等商业学校，1902年改名为东京高等商业学校，直至1920年升格为东京商科大学都一直沿用此名，1949年成为现在的一桥大学。
[3] 田中（2013），65—89页。

一事实将可能会对日本商业的未来带来危险。[1]涩泽提及近代西方各国摆脱了对传统商人活动的蔑视,提高了商人地位,明确指出向他国学习的重要性。[2]

众所周知,涩泽的思想中有关商业原则的部分是基于"财富的积累与伦理完全可以兼顾"这一儒教思想所创立的。但涩泽同时也强调,财富应该取之有道,即以正确的或是被允许的方式("正确的道理")获得。[3]涩泽反驳了"商业道德"一词的用法,并表示在没有同等讨论政治道德和学术道德等其他道德的情况下,"商业道德"一词的广泛使用是没有意义的。也就是说,他认为商业道德必须以所有团体都应遵守的一般道德原则为基础来考虑。

虽然如此,涩泽承认有关商业道德的激烈争论是由商人们露骨的恶劣行为所引发的。根据涩泽的想法,这种恶行的源头来自过度重视个人利益、缺乏传统商人教育以及对商人集体的一般偏见。武士阶层高举"武士道"的理想,构建了其基本道德原则,但商人阶级只以获利为准则。从这样的传统来看,要求所有商人都能有诚实的言行,遵守公平性和正直性甚至有武士道精神等依然任重而道远。[4]

涩泽大部分的发言所涉及的商人等企业相关者拥有正确举止的重要性,是非常具有概括性的,但同时也提到了具体的问题。涩泽说道,不应该把利益优先与不履行合同和撒谎联系起来。即使造成短期损失,遵守合同在公平性和诚实性方面都是不可或缺的。[5]

涩泽谈及日本商人不履行契约义务的事实,以及外国人所指出的日本商人存在的重大问题。他强调不应把个人利益放在首位,这也是对人们担忧的一种回应。即日本商人所带来的不良印象是会损害国家利益的。例

---

[1] 山藤竜太郎「中等商業教育の普及と公立商業学校」橘川武郎等編著『渋沢栄一と人づくり』,178頁。
[2] 見城悌治『渋沢栄一——「道徳」と経済のあいだ』日本経済評論社,2008年,186頁。
[3] 渋沢栄一『青淵百話 再版』,1926年,52頁。
[4] 同上书,60—66页。
[5] 同上书,65—66页。

如，在1897即将修改条约之际，来自海外的批评甚嚣尘上，涩泽在同年的讲演中就强调，比起个人利益，更应该优先考虑公共利益。[1]

涩泽的分析也暗示了日本和西方的文化差异是必须考虑的因素。也就是说，涩泽指出外国的习惯并不全部符合日本，国家的道德认识也各不相同，有关道德的教化必须符合日本的状况和社会特征。他认为，日本没有尊重欧美各国那种个人或个人之间契约的习惯，这种认知差异和经验不足才是招致批评最主要的原因[2]。因此，对于涩泽来说，有关商业道德的争论超越了国家间的规范和思想范畴，是一个有关道德普及的大课题。另外，涩泽认识到在1900年代前半期西方主导的世界中，日本的产业和日本人的商业活动会使国家陷入信用危机并且是非常有害的。

（三）强化商业道德教育

在20世纪最初的10年里，除涩泽外，有人开始思考诸如西方社会谈及的所谓道德素质问题。日本商业界为处理诸如恶评等特殊情况做出反应，也有人认为须改善对即将步入商界的人所进行的道德教育。强化商业教育的举措已经包括企业道德伦理教育。

在帝国大学教授西洋哲学的中岛力造于1901年出版了商业道德教科书，收录了其在高等商业学校的授课材料。[3]在前言中他表示，应当纠正当时日本商业的不良习惯，并尽快改善商业道德。出版此教科书的出版社，即文学社也在该书的前言中表达了同样的担忧，并表示在急剧变化的时代，需要留意新旧习惯的混合。同时，强调了在落实欧洲和北美的道德行为基础上持续共享宗教价值观的重要性。这些讲义的主要着眼点在于，为了确保在互相信任的基础上进行企业管理，当事人须有美德，商人阶级必须是具备公民意识的责任人。与涩泽相同，中岛认为区分一般道德与商

---

[1] 見城悌治『渋沢栄一——「道徳」と経済のあいだ』，2008年，186頁。
[2] 渋沢栄一『青淵百話 再版』，1926年，65—66頁。
[3] 中島力造校閲・同文舘編輯部編『商業道徳教科書』同文舘，1901年。中島力造・篠田利英『修身教科書』文学社，1901年。

业道德是没有意义的，并强调作为对商业和文明的持续发展不可或缺的信用交易制度的基础，商人应该培养能相互产生信赖的道德素质。另外，中岛也引用了孔子的话来说明正直这一美德在确保互信方面是不可缺少的。[1]

在中岛的讲义中，也有与西方商业道德的相关文献及涩泽的部分发言非常相似的观点。讲义通过展现信用交易的重要性，推断出良好的商业道德会给个人及日本社会带去长远的利益。这里所追求的美德与18、19世纪的英国作家和涩泽重视的美德有共通之处，即正直与诚实、忍耐、勤奋、节约、深思熟虑、反应迅速以及对公共利益的贡献（"公共心"）。

中岛是美国会众制教会的神职人员，与在耶鲁大学担任道德哲学教授的乔治·特兰布·拉德（George Trumbull Ladd）关系密切。拉德作为日本政府的顾问，于1890年代在日本停留过很长一段时间，其间曾经在帝国大学任教。1907年第三次来日本时，拉德应东京高等商业学校邀请进行了商业道德的授课。讲义内容不久就出版发行。[2]尽管这部著作的标题是"商业道德"，且拉德年轻时还拥有过短暂的从事商务的经历，但他的讲义重点还是放在对任何人来说都必须遵守的美德上，特别是勇气、节制、忠诚、公平、正直、慈悲心以及善良方面。因此，东京高等商业学校的学生们不仅从涩泽处，还通过其他多种途径了解到企业道德行为所应有的形象。

涩泽一生都把企业伦理教育作为商业教育的核心。例如，1913年在小石川的专科学校（京北实业学校），他每月都会进行一次以改善商业道德、探究经济问题、普及商业知识为目的且面向社会开放的"实业讲话"。[3]

1920年代出版了多本零售业教科书的作者石川文吾反复强调涩泽初期的道德理论，即"商业道德与整体道德无法分割。商业从业者应把正直与诚实作为基本原则来遵守"。在承认违反合同、提供劣质商品、派发欺骗性广告等错误的商业行为会带来巨大损害的同时，石川还指出，这样的行为与其说是日本整体商业道德之低下，不如说是凸显了商人个人层面道德

---

[1] 中岛力造『修身教科書』，1901年，1—13頁。
[2] ジ・デ・ラッド著・守屋恒三郎訳『商業道德』博文館，1907年。
[3] 『東京朝日新聞』1913年5月7日。

的缺失。那些遵守商业道德、责任感很强的商人会谨慎选择合作伙伴并积极维护稳定的交易。[1]在日本商业活动的历史上，商业教科书作为行动宝典一直发挥着重要的作用。与此同时，与只追求私人利益相反，强调通过商业活动实现公共利益这一观点在1930年代也备受瞩目。[2]

日本学术性较高的通商贸易相关书籍也提及商业道德问题。值得注意的是，撰写这些文献的日本学者可能在国外工作过且经常受到西方的批判。例如，在世纪转换期获得约翰·霍普金斯大学博士学位的服部幸正在有关分析中强调，在通商口岸所常见的间接性贸易、日本整体商业经验的欠缺和对外贸易的无知都是问题的根本所在。根据服部的说法，日本政治和文化制度的近代化无法与传统的信用、信贷交易制度的缺失和高利息等日本的经济因素分离开来，反而被组合在一起了。但是，服部并没有否认日本商人偶尔进行不正当商业惯例的事实。他指出，日本产品的质量参差不齐，并使用了"日本商人商业道德低下"[3]这样的语句。[4]

（四）媒体的议论

商务杂志和日刊报纸受到了极大关注，在更广的范围中印证了涩泽谈及日本企业道德问题时所面临的状况。由记者增田义一创刊、涩泽频繁投稿的杂志《实业之日本》，通过刊登著名实业家的论说和事迹，强烈呼吁改善企业道德。[5]该杂志与在海外负责贸易事务的日本领事和实业家建立

---

[1] 石川文吾『商業十二講』清水書店，1926年，415—418頁。
[2] 『実業之世界』28卷，1931年10月10日号，有馬祐政「商業道德」日本歷史地理学会編『日本商人史』日本学術普及会ほか，1935年。
[3] Hattori, Yukimasa (1904): *The Foreign Commerce of Japan since the Restoration 1869-1900*. Johns Hopkins Studies in Historical and Political Science, Baltimore: The Johns Hopkins Press, p.30.
[4] 同样的，由日本学者所写的外语论文有：Kinoshita, Eitaro (Yetaro) (1920), "The Past and Present of Japanese Commerce"; New York: Columbia University Press Studies in History, *Economics and Public Law XVI*, 1; Tateishi, Sajiro (1902), *Japan's InternationaleHandelsbeziehungen, mitbesondererRucksichtigung der Gegenwart*, Halle: Hofbuch Druckerei von C. A. Kaemmerer 等。
[5] 渋沢栄一記念財団編『渋沢栄一を知る事典』東京堂出版，2012年，135頁。

了亲密的关系，总是能第一时间收到外国批判日本的信息。该杂志的社论中最突出的也正是涉及外国批判的文章。

其中，最典型的论述是"欧美人一开口就埋怨日本工商业者的不道德"[1]"向以诚实闻名的伦敦商人公然挑战的不正当行为，不仅表露了自己的不道德，也拖累了其他诚实的商人，应该说是在给日本国民整体形象抹黑"[2]。

在该杂志的早期报道中，驻伦敦领事看到商人的不道德行为阻碍了日本的商业发展，指出"工商业者的不道德行为，对贸易的发展极为不利"[3]。在那之后的几年里，高桥是清、加藤高明、园田孝吉、森村市左卫门、波多野承五郎、浅野总一郎等财政界领袖与东京高等商业学校校长小山健三等先后发表了汇集14项商业道德标准的《商业道德纲领》。与此同时，该杂志的《论说》中也主要论述这些问题。[4]

这些日本精英主要担心的是日本商人在海外的差评会对日本的商业和海外投资带来负面影响。他们意识到西方对日商违反合同、生产次品以及有关商权欺骗行为的不满。即使作恶行为只限于少数派，但足以伤害国家声誉和利益。

1911年，涩泽在前身为《三田商业界》的商业杂志《实业之世界》上发表的关于儒教思想和企业活动关系的文章也提到了日本人在商业惯例中的道德问题。[5] 1920年代就任文部大臣的镰田荣吉在1908年就指出，"日本商人缺乏道德"。他们道德低下，违背约定和交货期等行为给日本的实业界带来巨大的问题。镰田还提到"日本商人应该学习英国人的商业习惯"，并表示"甚至连中国商人都能意识到商业恶行会导致损失，日本商

---

[1]『実業之日本』1899年第3卷9号。
[2]『実業之日本』1902年第6卷。
[3]『実業之日本』1897年10月第1卷5号。
[4]『実業之日本』1898年第1卷13号，1899年第3卷20，1900年第4卷1号，1900年第4卷15号，第4卷22号、1901年第5卷2号。
[5] 渋沢栄一記念財団編『渋沢栄一を知る事典』，161頁。

人却有过之而无不及"。[1]

几年后,该杂志驻中国记者玉利生写过这样一篇文章,他将重视信用的中国人和不懂礼节的日本商人进行了对比,并写道:"很遗憾,日本人比起中国人更不会做生意,而且手段恶劣。"[2]企业家森村市左卫门也以《贪欲限制了商业道德的进步》为题,在该杂志上论述了诚实才是最好的商业战略这一观点。这被作家丰崎善之介引以为题投稿于该杂志,即《商业交易上的信用价值》。[3]无独有偶,作家幸田露伴也以《公德公益和私德私利》为题给《实业之世界》投稿。[4]

商业道德早已成为民间广泛讨论的话题。1885年,《读卖新闻》提出商人要公平地对待顾客,即"没有丈夫、妻子、仆人之别,任何人都应该被同等对待"。与其说这是抽象的道德原则,不如说《读卖新闻》更想强调善行对事业发展的重要性。[5]1890年代,有关商业道德的争论在日本的媒体报道中越来越频繁地出现。在《国民新闻》的社论中,一方面要求通过商业教育提高商人的素质;另一方面也指出"商业从业者普遍缺乏商业教育,即使接受了这样的教育,依然不够"[6]这样的事实。

根据《朝日新闻》的报道,政治家山县有朋也对日本商业的腐败、日本商人对外国商人的失信以及工商业整体道德水平低下等问题感到担忧。他认为,"由于缺乏商业道德和工业道德,不仅国内没有形成良好的互相信赖的环境,外国人也认为日本人在交易时信誉不足"[7]。

《读卖新闻》尤为关注这一问题,早在1901年已经在一个版面上刊登了名为《望在吾经济界培养公德》的社论。这篇报道同在西方报纸和杂志

---

[1] 『実業之日本』1908年5月,5卷1号。
[2] 『実業之日本』1910年4月,7卷7号。
[3] 『実業之日本』1908年6月,5卷3号,1913年11月,10卷21号。
[4] 『実業之日本』1913年8月,10卷15号。
[5] 『読売新聞』1885年10月1日,12月11日。
[6] Lay, A. H.(1971)(1899):"Report on Commercial Education in Japan", *Great Britain*, *British Parliamentary Papers*, *Commercial and Consular Reports*, *Japan. Vol.10*, Shannon: Irish University Press, 15/477.
[7] 『東京朝日新聞』1901年8月18日。

上看到的一样，描写了令人不满意的商界百态。腐败和不正当行为充斥着国内外商贸和其他经营活动，制造业者若无其事地出售低质量商品，银行和企业的干部们频繁地舞弊、中饱私囊。为了追求来得快的不正当利益，在品质、数量两方面欺骗买主的商人的"缺德"行为，将茶叶、纺绸制品等重要产业置于信誉危险之中。

《读卖新闻》还指出，样品和最终产品质量不一致的问题几乎成了常态。该社论强调，只有注重道德原则和信用、履行合同才能使得商界繁荣，为此日本必须尽快采取改革商业制度及组织、扩大公益概念等手段促使其实现。[1] 其他报道也紧随其后，比如有一些报道介绍了不正当行为的具体例子：合同被撕毁；"我们商人缺乏遵守交易合同的想法，连中国人都不如，这是世人皆知的"；瓷器质量差、样品和销售品质量不一致的情况随处可见；新产品最初以低价出售，但市场价格下降后又慢慢涨价；商品的假标识比比皆是，比如标记数量为100张的纸包，却明显不够数之类的情况频繁发生。[2]《读卖新闻》所表现出的寻求改善的态度，也许是直接地受到英国报纸的影响："如果不像欧美各国那样去运作经济，无论是如何鼓励实业或是救济财界，都绝对不可能取得预期的效果。"[3]

（五）进军海外市场与企业伦理

这一问题常见于其他报纸之报道。特别是在日本于日俄战争中获胜，亚洲贸易有所起色之际更是常见。《朝日新闻》指出，随意进入朝鲜市场这一做法是"对商业道德的轻视"，并对日本商人及店铺经营者发出警告说，出售伪劣商品、欺骗朝鲜买家的行为会对将来的贸易带来不利影响[4]。《朝日新闻》也首次指出有关商标的不正当行为。[5] 甚至，《朝日新闻》还

---

[1]『読売新聞』1901年1月6日。
[2]『読売新聞』1901年1月21日。
[3]『読売新聞』1901年1月6日。
[4] 引自《韩国内地行商居商注意》。
[5]『東京朝日新聞』1904年8月5日。

刊登了有关企业伦理的社论《努力吧，商人们》[1]，并指出一个事实，日本商人过于重视短期利益，这将会使日本在国际贸易中处境危险。违反合同、虚假商标、伪劣商品、样品与实物不一、多次交易中混入半成品等等，此类行为成为西方世界批判的对象。

《朝日新闻》还对日本商界进行正面问责。一家大阪公司的中国代理店被指认模仿了德国某家企业的商标。该报纸认为应对此公司追究责任，并说道："允许仿造这一行为本身就已经足以显露其商业道德之缺陷。"[2]

针对外国的举报，也有记者试图维护日本。有关国内外交易，他们往往报道那些由于情感原因而有可疑行为的商业惯例。炮艇的制造商将本应铺上钢板的地方偷换成白铁皮，鞋子的制造商本应使用牛皮却偷换成马皮[3]，出口美国的丝绸因"实物与样品不符"而被烧毁，此类行为，会对日本的对美出口产生真正的危害。[4]

从某种意义上说，受第一次世界大战引发的战争景气波动的影响，相关讨论之声越发强烈。战争开始之后的1914年8月，在人们担心囤积商品或对战争的臆测导致物价上涨之际，《朝日新闻》提出基于战时义务的"战时商业道德"[5]。在1915年的某则新闻消息中，报道了伪劣产品和不符合标准的产品源源不断地被生产出来，商品质量参差不齐。在一笔来自美国的漆器的大型订单中，由于"在未完全干燥的木材表面涂上了漆"，所以商品到货之后木材干裂，漆器亦全部裂口。问题产生的原因虽说简单，但从结果上看，针对日本出口产品的差评源于"商业道德的缺乏"。[6]

第一次世界大战结束之后，此前被认为很赚钱的交易开始转向低迷，美国制造业者遭受损失，一般认为是日本的采购业者不履行合同所致。对于此事，日本国内也有反对之声为自己辩护，认为这是美国为了证实日本

---

[1]『東京朝日新聞』1906年10月18日、1907年11月30日。
[2]『大阪朝日新聞』1907年11月30日。
[3]『読売新聞』1910年1月15日。
[4]『読売新聞』1911年5月5日。
[5]『大阪朝日新聞』1914年8月25日。
[6]『東京朝日新聞』1915年2月9日。

商人"对于商业道德的观念非常不足",有人想利用此事来攻击全体日本商人。据闻在纽约周边等地,对日本商人的恶评是"大有盖过犹太人之势"[1]。战时利好结束之后,参与新商业提案的诸多商人的行为,饱受"虽不违法,但却不容于商业道德"之批判。[2]

此后,因经济界正值第一次世界大战之后的调整期,有人认为"固然应当重视商业道德,但此乃平常时期所应当讨论之问题,如今处于非常时期,所以不应一概而论"。持此类意见之人对企业伦理采取的这种宽松姿态,被批判说"这是不得不让人深忧的问题"[3]。从驻外日本领事那里也不断传来报告说,有的商品未按期供货,或是产品有缺陷,或是品质低,或是品质不均,还有产品未达到样品品质。报告指出,此类行为引起的"本邦商业道德之不振,是对贸易的一大障碍,由此可能会引起信誉下跌,若期待海外贸易扩大,则必须提升商业道德"[4]。

1922年1月,三井公司的团琢磨率领的50多人英美访问实业团抵达谢菲尔德,收到许多有关刀具商标侵权的投诉。此外,访问团全体成员在访英期间都切实感受到,针对此类侵权、不正当行为以及商业道德严重缺失等行为,日方应当向英方展示出日本绝不姑息妥协的决心。[5]

日本媒体关于商业道德的讨论在20世纪20年代中期之后似显著减少,但有关不正当行为、诈骗等的检举揭发却依然很多。1938年,在大阪经济团体欢迎德国财界人士的会议上,有人指出德国对日本"最为感到不快"的,正是日本人商业道德心的低下。"日本人对于德国的新商品方案,最初很是尊重,但不知何时起,就开始随意抄袭模仿。"[6]

也有人坚持拥护日本是诚实可靠的,认为仅以极少数日本人的恶行为理由,就普遍指责"全体日本人的道德性质都存在不足"并不正确。可是这

---

[1]『読売新聞』1911年5月5日。
[2]『東京朝日新聞』1920年9月12日。
[3]『東京朝日新聞』1919年4月28日、1920年3月7日。
[4]『東京朝日新聞』1921年3月25日。
[5] Manchester Guardian, Dec.21, 1921; Jan.9.1922.
[6]『読売新聞』1938年7月17日。

一问题对于商业领导及教育者们来说，依然是一个巨大的课题。因此，在涩泽荣一强调道德、经济甚至是在实际的国际商业惯例方面道德具有极高的重要性这一思想背后，无疑反映了世人对上述具体事例普遍抱有的忧虑之情。

五、有关商业道德尚待解决的问题

　　思想通常形成于困境或是交流讨论之中。涩泽荣一的合本主义思想也不例外。本文讨论了从19世纪下半叶到20世纪初期日本在世界经济中地位的变迁，并探讨了随之演变的商业道德。在此大背景下，本文尝试着对涩泽荣一在商业惯例方面所主张的道德思想进行整理归类。

　　当时，对日本商业不道德行为的指责颇多，日本商界领袖尝试通过引入新的方法和经营形态，来赢得社会对企业、商业活动的尊重。但在此过程中遇到了许多实际问题。

　　本文分析了应当如何看待以涩泽荣一为中心的日本实业界、政治界领袖以及日本的新闻媒体在对待商业行动规范方面所展开的广泛讨论。涩泽荣一所探讨的道德和经济问题，在当时备受国内外关注。随着日本的经济思想逐步超越经济以及国境的边界而不断普及，涩泽的思想越发引人关注。

　　本文同时指出，涩泽荣一的思想虽然从诸多角度来说都犹显独特，但也是特定时代的产物。涩泽荣一所提到的诸多问题也是当时海内外各界人士所共同关心的。随着日本与其他国家的思想交流不断深入，涩泽荣一的思想也被前所未有的严厉目光所审视着。

　　但我们所讨论的问题，并不只局限于那个时代。规则和系统上的结构性弱点、个人或集团有意识地违反规定以及如何应对商业转型所带来的复杂关系等问题在21世纪的今天依然存在。违法行为和不道德行为的边界依然模糊。日本历史背景中所存在的具有文化复杂性以及各种伦理基准的杂糅都使得经济决策和商业行为的选择变得更加困难。

涩泽荣一和张謇实业思想之比较[*]

周　见

张謇和涩泽荣一是中日两国近代史上具有代表性的企业家，他们的企业家活动在推动两国工业化发展的进程中发挥了重要作用。他们与其他企业家相比最大的不同在于，两人都在工业化的实践过程中提出了一系列重要的实业思想。与主张全面吸收西方近代经济思想和西方道德伦理观念的思想家明显不同的是，张謇和涩泽荣一都是儒家思想的忠实拥护者。在企业经营活动中，他们主张把儒家的思想和伦理观作为精神支柱，把西方资本主义的经营方法作为补充。他们都致力于将内在的传统文化和外来的近代经济思想相融合，以期消除二者在人们的理性认识层面存有的矛盾和障碍。可以说，张謇和涩泽荣一不仅成功消解了阻碍两国工业化发展的思想障碍，同时为传统文化注入了新的思想内容，为后人留下了宝贵的精神财富。

基于这样的认识，本文分别考察了涩泽荣一和张謇的实业思想，将二人的实业思想进行对比，分析其相似点和不同点，同时关注二人的实业思想给两国产业界带来的不同影响，尝试分析二人作为企业家进行活动时在社会思想和意识层面的差异，以及产生这些差异的主客观条件。

---

*　原文「渋沢栄一と張謇の実業思想についての比較」收录在陶德民・姜克实・見城悌治・桐原健真等编『近代東アジアの経済倫理とその実践』日本経済評論社，2009年。

一、涩泽荣一的实业思想

涩泽荣一究竟有着怎样的实业思想呢？借用涩泽本人的话，我们可以将他的实业思想概括为经济道德合一论或者义利合一思想。下面，将从他的演讲和著作中了解经济道德合一论的内涵。

（一）道德与经济的关系

涩泽荣一有关道德与经济关系的论述主要集中在理论方面。他的基本观点是，道德和经济不是相互对立、两相矛盾的概念，而是互为不可分离的必要条件，没有脱离经济的道德，也不会有背离道德的经济还能为日本社会带来利益。他说，"放弃利益的道德并非真正的道德，而完满的财富、正当的增益又不可缺少道德的存在"[1]，并将《大学》中的三纲八目作为依据来论证自己的观点。涩泽认为，中国传统的儒家思想告诉人们，"欲明德于天下者，其根源在于格物致知。而古时的格物致知放在今日，便是物质之学问。……以此为例推演，生产获利是内含于道德之中的"[2]。经济与道德之间的矛盾是在社会分工体制出现后产生的。因为做实业之人未必是仁义道德之师，仁义道德之师又未必投身实业，所以在仁义道德与算盘之间产生了隔阂。[3]涩泽荣一强调，日本武士道与殖产功利之道两者之所以相背离，是受中国宋代儒家性理学说影响的结果，这种道德与经济相分离的倾向必定会给国家带来灾难。涩泽荣一在著作中说道，宋学中"提倡仁义道德之说，乃是对道德伦理顺应时代而进步之说置之不理，而只讲理论空话，因而主张抛开利欲，这就致使民力衰弱，进而国势衰微，被元军进攻、祸乱不断，最终招致了被元朝蛮夷所统一的悲惨结局，只空谈

---

[1] 山本勇夫编『渋沢栄一全集』第1卷，平凡社，1930年，507—508页。
[2] 同上书，508页。
[3] 王家骅：《儒家思想与日本现代化》，浙江人民出版社，1995年，165页。

仁义,便会使国家之势渐颓,生产力薄弱,最终灭亡。由此可见,空洞的仁义道德损伤国家的元气,降低社会的生产力,可能会招致亡国之命运"[1]。

(二)公益与私利的关系

在涩泽荣一看来,工商业活动不仅仅是人们生存所必要的,也是一种追求利益的行为,但人们需要将利益区分为公益和私利两种。他还强调,工商业者必须时刻铭记公益和私利的区别。涩泽荣一把公益定义为"超越私利私欲的观念,怀着奉献国家社会的诚意而获得的利益"[2]。对他来说,所谓公益就是国家社会的利益,为了国家社会的利益而进行工商业活动就体现他所提倡的道德。涩泽还说:"在经营实业之时,我会时常关注自己所做的是否为国家所需要,是否合乎道理。若是合理经营着国家所必需之事业,那么即使此事业微乎其微,即使个人之利益少之又少,余心仍乐之。"[3]涩泽在强调确立国家社会利益重要性的同时,反对将国家社会利益和私利视为对立的看法,他认为这两者并非绝对矛盾的。在他看来,"为社会带来利益,使国家走向富强,最终也会为个人带来利益"[4]。也就是说,国家社会的利益是保证个人利益的前提条件,私利是在国家社会利益之中形成的,因此,以国家利益为先,其结果就是收获个人利益。

(三)义与利的关系

涩泽荣一认为,儒教的伦理道德观念并没有否定人们的求利欲望,因为人们的衣食住行只能通过经济手段获取,这是由人们生存需要本身决定的。衣食足而知礼节,这是不言而喻的。然而,人们追求利益的手段和方法却并不一样,只有通过正当手段获得的利益方为合理之利。因此,我们

---

[1] 渋沢栄一述・梶山彬編『論語と算盤』,86頁。
[2] 『渋沢栄一全集』第2卷,583頁。
[3] 『論語と算盤』,186頁。
[4] 『渋沢栄一全集』第1卷,509頁。

不应反对人们追求财富的欲望,而应提倡人们培养合乎道义的逐利能力。基于这样的认识,涩泽荣一主张义利合一,对把义利二者相对立的观点持批判态度。他指出:"要说该如何看待实业,那当然是以谋利为宗旨的。如若工商业没有增利之效果,那便毫无意义。然而,如若将谋利理解为只要自己获利而其余怎样都可以,以此为信条进行下去,其结果如何呢?那便正是孟子所讲的,'苟为后义而先利,不夺不餍'。故而真正对利益的追求如若不以仁义道德为根基,那便绝不会长久。"[1] 涩泽荣一在此全盘否定了"为富不仁,为仁不富"这一传统观点,明确了在追求利益时采取正当手段方为儒家伦理观念所主张的仁义这一认识。

那么,涩泽荣一所主张的儒家伦理之中的仁义是什么呢?他认为,除了忠君爱国、国利优先之外,仁义还体现在博爱、诚实、信义、节约、勤劳等各个方面。比如,发展工商业需要提倡信义。涩泽认为信用"重于资本",在他看来,"一人之资产是有限的,比起依靠有限的资本,努力利用起无限的资本才是关键所在。而利用无限的资本所需要的资格是什么呢?是信用"[2]。此外,他还认为,勤劳、节约也是工商业者应该有的行事做法。总之,对于涩泽荣一来说,诚实、信用、勤劳、节约等这一切都是以义谋利时不可或缺的元素。

(四)士魂与商才

涩泽荣一从理性的角度阐述了将经济与道德、公益与私利、义与利相统一的必要性,他还大力呼吁将日本民族精神与经济商业活动相结合,提出了士魂商才论。在日本,曾有人提倡和魂汉才,主张人们在坚定地以日本特有的大和魂(日本精神)为根本的同时,学习掌握中国文化中的精髓。涩泽认为,这个想法本身有继承和发展的价值,但应当将之与新时代工商强国的要求相适应,提倡士魂商才。在他看来,士魂商才的真正意义在于,"立于人世间,武士精神当然必不可少,然而如若仅偏重于武士精

---

[1] 渋沢栄一『経済與道徳』渋沢翁頌徳会,1938年,1页。
[2] 同上书,36页。

神而全无商业才能,便会在经济上招致自我毁灭,故而在士魂之上商才必不可少"[1]。涩泽认为,集正义、廉直、侠义、敢为、礼让等美德于一身的武士精神乃是民族之骄傲,为人们所敬重和仰视,但"遗憾的是,日本文化精粹武士道,自古以来只在士人社会之中存在,在置身于增产功利的商人之间,鲜少看到这种风气。自古以来,工商业者对武士道一类的观念有着明显的误解,认为以正义、廉直、侠义、敢为、礼让等为宗旨的话,买卖是无法进行下去的……。其中必有时势使然之处,然而士人需要武士道,商人亦是不可无此道",否则日本就因小而失大,同时也会在世界上失信。[2]因此,"商才本就是以道德为根基的",其本身就是与道德不可分割的存在,"欺骗、浮华、轻佻的商才,乃是所谓小才子小聪明,断不是真正的商才"。[3]涩泽由此得出结论,无论是修养士魂还是培育商才,从《论语》中得到的教诲和启蒙都是必不可少的。

二、张謇的实业思想

第二次鸦片战争后,李鸿章等清王朝政府要员开始推行以"自强""求富"为主要目标的洋务运动,但他们对于如何实现"求富"这一目标却没有明确的认识。受西方重商主义经济思想的影响,当时的很多人认为,西方的强大和中国的弱小都是由商业的兴衰差距所致,因而他们提出商业立国的口号,主张与西方国家展开商业战。在这样的背景之下兴办起来的洋务企业也以"分洋商之利"为目标,然而实际上收效甚微。吸取洋务运动的教训,张謇认为,中国要实现"自强""求富"的目标,首先必须摆脱思想层面的混乱状态,确立明确的实业观念和立国方针。

---

[1]『論語と算盤』,3—4頁。
[2]『渋沢栄一伝記資料』別卷六,68—69頁。
[3]『論語と算盤』,3—4頁。

（一）"富民强国之本实在于工"

张謇批判了商业立国的口号，提出了自己的主张。

> 世人皆言外洋以商务立国，此皮毛之论也，不知外洋富民强国之本，实在于工，讲格致，通化学，用机器，精制造，化粗为精，化贱为贵，而后商贾有懋迁之资，有倍蓰之利。《周官考工记》以百工列六职之一。……孔子论为天下之九经，以百工为足财之本。可见唐虞三代之圣人，其开物前民，未有不加意于此者。后世迂儒俗吏，视为末务贱业，不复深求，于是外工技巧，遂驾中华而上。西洋人中国之货，皆由机器捷速，工作精巧，较原来物料本质，价贵至三四倍、十余倍不等。……即如日本，尤重工政。该国于通商都会遍设劝工场，聚民间所出器用百货，第其最精，此亦仿西洋之例。国家予牌以赏，俾使专其利。是以百工竞劝，制造日精，销流日广。……非此不能养九州数百万之游民，非此不能收每年数千万只漏卮。[1]

从张謇的论述中可以看出，他反对商务立国，主张以工为国本，主要基于如下理由：第一，西方国家强大的根本原因并非商业繁荣，而是工业发达。商业是以工业为基础的，离开工业的商业会失去其自身的源泉和根本，完全无法实现收益。因此，商务立国的思想是本末倒置的，很难以此来挽救国家之危亡。第二，"百工为足财之本"是孔子的重要经济思想，然而后世的迂儒俗吏非但不理解其思想，反而长期将工商业视作末业，抑制经济发展，因而造成如今在工业发展上中国与西方的巨大差距。若真如此，中国就必须改变这样的状况，也应在意识层面进行彻底的变革。第三，日本从弱国变为强国的原因在于，日本学习西方，全面致力于对工业的扶植和发展。中国只有像日本那样，采用重视工业的政策，将工业发展

---

[1]《代鄂督条陈立国自强疏》，《张謇全集》1卷，37—38页。

作为立国的根本,才能脱胎换骨成为强国。第四,中国的无职无业者达到数百万,如果仅仅依靠农业,失业问题就不可能得到解决,更无力摆脱对外贸易赤字的现状。因此,对中国来说,必须采用"以工富国"的方略,除此之外没有其他的选择。

(二)棉铁主义的主张

在主张"富民强国之本实在于工"的同时,张謇指出实业发展有重点和顺序,同时表明他个人在实业中保持棉铁主义的观点。张謇是这样解释棉铁主义的:在各种工业部门中,纺织和钢铁两个部门是最为重要的,中国想要脱贫致富,必得先从这两个工业部门的发展着手,而这两者中又"以棉为最"[1]。那么,张謇为什么要如此强调优先发展棉铁产业的必要性呢?他从以下几个侧面进行了说明。

第一,发展这两个工业部门是减少中国对外贸易赤字的迫切要求。张謇指出,《马关条约》签订之后,中国的对外贸易赤字日益增加,压迫民众生活,进而发展为国家的难题,赤字给中国带来的经济损失和危害比赔款问题更加深重,对这种情况如果置之不理,不加以改善,中国经济将会一蹶不振,落入难以收拾的境地。张謇认为,"国人但知赔款为大漏卮,却不知进出口货价相抵,每年进口,以棉货一项论,已二万(亿)一千余万两。铁亦八千余万两,暗中剥削,较赔款尤甚。若不能设法,即不亡国,也要穷死"[2]。因此,为了纠正贸易逆差的不断扩大,应先从限制棉和铁的进口着手。由于减少棉和铁的进口量是最根本的手段,因而张謇充分认识到发展本国纺织业和钢铁产业的重要性。这样可以使国内棉、铁生产从无法自给自足的停滞状态中逐步得到改善。

第二,中国财力薄弱,工业发展难以同时在所有方面取得成果。《马关条约》的签订,致使中国在承担了巨额战争赔偿金的同时,丧失了关税自主权,使得政府失去了调整经济的有效手段。因此,政府不得不通过增

---

[1]《实业政见宣言书》,《张謇全集》1卷,274页。
[2]《辛亥五月十七日召见拟对》,《张謇全集》1卷,164页。

税和外债贷款来维持财政，资本的极度匮乏成为振兴实业的最大障碍。在这种情况下，如何有效地运用资金成为经济难题。张謇指出："农工商业为类至多，政府人民，财力均困；若事事并营，力分而益薄。故与其分而致薄，毋宁合而可厚。"[1]也就是说，在张謇看来，由于政府和人民财力的极度匮乏，不可能把中国实业全部发展起来，必须选择优先发展的产业，将几个产业锁定为发展目标。这样一来，虽然仍然存在资金上的限制，但通过选定目标产业，使有限的资金得以充分、有效地发挥作用，势必会产生较大的社会利益。

第三，棉、铁两部门都有着非常广大的国内外市场。张謇认为，在确定和选择重点工业部门时，应将国内外市场的因素纳入考虑范围。这是他主张发展棉、铁产业的一个重要原因。张謇研究了英国、美国及日本纺织产业的资料，认为中国纺织业发展前景广阔，中国纺织品有潜在需求。他指出，"各国棉工厂纱锭数目，英美各国无论矣。近考之日本，土地面积少于我二十倍，人口少于我八倍，而纱锭至一百七十三万一千五百余锭。而吾国合中外之厂，仅八十一万"[2]；还说，"铁需用极大，而吾国铁产极富，以至富之矿产，应至大之需要，岁可得数千万。一出一入，相差之度，不可以道里计。……欲赢此数万万，当有何法？则惟有并力注重输入额最高之物，为捍卫图存计，若推广植棉地、纺织厂是；又惟有开发极大之富源，以驰逐于世界之市场，若开放铁矿、扩张铁制厂是。……我国地藏之可惜，惊心动魄，不能不生无穷之希望。故此一种主义，敢自信为适当"[3]。

从上述各方面来看，棉铁主义是张謇根据当时中国经济的实际情况提出的工业化战略构想。虽然这个战略构想最终未能实现，但是它作为实业思想的精髓，体现出张謇实业思想的独创性，其本身就具有思想价值和实际意义。鸦片战争后，当时中国的代表人物有意无意地开始了对资本主义事物及其思想的吸收。在张謇提出棉铁主义之前，当时有着最进步思想的

---

[1]《宣布就部任时之政策》，《张謇全集》1卷，276页。
[2]《实业政见宣言书》，《张謇全集》1卷，274页。
[3] 同上。

资产阶级改良派代表人物也先后提出了各自颇有价值的经济思想，在社会启蒙中发挥了重要作用，但他们并没有对中国的实业方针和工业化问题提出系统的、具体的战略构想。因此，棉铁主义的提出对推动中国近代实业思想与工业化的实质性的结合起到重要作用，标志着近代中国经济思想的发展进入了新的阶段。

三、张謇和涩泽荣一实业思想的比较

上文中，我们分别对张謇和涩泽荣一的实业思想进行了考察。两者的实业思想各有其特色，提出的问题也有所不同。这说明当时中日两国工业化进程中，需要面对的矛盾点和亟待解决的问题都有很大的不同。然而，不能忽略的是，张謇和涩泽荣一的实业思想是在非常相似的社会文化背景下产生的。他们对儒教思想的尊崇使得二人的实业思想具有价值观念上的共性。只是由于面对的社会环境不同，两人的思想特征才产生了一定的差异。

（一）张謇和涩泽荣一儒商思想的异同

张謇自幼受儒家思想熏陶，历经长达 26 年的科举备考，儒家思想已深深根植于他的脑海中，是任何其他力量都难以改变的。"吾之用世之心，犹之孔子也"[1]，这正是张謇内心的真实告白。由此可见，张謇也同涩泽荣一一样，将儒家思想作为其实业思想的精神支柱，以孔孟之言为据论证自己主张的例子不胜枚举。但若从比较的视角来分析，张謇和涩泽荣一的儒商思想又有怎样的异同呢？

在儒家的伦理道德思想中，"义利之辨"占据着重要地位。正如前文所说，涩泽荣一以儒家伦理道德思想为前提，提出了经济道德合一论与私

---

[1] 张孝若：《南通张季直先生传记》，上海书店，1991 年影印版，419 页。

利公益一致论。张謇又是怎样看待、解释资本主义企业活动中的义利问题的呢？张謇对个人实业思想最为透彻的表达是"言商仍向儒"。从这句话可以看出，张謇和涩泽一样，主张以儒家伦理道德观念为基础来规范企业家的经营活动。

张謇在谈及经营企业的目的时，曾说"非私而私也，非利而利也"[1]。也就是说，对于张謇来说，经营企业首先要树立为国的思想，应当急国家之急，不能以追求私利为主要目的。张謇认为，客观来看，这样做最终也对个人有利，不谋私利却能够获得私利。显然，这与涩泽主张的公益、私利统一论的思想伦理相似。此外，张謇还认为：

> 庚子以后，曾来京师，人或谓余弃官而营实业，必实业获利有大于居官之所得者。又或谓余已获利数十万金，乃仍集股不止。何耶？当日似以余专为致富计者。余则若专图个人之私利，则固有所不可？若谋公众之利，奚不可者？要知余之所以孳孳不已者，固为补助纱厂计，尤欲得当一白吾志耳。时局至此，若专谋个人之私利，虽坐拥巨万，又何益哉！[2]

张謇的这些话，对人们说他创办企业是为了获得个人财富进行了反驳，同时也表达了他在义利问题上的基本态度和认识。也就是说，他一方面肯定企业为了国家或国民进行营利活动的正当性，另一方面对个人怀着积累财富的私欲谋取私利的行为予以否定，他认为这种行为对国家并无益处。另外，张謇对于为了致富而不择手段的做法深恶痛绝。他指出："吾国人重利轻义，每多不法行为。不知苟得之财，纵能逃法律上之惩罚，断不能免道德上之制裁。"[3] 由此可见，张謇十分重视商业道德，并将其视为最终保证企业经营活动成功的重要因素。

---

[1]《大生纱厂股东会宣言书》，《张謇全集》3卷，114页。
[2]《北京商业学校演说》，《张謇全集》4卷，112页。
[3]《商校本科毕业演讲》，《张謇全集》4卷，151页。

总的来说，张謇主张"言商仍向儒"。他对把追求私利作为第一目标的西方价值观念持否定态度，以实业救国的主张为依据，从而说明自己的企业活动和盈利行为完全符合儒家的伦理道德观念。张謇的这种思想似乎与涩泽荣一的经济道德合一论如出一辙。

然而，如果我们进一步对二人的论述进行比较，就会发现两人极为相似的观点背后依然存在着不容忽视的差异。首先，张謇在著作中虽然提到了儒家思想的多个方面，但对于义利关系的论述却相对较少，且不够系统。他并没有像涩泽那样，通过对孔子义利说的重新解释，为废除轻商观念提供思想依据。另外，张謇由于并没有对孔子的义利说加以符合自己实业活动所需的解释，所以虽然努力"捐弃所持"或"适违素守"，却没有对传统观念之中将"以儒经商"[1]视为违背道德伦理行为的观点予以全面彻底的批判。这就使得他的思想出现难以摆脱的矛盾状态。因此，当自己的实业活动陷入困境时，张謇的心中就会怀有自怨自艾的情绪，甚至将自己与商人的来往称为"伍平生不伍之人，道平生不道之事"[2]。字里行间流露出对商人的轻视，这表明张謇在思想上仍然没有摆脱正统义利观念的束缚。也许正是这个原因，张謇常以明言增产得利为耻，而一再强调从事企业活动的目的是发展教育或是实现国家自治。因此，他所说的"言商仍向儒"只是儒家思想中对实现个人追求和个人修养而从商的特殊表达方式，并不能成为打破传统轻商观念束缚的思想武器。与之相比，涩泽荣一通过对《论语》的重新解释而确立的经济道德合一思想，其解释本身虽然并不一定符合儒家义利观的本意，但反过来说，这样的解释却在儒家义利观中渗透了新的精神和影响力。

（二）张謇和涩泽荣一儒商思想的不同境遇及其原因

张謇和涩泽荣一两人因自幼饱受儒家思想熏陶，均对儒家道德和伦理观念推崇备至。对于他们而言，从事的资本主义工商活动只有限定在符合

---

[1]《大生纱厂股东会宣言书》，《张謇全集》3卷，115页。
[2]《为纱厂致南洋督部刘坤一函》，《张謇全集》3卷，88页。

儒家规定的道德思想和伦理观念范围内，才能保证其正当性和合理性。因此，他们致力于提倡"商名儒行"或"士魂商才"的经济思想，试图以此来解决工商活动与经营哲学间存在的逻辑矛盾。显而易见，张謇和涩泽荣一所进行的经营理念上的探索，反映出中日两国在吸收资本主义生产方式过程中，同样面临着文化的隔阂与摩擦。

不过从结果来看，二人经营思想虽极为相似，社会反响却有显著差异。身处日本明治时期，涩泽荣一提出的"经济道德合一论"和"士魂商才论"在实业界广为流传，反响热烈。受此影响，他所倡导的"国事经营理念"成为企业家从事工商活动的精神支柱，在工业化产生和发展之际发挥了巨大作用，甚至被看作日本式的资本主义经营哲学。在近代中国，实业界的思想理论发展却呈现着极其混乱与复杂的状态。一方面，以"诚""信"等儒家思想理念作为经营理念的企业家和商人并不罕见；另一方面，张謇"非私而私也、非利而利也"即优先考虑国家利益的实业思想难以成为大多数企业家普遍遵循的经营理念。近代工商界爱国运动频发，然而企业家们却并不能将这样的爱国思想转化为具有超越力量的精神支柱。

那么，同样是直面西方列强的欺侮，作为同属儒家文化统治之下的中日两国，其近代企业家的经营理念何以存在如此明显的差异呢？这是一个非常复杂的问题。从比较的视角来考察这个问题，笔者认为至少有以下几点值得我们思考。

1. 传统伦理道德观念、国家意识形成条件的差异

明治维新的功臣大隈重信曾论及日本人的爱国意识这一问题。简而言之，开国之前的日本长期处于闭关锁国的状态，由于缺少同他国进行外交的经历，民众只对作为四民之长的武士尽忠，尚且没有形成爱国意识。在遭受西洋列强武力侵犯、直面外侮之后，民众中才开始出现了爱国意识的萌芽。[1]

---

[1] 高橋亀吉『日本近代経済形成史』第2卷，東洋経済新報社，1974年，16頁。

那么，中国方面情况如何呢？中国近代思想家梁启超有如下看法。总体来说，鸦片战争前的中国和开国前的日本国情基本相同，士农工商四阶层无一例外都没有形成国家观念，其原因在于封建的闭关锁国政策。西方列强的入侵所导致的民族压迫，则直接引发了民众国家观念的形成。但需要注意的是，上述的国家观念是基于近代思想体系而形成的概念，毫无疑问，这与儒家伦理道德观念中由忠君意识构成的国家观有着明显区别，不过两者间仍有难以切断的"自然"关联。

在日本传统的儒家伦理中，君和国两者是相提并论的。忠君和报国在理论上是一致的，先有忠君后提报国被视为理所当然，传统伦理方面存在这种无法忽视的因素。在分析日本开国之后武士阶级迅速形成国家观念的原因时，大隈重信提出论断：武士原先抱有的尽忠之心对其国家观念的形成产生了很大影响。

当然，从儒家伦理的忠君观念向近代国家观念过渡以及近代国家观念的不断巩固都是需要条件的，明治维新所进行的社会变革和其后经济的腾飞都为这种转化得以进行提供了条件基础。从伦理观念看，倒幕、废藩置县等一系列的政治变革使得武士阶级历来的直接尽忠对象，比如将军、大名等丧失其地位。君主立宪政治体制的确立和天皇君权神授这一身份的再确认，为武士提供了符合传统伦理规定的、新的尽忠对象。从政治经济制度的改革来看，废除身份制度、停止武士俸禄等做法虽然引起了部分武士的强烈不满，但随后的扶助武士、令其从商的政策又给他们带来了新的希望。

日本的国际地位也随着其经济的迅猛增长有了显著变化。政治改革连带经济发展取得了前所未有的成功，以此为后盾，明治政府向欧美国家逐步提出废除不平等条约、收回国家主权的要求。欧美各国也再难达成通过武力威胁日本从而获取新特权的目的，只能在保留已有特权的现状中逐步对日本让步，直至完全接受其要求。总而言之，明治维新后，日本在内政外交上的巨大成功极大地鼓舞了近代企业家，他们的国家观念和民族意识也随之得到增强。这样的社会背景为涩泽荣一的"经济道德合一论"和

"私利公益一致论"的广泛传播创造了社会条件。

接下来我们将用同样的视角考察鸦片战争前后中国的社会状况。在中日两国儒教伦理的比较研究中，学者普遍认为，来自儒学发源地的儒学——中国传统儒学，与变异的儒学——日本儒学，在价值取向方面存在着一定的差异。其中最值得注意的一点是，中国儒学是以"仁"和"孝"为核心的，日本儒学则以"忠"为最高指向。中国儒学中的"忠"必须以"仁""孝"为前提，日本儒学中的"忠"则不具有这样的理性主义要素。因此，黄遵宪认为，忠君绝不是中国传统文化的主旨。他提出，"自汉代以来独尊儒术，教化忠孝，但孟子的君臣之道仅提到以德报恩，并未倡导忠君，孔子曾说忠君有礼仪、道义、制度三个层面"[1]。显然，中国传统儒学伦理的这种价值排序，意味着它并不像日本儒学伦理那样易于从忠君意识向近代国家观念转变。因此，在近代国家观念的形成上，中国传统儒学伦理的先天性条件并不像日本儒学伦理那样充分。

君主作为万民尽忠的对象，其权威性在中日两国也存在着较大差异。幕府时代，将军手握国政大权，但天皇仍作为国家的象征，保持着天赋神权般的权威。在中国，正如有学者指出的那样，人们始终认为"有德为君""为政以德""以德行仁者王"[2]的主张是理所当然的。总而言之，在中国，作为国家君主的皇帝并不具备日本天皇那样介于神与人之间的偶像性和超越性，传统儒学伦理也绝不提倡无条件地为君主献身的行为。

从上述内容可知，在中国近代的企业化过程中，之所以普遍缺失国家观念，可以从文化历史的侧面追溯其深层原因。当然，这种先天条件的不足并非难以克服，通过内外社会环境的改变和政治制度的变革，就可以克服先天不足，走向近代化。然而遗憾的是，这种改变在清朝封建专制统治下的近代中国社会几乎是不可能实现的。

---

[1] 盛邦和:《文化类型、特质与社会发展——中日文化比较初探》,《社会科学》1988年第4期。
[2] 潘才彬『天皇と中国の皇帝』六興出版社，1990年，108頁。

有关内外社会环境的改变，正如梁启超所言，在西方列强的武力侵略下，原本没有国家观念的士大夫和民众们萌发了强烈的抗敌御侮之意识，其自强救国的爱国思想也由此产生。但一心维持封建专制统治的清朝统治者却反其道而行，并不考虑社会变革和自强救国等，反而将鸦片战争之后兴起的太平天国运动视为心腹大患，借助西方列强的力量予以镇压，沉重打击了国人的爱国主义思潮。第二次鸦片战争后，清朝统治者中以李鸿章为代表的一部分官僚面对"千年未有之大变局"，提出"师夷长技以制夷"的构想，开展了洋务运动。但是，由于其出发点仍然是维护清朝专制统治，就无法像日本明治维新那样，提出适应民族资本主义发展的、行之有效的工商业振兴政策。因此，在自强救国的口号下，历时30余年的洋务运动收效甚微，最终北洋舰队在甲午战争中全军覆没。

从鸦片战争到清朝统治覆灭的这段时间内，中国的国际地位不断下降。亡国危机逐步加深，这样的状况与日本截然相反。1842年《南京条约》签订后，清政府被迫与西方列强及日本签订了一系列不平等条约，逐步丧失主权。清政府的腐败无能势必导致民众和工商从业者国家观念的淡薄和民族凝聚力的下降。在民众看来，如若居于万民之上的朝廷和统治者都对国家民族的利益置之不理、不闻不问，只顾巩固自身的统治权力，那么平民百姓经商办厂也必是为了保障个人的利益。在民族精神处于如此状态之下，张謇提出的"言商向儒""非利而利"等经营观念自然很难得到大多数企业家的响应与共鸣。

2. 官僚制度、企业体制与社会流行价值观的差异

近代中日两国在资本主义商品经济发展上的先天孱弱，决定了主导两国工业发展的任务需要由政府承担。这种自上而下的工业化过程，决定了政府官员在经济领域占据主导地位。因此，官僚素质是决定资本主义发展方式和企业经营方式能否顺利发展的重要因素，对近代中日两国企业家的构成及其思想状态产生了巨大影响。

明治维新以后，日本认识到由素质更高的官员组成新政府的重要性。

1869年1月，太政官宣布：百官禁收受贿赂、营收私利。[1]其后，通过废藩置县、废除身份制度等一系列改革确立了禁用封建官僚制度和以能力主义为基础的官僚选拔制度。新政府选拔人才的要求非常明确：一是具有强烈的国家观念和抱负；二是思想开化，通晓西方各国事宜。在这样的背景下，包含涩泽荣一在内的一批富有眼界与胆识、锐意进取的年轻人构成了近代日本政府第一代官僚体系。他们大多数出身武士阶级，不仅忠于职守，且重视自己的人格与名誉，遵守执法规则，致力于打击以权谋私的官僚腐败之气。例如，1874年4月井上馨在送抵太政大臣的文书中，强烈批评了官员行为不端的问题，提出"各省须严格执法、肃清纪律，一经发现所属官员行为不端，轻则批评，重则训斥于人前，更有不法者甚至减轻俸禄、停职候命，如此以正风纪，尚能弥补刑律不及之处"[2]的建议。在此基础上，太政官于1875年正式发布通告，"原则上禁止官吏及其家族从事经商买卖活动"，"仅允许官吏及其家族成员担任从事修筑、运输、开垦、殖产等企业的股东"。[3]1882年，政府继续加强官员管理，为此太政官发布《行政官吏服务纪律》，同时公布《行政官吏服务纪律说明书》，告诫百官必须以服务为根本宗旨，做到遵法守法、服从上司、谨记廉耻、慎重行动、公正无私、清白分明、劳而不怨。1885年，在自由人权风靡日本的背景下，政府仿照西洋政治制度改革政府体制，废除太政官制度，实行内阁制度。在彻底废除原官僚选拔制度、实行改革的基础上，政府规定只有通过国家考试取得相应资格的人才能担任政府官员，开始施行文官任用考试制度。

这一制度的施行，使得政府官员组成面目一新，由具有高学历的大学毕业生担任政府官员。他们拥有丰富的近代专业知识和管理能力，视野开阔，思想开化，大大提升了官员的整体素质。可以看出，明治维新后，日本也时刻没有放松对官员的严格管理和近代化的要求，由此产生了一大批

---

[1] 日本公務員制度史研究会编著『官吏、公務員制度の変遷』第一法規出版株式会社，1989年，28頁。
[2] 坂田吉雄「明治の官僚」『人文学報』（京都大学人文科学研究所）1967年，第xxiv頁。
[3] 『官吏、公務員制度の変遷』，28頁。

清正廉洁的政府官员。他们在国民和广大工商业者中树立了威信和良好形象，也为奉公守法的优良社会风气的形成、政府与企业间相互协调、工业化的稳步发展打下牢固基础。官僚体制的成功确立在其中发挥了巨大作用。

当然，明治时期的政府官员并非全部都是大公无私之人，贪污受贿的丑闻也时有发生。新政府在推行殖产兴业政策的过程中，由于直接参与了企业的经营活动，及早认识到了容易发生的各种利害问题，在不断调整工业化运作方式的同时，1880年代初进行了大规模的企业体制改革，将多数官营企业低价转让给民营企业。这一办法的实施有效地刺激了民间资本所有者从事工商业活动，在提高企业经营效率的同时，有效限制了官僚腐败。

在近代中国，官僚制度和官员素质与同时期的日本相比存在着较大差异。众所周知，中国的官员任用制度源远流长，自明代开始，这种制度有了新的变化，即在举行科举制度的同时施行捐纳制度。所谓捐纳制度，是指不论功名出身，基于国家规定捐献一定数目银两的人，会被授予官衔或虚职（有名无实的官职）。这本不应作为常规制度固定下来，只是朝廷修筑土木工程等公共事业时为补充财力的一种临时制度。但清朝建立后，随着朝廷财政状况的持续恶化，捐纳制度逐渐作为常规制度被固定下来。鸦片战争后的巨额战争赔偿金致使清政府财力空虚，后续因洋务运动的兴起，政府支出不断扩大。在这一背景下，政府最大限度地利用了捐纳制度。

捐纳制度实施的本意是缓和政府财力空虚的窘境，但却给近代中国社会带来超乎想象的恶劣影响。

第一，造成官员整体素质大幅下滑，收受贿赂等腐败现象随处可见。从当时的社会状况分析，欲获取官职同时具备捐纳巨额金钱的多数人是商人和地主阶层的富豪。这一类人和寒窗苦读、有志于治国安邦平天下、一心想考取科举功名的儒生有着明显不同。他们缺少儒学修养，重财轻义，只有对利益的追求之心。他们一心想要通过金钱换取官职，自是与希求提高社会地位的念想不无关系，但究其根本原因，是当时社会的官僚具备莫大权力，官职成为他们获取更多金钱的道具和资本。因此，他们一旦取得官职，便肆无忌惮地利用手中的权力徇私舞弊，以亲戚友人之名巧取豪夺。

第二，对传统道德伦理观中的重义轻利观的冲击，导致社会风气逐渐发展为"对金钱的绝对崇拜"及至失去控制。实际上，正如张謇的科举人生所展现出来的一样，仅从入朝为官到获得晋升的过程来看，捐纳比通过正规考试获取官职要容易得多。因此，随着捐纳制度成为定制，社会道德风气不断衰败。对于儒生来说，科举已经不再像从前那样神圣且具有决定人生前途命运的魔力。但从世人的角度来看，金钱与社会地位之间难以逾越的制度性阻碍已经被打破。因为掌握金钱等同于拥有了官职和社会地位，知识崇拜不如金钱崇拜，重义不如逐利，所以自然而然地产生对金钱的强烈追求。

第三，官商不分，即为官从商（亦官亦商）的社会集团开始出现。随着捐纳制度的实施，以金钱换取官职逐渐成为一般的社会现象，但有限的官职数目与远超其量的候补者数目间的矛盾不断激化，新的问题出现了。在这种情况下，洋务运动中兴起的官督商办、官商合办等企业成为安置未有官职的捐官候补者的主要场所。官督商办的企业因其体制特殊，本就存在官商界限模糊的弊病。更多捐官候补者的入职使得官商不分、亦官亦商、身兼二职这样的现象越发具有普遍性。如官督商办企业中国电报局，自1884年至1891年这段时间，共有198人任分局委员，其中知府候补者43人，道台候补者5人，知县候补者92人，教谕以下候补者21人，盐大使等候补者22人，其余主事、举人、贡生、监生候补者共15人，逾八成官职皆为捐纳所得。[1]

像这样半官半商、身兼二职的官员，除通晓近代企业经营、出身买办的商人外，大多是不学无术、对洋务一无所知的人。他们视洋务活动为中饱私囊的利薮，出手阔绰、铺张浪费毫无节制，大搞裙带关系，安插亲

---

[1] 谢俊美：《晚清卖官鬻爵新探——兼论捐纳制度与清朝灭亡》，《华东师范大学学报》（哲学社会科学版）2001年第5期。

信，仅仅依靠有名无实的官职就可以领取俸禄。他们的存在不仅不能使洋务企业的经营走向近代化，反而极大地损害了政府在民众心里的威望和信任。

近代中国社会风气的崩塌以及舍义取利思潮形成的原因从官僚制度中可见一斑。当社会制约无法干预封建特权之时，官商之别若再不泾渭分明，便等于为不择手段牟取私利之人大开方便之门。因其随心所欲、为所欲为地专敛不义之财，中国近代企业家很难同日本近代企业家一般抱有一心为国的思想。横亘在他们面前的现实与张謇提倡的儒商精神有着天壤之别，他们看到的现实是以国家公器牟一己私利的政府官员，或是半官半商的要员榨取人民利益，经商办厂只是他们敛财聚财的主要手段。对于他们来说，儒家的伦理道德观念除了具备维护封建统治、统领民众精神等实用性外，几乎毫无用武之地。他们虽声称孔孟之道不可废，而在实际工商活动中从未引以为戒、规范自己的言行举止。客观来说，因捐纳制度表现出来的官商一体现象虽然对加快覆灭传统阶级、重构新的社会阶级起了积极作用，但在大环境下要求企业家依靠"言商向儒"这样的体现民族传统文化的经营哲学来抵御金钱和个人功利主义的诱惑、谋求企业经营全面发展，几乎很难实现。

3. 近代企业家群体的构成和社会文化普及水平的差异

一种实业思想在多大程度上能得到企业家的共鸣以及社会各界的理解，取决于这个国家企业家群体的构成情况和社会整体教育普及程度。从这一点来看，近代中日两国存在着鲜明的差异。

涩泽荣一的"经济道德合一论"和"士魂商才论"，是武士阶级在适应向近代企业家转变的过程中形成的实业思想，自然会受到企业家以及立志成为企业家的群体的热烈欢迎，成为他们克服工商活动中实际存在的思想困境继而确立自我诉求的精神武器。

不过，涩泽荣一提出的实业思想，其影响范围并非局限于武士出身的实业家群体。正如日本学者所指出的那样，武士阶层属于军事化集团，经受过严格的管理与训练，培养了独特的组织性与纪律性。他们将忠诚勇敢、身份名誉、廉政清白、勤勉克己纳入自己的行动准则中，在社会上树立起良好的形象风气，在行为和思想上成为平民的楷模。直至江户时代，武士道精神已经深入社会的方方面面，不知不觉中演化成为日本独有的民族精神。这也是涩泽的实业思想能够在大环境下被广泛传播继而被完全接受的重要条件。

从教育普及水平的视角来看，为应对明治维新近代化的需求，政府极为重视教育普及，大规模推动新式学校教育，国民文化水平也因此在短期内得到迅速提升。19世纪末，适龄人口中，初等教育普及率达81.48%，准中等教育（实业补修学校、专门技术学校）普及率占5.4%，中等教育（包括中学、高等女子学校、实业学校）为2.9%，高等教育为0.5%。[1]尤其值得注意的是，在智力教育方面，政府虽以西方近代科学知识为主，但在道德教育上经过一段时间的摸索探究，最终还是坚持实行培养儒教伦理观念以及民族意识的方针。这为涩泽荣一儒商思想的普及创造了有利的社会条件。

与日本相比，近代中国企业家群体的构成和社会整体教育普及程度作为促进儒商思想成为社会主流的条件而言尚不成熟。从企业家群体的构成来看，洋务运动开始后投身于近代企业运作的大部分是官僚型企业家和买办型企业家。关于官僚型企业家的经营理念，前面考察了在捐纳制度下产生的官商融合现象，对其有了一定程度的了解，但买办型企业家思想状况完全区别于前者。众所周知，买办型企业家的资本最初是通过买办商人自身的活动积攒而得。也就是说，他们是在西方商人的熏陶、培养下成长起来的，其经营活动从一开始便是以列强的殖民统治和经济侵略为前提条件的。经济上的依附关系和从属地位使他们的经营理念变得多样而复杂。一方面，他们作为被压迫民族的一员抱有爱国意识，随着自身经济能力的不断增强逐渐想要摆脱西方商人控制，自然而然地产生了创办、发展民族工商业的愿望；另一方面，他们以洋人为师，深受西方社会价值观念和实业

---

[1] 間宏編『日本の企業と社会』日本経済新聞社，1976年，72頁。

思想的影响，全然信仰功利主义。对于他们而言，追求个人财富既满足人类本性，也符合经济发展的合理性，是企业工商活动的出发点。对于他们中的大多数人而言，更容易接受的不是像"非利而利"这样的经营理念，反而是西方近代经济价值观念。

从教育的普及程度来看，如果把绅士作为近代中国的文化阶层，其占中国人口的0.38%，远低于占日本人口6%的武士阶层。因中国的教育、文化水平极低，大多数民众对于儒家思想及其伦理道德观念的理解狭隘且有限。关于这个问题，中国近代思想家梁启超有如下见解：

> 中国孔子学派拥有数千年历史，受惠民众皆传有四万万人之多，绝非少数。但妇女不读书，便除去一半，农工商兵不学习，再去十之八九。如此便只余一两成通晓四书五经，而他们一心埋头科考，只能作为制定标准（如八股文严格的文体格式规定等）的人才加以任用，无法获得真才绝学，对实践积累也毫无益处。……尽管声称受教育者四万万人，其中真正才学出众又有几人，吾未敢言。[1]

梁启超很早就认识到，虽然儒家文化拥有两千年以上的历史，但社会大众的文化普及程度之低决定了社会根基的脆弱性。这显然也是制约张謇儒商思想普及的一个重要社会因素。

---

[1] 梁启超：《变法通议·论学校》，《强学报·时务报（一）》中华书局，341页。

第三篇　涩泽荣一的公益理念

"公益主义"和"职责"*

中岛哲也

涩泽荣一是这样描述"公益主义"的：

> 一直以来，我对事业的观念是把自己的利益放在第二位，优先考虑国家的利益。因此虽然没有产生多少金钱上的利益，但是我相信我与那些其他称自己为企业家的人相比，对国家做的贡献会更多一些。从这点来说，我的主义并非利己主义，而应该说是公益主义。[1]

这里所说的"公益主义"是涩泽荣一作为一名企业家行事的基本原理，也可以说是一种生存之道。本文将把涩泽的"公益主义"看作其一生的行事原则，通过聚焦他的行动理念来尝试理解他的言行。

与之相近的研究，曾尝试把韦伯命题作比较对象进行精神论考察，即通过与"新教的精神特性"做对比，去探究涩泽所展现的日本资本主义精神。在这些先行研究中，对涩泽的分析可以分为两类。第一类观点是着眼于涩泽的"道德经济合一论""论语算盘说""义利两全说"，将他所提倡的生活规范与新教伦理相比较，认为他为日本资本主义创造了一种新的

---

* 原文「公益主義と職分」载于渋沢研究会编『渋沢研究』第 23 号，渋沢史料館，2011 年。
[1] 渋沢栄一『青淵百話』図書刊行会，1986 年，62 頁。

"精神"。[1]第二类观点着眼于涩泽所强调的"国家观念"以及"公益主义",其中有人认为涩泽思想的提出修正了一般西方人认为的东亚因缺乏"新教伦理那样超越性契机"而导致近代经济落后的看法,但也有人认为涩泽的思想与新教伦理在本质上是完全相反的,所以说涩泽推动的日本资本主义具有浓厚的"前近代性"。其中,他们把涩泽的"公益、国益"思想看成"共同体式的价值取向",把"道德经济合一论"定义为"共同体式的精神特性"。[2]

对以上两类观点,笔者有不同的理解。第一,关于涩泽理论的核心"公益主义"(以及"国家概念")和"道德经济合一论",先行研究都是对其中一个方面进行剖析,笔者认为应当把这两点放到涩泽思想中进行整体理解。第二,以上说法皆立足韦伯命题,"新教的特性"成为评价涩泽的基准。在探讨"给每个人的生活态度以方向和基础的心理原动力"[3]为何物这一问题时,本文从韦伯处受到了启发。由此出发,第一类观点着眼于《论语》作为引导实业活动的指导原理所发挥的作用,但是实业活动的"心理原动力"究竟指的是什么,却始终难以给出令人信服的解答。[4]第二类观点则把"国家概念"的作用力解释为"心理原动力",但是关于其原理却未有说明,并且它也未解释"超越性契机的缺失"及其理论上的落脚点"共同体式的价值方向"的具体所指,对为何近代资本主义经济在我国迅速被引入且落地生根这一问题缺乏有力的说明。也就是说,关于激发了

---

[1] 土屋喬雄『続日本経営理念史―明治・大正・昭和の経営理念―』日本経済新聞社,1967年;王家驊「渋沢栄一の『論語算盤説』と日本的な資本主義精神」『渋沢研究』第7号,渋沢史料館,1994年。

[2] 長幸男「日本企業理念の原点 『立会略則』をめぐって」『法学セミナー増刊 総合特集シリーズ十四 現代の企業』日本評論社,1980年;「解説」渋沢栄一述『雨夜譚』岩波文庫,1984年;水沼知一「『実業』と『虚栄』:『近代』日本における『実業』観念の構造的特質」長幸男・住谷一彦編『近代日本経済思想史Ⅰ』有斐閣,1969年。

[3] Weber. M., Gesammelte Aufsatze zur Religionssoziologie, Bd. 1, 1920。大塚久雄訳『プロテスタンティズムの倫理と資本主義の精神』岩波文庫,1989年。

[4] 关注涩泽作为"儒商"的研究与本文的侧重点不同,参见馬敏「東アジアの価値観を有する近代産業の指導者―張謇と渋沢栄一」陶徳民・姜克實・見城悌治・桐原健真編『近代東アジアの経済倫理とその実践―渋沢栄一と張謇を中心に』日本経済評論社,2009年。

涩泽实业活动的"心理原动力"这一问题，以往的研究都是以韦伯命题为核心进行论述的，多止步于"外在的"视角，而没有从涩泽的"内在"视角出发去评价。在由西方冲击所产生的国家独立的危机中，日本"共同体式的精神特性"升华到"国家主义"，本文准备由此背景出发去讨论涩泽实业活动的内在原动力问题。亚洲各国首先面对的问题是如何创造出"国民"这一课题。丸山真男说，"国民"无论如何必须活得像个"国民"。[1]对日本来说有利之处在于，广泛存在着一个阶层把国家独立和名誉当作个人名誉来保护，他们就是武士阶层和那些共享其精神的群体。他们把国家的命运和自身的名誉看得同样重要，当事者有意识地将两者联系到一起去赋予自身行动以意义，其背后的原理就是"职责"意识。

本文将把涩泽的"公益主义"放到近世以来的"职责"思想谱系中去考察，借此厘清涩泽的"公益主义"启动的源泉究竟是什么。此外，以上分析也将为我们理解涩泽的经营思想提供一些新的线索。第一，看似和"公益主义"关联不大的思想，其背后和"职责"是有关联的。通过这种关联，我们可以更为全面地理解涩泽的思想。第二，我们还可以发现这些思想与资本主义萌芽期的起因十分契合。

一、"职责"及其思想谱系

"职责"一词今日已逐渐被人遗忘，其用法也较为混乱。在使用这种已然褪色且轮廓模糊不清的词语为主要概念时，我们应当先确认其在词典里的含义。《日本国语大辞典》中写有如下两条语义：

一是职务上的本分。作为职务必须要做的事；作为工作的目标、任务。
二是自己应该做的事。自己或作为一个人当然要做的事情；本分。

可以发现，"职责"有"当然要做的事""本分"这种行为规范上的意

---

[1] 丸山真男『丸山真男講義録 第二分冊 日本政治思想史—九四九』東京大学出版会，1999年。

义。并且,"职责"具有"职务上的本分"和"作为人的本分"这两重重要的规范性意义。尾高邦雄认为,当"工作分工发展到一定程度的整体化社会"出现以后,职务上的本分就是"社会分工或者社会职能"[1]。"职责"作为构成"整体"的一部分,是一种自觉的使命意识,并且在完成使命的过程中,作为人的本分这一意识也相伴出现。

关于"职责",在近世朱子学以后的思想中也有其思想谱系。关于近世"职责"思想,由于篇幅所限本文无法详细论述。比如,贝原益轩的"人的职责论"、山鹿素行"士道论"中的"士之职责"[2]、荻生徂徕的"臣之职责论"、石田梅岩的"商人的职责论"等,均是具有代表性的学说。这些有关"职责"思想的讨论,其语境和内容虽千差万别,但其核心结构有相通之处。那就是在"职责"思想中,每个人都占有一定的职责(场),通过自觉地完成与其任务相称的职责,公共的善就得以实现。同时,每个人作为人的本分也会得以实现。前述词典中的语义也由此得到了印证。

"职责",首先是每个人能"自觉"意识到自己是整体的"一部分"的心理态度。这表现为两种不同的行为类型。一是强调其作为构成"全体秩序"的"一部分","职责"主要与维持全体秩序及其再生产有关,是一种基于所属原理的行为类型。二是强调其作为实现"整体目的"的"一部分"的职能,此时"职责"主要与实现"全体目的"相关,是一种基于执行原理的行为类型。[3]前者可以被称为"秩序指向型职责";后者由于重视"整体"的成果,可以被称为"业绩指向型职责"。贝原益轩和山鹿素行的观点属于前者,荻生徂徕的观点则属于后者。由于篇幅所限,本文在此只介绍荻生徂徕的观点。荻生徂徕在《问答书》中谈到家臣的职责,他

---

[1] 尾高邦雄『職業の倫理』中央公論社,1970年。
[2] 关于近世「職分」论的系谱,参考笔者的博士论文『「職分」思想と日本資本主義創成期のエートス』。
[3] 有关所属原理、执行原理请参考贝拉的《类型变数》。Bleeah. R. N., *Tokugawa Religion-the Cultural Roots of Modern Japan*, New York, 1985. 池田昭訳『徳川時代の宗教』岩波文庫,1996年。

举了驱鹰狩猎和教育子女这两个例子。[1]

一是在驱鹰狩猎时,既有驱鹰的人也有牵狗的人,牵狗人的职责虽然在于牵好狗,但是如果他没有领会到"牵狗是为了助鹰"的话,就不能完成其职责。

二是在教育子女时会有批评之人和安慰之人,批评之人的主要目的在于训诫,安慰之人则在于"帮助批评之人"。如果二者心领神会,配合就格外默契,简直可以达到上台演出滑稽剧"狂言"的程度。

之后,他又论道:"然而为臣者若不知为君之道,则了义皆缪。此事不言自明。"这是说家臣如果不能正确理解其主公的统治目标,就不能很好地履行自己的职责。"职责"是作为"部分"自觉地去贡献于"全体"的意识,脱离了"全体"目标的职责就背离了其定义。

"职责"思想要求每个人作为"一部分"自觉地去履职,以此来实现对于全体来讲的"公共之善",进而实现每个人作为个体之善。通过天人相关的结构设想"天—人"之间的相关关系,为"全体"的公共之善与每个人作为个体之善之间的联系提供支撑。

"天—人"关系在每个思想家的理解中也不尽相同。例如,贝原益轩认为人将天的众生化育之心——"仁"作为自己的本性而有之。用从天而来的"仁"之心去参与天地之化育并投身到实现"公共之善"的事业中去,乃是人的"职责",并且完成自己的"职责"也是在实现人类自身的"本性"。荻生徂徕则否定人的本性是天的精神的内化。在他那里,上述天人相关结构产生了变化。他强调将"天命"作为主体接受的主体性意志,强化了唯意志主义的色彩。同时,所谓"圣人之道"是指圣人把"安民"这一天的意志作为"天命"来接受并实施。后人为了这个共同的目标在最大限度地发挥自身个性的基础上主动地参与其中。如此一来,以天为背景,能够同时实现公共之善和个体之善的这一结构得以维持。关于"职责"的自觉虽然有多种意见,不过,在与"天"的关系中把握"职责",

---

[1] 今中宽司・奈良本辰也编「答問書上」『荻生徂徠全集』第 6 卷,河出書房新社,1973—1978 年,176 頁。

并且将此"职责"的完成等同于自我实现乃至自我确立这两点却是共通的，这些也使"职责"能够成为动力源泉。

二、涩泽的"公益主义"="职责"

为了实现国家独立并使其卓然屹立于世界国家之林，涩泽自觉地明确了自己的使命，即"实业界之开拓乃吾之天命"[1]。但是要想使这种自觉的使命感成功地转化为实际行动，通常还需要超越自尊、名誉、安心立命等利害关系的信念的支撑。涩泽是这样理解的：

> 我一直相信人生而为人来到这个世上，绝不是为了自己，而是为了完成在这个世上的任务。即是人出生的同时就获得了来自上天的使命。[2]
> 对社会尽自己的职责是鄙人的目标，将之圆满地完成，也只有于此自己的本分才能得以完结，我认为幸福也从中而来。所以我从不对天，也不对神祈祷自己的幸福。[3]

人自出生之时就获得了要有益于社会公益这一"天之使命"，对社会尽自己的职责去完成"使命"，正是"完成自己的本分"，这也和"幸福"相通。这种安心立命的思想支撑了涩泽的行动原理，也是"公益主义"的基本结构。如此去看"公益主义"的话，涩泽的观点明显是在刚才所述的"职责"思想谱系的延长线上。这一点从涩泽借助商业这一公共"职责"来表述自己的公益主义思想就可以得到印证。

---

[1] 『青淵百話』，184頁。
[2] 同上书，77页。
[3] 同上书，9页。

> 原本经营商业的确是为了自己,但是把商业这一职责也当作为了自己就犯了大错。按道理,经营的一方是生产物品,另一方是消费物品。在这之间行使互通有无之职责乃是商业之目的。[1]
> 这种职责完全是公共性的,故而我们须持此类思考去从事其中。[2]

这种把商业当作"职责"对待的职业观,是将商业视作实现"全体性"公益的"一部分"职能。商业这种"私人"的活动通过自觉地履行"互通有无"这"一部分"的职能,得以成为对"公益"有贡献的"公共"活动。

那么,涩泽的这种职责意识究竟是从何而来呢?经常看到将"职责"乃至"公益"主义归结于基于《论语》的"道德经济合一主义"的意见,笔者对此仍存疑问。关于"公益主义"的源泉,涩泽有如下的自我分析:

> 这未必是从《论语》中所得,也并非从佛教和神道中学来的,更不是来自基督教。我只是在本质上自然相信如此而已。[3]

他说职责意识"未必是从《论语》中所得","只是在本质上自然相信如此而已",在其他地方还说过"不知何时就已经在我的脑中形成"[4],具体成因有些难以琢磨。

为了理解涩泽的"职责"意识与近世儒教的关联,我们首先需要确认近世儒教盛行的意义。丸山真男在论述儒教是否为官方意识形态时,有如下意见,笔者的理解也大体以此为依据。[5]

---

[1]『青淵百話』,175 頁。涩泽谈到"商人"和"商业"时,意思上更接近商法总则中的"商人"和"商业行为",比商业分类中的"商业"的概念范围更广。
[2] 同上书,178 頁。
[3] 同上书,78 頁。
[4] 同上书,19 頁。
[5] 丸山真男『丸山真男講義録(第七分冊)日本政治思想史一九六七』東京大学出版会,1998年,175—184 頁、194—204 頁、253 頁。

提及由幕府的权力催生出的朱子学的正当化运动，到了江户末期，虽然由于宽政异学之禁令（1790年）在一定程度上得以推行，但是儒学并没有作为一种学问被普及，对其理解也没有得到深化。由此可见，儒教在当时还不能算是官方意识形态。但是儒教与其他意识形态相比，在思想和教育领域拥有压倒性的优势，而且儒教的诸多概念已经在全社会开始普及，成为人们观察世界、体会人际关系的一种一般性的认知范畴。综观整个江户时代在各藩创办的学校、寺子屋、心学者等进行平民教育的学堂，"四书五经"作为基础教科书已经得到普及，古代经典中的事例、谚语已经作为常识被掌握，这种常识成为人们的一般教养。从提供了认知世界的范畴体系这一点来说，近世儒教可以说是一种官方意识形态。另外，对认知"人世间"诸范畴间相互关联性提供系统性阐释的，无疑是宋学的宇宙观。此外，幕藩体制在社会层面的整齐有序性与宋学世界观的体系性之间有着天然的对照性，因此有关宋学宇宙观的常识和想法被幕藩体制下的国民所广泛接受，给予他们一种精神上的安定感。宋学的系统性宇宙观的中心概念是"天人相关"思想，这种思想与其说是儒教的，不如说是中国思想的传统概念。宋学的形而上学体系是通过用独特的理气论来解释天人相关思想而实现的理论化整合。据丸山真男介绍，儒教作为一种意识形态普及全社会是从幕府第五代将军纲吉时代开始的。在思想界否定儒教乃至反儒教论调此起彼伏的后半期，特别是18世纪末（宽政）以后，伴随藩校的大量设立、平民教育的普及，儒教以通俗化的形式迎来了全盛期。其中，作为"人世间"的思考框架，儒教所树立的稳定的天人相关的世界观依然发挥着不可忽视的作用，甚至在"心学道话"等并不认为自身是朱子学的学问中得到活用。

"职责"观念和前文提到的朱子学世界观一起渗透到幕藩体制下的民众思想中。丸山说正因为幕藩体制的社会层面的整齐有序与宋学的系统性之间有着天然的类比关系，所以伴随幕藩体制的解体，儒教思想虽作为个人的道德指针一直持续到明治时代，但已经不可能再度作为对世界整体的认知结构而兴起。但是其可以活跃到明治以后这一事实恰恰反映了它不仅作为个人的道德指针也可以作为一种处事标准、一种稳定可持续的应对取向，一种心理上的态度[1]持续存在于人们的心中。本文所聚焦的"职责"正是这种心理态度之一，或者说是一种与由韦伯赋予固有意义的"精神特性"相对应的态度。韦伯的"精神特性"是把劳动和节约等个人的道德标准统一起来作为一种行动的体系而总结出的概念，在历史的长河中时而成为人们的血与肉，孕育了一种社会伦理的氛围。[2]其特点是：从个人层面来说，它在意识之中沉淀，成为我们的血与肉；从社会层面来说，它广泛地渗透进社会的各个阶层，构成伦理氛围乃至社会的心理。因此，每个人在特定的情况下会条件反射性地被导向特定的行动，社会（世间）也期待人们在特定情况下被引导去采取特定行动。

涩泽所说的"不知何时就已经在我的脑中形成"以及"只是在本质上自然相信如此而已"等自我分析恰恰反映了"职责"化成血与肉这一心理上的状态。一般认为这种对"公益"的贡献是有价值的，并由此得以确认自我存在意义的心理状态被凝缩在"职责"观念之中流传后世。在遇到涉及国家独立问题时，正是"职责"意识促使涩泽采取一系列可以解决问题的行动。

笔者认为"职责"＝"公益主义"是适合资本主义萌芽期的行为准则，以下将就这一点提出三个观点。第一，公益主义总是伴随来自"职责"的独特的合理主义精神。第二，它包含着能够打破官尊民卑，将官、民关系回归到对等的职责岗位上的理论依据。第三，它还拥有独特的秩序观。

---

[1] 这里的"态度"并不是严格意义上的社会心理学用语，而是基于以下几条定义作出的规定。可定义为：①对应变的准备（readiness）；②对对方"好—坏""好—恶"的评价或感受；③具有持续性的效果。
[2] 大塚久雄「訳者解説」(Weber. M., *Gesammelte Aufsatze zur Religionssoziologie*, Bd. 1, 1920'), 大塚久雄訳『プロテスタンティズムの倫理と資本主義の精神』岩波文庫，1989年，387—398頁。

三、"道理"的内涵

涩泽指出：

> 要想使国家富强必须依靠工商业。而若论如何依靠工商业，以今日之况来看，社会的组织尤为必要。经营公司必须要依靠道理，而若论道理的标准究竟出自何处，必须读《论语》。[1]
>
> 《论语》中有"富与贵，是人之所欲也，不以其道得之，不处也。贫与贱，是人之所恶也，不以其道得之，不去也"。孔子想说的是，如果不通过道理去谋得富贵，那么还不如居于贫贱，若是通过道理得到的富贵便无问题。[2]

涩泽在完成职责的问题上，十分强调要正确地按"道理"行事。本部分将探讨"道理"的内涵。

"职责"在思想史上至少有两种"道理观"。本部分因篇幅所限无法详述，概括地说"秩序指向型职责"中的"道理"指的是作为一个人的道德和理性。"业绩指向型职责"中的"道理"则包含目的合理性之意。涩泽的"道理"继承了这两种"道理观"，因此具有双重含义。

涩泽在谈到"道理"时，首先想到的是"人前进的节点"。人们在完成职责之际首先要重视"人前进的节点"，而非根据职业的不同所硬性规定的固有原理。这正是"职责"意识所重视的"实质性的合理性"。正如韦伯所说，加尔文主义的"天职"特性是和彻底反对神化被造物的态度紧密结合的，也是和那种"不去顾虑他人"、从具体事物出发、非人格、形式合理地完成职责的态度相结合的。这就是孕育出近代资本主义的合理性

---

[1] 『青淵百話』, 149 頁。
[2] 同上书, 157 页。

精神。[1]但是，在"职责"特性中，这种"从实际情况出发"的合理的追求被认为有陷入"修罗场"[2]的危险而被敬而远之。涩泽认为，如果将私利私欲当作经营原理，那么商业"本身即为一种病症"[3]，也就是从具体的事物出发考虑，商业活动有可能向着不正当、无道理的方向倾斜，从而有陷入"修罗场"的危险。"职责"特性则沿袭了秩序指向型"职责"的秩序观。即社会的秩序通过其成员主体性的参与得以实现，个人通过行进在每个"人前进的节点"来保持社会的秩序。"职责"特性要求人们具备"实质性的合理性"（道德上的合理性）。

这种"实质性的合理性"是"公益主义"不可欠缺的条件。

> 不应特地把事业个别分为国家性产业和公益性产业。世间所有事业都一样。如此，不对事业类型进行区分，若论其是否贡献国家、是否贡献社会，与其看事业本身不如看运营该事业的"人物"如何。这关乎企业家各自的内心所想。[4]

事业要仰仗人物的"内心"。商人"互通有无"的职责不是基于经济合理性而执行的，必须遵守"正确的道理"去执行。只有如此，商人的私人活动才能为实现公共之善做出贡献。

正因为"职责"特性是优先考虑包含人性要素在内的实质上的合理性，所以人之为善的道理、道德观以及涩泽所说的"道理的标准"会伴随出现。并且，这种"道理的标准"可以是"基督教，也可以是佛教，听其所好即可"[5]。就涩泽自身而言，他选择《论语》作为"道理的标准"[6]。实业活动的"职责"不是倚仗"具体事物"，而是具有"人格性""道德正确

---

[1]『プロテスタンティズムの倫理と資本主義の精神』。
[2]『青淵百話』，191頁。
[3] 同上书，187页。
[4] 同上书，248页。
[5] 同上书，40页。
[6] 同上书，39页。

性"等特点。涩泽认为,"道德正确性"需要由《论语》提供依托。因此,涩泽的"道德经济合一论"乃至"论语算盘论",都必须从"职责"精神的秩序观以及实质上的合理性这样的脉络中去理解。

涩泽的"道理",不仅有"秩序指向型职责"秩序观的投影,还反映出在"业绩指向型职责"中表现尤为显著、对业绩的高度追求以及对目的合理性的要求,因而具有双重含义。也就是说,"道理"不光意味着"人前进的节点",还包含着目的合理性的"学理"。涩泽在演讲中常常强调"学问"的重要性。例如,在明治二十四年(1891)的题为《实业与学问的联系》(第七回龙门社秋季总集会演说)的演讲中,他说道:"成事关键在于要有一条必需之道理"[1],强调"其道理必须要运用学理"[2]。此外,涩泽在明治二十六年(1893)的题为《商人的本分》(第十回龙门社春季总集会演说)的演讲中也有相同阐述。

> 如果不将此学问视为一切的根据,那么我们也必将看不到其事业所呈现的道理。[3]

由于这里所强调的"学问"也涉及"技术"层面,所以不将其视作道德学上的内容而视作science[4]应当是更妥当的。"道理"在成为"道德"的同时也包含着目的合理性的"学理"。作为"职责"的指导原理的"道理",既包含着"道德"和"学理"双重含义,又维持着它们之间的紧张关系。涩泽的思想以其所含有的经济合理性的一面,促成一系列的与近代资本主义相契合的合理性活动。与此同时,他的人生态度从未失去其所具有的独特的人性的一面。这来源于"道理"中所包含的双重含义。

---

[1] 『竜門雑誌』第44号,明治二十四年(1891)11月(涩泽青渊记念财团竜门社编『渋沢栄一伝記資料』——以下略称为『伝記資料』,渋沢栄一伝記資料刊行会〈本卷58卷〉、渋沢青渊记念财团竜门社〈別卷10卷〉,1955—1971年,第26卷,135页)。
[2] 『竜門雑誌』第46号,明治二十五年(1892)3月(『伝記資料』第26卷,139页)。
[3] 『竜門雑誌』第62号,明治二十六年(1893)7月(『伝記資料』第26卷,159页)。
[4] 即科学。——译注

四、打破官尊民卑的壁垒

公益主义既是涩泽自身的行动原理,也是去除贱商意识、官尊民卑思想,提高实业在社会中的地位等的指导原理。涩泽的目标可以概括为以下三点:

①实业家自身的意识改革;
②实业家及其实业活动的社会认同;
③通过实现以上两点,达到经济从政界独立之目的。

为了实现这些目标,他提出了战略性构想。其着力点在于:将"被统治者"的"私人"的实业活动作为有助于"公益"的"公共职责"来看待,与想要独占"公"的"官"界拥有同等地位。如前文所述,商业这种"私人"的活动,从完成职责这点来看,是有助于"公益"的"公共"性活动。因此,只要"私人"能坚持"道理正确"地履行其职责,私利和公益是能够实现互联互通的。或者说,私利和公益的区别也将消失。如此一来,工商业作为追逐"私利"而遭到鄙夷的行业,可一跃获得和政治、行政相比肩的"公共性"立脚点。

涩泽所言的"公共"是与明治政府相区别的公益共同体式的"国家"。因此,致力于"公益"事业绝不意味着对政府统治的服从。政府当然会对"公共"事业有所贡献,但是人民也能通过从事实业而对"公益"做出贡献,在这点上和政府是同等的。涩泽的下述发言反映出他的志向,即通过打破官尊民卑来实现经济(民)从政治(官)中独立,通过实业界的自立实现民间的自治,也是实现比"政治性"重要的"民间性"的自由。[1]

> 过去的实业界太过于依靠政府的力量,因此今后的实业家们要

---

[1] 自由民权运动时期流行的「よしや武士(節)」中的歌词:"虽然民众还不自由,但至少让政治先获得自由。"

以此为鉴，要保持不依靠任何外界的力量，自身去发展壮大自身的觉悟。此外，即使实业家们不依靠他人，也一定要考虑到与其他实业家共同发展相互促进。如果只因为眼前的小利而相互排挤，就会借助政府的仲裁来解决。诉诸法律或者对政府的依赖会进一步导致政府力量的加强，使政府也变为万能，从而民力日益颓靡。[1]

　　今日凭借此商业之实力，即使不能够压制政府，至少保证能够不为政治社会所蹂躏。[2]

　　这种自治精神是符合将经济从政治之中独立出去这一需要的。在实业的起飞期，这样的精神弥补了制度和商业习惯上的不足，也在"公共性"经验缺乏之际为择善会和商法工会等公共组织的成立提供了精神基础。

　　同时，正如丸山所说[3]，近世的有关"分"的理论大体上分为两种发展态势。士农工商的身份秩序是基于区分贵贱的名分论，其作为对天与地、上与下的一种模拟，是可以从士对农工商三民具有支配权这一观点来理解。但与此同时，对于被规定在全体秩序中的某些特定空间的所有人来说，无论士农工商，他们将赖以生存的职场或者家业视为上天赋予的职责，从而兢兢业业地去执行。由此来看，这也可以被理解为一种自然的有机体式的秩序形式。与其说这是强调支配身份与被支配身份对立的理论，不如说是一种基于社会分工的社会全体范围的相互依存关系的理论。所以，"分"这一概念在名分论上作为区分上下贵贱的理论显现，而在职责分工论上则具有在全体社会范围内确定个人位置和职责的机能。涩泽主张官民同等的"公共职责"是立足将官、民作为社会性分工的思想传统之上的。"职责"思想之中蕴含着一种平等化思维，将纵向的支配关系还原为横向的分工关系。

---

[1] 『青淵百話』，209頁。
[2] 『古今商業ノ区別』（明治二十五年（1892）七月二七日龍門社第九回総会での演説，『伝記資料』第26卷，150頁）。
[3] 『丸山真男講義録（第七分册）日本政治思想史一九六七』，216頁。

在与官尊民卑思想做斗争的过程中,与涩泽同样努力甚至比他更为激烈的福泽谕吉虽然没有明确地使用"公益"一词,但是也巧妙地活用了"职责"所内含的平等化思维。

> 虽说政府和人们之间的关系,正如之前所说,只有强和弱之分而没有人权方面的差距。百姓种植稻米养育世人,商人从事买卖为世间行方便。这就是农民、商人之生存经营之道。政府制定法令以惩恶保善,这即是政府之管理之道。这样的管理需要成本,但是政府既不产米也不生金,全是靠农民商人的年贡才得以维持,这是双方协商决定的,即政府和人民之间的约定。因此农民町人坚守国法年年上贡,可谓是践行了其职责。政府收取年贡将其用在正确的地方保护其民,也可称其尽了职责。立法保护人民原本就是政府之职责,不必称其为恩德。若政府以护民为由要求人民对其感恩,则人民即可以年年上贡为由让政府感恩。[1]

松田宏一郎使用"职责"这种"极为传统的用语",在分析德川以来"职责国家"观念的基础上,指出官民之间是自律性的、互补性的相互关系。[2]通过将其表述为"政府的职责"与"人民的职责",松田主张"职责"在内容上虽然有所不同,但是作为"职责"实施主体的官和民应该是平等的,这与上层人对下层人施舍的"大恩"之类并不相同。在涩泽看来,若论及"职责"概念的传统,其在有助于"公益"事业这一点上应当是等同于义务的。义务则是通过相互之间的"约定"来决定,所以也理应被等同看待,在这点上涩泽与福泽谕吉的看法十分相近。

涩泽认为想发展工商业首先要有公司的组织。被称为日本经营学创始人的上田贞次郎日后证实,涩泽所提倡的公司制度,其目的之一在于对人

---

[1]「学問のすゝめ」慶応義塾編『福沢諭吉全集』岩波書店,1958—1971年,第3卷,39—40頁。
[2] 松田宏一郎『福沢諭吉における知の「分権」』『江戸の知識から明治の政治へ』ぺりかん社,2008年。

才的吸收。也就是说，公司在"运营公众资本"这一点上不是要做"富贵的商人阶层的仆人"，而是要有能力"扭转士族的意向"。上田在评价中也说道，"此见解一语中的，公司未必不能和士族扯上关系"，"日本的公司事业在很大程度上得益于士族"。[1] 此外，上田还有如下意见：

> 为了名誉抑或是社会职责而从商，看似是预测失误，但是在日本公司制度发展历程中是存在这样的事实的。我相信如果将来要建设健全的经济社会，这样的观点势必会是其中一个不可或缺的条件。[2]

涩泽为了打破官尊民卑的壁垒，为民间事业吸收人才，将"公司"从双重意义上设想为一种"公共性的存在"（公共机关）。一是通过实业发展"公益"意义上的公司；二是通过多个股东的投资，将公司建设为"众人同心同在之所"（《辩名》）。

关于第一点，之前已经多有赘述。关于第二点，涩泽在龙门社的演讲中，有如下说明：

> 此次组建的公司，如同一个共和政体。股东们犹如国民，被选出来处理政务的人就好像总统或是国务大臣。[3]

接下来就公司董事的职责，他又说道：

> 公司董事在任职期间要认同公司就是自己身内之物。而离职之后

---

[1] 上田貞次郎『株式会社経済論』，1913 年，『上田貞次郎全集第二巻株式会社経済論』全集刊行会，1975 年。

[2] 上田貞次郎「渋沢子爵とアダム・スミス」『竜門雑誌』第 445 号，大正十四年（1925）10 月，『伝記資料』第 3 卷，253—255 頁。

[3] 『青淵百話』，142 頁。此次演说于明治四十二年（1909）2 月 11 日在龙门社举办，其内容刊登在『竜門雑誌』上（『伝記資料』第 26 卷，445—452 頁），随后收录于『青淵百話』。此处的引用来源于『青淵百話』。

更必须要有弃之如敝履的觉悟。因此在公司工作之人,必须将公司真的视如己出。又在某些场合下,必须将公司完全视作他人之物。如果要是混淆了其中权衡,那么社会的安稳也将不能维持。[1]

也就是说,公司职员一方面必须将公司视作自己的"身内之物"。这是要职员恪尽职守的一种表述。涩泽很乐于使用这个说法。关于爱国之心,他说道:"无论是何人都要有将自己的一国一乡视作己物的觉悟。"涩泽的"忠"意味着怀着当事者意识去面对事情。这与荻生徂徕所指出的"忠"即是将"他人之事"视作"自身之事"的观念说法相一致。[2]

另一方面,公司董事也必须将公司视作"他人之物"。对这一命题的根本认识基于"公司的名誉、公司的资产等都是股东托付给董事的"[3]。涩泽还说道:"在这种场合下公私之间的区别变得十分清晰,公司的工作和自身之间的界限也格外分明,其中不能夹杂丝毫私心或秘密。"也就是说,将公司视作"他人之物",不光是单纯地区分自己和他人,更是将"公司的工作"与"自身的范围"从"公私的区别"意义上进行认识。作为"公共性"职责的"公司的工作"应当与经营者个人的"私人"的"自身的范围"相区分。再者,在公司的工作中要求"不能夹杂丝毫私心或秘密"这一点也尤为重要。公司追求的"公共"是包含着与"私密"相对立的公开性的。

若从公司法的常识而论,经营者的忠实义务、公私的区别、公开原则等论点自身并不算新鲜。涩泽本人说过:"明治三、四年我在大藏省时想到必须开一个公司,同时也想到经营公司时若没有这样的觉悟肯定不行","我在第一银行供职,没有一日可以忘怀以上之觉悟"[4]。这是商法制定之前很早的事了。关于之前引用的在龙门社的演讲,涩泽说道:"这是对我

---

[1]『青淵百話』,92頁。
[2]"忠者,总而言之乃是将人之事当作己身之事,无半分余地。……臣受命于君,亦应将其职责视作己身之事。"(『答問書』)
[3]『青淵百話』,211頁。
[4] 同上书,143 页。

孔教见解的一次披露。"[1] 即对涩泽来说，经营的方针不在法律，而在于"职责"意识和对《论语》的再解释。

明治二十二和二十三年（1889—1890）是日本最初的"企业热时代"[2]，此前几乎只限于银行的公司制度迅速地向其他产业传播。"企业热"变成了"投机热"，日本出现了大量以抛售股票为目的的泡沫公司。但是，这一时期有关股份公司的相关制度还未建立，除了与银行、铁道、交易所有关的条例之外，只有日本银行、正金银行等有特别法案，这一情况一直持续到明治二十六年（1893）公司法出台为止。在商业习惯以及法律确立以前，正如上田所指出的，说公司经营者的"名誉"和"社会职责"支撑着整个公司制度也不为过。

五、"公益主义"的秩序观

福泽和涩泽激烈地批判官尊民卑思想并指导当时日本实业的发展方向，二人之间是如何相互评价的也是一个有趣的课题。明治二十六年（1893）6月11日，福泽在《时事新报》上发表了论文《一觉宿昔青云梦》，是如此评价涩泽的：

> 正如我《时事新报》，常年提倡实业之主义。不停反复劝说人们人生的荣誉功名不只在于政治其一方面，在其外可以有着更远大的追求。虽尝试反反复复，百般劝说，但让人心转向确非易事……[3]

面对这种情况，福泽借用辞去了相当于大藏省次官的职务转而投身实业被称为"实业界泰斗"的涩泽之名，呼吁"世上应多上几个涩泽"。其

---

[1]『青淵百話』，136—137頁。
[2] 上田貞次郎『株式会社経済論』。
[3]『福沢諭吉全集』第14卷，73—75頁。

中，他指出明治社会中凭借在实业界的成绩获得名誉的"首先不得不提有名的岩崎，对他先姑且不论，其次我推荐涩泽"。接着，他又谈到如果涩泽来官场发展，凭实力他极有可能成为一名大臣，但是他并非藩阀出身，也无战功，所以终究只能成为一名"门外汉伙食宰相"。但是文中指出，看涩泽目前的状况，其威势已经远超出政府大臣。这也是该论文的主旨。对涩泽来说，被拿来与岩崎弥太郎相提并论非其所愿，在个人权势上计算功利得失并不符合其志向。

涩泽在《青渊百话》中也对福泽的"独立自尊""独立自营"做出评价。[1]这可能是涩泽70岁之后的谈话，所以此时福泽已不在人世。涩泽这样说：

> 将独立自营的意思解释为"不依靠他人，自己一人承担一切自己的事情"虽然并无问题，但是它动辄会被曲解，独立自营就成为"只有自己""天上天下唯我独尊"的同义词。我感觉日本人中有此想法者不在少数。

涩泽的批评矛头指向包含在"独立自营"之中的"自我本位"的思想。也就是基于"自我本位"和"个人主义"，通过相互竞争促使进步的思考方式，他批评其为"只看到一方所长而忽视一方所短之理论"。

> 只有社会存在、国家成立，富贵荣华才可能实现。但这些若是全部基于自我本位，社会的秩序、国家的安宁就都会被搅乱，人们不得不相互攻击、相互争强斗狠。因此在同社会交往、为国家尽力这一过程中一定要排除自我本位、独立自营的思想。

恐怕此时在涩泽眼前浮现出来的是"高等游民""烦闷青年""成功青

---

[1]『青淵百話』，539—547頁。

年"等丸山称之为"私人化""原子化"的个人形象。[1]另外,涩泽脑海中应该有福泽如下的论文:

> 人们认为我国自古以来的商业习惯以利己主义为中心,卑劣不堪,假使有人心中偷偷地信奉此种主义,他也会秘而不宣。无论在其内心中如何,他表面上会说着爱国为国等,使用那些很是好听的词语,这是非常错误的。人类社会之所以能进步到现在,全是依靠人类的利己主义。人们常常能恪守此主义才有今日之成就。我相信今后的进步也必将依靠这种主义……今日世上流行的经济学也说,没有人的利己主义就没有如今这世界。无论是供需关系、产业制造还是打价格战争,都要依靠此种主义。[2]
>
> 商人为自己的私利奔走是当然的,而可靠的商人则更会去追逐自己的私利。不仅是一个商人如此,所有人皆如此……若问商人为了什么动辄喊着为国谋公益。何谓为国为公益?不要再徒增笑料了。[3]

由此我们可以很清晰地看出二人争论的焦点在于对秩序观的看法。涩泽批判的要点是福泽所主张的以"利己主义"和自由竞争为前提的市场型秩序构想。[4]关于福泽所构想的市场型秩序,前引福泽论文中的经济学观点以及供需关系、价格竞争等例证已经做出明确的说明。福泽在同篇论文中又有如下论断:

---

[1] 丸山真男「個人析出のさまざまなパターン」『丸山真男集 第9巻』岩波書店,1995—1997年,396—397頁。
[2] 「漫に大望を抱く勿れ」『時事新報』明治二十二年(1889)7月9日,『福沢諭吉全集』第12巻,186—187頁。
[3] 「私の利を営む可き事」再刊『民間雑誌』第67号,明治十年(1877)4月28日,『福沢諭吉全集』第19巻,633頁。
[4] 在将福泽的秩序构想解释为市场模式的研究中,坂本多加雄的『市場・道徳・秩序』是一部优秀的成果。只是坂本把福泽的"文明社会"整体都看作"市场社会"的模型进行分析,他将"市场社会"设定在是与政治领域相区别的经济领域范畴中,在那里进行的活动并不限于市场交换(同书249页)。但是本文的着眼点却在于"与政治领域相区别的经济领域"。

如果人们都追求自己的利益，不依赖他人又不被别人所依赖，不取一毫又不给一毫，独立独行，恪守自己的本分，那么这也将成为天下人的利益，天下由此可得圆满。

福泽之所以说"天下由此可得圆满"，按照坂本多加雄的说法，是受到史密斯派经济理论中市场发挥自动调节作用这一观点的影响，并且在其背后支撑的文化价值恐怕就是"自由主义"[1]。

文明的自由不是通过其他的自由可以交换的。在权利和利益得到保障、意见得到尊重、力量获得认可的情况下，它仅存在于彼此之间的平等之中。也可以说自由是从不自由中产生的。[2]

很多自由的卖家和买家在市场中交汇，他们的"彼此平等"决定了平均价格和生产量。在这种平衡点上的某种最佳状态如果能够得以实现，那就可以说是实现了"天下的利益"。如果说福泽所构想的是市场型秩序，他对涩泽提倡的"公益主义"进行批判也就是理所当然的了。反过来，涩泽对福泽的这一观点也有微词。

当然，涩泽作为实业家每天都会接触市场。此外，从他参与交易所的设立等事业来看，他没有理由不了解市场的合理性。但是笔者认为，或者还可以这样说，在那里形成的只是一种指标，而不是应当去追求的"秩序"。形式合理性虽然会在市场中形成，但是实质上的合理性（道德合理性）却不会自动生成。"利己主义"的竞争是孕育不出这种意义上的秩序的。无论如何，"私人"都应当去贡献"公益"，并作为主体参与秩序的形成。对于涩泽来说，所谓"秩序"即组成社会的成员通过主体性的参与所形成的。涩泽型的秩序构想在资本主义草创期是具有一定合理性的。一般来说，如果聚焦市场秩序的形成机能，那么其默认的前提都

---

[1] 丸山真男『「文明論之概論」を読む下』岩波書店，1986年，73頁。
[2] 「文明論之概論」『福沢諭吉全集』第4卷，145—146頁。

是完全的竞争。可是，要形成完全竞争，必须满足几个条件：市场参与者数量众多，不会发生某一个体能够干预市场的情况；市场参与者完全享有同等的市场信息和对商品的认知等。可以总结为，完全竞争的形成需要力量与信息的完全对等。"相互关系"和"平等关系"[1]是福泽所强烈"渴求"的，但对市场来说，那不过是一个"前提"。对于这种完全竞争的理念，欧美的市场社会有着漫长的试错历史。力量与信息的不平衡在资本主义草创期是难以避免的。从这个意义上讲，涩泽等实业家们的思想会更有市场。在此前提下，面对市场参与者，要求他们贡献"公益"做一些道德上的举措，虽然确有为难之处，但也是完全合乎道理的做法。

六、结语

  对于涩泽的"公益主义"，本文将其视为他的生存方式而非"思想"，并将催生这些行动的心理态度放到在江户时代已经得到普及的"职责"意识的谱系中加以考量。其成果还有待诸君的斧正，但笔者认为作为一个研究的方向还是有说服力的。

  不过，明治初期制约近代产业进程的最大壁垒——"官尊民卑"这一陋习脱胎于"士尊民卑"与"贱商意识"，它们在武士阶级的意识形态中得到强化。"职责"意识也是来自该意识形态。如果说它们作为近代产业化进程的"精神特性"在克服"官尊民卑"的方向上发挥着作用，那么反过来证明，资本主义是脱胎于禁欲的清教主义的。特别是在遇到国家独立等问题的时候，涩泽很自然地会对其进行反证。同时，在他提倡把"职责"作为武士阶级意识形态时，"职责"这个概念自身早已蕴含着可以反证上述理论的因子。为了证实这点，还须对近世职责思想进行系统研究，

---

[1]「学問のすゝめ」『福沢諭吉全集』第3卷，40頁。

可惜本文未能充分论及。近世职责思想与涩泽之间的联系应当得到更多的关注。在理解涩泽的问题上，近世职责思想往往作为一种视角被讨论，与此相对，对涩泽言论的分析也可以成为帮助我们理解近世职责思想意义的一个有效论点。

"社会企业家"涩泽荣一与社会事业[*]

杉山（石井）里枝

在涩泽先生参与的各项事业中，本文重点关注其中的社会事业，主要使用《青渊先生公私履历》（藏于涩泽史料馆）和《涩泽荣一传记资料》等资料，意在重新发掘涩泽作为社会企业家的一面。

众所周知，涩泽出身于农民家庭，之后以幕臣身份活跃于幕末维新时期。进入明治时期，他开始统领近代日本的实业界，在日本历史上占有重要的地位，日后被称为"日本资本主义之父"。在涩泽参与创建的企业中，第一国立银行、大阪纺织等广为人知，如果包括以发起人和股东身份参与的企业，数量则达到500余家。近年来，以此为出发点，从企业家、商业领头人等侧面描绘、评价、讨论涩泽的研究层出不穷。[1]

另外，综观涩泽的一生，他曾参与了大约600个社会福利团体以及以商业教育为中心的教育机构的创立，在经济活动之外的社会事业方面也做出了卓越的贡献。岛田昌和在其著述中强调了涩泽作为"社会企业家"[2]

---

[*] 原文「社会企業家としての渋沢栄一と社会事業」载于渋沢研究会编『渋沢研究』第 28 号，渋沢史料館，2016 年。

[1] 例如有橘川武郎、パトリック・フリデンソン編『グローバル資本主義の中の渋沢栄一』東洋経済新報社，2014 年；橘川武郎・島田昌和・田中一弘編著『渋沢栄一と人づくり』有斐閣，2013 年。此外，关于涩泽荣一作为企业家的活动，岛田昌和有着详尽的实证研究（島田昌和『渋沢栄一の企業者活動の研究——戦前期企業システムの創出と出資者経営者の役割』日本経済評論社，2007 年）。

[2] 島田昌和『渋沢栄一 社会企業家の先駆者』岩波新書，2011 年，iii 頁。

的一面。岛田写道:"涩泽不仅在经营自己参与的各个公司时经营有方,还在经济政策方面积极建言献策。他利用自己的影响力,热心致力于培养精通社会事业与教育领域的人才。他创造了财富的扩大再生产模式,再让其反哺到社会中去。他作为一位活跃在民间的经济人,同时也对经济政策有着独到的见解和影响力。"[1]但是,正如岛田在其著述中所说,在涩泽研究史中,有关其对社会事业、教育、艺术、学术等方面的支持情况的研究,即关于其参与社会、公共事业等方面的研究,仅止步于各自领域的探讨,还未出现全面详细地对其进行分析的研究。[2]

因此,本文旨在厘清涩泽经济及社会活动中与社会、公共事业相关部分的具体情况,全面回顾涩泽的活动轨迹,着重关注其参与的社会事业,并举出具体事例以求阐明其活动的具体历程,并尝试在此基础上再次评价作为"社会企业家"的涩泽荣一。

本文由以下几部分构成。首先,在第一部分中将使用涩泽史料馆收藏的《青渊先生公私履历》,分析其中有关获得奖赏的历史,尝试解读明治初期、中期涩泽荣一的社会活动特征。在其后的第二至第四部分,就涩泽参与的社会事业,包括中央慈善协会、"爱之家"、救护法的成立等进行具体的探讨和分析。第五部分则为全文的总结。

一、明治初期、中期涩泽的社会活动——读《青渊先生公私履历》

本部分将通过《青渊先生公私履历》来尝试回顾涩泽的社会活动历程。《青渊先生公私履历》详细记载了涩泽作为民间活动家的初期活动。

---

[1]『渋沢栄一 社会企業家の先駆者』的 iii 页中,岛田将涩泽荣一定性为"运用前所未有的革新性的方法去解决问题,创造出新的产业结构,用以促进社会的活性的创业家",是社会企业家们的先驱。
[2]同上书,162页。

首先，请参考表 1。该表总结了《青渊先生公私履历》中所写的涩泽活动历程有关接受奖赏的具体细节。虽然除了记载于此的获得奖赏的活动之外涩泽也很可能会有捐赠等其他社会贡献活动，但是至少从表 1 所总结的涩泽接受奖赏的记录中可以读出其从事社会活动的基本情况。

表 1　涩泽荣一接受奖赏的记录

年	月日	事项
1876 年	12 月 26 日	工会理事复职以来工作勤勉，故按照慰劳目录给予嘉奖
1877 年	4 月 27 日	本月 1 日深川富吉町发生火灾，君赈济灾民金百，特此赏银杯一个
	12 月 20 日	于养育院与瓦斯等事务中工作勤勉，故按照慰劳目录给予嘉奖
1878 年	4 月 30 日	因君捐赠学校 200 元，贡献卓著，特此赏银杯一个
	8 月	因君捐赠养育院穷民赈济科 200 元，特此赏银杯一个
	12 月 25 日	于养育院与瓦斯等事务中工作勤勉，故按照慰劳目录给予嘉奖
1879 年	12 月	同上
	12 月	因君捐赠明治小学 200 元，贡献卓著，故特此赏银杯一个
	12 月	明治九年以来在瓦斯系统建设中工作勤勉，贡献卓著，今瓦斯系统工程竣工，故按照慰劳目录给予嘉奖
1880 年	4 月	明治十二年霍乱病流行之际捐赠 300 元，贡献卓著，故特此赏银杯一个
	12 月	救济养育院贫民，为死难者捐赠慰问金等。明治五年 2 月和田仓御门内失火，为救助罹灾者捐赠 100 元，贡献卓著，故特此赏木杯一个
1881 年	3 月	去年 12 月施予深川区内走投无路之贫民 100 元，贡献卓著，故特此赏银杯一个
	9 月	今年 1 月神田松枝町失火，君施予罹难者 100 元，贡献卓著，故特此赏银杯一个
1884 年	12 月 22 日	君在自身职位上工作勤勉、事事尽力，故赠送慰劳匣一个
1885 年	10 月 13 日	君捐赠 50 元作为山形县大米等 15 种物产共进会之会费，贡献卓著，故特此赏木杯一个

续表

年	月日	事项
1885 年	12 月 14 日	瓦斯局开设以来在局长任中工作勤勉、事事尽力,故此赏慰劳金 300 元
	12 月 7 日	东京深川区相川町失火,君向罹灾者捐赠 300 元,贡献卓著,故特此赏木杯一组
1886 年	12 月 24 日	明治十九年大阪府发洪水,君向罹灾者捐赠 100 元,贡献卓著,故特此赏木杯一组
	同日	君捐赠 100 元作为东京日本桥区霍乱病预防金,贡献卓著,故特此赏木杯一组
	同日	因君捐赠东京府养老院 10 元,贡献卓著,故特此赏木杯一个
	同日	君素常尽力于振兴商业教育,且在东京商业学校商议委员任中工作勤勉、事事尽力,应嘉奖其功劳。望今后继续于该学校尽力,推进我国之商业教育
1887 年	12 月 20 日	因君捐赠 35 元作为东京飞鸟山公园之开垦费,贡献卓著,故特此赏木杯一个
1888 年	5 月 31 日	为表达爱国之情,支持我国海防事业,君贡献 3 万元,故此特授予明治三十年 5 月 23 日救命之金质黄绶勋章,以作表彰
	同上	君捐赠 404 元作为警视厅蒸汽泵设备费,贡献卓著,故特此赏木杯一组
	同上	君捐赠 25 元作为武藏国南葛饰郡砂村小学建筑费,贡献卓著,故特此赏木杯一组
1890 年	3 月 27 日	君捐赠 50 元作为东京府深川区明治小学增筑费,贡献卓著,故特此赏木杯一组
	4 月 3 日	自明治七年受东京市养育院院长之嘱托以来,在其工作岗位勤勉,于明治二十八年使养育院脱离地方税之补助而独立运营,乃至今日得以筑起 10 万元之大积蓄,为我国慈善事业建立了基础,贡献卓著,故特此赏银杯一组
	11 月 21 日	为第三回国内劝业博览会之事尽力奔走,故按奖赏目录赏之

续表

年	月日	事项
1890年	12月15日	今年3月于东京市下谷区上野公园樱冈开设米麦蚕丝制茶织物家禽共进会，君捐赠15元做其经费，贡献卓著，故特此赏木杯一个
1891年	3月16日	君捐赠三元三十三钱作为相模国足柄下郡温泉村底至宫城野村字新田的新道路开垦费，特此表彰
	7月8日	捐赠三百元作为东京市深川区政府大楼用地购置费，贡献卓著，故特此赏木杯一组
1892年	3月11日	君自明治十五年7月至二十二年6月捐赠384元作为东京市深川区贫民患者治疗费，贡献卓著，故特此赏木杯一组
	6月15日	君捐赠35元作为武藏国北丰岛郡泷野川村泷野川小学建筑费，贡献卓著，故特此赏木杯一个
	10月4日	明治十八年君捐赠3元作为东京府北丰岛郡金杉村道路修缮费，贡献卓著，特此表彰
1891年[1]	11月30日	明治二十三年埼玉县发洪水，君捐赠300元作为罹灾者救济金，贡献卓著，故特此赏木杯一组
1893年	6月6日	君捐赠70元作为东京市深川区政府用品费及树木购置费，贡献卓著，故特此赏木杯一组
1894年	4月14日	明治二十四年10月地震，君为救济爱知岐阜两县灾民，捐赠百元，贡献卓著，故特此赏木杯一组
	4月17日	君捐赠300元作为武藏国川越町火灾预防及警备费用，贡献卓著，故特此赏木杯一组
1895年	3月1日	明治二十四年10月爱知县地震，君与九鬼纹七等3人共捐款63元作赈灾之用，贡献卓著，故特此赏木杯一个
	3月1日	明治二十四年10月爱知县地震，君与失岛作郎两人共捐款31元作赈灾之用，贡献卓著，特此表彰
1896年	3月2日	君于第四回国内劝业博览会事务中尽心尽力，故授予银牌以兹鼓励（总裁发令）

续表

年	月日	事项
1897年	6月1日	明治二十七年战役之时君一心报国，向军队捐赠1000元，又捐赠190元做从军者家属扶持金，贡献卓著，故特此赏银杯一个
1898年	10月24日	于修订货币法之事中勤恳尽力，赏银杯一组
	12月6日	赠予武藏国大里郡八基寻常高等小学3000元做维持费用、500元做建筑费用，贡献卓著，故特此赏银杯一个
	12月19日	君捐赠三百元作为东京市养育院建设费，贡献卓著，故特此赏木杯一组

来源：『青淵先生公私履歴』（渋沢史料館所蔵）。
注1：推测应为1892年，但是此处遵从原始资料『青淵先生公私履歴』中的记载。

总览全表，自1876年的"工会理事复职以来工作勤勉，故按照慰劳目录给予嘉奖"条目伊始，之后每年虽然只有几件，但都会收到来自东京府的诸如"银杯一个""木杯一组"等形式的奖励，由此可以窥见涩泽的社会活动情况。我们从中可以读出，在涩泽作为民间活动家的初期，就已有积极投身于社会活动的姿态。而且，涩泽对火灾、水患等灾害的救济，对东京养育院、学校的捐赠，对医疗设施的捐赠，对共进会的捐赠，对开垦工费的注资，参加修改货币法等，以多种形式进行着社会贡献。

通过研究《青渊先生公私履历》，我们不仅可以得知涩泽的诸如以上接受政府赏典的社会活动，还可以了解涩泽从出生至1899年间的年谱，以及其在民间活动时期（1869—1892年间、1892—1899年间）所参与活动的简史，还有其于1899年5月参与的各个公司与银行业务等。从中我们可以知道涩泽活动轨迹之一二。[1] 综合上述各个记录可知，在明治初期，涩泽就较好地平衡了经济活动和社会活动两方面的关系，平行推动着两方面事业的协调发展。

---

[1]『青淵先生公私履歴』（渋沢史料館所蔵）。

二、关于社会事业的分析（一）——以"指导实业界与发展社会公共事业时代"创立的中央慈善协会的事例为中心

本部分将聚焦涩泽早期活动中的社会事业部分。具体来说，首先就《涩泽荣一传记资料》第二编中所说的"指导实业界与发展社会公共事业时代"（1873年6月—1909年6月）这一时期的活动进行讨论。请看表2，该表抽出这一时期涩泽所参与的社会公共事业的各个项目。将表2和之前讨论过的表1对照来看，可以发现，从明治时代的初期，涩泽就开始涉足养育院、感化救济、保健团体以及医疗设施、灾害救援等社会事业的各个领域。

表2　1873年6月—1909年6月的社会事业

养育院及其他	保健团体及医疗设施	感化事业	灾害救济
东京市养育院	东京地方卫生会	东京感化院慈善会	火灾救济
福田会	博爱会（日本红十字会）	东京市养育院感化部井之头学校	水害救济
东京盲哑学校	社团法人同爱会	第一回感化院救济事业讲习会	地震救济
冈山孤儿院	第一区府县立全生医院		减产救济
四恩瓜生会	熊本回春医院		防疫救济
东京出狱人员保护所	社团法人东京慈惠会		遭难救济
横滨监狱小田原分所			贫民救济
函馆慈惠院			
中央慈善协会			

来源：涩沢荣一記念財団編『渋沢栄一を知る事典』，2012年，204—205頁；『渋沢栄一伝記資料』第58巻、137—147頁。

接下来，本文将就涩泽的社会事业进行具体的分析。关于明治初、中期涩泽的活动，之前在表1中已经有些许探讨，因此本部分将主要聚焦其慈善事业。在慈善事业之中，我们格外关注其在中央慈善协会时期的活

动。首先,关于该协会究竟是怎样的组织,《涩泽荣一传记资料》有如下记述:

(资料1)[1]

明治四十一年(1908)10月7日

为统括我国内外之慈善救济事业,特设立中央慈善协会,荣一任会长职。是日,于麴町区饭田町五丁目国学院大学讲堂举行成立典礼,荣一出席并演讲。

如上,中央慈善协会设立的目的是统领日本内外的慈善救济事业,涩泽出任该协会的会长。并且,就关于"慈善协会设立一事"的会谈,1907年的涩泽荣一日记有如下的记载:

(资料2)[2]

5月15日 晴 暖和

6时抵达番町富士见轩,商谈慈善协会设立之事。清浦及久米、窪田、小川、井上、清野、留冈等其他数名与会,餐后又谈种种事项,夜晚11时归。

5月28日 晴 炎热

午后5时许抵达华族会馆就中央慈善协会设立之事会谈。清浦氏之外七八名来会,夜晚11时回王子。

9月19日 大雨 寒冷

11时半抵达内务省与洼田、井上二人面会,商谈中央慈善协会之事。

---

[1]『渋沢栄一伝記資料』第24卷,321頁。
[2] 同上。

11月9日 晴 寒冷
午后3时至银行集会所协商中央慈善协会之事。

11月15日 晴 寒冷
洼田静太郎来访，谈中央慈善协会之事。

如上所述，在1907年间，有关中央慈善协会设立的会议曾经多次召开。1908年，涩泽荣一日记的9月部分又有如下记载，多有涉及10月的协会成立之工作。具体记述如下：

（资料3）[1]
9月23日 晴 凉爽
接待原胤昭氏来访，并就中央慈善协会之事、感化救济事业讲习会之事商谈。

10月7日 云 阴冷
午前10时到达皇典研究所国学院大学内，参加感化救济讲习会之闭会仪式。仪式毕食午餐，午后1时于中央慈善协会成立仪式上讲慈善演说，仪式毕后被推举为会长。

如上所述，涩泽以中央慈善协会初代会长的身份参与了慈善事业。此外，《东京日日新闻》1908年10月8日的《中央慈善协会成立仪式》一文报道了涩泽关于慈善事业的演说：

（资料4）[2]
涩泽在成立仪式上表示，慈善事业虽说是给穷苦人以奖励，但是

---

[1]『青渊先生公私履歴』（渋沢史料館所蔵）。
[2]「中央慈善協会発足式」『渋沢栄一伝記資料』第24卷，322頁。

如若搅乱了社会的秩序、弄错了行使的手段，反而有使人怠惰之虞。故而一定要有组织地、经济实惠地进行慈善事业……

如上所述，涩泽认为在开展慈善事业的过程中，如果搞错了方法，反而会使人陷入怠惰。所以，为了避免这一情况，人们需要有组织地、经济实惠地进行慈善活动。至于这种慈善活动的具体内容以及究竟基于何种理由要结成这样的慈善组织去进行慈善活动，我们再仔细分析一下他的发言。接下来要分析的资料是刊载在《龙门杂志》上的《协会成立之致辞》。就中央慈善协会设立的目的，涩泽有如下的陈述：

（资料5）[1]

关于此次设立中央慈善协会的意义，我希望这次设立的中央慈善协会与其事业能够向社会大众传达慈善究竟为何物，如何去解释慈善的性质，以及慈善具体的所作所为。如果慈善就此进入社会之视野，那么其事业也必将前行。我衷心期望中央慈善协会在将来可以推进自身事业与社会共同进步。

从上述资料可以读出，涩泽是从社会和慈善事业的相互促进、发展的角度思考慈善事业的。关于慈善事业，涩泽还有如下的考量：

（资料6）[2]

随着社会对慈善事业感知的加强，进行慈善事业的方式、方法也被人们所熟悉，有更多的人会受到这方面的指导，只有如此，慈善事业才会逐渐发达，乃至发展完善……在此过程中，只依靠从事慈善事业的业内人士之努力是远远不够的，这需要社会的太阳之光、

---

[1]「開会の辞」『渋沢栄一伝記資料』第24卷，328頁。
[2] 同上。

社会的雨露之恩，只有如此，慈善事业从业之士的努力才能发扬光大……

可以看出，涩泽对社会和慈善事业的相互关系有着强烈的认识。

并且，就有组织地、经济地开展慈善事业一事，虽然资料6已有明确记述，但关于其具体内容，我们不妨再看一看涩泽实际的演讲内容，其内容如下：

（资料7）[1]

> 正如我之前所讲，仅凭臆测或者乐善好施之心去践行的慈善活动绝不是有组织的、经济有效的慈善活动，虽然十分遗憾，可我还是要这样讲……这是一时兴起之慈善。就像人们常说的"高兴了就做些善事"。这虽然不是坏事，但是不能统一起来做计算……我说它是"一时兴起"，就是说我认为它绝不能说是有组织的、经济实惠的慈善活动……虽然它比没有慈善之心要好上千万倍……可是我还是要十分遗憾地说它并不是我之前所说的有组织的、经济有效的慈善活动……我发起中央慈善协会的意图即在如何正确地、有组织地、经济实惠地将此慈善事业推行下去……

如上所说，涩泽认为一时兴起或者为了名声的慈善，虽说绝不是坏事，但它们也绝不是有组织的、经济有效的慈善活动。他意在强调这一点。涩泽通过反证来强调慈善事业必须有组织地、经济实惠地进行。并且，从设立伊始他就参与其中的中央慈善协会本身，涩泽也认为它应该"正确地、有组织地、经济实惠地"[2]发展下去。

此外，涩泽还强调为了有组织地进行慈善事业，"如果不能和政

---

[1]『渋沢栄一伝記資料』第24卷，329—330页。
[2]『渋沢栄一伝記資料』第24卷，330页。

治紧密相连就不能充分发挥其作用"[1],强调慈善和政治结合发展的重要性。

在中央慈善协会的设立及其初期运营中,涩泽作为首任会长发挥了很大的作用。他不仅在慈善事业的运营方面尽心尽力,还在如何更有效地推进慈善事业方面提出了行之有效的方法,即慈善事业应当以经济实惠和有组织的方式进行,更应当以和政治紧密相结合的方式进行。从以上论述中可以窥见,"社会企业家"涩泽将社会活动和企业活动综合起来考量,用具有空前革新性的方法解决问题,并构筑了一个新式框架。

三、关于社会事业的分析(二)——以"为社会事业尽瘁同时支持实业界发展时代"的"爱之家"事例为中心

接下来本文将对涩泽在其"为社会事业尽瘁同时支持实业界发展时代"(1909年6月—1931年11月)的社会事业情况进行分析。有关这一时期的社会事业的具体项目,已汇总在表3中。与记述了明治前期至后期涩泽活动的表2相比,这一时期的涩泽大大加强了其参与社会事业的力度。在其经济活动(作为企业家的活动)告一段落之后的这一时期,他参与了一些与前期完全不同的工作,这些在表中都有体现,接下来将具体分析。

---

[1]『渋沢栄一伝記資料』第24卷,330页。

表 3 1909 年 6 月—1931 年 11 月的社会事业

社会事业	中央社会事业协会及其他	感化事业	保健及医疗设施	灾害救济
东京市养育院	中央慈善协会	全国感化救济事业大会	社团法人东京慈惠会	东京水灾善后会
冈山孤儿院	社会事业协会（财团法人中央社会事业协会）	东京府感化院修齐学园	社团法人同爱社	临时水灾救济会
东京出狱人员保护所	东京临时救济会	东京市养育院感化部井之头学校	恩赐财团济生会	东北九州水灾救济会
东京市立职业介绍所	财团法人劳动奖励会	关东、东北、北海道地区感化院院长协作会	东京市施疗医院	东京风水灾救济会
埼玉育儿院	恩赐财团庆福会		救世军医院	大地震善后会
四恩瓜生会	财团法人东京市方面事业后援会		财团法人日本结核预防协会	在京罹灾埼玉县人救护团
泷野川学园	中央盲人福祉协会		全生医院	深川区内诸救济
爱之家	财团法人全日本方面事业联盟		救世军疗养所	灾害救济相关诸资料
福田会	其他相关诸事业		社团法人日本红十字会	1. 大阪市火灾
其他	1. 净土宗劳动共济会五钱寄宿舍开合仪式		财团法人泉桥慈善病院	2. 滋贺县地震
1. 第二免费住宿所开所仪式	2. 社团法人东京市特殊小学后援会玉姬长屋落成仪式		社团法人大安费诊疗所	3. 青森市火灾
2. 铁道保养院	3. 财团法人东京盲人教育会		泷野川有限责任公立医院工会	4. 血洗岛水灾
3. 全国育儿事业经营者慰劳游园会	4. 驻新加坡妇女救助		日本住血吸虫扑灭医院捐赠会	5. 浅草市火灾
4. 上毛孤儿院院长金子尚雄表彰祝贺会			浅草寺医院	6. 米泽市火灾
5. 东京儿童会馆			佛眼协会	
			财团法人熊本回春医院	
			财团法人麻风病预防协会	
			其他相关诸事业	
			1. 社团法人白十字会	
			2. 火奴鲁鲁日本人慈善会附属日本人医院	
			3. 东京府立松泽医院	
			4. 锦丝医院	

来源：涩沢荣一记念财团编「涩沢荣一伝记资料」第 58 卷，137—148 页；「涩沢荣一を知る事典」，2012 年，119—200 页。

本部分首先探讨"爱之家"的相关事例。《涩泽荣一传记资料》对该设施有如下记述：

（资料8）[1]

大正十二年11月

是月，为救济在关东大地震中受灾的妇女，设立"爱之家"，荣一任顾问，直至卒年。

如上所述，爱之家是以救济在关东地震中受灾的妇女为目的而设立的。并且，根据爱之家的代表人烟山八重子的回忆，涩泽与爱之家的联系非常紧密。

（资料9）[2]

四、大正十二年，为救济在关东大地震中受灾的妇女，爱之家成立。涩泽先生考虑到平时救济总有拖延导致一些母亲和孩子求救无门，故而在爱之家特设母子大厅，以便救助工作。

五、每每见到涩泽先生，吾等都感自惭形秽。每每得见涩泽先生，吾才知何谓真正之谦卑、真正之谦虚。先生真诚之态度，铿锵之语调，至今犹萦绕耳边。吾等应穷尽一生感念先生之大恩泽。

（资料10）[3]

已故子爵先生（涩泽）出任爱之家顾问是从大正十二年开始直至先生仙逝为止。自那时起将会计事务所的工作委任于涩泽事务所，直至今日……

---

[1]『渋沢栄一伝記資料』第30卷，393頁。
[2] 同上。
[3] 同上。

正如资料9和资料10所记载，从1923年开设爱之家的母子大厅到1931年涩泽逝世，他始终担任爱之家顾问一职。在涩泽逝世后，其工作仍由涩泽事务所继续承担。具体来说，对于原来由内务省与东京市以及大地震善后会牵头设立的、基于救济受灾妇女目的的爱之家，涩泽讲道："虽然爱之家原本为援助受灾妇女而设，但我深感在平常时期这些救济也是十分必要的。特别是无产阶级的遗孀以及还带有孩童的妇女，她们没有住所，生活上也十分困难，我们要在这方面对她们进行援助，也要为为了父母而被迫去谋求生计的孩子们提供帮助和保护。"[1]因此，他于1925年在东京府下泷野川町西原展开了新的救济事业。这样，涩泽对原来以救济关东大地震受灾人民为目的，后来着力于援助贫困女性及儿童的事业给予长久的支持。以上是涩泽为大地震的受灾者以及女性、儿童等弱势群体提供保护救助的一个实例。

四、关于社会事业的分析（三）——以《救护法》为中心

本部分将尝试梳理涩泽在经济活动告一段落之后，在昭和初期开展的社会事业的活动轨迹。

本部分主要分析与1929年3月颁布实行的《救护法》（同年3月19日于众议院、3月23日于贵族院被通过）相关的内容。涩泽荣一在担任中央社会事业协会会长期间，曾从协会中选出陈情委员，让其访问内务、大藏两省的大臣，并就《救护法》的提案和实施提供建议。[2]涩泽发表的委托书记载：

（资料11）[3]

　　伴随近日社会形势之变化，国民生活日渐不安，社会思想如稍有

---

[1]『渋沢栄一伝記資料』第30卷，395页。
[2] 同上书，602页。
[3] 同上书，602—603页。

异动则恐有动荡。鄙人素日深忧国家社稷，故常思索安定国民生活与匡救苍生之方法……于本期议会提出之救护法案乃救济鳏寡孤独、老幼病残，安穷民之生计之策……如有幸得见此救护法之成立，此乃国家之无上庆福，为此法之实现望诸君也能尽力……

此外，根据社会局的调查，全国需要救助的人员总数有 11 万人，[1]所需经费的总额每年约 800 万日元。以此为背景，通过立法来救济老人、儿童、孕妇、患者等社会弱势群体，是建立救贫制度极为重要的一环。当时健康情况不容乐观的涩泽[2]督促该制度早日确立。

基于以上事例分析可以看出，涩泽在晚年仍然积极参与社会事业，在有关社会事业法案的制定方面有着重大的贡献。也就是说，他晚年停止企业家活动之后，并未切断与社会事业的联系。从对法案的制定贡献良多这一点上，我们就可以窥见涩泽对社会事业的一些想法，即为了更加高效地推进社会（慈善）事业的发展，需要经济实惠地、有组织地，并且在和政治紧密联系的前提下活动。涩泽在其晚年仍然将社会活动与经济、政治活动紧密结合在一起，积极推动各项社会事业的发展。

五、结语

本文着眼于涩泽荣一作为"社会企业家"的一面，对其所参与的社会事业，通过具体事例进行了阐释。在第一部分中，通过分析涩泽在明治早期以及中期的活动履历，我们可以得知他的活动领域早已超出经济活动的范围，在社会事业领域也颇有建树。通过第二、三、四部分的分析，我们可以了解从明治到昭和的各个时期，涩泽除了从事企业活动外，还积极参与社会事业的发展，并做出了巨大的贡献。正如文章开头所说，本文在关

---

[1] 『渋沢栄一伝記資料』第 30 卷，602 頁，笔者推测此处为 1929 年的调查数据。
[2] 同上书，597 頁。

注涩泽作为"社会企业家"这一侧面的同时对其商业模式进行探讨。以上的结论正好为这些讨论提供了理论依据。此外，从涩泽的发言中也可以看出，涩泽并非仅仅关注于社会事业自身，而是将其与其他经济活动结合起来考量，这可以说是涩泽社会活动的一大特点。

近些年在全球范围内资本主义迅猛发展之时，新兴各国亦被纳入工业化进程。日本的发展模式作为发展中国家发展工业的蓝本，十分具有借鉴意义。涩泽社会活动的足迹也为日本的发展模式提供了一个很好的借鉴。

另外，日本企业把CSR作为企业活动的一环，积极开展社会活动。企业不光着力于经济活动，也将社会贡献纳入自身的活动范围。如要追溯这种企业战略的起源，笔者认为应该追溯到作为"社会企业家"的涩泽在"二战"前的社会活动与企业家活动，还有他用新式手段解决社会问题并创构了新的社会模式。正如本文第二部分中所说，涩泽活动的核心在于有组织地、经济有效地开展社会事业，并时常将政治与社会事业联系在一起考虑。同时，他还广泛地进行包括社会活动、社会贡献等在内的"企业家活动"。其结果是，日本的企业经营与经济情况都取得了长足的进步。笔者认为，涩泽的这种活动方针不仅为日本企业的发展，也为周边国家乃至对全球的经济、企业发展提供了参照。本文通过事例分析考证了涩泽的社会事业。同时，追寻"社会企业家"涩泽荣一的活动轨迹，仍将是笔者今后继续摸索的课题。

涩泽荣一的公益情怀与慈善
——以东京养育院为例*

山名敦子

由于在实业界做出的杰出贡献，涩泽荣一被认为是日本近代化进程中的领导人物。他也是创建于明治五年（1872）的日本第一个"公设"扶贫设施——东京教养院（以下简称养育院）的首任院长。直至昭和六年（1931）去世，他一直担任养育院的院长。养育院在救助贫困、防止贫困发生方面起到先驱性的作用，其历史可以说是日本社会事业发展和变迁的缩影。不仅如此，养育院的"公设"[1]虽与今天所说的"公共"社会福利在性质上有所不同，但在思考公共社会福利以及民间社会福利问题时，养育院作为一种公共社会福利的形式具有非常重要的现实意义。

我们有时会对涩泽如此深度地参与实业和慈善、社会事业感到不解，虽说如此，但不应该将涩泽割裂为实业人和慈善事业家分开研究，因为涩泽在实业、慈善、民间外交、教育等多个方面做出的贡献是互为关联的，

---

* 原文「渋沢栄一にみる公益という名の慈善」收录在陶德民・姜克实・见城悌治・桐原健真等编『東アジアにおける公益思想の変容——近世から近代へ』日本经济评论社，2009年。
[1] 在『大辞典』（角川書店）中，"公设"指的是国家或者是公共团体设立一事，其反义词是"私设"。同时，"公益"指的是：①国家的利益，即朝廷、政府等的利益；②社会一般的利益。"公"指的是：①公共场所，即执行公务的地方，如机关单位、中央官厅。②掌管。③公共，包括大家一起做的事和与国家、社会相关的事。（解字）"kou"的音与开的意思（开，启）有关，意思是打开包围，使其可以自由进出的公开宅地，进而用作"ooyake"的汉字。

体现了涩泽这一人物的多元性,他拥有吸引外界对他关注的力量。接下来,本文将对谋求国家繁荣、以近代化为目标的明治国家设计中所反映出的涩泽的理想、态度和价值取向进行考察。

一、养育院的滥觞与涩泽的关系

养育院创办于明治时期,当时主要以慈善家和个人使命感、宗教动机等个人层面的慈善救济活动为中心。在明治五年(1872)的创办初期,作为"公设"的养育院以东京营缮会议所[明治八年(1875)改名为东京会议所]为设置主体。会议所的重心是维修东京府内的荒废道路,建设燃气系统、污水系统、墓地等基础设施,同时也运营救助贫民的养育院。此时的养育院被称为会议所附属养育院。

东京营缮会议所的资金来源沿袭松平定信的政策,是在江户时期负责贫民救助和备荒储蓄的町会所积攒的町会所存款,也就是七分积金。七分积金由江户的地主阶级缴纳税款的十分之七和幕府派发的补助构成。此后,以明治维新为契机,养育院救助贫民的功能发生了很大变化。明治七年(1874),任职于大藏省的涩泽接到来自旧识东京府知事大久保一翁的任命,成为町会所积金(后称共有金)的总管,自此与养育院结缘。

但是,町会所积金与涩泽的关系并非从这里开始。下文会提及东京市区改造计划与涩泽的关系,为了让大家理解养育院的性质,在此对这一伏笔稍做说明。[1]将用来"救助穷人"的町会所积金用作道路桥梁等的修缮经费的背景是,在从江户幕府过渡到明治新政府这一转折时期产生的混乱以及发生火灾这类日常生活中的偶然事件的影响下,该积金刚好成为陷

---

[1] 以町会所积金为中心的相关研究参见拙稿「明治初期、救済基金設立をめぐる一考察」立正大学紀要『人間の福祉』第4号,1998年。

入财政危机的中央政府与刚刚成立的东京府[1]之间的争议点。时任东京府知事的由利公正计划用积金设立东京银行，但时任大藏大辅的井上馨、涩泽一派对此坚决反对，主张用积金修缮道路及桥梁。经过一番曲折，大藏省于明治五年（1872）8月向东京府发出布告称将解散有近80年历史的町会所，新设营缮会议所，将旧町会所积金作为"一般之便利"[2]提供的共有经费，用于"修缮"事业等项目，自此实现了町会所积金由町会所管理到营缮会议所管理的政治路线上的大转变。

多年后，涩泽在谈及从大藏省离职后与养育院结缘的契机时，用"偶然"[3]一词来概括。但在考察七分积金的变迁史时，我们还是能看出在充满起伏变化的时代浪潮中，涩泽抓住了时机，作为当时的一名施政者，甚至利用了危机，从而改变了积金的用途。或者可以说，是他发挥自己的能力，让积金仿佛"偶然"一般为己所用。

此外，涩泽在大正二年（1913）说明接受来自东京府的共有金（旧町会所积金）委托的原委时表示，共有金具有"虽不是官方的所有物，但也不能让市民随意使用"[4]的性质。或许对于涩泽而言，养育院就是官和民两种性质并存的一个具体表现。

明治九年（1876），涩泽由营缮会议所的领导人变成东京会议所的领导人。此前，在明治五年（1872）8月颁布布告的次月，会议所又有了新的动态，即承担外国的"市民会议处"[5]的功能。会议所的职能不仅包括修缮事业，也涵盖制订穷人救助措施的方法和教育、贸易、生产事业计划并进行表决等内容。这或许是出于让会议所带有地方议会属性的意图。虽然涩泽离开了大藏省，但他仍对政治抱有兴趣，展现出在自治体中担任国

---

[1] 东京府存续时间为1868—1943年，是现在东京都的前身。东京市位于东京府的东部，存续时间为1889—1943年。当时的府厅（省会）所在地是东京市。——译注
[2] 都史纪要7『七分積金』東京都，1960年，115頁。
[3] 『渋沢栄一伝記資料』第24卷，6頁。『社会事業』1928年3月号，93頁。
[4] 『東京市教養院月報』（九恵）第144号，1913年2月，第3頁。『東京市教養院月報』由田中太郎编辑，于1910年3月创刊。从1913年2月号（第144号）开始取"管子人国篇九惠之教"之意改名为『九惠』。现收藏于涩泽史料馆，其中部分被烧毁。
[5] 『七分積金』，121頁。

家领导人的自信以及通过商业实现国家繁荣的热情。明治八年（1875）6月，涩泽起草《东京会议所改革草案》，上交大久保府知事。在草案中，涩泽陈述了自己的不满。他认为，现在的会议所仅"有会议之名无会议之实，像是隶属东京府厅的、负责处理剩余杂务的一课"，应该创立"真正的民会"。[1]虽然草案最终到了大久保利通内务卿那里，但不知是因为提交了设立民选议员的建议书、开设国会的趋势逐渐抬头的时代背景，还是因为上层对会议所的动向抱有戒备，最终改革方案从会议所到东京府、明治政府绕了一圈，还是无疾而终。

经过这一系列事件，明治九年（1876）5月，会议所将公务与款项移交东京府厅，"会议所附属"养育院成为东京府的直辖机构"东京府"养育院。自东京营缮会议所成立以来，在其3年10个月的收支计算中，包含道路、桥梁、给水系统在内的土木工程费以及燃气工程费共占比62%。与之形成鲜明对比的是，江户时期创建的七分积金的原始功能——救助穷人所耗的费用即"社会事业费（养育院各项费用）"占比5%。

二、有关东京府养育院处分问题的背景

明治九年（1876），养育院被东京府接手后，其经费仍由共有金（旧町会所积金）承担。明治初年，国家财政和地方财政并没有明确的划分。明治十一年（1878），随着三新法，也就是郡区町村编成法、府县会规则、地方税规则的制定，地方财政逐渐走上独立。由此，地方税开始承担养育院的一部分辅助经费支出。但在明治十五年（1882）7月编制预算的阶段，东京府议会对使用公费援助养育院贫民提出批评，并被作为养育院处分案曝光。最终在明治十八年（1885）6月的最后一天，取消了来自地方税的全部拨款。

---

[1]『渋沢栄一伝記資料』第27卷，657頁。

这一事件的背景是什么呢？首先，以英国的济贫法为例，部分抱有危机感的人指出，救助穷人不仅需要大量经费，还会使贫民养成懒惰的心理。与此同时，虽然在明治十年（1877）前后，政府开始重建财政，使得经济的发展逐步进入平稳的状态，但是明治十三年（1880）到十四年（1881），物价飞涨，经济萧条加剧。据预测，东京府的贫困人口也会增多。在这样的情况下，财政紧缩成了当务之急。[1]

虽然根据地方税规则，"地方税"是府县单独的财产，但是地方同中央政府的关系决定了地方是处于中央的约束与监督之下的，所以在有关费用支出的项目中，本应国家承担的部分转移给地方财政这类情况时有发生。其结果导致地方须负担的经费最初只包括警察费、道路堤防修缮费、流行病预防费、医院以及教育费等在内的12个项目，到明治十七年（1884）5月，加上府县厅舍的建筑修缮费和府县监狱费等款项，达到20个项目。东京府也不例外，应由府税支出的款项原本只包括警察、土木、卫生以及医院、教育等在内的12个项目，后追加了自来水、燃气灯费，最终扩展到17个项目。[2]

在这样的财政背景下，人们开始关注养育院费用的问题。养育院费和癫狂院（精神病院）费统称"救育费"。明治十二年（1879），东京府地方税支出总额为453 465日元，其中养育院费为21 567日元（4.7%），仅次于郡区公务员的工资，土木、警察、卫生医院的支出费用排名第五，次年升至第三位。从与全国救育费的关联性来看，在发生处分案前的明治十二年（1879），年度救育费中的87.9%用在了东京府，其中63.3%用于养育院。《养育院六十年史》记载，东京府"基本上是独占"了全国的救育费，

---

[1] 『東京都財政史　上』東京都財政史研究会，1968年，245—251页。三新法制定的背景之一是地方自由民权运动的抬头。"将地方的力量用某种方式加入明治政府的体制中去"，同时"为了使中央政府的财政转到地方去"，有必要整备地方分权体制（246页）。特别是，与本文相关的地方税规则是这样表述的：确立府县财政为地方公共团体的公有财产，让中央和地方财政的分化有了一定的落实。……地方财政被分离为府县财政和区町村财政，前者受法律保护，后者作为所谓的"协议费财政"，仍然"沿用旧法随意实行"，处于放任不管的状态（247—248页）。

[2] 『東京都財政史　上』，279—284页。

特别是在明治十二年(1879)、十三年(1880),其支出养育院费2万日元以上,这在当时也算是巨额支出了。但是在全国扶贫能力整体落后的情况下,这些对养育院的批判也在一定程度上反映出养育院地位的重要,养育院在当时承担了积极的社会职能和使命。[1]

此外,对养育院处分问题产生了很大影响的是提倡自由主义经济理论的田口卯吉(以下称为田口),他是东京府议会中具有影响力的常置委员会[2]的成员之一。明治十二年(1879)1月,田口发行了专业经济杂志《东京经济杂志》。涩泽早前就对田口的才能表示了肯定,在杂志创刊期间还给予了资金援助。[3]田口在该杂志的64号〔明治十四年(1881)6月5日〕上发表了题为《东京府会常设委员会四大意见》的评论,其中《废除疗养院以及养育院的意见》[4]尖锐批判了使用地方税救助贫民的行为。他指出,当下东京府的贫困人口快速增多,其他人又没有救助贫民的力量。因此,"用地方税救助贫民的行为实际上就是向一个贫民收税,再用税款援助别的贫民的行为"。

虽然成岛柳北主笔的《朝野新闻》在明治十四年(1881)6月25日到7月7日期间分7次发表了社论《公共贫民救助论》,但田口的激烈言论丝毫没有停歇。他认为养育院的入院上限是500人,尚不及府内贫民的十分之一。那些不能入院的贫民也不是全部都饿死了,如果将他们交给"社会的仁爱之心",即便是府议会停止救育也没有问题。《朝野新闻》针对田

---

[1] 東京市養育院『養育院六十年史』,1928年,624頁。
[2] 在基于府县会规则设置的东京府议会,东京府施行地方税规则时,通过"根据东京的实际情况议定特别方案,政府认可"等方式,充分发挥其作用(『東京都財政史 上』,250頁)。常设委员从府县会议员中选任,提交给府会的议案在那里进行审议,对原案的修改意见作为动议即刻上报给府会。其成员以田口卯吉为代表,还包括福地源一郎、犬养毅等(府会编『東京府史』第2卷,124—125頁)。
[3] 涩泽高度评价大藏省官员田口卯吉的能力,他所领导的银行团体"托善会"曾经在刊物创刊时给予资助,但这一关系不到两年就破裂了(具体的发展经过见永谷健『富豪的时代』新曜社,2007年,192—197頁)。这类事件与养育院处分问题这一背景毫无关系吗?有关田口的为人,涩泽说道:"他不是那种背后捅刀子的人,如果别人说得不对,他会当场毫无顾忌地指出来。"(『渋沢栄一伝記資料』第27卷,516頁)
[4] 『田口卯吉全集』第5卷,吉川弘文館,1990年復刊,113頁。

口的言论提出反论,指出如果贫民救助要依靠慈善者的意志,那么每个人的救助结果会有差异,设立适当的制度对贫民进行救助是官方的义务。对此田口进一步反驳道:"应该同时有救助贫民的余钱和救助贫民的心才能进行这项事业。"田口认为减免贫民的租税,用花在养育院上的2万日元推进府内各个行业的发展,才能逐渐改善社会状况。

当时的东京府议会与地方议会的情况不同,有类似国会的性质,它召集了许多知名人士,开展积极的活动。虽说府议会的权限是制定用地方税支付的经费预算和征收税款的方法,但府议会从减轻地方税负担的立场出发,可以否决、删去府知事提出的财政关联案件等,有时也会提出超越府议会权限的建议,因此府议会和府知事之间常会发生激烈争论。[1]

在上述背景下,提出处分案的明治十五年(1882),针对养育院的地方税辅助费调整为7 415日元,次年为1 634日元,明治十七年(1884)为2 425日元,直至明治十八年(1885)6月30日被完全废除(当时的会计年度是7月1日至次年6月30日)。

三、在养育院处分问题上涩泽的价值取向

那么,养育院收容[2]的都是什么样的人呢?根据其创立初期的数据显示,其收容对象包括"乞讨者、在旅行途中感染疾病的人、弃婴、因火灾而无家可归的人、遭受欺凌的人、身心有严重疾病的人"[3],其对象大到"整个东京范围内穷困潦倒的贫民"。有记录显示,时代变迁造成的贫困人口问题逐渐恶化,在亟须出台相关对策之时,以俄国皇子访日事件为直接

---

[1]『東京都財政史 上』,250—251頁。
[2] 在『東京市養育院年報附録』中有"收养"这一用语("收养"、广辞林)。明治三十三年(1900)7月,伴随养育院"不良幼少年感化部"的创立,开始使用"收容"(在一定的场所收纳人和物、广辞林)一词。
[3] 東京市養育院『養育院八十年史』,1953年,18頁。

契机，追求近代化的政府认为，"乞讨者在辖区内徘徊，不成体统"[1]，所以将乞讨者们聚集到一起。同时，《养育院掟书》[2]指出，养育院是为生活不幸、举步维艰的人们提供的"父母之家"，应该将收养"不成体统"的人这一养育院所具有的对外交往的功能与做"生活艰难"的人的"父母之家"的功能结合起来理解。

养育院最初共收容126人，其中身体健康者32%，轻症患者50%，重症患者18%。在这些人中，有很多人被判定为可从事工作，这样看来，"养懒汉"[3]的评价和在府议会受到的批判或许是不可避免的。但是涩泽认为，即便是有弊端，如果不救助这些人，他们就可能会受冻挨饿，基于此采取"适当的方法"进行救助是"人道"的体现，没有人道的政治会变成"暴戾的政治"。[4]

根据《养育院八十年史》，我们可以了解处分案决议的发展经过。[5]在决议的前一年，也就是明治十四年（1881）的年度预算审议中，府会决定将贫民的收容人数定为400人，但当时实际收容人数为495人。涩泽于同年7月6日向东京府知事松田道之呈报，同时让95人出院很困难，可以让银行存款不到15日元、被认为可以自力更生的人先出院。同时，因为有收容者在这段时间内去世，所以收容人数是有可能减少到定额的。涩泽希望使用上一年度的结余经费为95人提供补贴，但是上级指示涩泽将结余经费上交到会计课，涩泽再次申请仍未获批准。

8月29日，涩泽提交了有关限制收容人数的呈报书。其内容如下：在养育院的确有身体健康的贫民，他们因"堕落放纵"而被亲人、家乡抛弃，因穷困而"暂时"入院。府会将入院者的资格条件限定为没有收入的穷困者，这些穷困者还得是苦于疾病、"即将横尸街头"的人；对于没有

---

[1]『養育院八十年史』，12頁。
[2] 同上书，20页。
[3]「慈善事業の過去現在」『慈善』1910年7月，33頁；「本院の沿革と現状」『東京市養育院月報』（九恵）第146号，1913年4月，4—5頁。
[4]『養育院八十年史』，55頁。
[5] 同上书，50—58页。

可以提供帮助的亲人、没有参加工作但"手脚健全的人",拒绝收容入院。我认为这在政治上确实无可厚非。"[1] 如此一来,养育院的收容条件被限定为只能接收符合严格的国家法《恤救规则》的人士。

从涩泽所说的"在政治上确实无可厚非"的背后,我们可以看到旧町会积金转为共有金后发生的变化、涩泽自身从政治内部走到外部后所发生的变化以及在多种变化不断交织反弹下的涩泽的现实立场。涩泽在接受府议会的处分决议后,于明治十八年(1885)2月10日向芳川显正府知事提交了建议书,从中我们可以一窥他的态度和价值取向。他认为济民救助首先是"治民所必要的事务",府议会如果缺少这样的设施,贫民的惨状是不可避免的。至今府内还没有贫困者暴毙街头,那是因为养育院发挥了作用。救济是"不能废除的"。依据府议会的决议,虽说有地方税的支出,但是不仅对少数病人,还对无告者视而不见的做法违背了设置养育院的宗旨。"现在,我决定提供若干原始资金和变卖土地房屋获得的利息,使养育院能够'不依赖地方经费'而存续,以弥补'施政之万一'。"

在当时的府议会中,很多人与涩泽有交情,他们虽然再三说明养育院有存续的必要,但是"当时的府议会议员很多都很严格"[2],所以没有效果。此外,涩泽晚年的回忆中也有对芳川府知事"悲伤地讲出实情"、府议会"第二次决议时真的落泪了,很遗憾"[3]这样的记录。

涩泽希望自己成为回避公共救济责任的政治的代理,可以说,养育院处分决议为他确立自己的"贫民救济观"、摸索出与"养懒汉"这一针对养育院的批判相对的想法和具体实施方法提供了契机。事实上,涩泽对养育院废除论者也表示了理解。他后来提到:"在明治四十年(1907)救世军大将卜威廉来日时,虽然听到了救助贫民应当同时教会他们自立的意见,但是当时的养育院没能做到这一点。"[4]

---

[1] 『養育院八十年史』,51頁。
[2] 『東京市教養院月報』(九惠)第146号,1913年4月,5頁。
[3] 竜門社『竜門雑誌』第256号,12頁。该杂志是龙门社的官方杂志,创刊于1886年,1948年12月发行的第677号成为最后一期。
[4] 『渋沢栄一伝記資料』第30卷,628頁。

但是，作为肩负近代化使命的领导者，涩泽预见到在近代化进程中产生的贫富差距的问题，明确做出首府东京必须具备贫民救济的功能和设施的判断。或者也可以说，作为西欧的观察者，他身上展现出一种对作为贵族须尽义务这一基督教伦理精神的自豪感。在明治二十三年（1890）1月养育院根据东京市的制度成为"东京市"养育院之前的4年多，虽然隶属东京府管理，但是其财政上采用的是组织捐赠团体进行民间经营的方式。涩泽在多年后的回忆录中谈道："自己开始经营养育院之后发现这也想做那也想做。"[1]不难看出，涩泽与养育院虽"偶然"结缘，但是在经营的过程中，逐渐产生了自发、自主经营养育院的意识。

四、在东京市区改造审议会中涩泽的观点和价值取向

在涩泽经历养育院处分问题后迎来大转折的时期，我们还可以从另一个侧面来考察他的形象。

在藤森照信的《明治的东京计划》[2]中，涩泽作为东京商工会委员以市区改造计划为舞台大显身手。该书介绍的"市区改造计划"指的是于明治十年代（1877—1886）萌芽，一直持续到大正三年（1914）的一个长期的东京改造计划。

要理解这个层面的涩泽，首先须说到之前提过的町会所积金。江户时期以来，特别是明治初期发生的火灾，可以从频率和受灾范围来判断其严重程度。以明治五年（1872）2月26日发生的大火为源头，产生了东京市区改造规划的滥觞——银座炼瓦石街建设规划。东京府计划是在被烧毁区域重建不可燃的炼瓦房屋建筑，以防止火灾发生。他们的构想是展现一个没有旧江户色彩的、欧式风格的首都东京。但《七分积金》的作者指出："在修建炼瓦街建筑一事上，以井上为首班的大藏省当局似乎会使用町会

---

[1]『渋沢栄一伝記資料』第24卷，7頁。
[2] 藤森照信『明治の東京計画』岩波書店，1982年。

所积金。"[1]在最初的规划中,负责这一大型项目的主要是东京府,大藏省是监督机关。井上、涩泽一派认为,这样大规模的规划应该官民合作,共同出资,因此向东京府提出设立炼瓦街建设公司的请求。于是,东京府向町会所相关负责人征求意见。但与前一年根据町会所的意见,由善用政治手腕的由利公正设计的东京府银行设立案遭到大藏省特别是井上等的强硬反对,最终没能得以实现一样,大藏省的这次提案遭到东京府的回绝。

与上述城市规划相关,明治十七年(1884)11月14日,东京府知事芳川显正的市区改造方案报至上级中央省厅。为论证芳川方案的可行性,内务卿山县有朋开始着手成立审议会。12月17日,内务省成立了市区改造审议会(会长为芳川显正内务省少辅)。据《青渊先生六十年史》[2]记载,涩泽在明治十八年(1885)1月23日至12月11日被内务省任命为审查委员。"根据决定改造顺序等事宜的必要性,预先拓宽道路,留出市内铁路公园市场等的位置。"委员除内务、工部、陆军、邮电、农商务省、警视厅以及东京府的14人以外,作为商工会代表的涩泽和益田孝这两位民间人士也加入了。自同年2月20日第一次审议会召开以来,一直到10月8日,他们展开了长时间的有关城市规划的讨论。

从交通规划入手考虑城市建设的芳川方案,以巴黎为模板、将东京建设成全国帝都的内务省主导的方案,贯彻落实商业城市化的商工会方案这三个方案是议论的大方向。最终,新审议方案是以经大幅度修改的芳川方案为基础,融入商工会同内务省的方案,经过各方势均力敌的角逐后达成的。该方案以铁路、道路、运河、桥梁、筑港等为主轴,网罗了公园、帝国歌剧院、鱼菜市场以及涩泽积极参与的商法会议所和共同交易所这些计划。有评价指出:"范围如此之广且具体的方案是前所未有的。而且,也不知道未来是否会再次出现这样的方案。"[3]

---

[1]『七分積金』,108頁。
[2]竜門社『青淵先生六十年史』第2卷,1900年,703頁(以下簡称『青淵先生』)。
[3]『明治の東京計画』,172頁。

在方案讨论过程中，涩泽的言论值得关注。[1] 有关贫民聚集区下谷区的再开发方案指出，因当地属于湿地，卫生状况恶劣，所以应新修通水渠，方便运输和污水处理。这样即便是没法形成商业区，也可以成为宅基地。对此，涩泽提出反对意见。他表示，"要专门制订下谷区域的振兴计划"，而且"要让贫民在没有经济收入的情况下也能获得住所"。这里需要注意的是，养育院在正式开始收容贫民后，没过几年就搬到了下谷区。涩泽将这个反对意见作为商工会的见解提出。他指出，市区改造的目的是在城市中心区域划分出需要大力发展的重点区域，这样政策就会向南倾斜，神田川以南就会成为所谓的焦点。如果那里的地价由此疯涨，那么就会有贫民移居下谷区。在讨论市区改造计划时应该划定重点区和次重点区。

在这个问题上，益田也积极表达了自己的想法。他不留情面地指出，下谷的地理条件恶劣，但最终会成为车水马龙的地方，贫民也会移居到干燥的地区去。因此，下谷的衰落是无法挽回的。如果要进行污水处理，直接修渠引水就好了。他说："为什么如此偏爱下谷呢？与其修渠还不如开辟农田。"

内务省卫生局长反驳了商工会委员涩泽和益田提出的意见。他认为，如果要修建商圈，就应该为贫民修建便利的聚居地，即"那种要放弃下谷的论调简直太苛刻了"。

内务府秘书官也发表了意见，认为贫民的居住地对于富商来说最容易创造利益，富商是不会在意贫民生活得好坏的。

对此涩泽并未退缩，他说："都说富商不在意贫民，但与过去的富商不同，我们商工会委员就是代表商人来参加讨论的。"富商没有不关心贫民的住所，这里也没有必要修渠，应该另行讨论有关房屋排水系统的结构。这个讨论双方各执己见，最终由会长裁定，决定停止开发水路系统。

---

[1] 東京市区改正委員会編『東京市区改正並品海築港審査議事筆記』，1885年，115—121頁（东京商工会所藏）。

五、养育院院长涩泽与商工会代表涩泽的矛盾和交点

涩泽作为市区改造审议会委员以商业都市化为目标推进首都东京改造的时候，他还处于养育院处分案的旋涡当中，同东京府议会进行着旷日持久的交涉。这一时期，他的价值取向和态度似乎是矛盾的。一方面，作为养育院院长，他要鼓励对最底层贫民的人道关心，着眼西欧，强调将养育院承担贫民救助的职能看作东京理所当然的责任；另一方面，在市区改造审议会上，涩泽只是作为商工会代表发言，他必须将有助于商工业发展的地区放在目的的第一位来讨论，发挥自己的作用。

那么，这两个角色有重合之处吗？涩泽或许就是以壮大首都东京为基础，积极参与整治环境的设计。

作为商工会代表，"商人"涩泽不会放弃商业都市化这个主张。由此我们可以看出涩泽寄托于商工会的特别的执念。前面提到过，涩泽离开大藏省投身实业之初的舞台是东京营缮会议所，他参与了东京府的整备事业计划。此后，营缮会议所去掉"营缮"二字，改称东京会议所，明治十一年（1878）发展成为东京商法会议所（涩泽担任会长），发挥其作为商工业指导性团体和"市民会议处"的功能。[1] 会议所以英美的商业会议所为模板，涩泽为建设同外国商人进行贸易的窗口耗尽心力。但是，此举与蓄意操控商工业行政的农商务省发生冲突，在双方进行了长达2年的拉锯后，会议所的"会议"功能被取消，东京商法会议所改组成为商工会这一团体组织。有关明治十五年（1882）的东京商法会议所的状况，涩泽回忆道，"已经萎缩到有名无实的状态"。他对商工会的期望是，"即便没有我们商

---

[1] 明治五年（1872）5月更名为营缮会议所，同年8月东京会议所扩大了职能，包括一部分府民会议的功能和道路、养育院等事业。明治十年（1877），在开设东京府会的同时，"议会的功能交给府会，事业交给府厅，商业新兴施策案交给新成立的东京商法会议所"。同会议所（现东京商工会议所）的会长为涩泽。益田孝、大仓喜八郎等新兴企业家均在其中（『明治の東京計画』，第182页）。

界向政界注入充分的意见，或者是陈述自己的期望这样的积极的气象，但至少有一些力量集结在一起，将商界多数人的意见传递给社会"的功能被社会认同。虽说他有这样强烈的使命感，但对于现状和未来仍有不安。[1]

如此看来，对于涩泽而言，东京市区改造审议会是商工会这个组织发挥存在感的绝好机会，也是拥有"商人"身份的他发挥存在感的绝好机会。而且，这个审议会的会长是内务少辅、东京府知事芳川显正。藤森谈道："芳川在接受涩泽荣一的请求时，可能小瞧了涩泽、益田孝等新兴企业家的实力。没想到……他绝对没想到在不知不觉中自己的提案被否决了。"[2]涩泽努力实现的是自己在大藏省、营缮会议所时期对首都东京的设计。他并没有中途退出，而是以在西欧学到的知识为基础领导国家，似乎是作为实业家站在国家的边缘，或者说似乎是一边打入国家内部，一边计划实现自己的伟大梦想。

其实，在这个设计当中也是有养育院的。承担救助贫民功能的养育院和担负振兴国家任务的商工业地区的开发虽说是近代都市构想设计的正反两个方面，但它们都有在建设新国家的构想中不可或缺的共通层面的价值取向。虽然涩泽在这两个方面做的具体活动和发挥的作用有所不同，但是在各个场合涩泽的发言和态度与其说是矛盾与冲突的、紧张的，不如说是他自己确定了坐标轴，竭尽全力完成自己的使命。从中也可以看到涩泽内心的想法是多元的，也正因如此，他才能将各项事业都安排妥帖。

六、设计慈善事业过程中的苦恼

在东京府养育院的处分案决议通过后，养育院经过私营时期，到明治二十三年（1890），随着东京建市更名为"东京市"养育院。此举的原因之一是养育院当时遭遇了财政危机。明治十六年（1883）到明治十九

---

[1]『竜門雑誌』第138号，1899年11月，9頁。
[2]『明治の東京計画』，139頁。

年(1886)期间,养育院根据东京府的指示,开始收容府内符合"行旅病人""弃婴""走失儿童"条件的人,收容为数众多的"贫民"所需的经费仅凭地方税支付远远不够,这也给养育院的经济带来了巨大压力。基于此,涩泽从自己的旅欧经历中汲取经验,组织了他认为"有朝一日日本也要有这样的习惯"[1]的养育院慈善会(副会长为涩泽兼子),计划通过义卖会和观剧会等活动来筹措资金。养育院在长达4年半的私营经营期的全部经费中,通过这个方式筹措的资金占57%。虽说养育院属于东京府管理,但是其财政属于私营,正所谓"公设慈善"[2]。但是,即使这样也还是没能阻止这一时期养育院事业开始走下坡路。

通过这件事,涩泽痛感继续以私营形式经营将给养育院的未来带来危机。最重要的是,他一直没有改变过自己的"东京市不可没有这样的设施"[3]的想法。因此,他决定采取"与一般私营的救济事业不同的另一种处理方式"[4],不将养育院经费列入东京市的一般经费,而是将其归入特别经费。具体就是以募集捐款为中心,基本上算是"独立核算",这与以往的形式没有太大差别。东京市让养育院"承担了麻烦的问题"[5]这个说法也是属实的。

在其他资料中,涩泽晚年时有如下想法。[6]"虽说我们是养育院的持有者,但养育院不是我们的……因为现在的养育院本来就是从东京府分离出来的,这样不论到什么时候将其纳为己有都是对未来发展不好的。"回顾以旧町会的部分职能和町会所积金起步的养育院的滥觞以及此后的变迁史,他可能并未在将养育院作为公共设施的事情上感到矛盾。同时,养育院"其根本是慈善事业……所以可以只依靠市税来经营,像以前一样依靠爱心人士的做法也不是不可以"。在他的想法中,拥有公共属性的养育院

---

[1] 『青淵先生』第2卷,569頁。
[2] 『養育院六十年史』,673頁。
[3] 『東京市教養院月報』(九惠)第146号,1913年4月,6頁。
[4] 同上。
[5] 穂積重行編『穂積歌子日記』みすず書房,1989年,139頁。
[6] 『竜門雜誌』第256号,1909年,12—13頁。

同大量财源依靠慈善的慈善性机构似乎是自然重合的。也就是说，比起表面的名字，他们更注重实际。在政治上，经营公共设施采用双重结构，使用的不仅是公款，还有市民的资金，这才是公共性的呈现方式。同时，如果东京市不履行义务，管理者就自行承担其义务这样的想法也具有开拓性，体现了涩泽的担当精神、奋斗精神。不知这是不是后起的近代化国家的一个阶段？总之，在多重现实中，必须采取一个行动，选择一个方向。

涩泽作为实业家积极开展活动始于明治三十年代。养育院事业似乎也与此联动，在这一时期进一步扩大为给体弱多病的儿童、失足儿童及其他的一般儿童提供帮助的组织，不断摸索和尝试帮扶方式。参与了当时救助儿童项目的小泽一回忆道："在涩泽院长的高尚人格和威望下，我们怀着远大的抱负，率先推进了帝都的社会事业。"[1] 养育院得到慈善会的大力支持，建筑物的新建、扩建也被提上日程，当然养育院的经费也有所增加。自明治三十三年（1900）至三十四年（1901）前后开始，东京市作为地方自治体明确了财政管理机构，养育院也随之被正式转为"市营"。自明治四十二年（1909）开始，养育院使用的经费开始被编入东京市的一般经费预算。

涩泽的国家建设设计发生变化，或者说其设计的摇摆开始明显或许就是这一时期。自养育院创设以来，对于以涩泽和安达宪忠干事为核心的养育院领导层[2]来说，不仅是在财政方面，在对收容者的具体待遇上也一直

---

[1]『東京市教養院月報』第420号，1937年3月，5頁。

[2] 值得一提的是，通过养育院的实践活动推动日本社会事业发展的人为数不少。安达宪忠作为第一任干事，自明治二十四（1891）到大正八年（1919）因病离岗，一直都在涩泽院长手下工作，是养育院事业的实际责任人。明治二十六年（1893），他向涩泽提交了有关被遗漏而未能接受救助的贫困儿童最终走上偷盗道路的过程调查报告，对明治三十三年（1900）开设养育院感化部起到推动作用。田中太郎作为『東京市教養院月報』的第一任主编，也是一名撰稿人。养育院感化部希望构建家族宿舍系统，但是经费不足，加之在招聘女保育员的问题上有困难，以此为出发点，他谈及在不区分儿童的性格和失足的程度情况下让他们杂居的经过，以「不完全の極み能はざる現在の施設」为题记录了下来。田中在涩泽去世后成为院长，但是上任不到两个月就驾鹤西去了。小泽一从早稻田大学哲学科毕业后，明治四十年（1907）入职养育院，大正九年（1920）转籍到内务省社会局。高天慎吾从东京帝国大学德国法科毕业后，29岁入职养育院，担任为一般幼少儿设立的巢鸭分院的第一任主管。他表示，通过调查儿童收容前的生活经历和收容经过，制作身份记录册，认识到儿童福利事业的重要性［『東京市教養院月報』（九恵）第200号，1917年10月，6頁］。

存在需要探讨的课题。

大正二年（1913），涩泽在由他担任会长的中央慈善协会全体大会[1]上举过一个例子[2]。送到养育院的"弃子"由市政府拨款支付抚养费。基于"长此以往，他们的人数会越来越多，在场所和资金方面也会有更多的需求"的前提，东京市有关部门要求尽快让他们出院。因此，"养育院现在的工作就是，把弃子召集起来，如果有能够接手的地方，就把他们送过去"。涩泽通过与基督教慈善事业家山室军平和留冈幸助、石井十次等人的积极交流，找到让儿童通过在英国巴纳德之家进行职业培训后出院这一先进的解决方案。虽然究竟需要进行多高程度的素养和职业培训才能让这些孩子出院这个"疑问"还有待商榷，但对于一直承担着养育院就是在养懒汉这个批评的涩泽来说，这个儿童自立方案是"理想"的。但是，涩泽还是必须给东京市谏言——"你们经常忘记贫民救助、弱者保护这类工作"，或者是向东京市表达自己的焦虑——"东京市如果能表明态度，由市里拨款，你们做你们想做的事吧，那么我们其实还有很多事想做"。[3]

这是"无法给养育院投入资金"的东京市与把"理想照进现实"的养育院院长涩泽间的矛盾之处，同时也反映了涩泽在作为东京市的公务员来处理养育院事务时与在实现"我们自己……希望得到市的拨款"[4]这一方针时的自我矛盾。虽说涩泽是东京市的公务员，但他认识到，就现实情况而言，无法期待东京市养育院从市里得到拨款。"我也感觉从市的整体经济来看，是难以提出申请的。"[5]此外，涩泽还处在实业促进"国家繁荣，但

---

[1] 明治三十三年（1900）成立的贫民研究会被视为源头。同会的成员有井上友一（内务省地方局）、桑田熊藏（东京帝国大学社会政策专业教授）、安达宪忠（养育院干事）这些人。以研究会为开端，明治四十一年（1908）举办了由内务省主办的第一回感化救济事业研习会，以此为契机，成立中央慈善协会。会长为涩泽。同协会以内务省的救济事业相关人员为主导的体制为轴，由涩泽、留冈幸助这些贯彻日本救济事业的领导层设立并运营。以"国内外慈惠救济事业的方法状况"的调查研究、"慈善团体的统一慈善"等为目的，创办了《慈善》专业杂志（自1909年7月到1917年4月的季刊）。
[2]「慈善事業に対する雜感」『慈善』第4編，中央慈善協会，1913年1月，10—11頁。
[3]『東京市教養院月報』（九惠）第146号，1913年4月，16頁。
[4]『竜門雜誌』第256号，1909年9月，14頁。
[5]『東京市教養院月報』（九惠）第146号，1913年4月，16頁。

是国家繁荣的结果是贫民的增加"[1]这一现实的夹缝中。作为涉足实业与慈善两个领域的人,他不得不直面国家的繁荣和由繁荣导致的赤贫状态的人,也就是贫富分化的两极。在这种两极分化急速发展的现实中,实业人引以为豪的自由裁量权逐渐受到限制。

七、实业家涩泽的公益、慈善活动

明治三十三年(1900)2月,作为涩泽的退休贺礼,龙门社编撰完成《青渊先生六十年史——又名近世事业发展史》(以下简称《青渊先生》)。[2]青渊是涩泽的雅号。龙门社以寄住在深川福住町的涩泽家的书生们发起的学习会为开端,为给他们发表意见提供机会,于明治十九年(1886)创办了手工制作的《龙门杂志》。社名由涩泽尊为师长的尾高惇忠命名,取出人头地之意。初期以涩泽笃二为中心开展活动,后发展为由涩泽直接或间接相关的银行、公司以及各个领域的人组成的组织。在《青渊先生》的序文中,作者赞扬涩泽"使商人的气质高尚起来",颂扬了他"研究与实业相关的学术"的热情。

《青渊先生》第1卷共21章,第2卷共60章,"东京市养育院"被单独整理为第56章。在这一章中,养育院被称为"一大慈善事业"。1889年东京市建立后,有关养育院究竟是作为私人事业还是东京市的事业这一问题,涩泽在"考虑得失"之后,明确了"作为私人事业的话伴随的起伏大""作为市的公共事业是长久之计"这一方向。[3]不仅如此,在该书的章节设置中,还有题为《公益及公共事业》(第58章)的一章与"东京市养育院"相关联。涩泽还认为,"公益事业中也有诸如慈惠医院那样的不拘

---

[1]『竜門雜誌』第256号,1910年4月(「慈善救済事業について」)。
[2] 编纂委员长为阪谷芳郎。作为涩泽的退休以及男爵的授爵纪念,龙门社负责编纂、发行。总之书里不仅有涩泽的传记,也强调了本书作为"与同时代的'政治经济'相关的参考书"这一意义[『竜門社の歩み』(財)渋沢栄一記念財団付属渋沢資料館,2006年,2、7頁]。
[3]『青淵先生』第2卷,487頁。

泥于盈利"[1]的设施，所以也可以认为养育院是和慈善事业、公共事业有相同性质和作用的"公益事业"。

但是，如上所述，养育院事业是一把双刃剑。追求人道，就会成为"懒汉养成所"，成为"阻碍人的学习心的设施"[2]，与国家的繁荣背道而驰，会造成国家的衰退。正因如此，"如果不能对救助贫民这件事有足够的关注，就会造成很大的过失，伤国家的元气"[3]。另外，"养育院可以保障社会的繁盛"[4]，也就是说，如果不支持国家的最底层，就无法保证国家的繁荣。两者的关系既矛盾又相辅相成。

似乎是为了解决这一问题，涩泽在明治四十二年（1909）尝试以"人道、经济、政治、教育"的观点对贫民救助的方式进行统合。[5]这一想法在养育院救助方针上进一步体现出来，并得以试行。其具体内容是，明确提出从社会政策[6]的层面来考虑养育院收容者的优先排名。老年贫民、行旅病人、儿童收容者中，养育院重点关注"前途有望"[7]的儿童，而且要区分"需要同情"的孤儿和"比起做慈善，更应该为了国家采取一些措施"[8]的失足儿童。养育院对两者进行区分后，以需要接受感化教育的流浪儿为对象，于明治三十八年（1905）设立了井之头学校。这些孩子如果走上犯罪的道路，改造他们将很困难，"增加社会的警察费和监狱费的负担，良民减少，走上不良道路的人增多，没有比这更不划算的事情了"[9]。同时，他也考虑到，"从慈爱之情、慈悲之心出发"，就"必须与

---

[1] 『竜門雑誌』第62号，1893年7月，6頁（「商人の本分」）。
[2] 『竜門雑誌』第256号，1909年9月，11頁。
[3] 同上书，19页。
[4] 『東京市養育院月報』第264号，1909年9月，19頁。
[5] 『竜門雑誌』第256号，1909年9月，19頁。
[6] 与现在所说的"社会政治"的概念不同，明治二十九年（1896），以金井延为中心的日本社会政策学会成立后，社会事业被赋予社会改良政策这一积极的意义。可以认为，养育院领导者们直接或间接地受到其影响。
[7] 『青淵先生』第2卷，569頁。
[8] 『渋沢栄一伝記資料』第24卷，148—149頁。
[9] 『青淵先生』第2卷，567頁。

政治相对"[1]。由此，可以看出他从国家的角度出发规定慈善事业的功能和价值的态度。

涩泽提出的四个关键点紧密相关，相互统合，领域分工明确。涩泽认为，在这四个领域中，"我们从事的商工业，即经济上的关联是最重要的"[2]。而且，他在请辞大藏省后，"富国必靠工商业"[3]这一想法从未发生动摇。

在当时近代化急速发展的潮流中，涩泽面对的现实是他必须不断地向与自己处于同一行业的商人、工人发声。明治四十四年（1911）5月，在商工恳谈会上，涩泽发表了"有关商业道德"的讲话。[4]他指出，在过去，"商对官的态度是很卑微的"，这样下去，"根本没有能与外国人为伍的地方，国家不可能富得起来"。所以，他强调，"要提升品格，如果不认识到这一点，不大力去落实这一点，实现日本的富裕"就是天方夜谭。虽说他对商人的商业道德低这个说法感到"生气"，但也不能忽视他的如下观点："总的来说，商工业就是追求利益增值的行业……做不好就很容易走向不道德的局面。"

涩泽指出，到了实业界开始成熟的明治三十年代，可以说"事业"这个概念已经从反衬农工商实践的概念发展成为与个人的自我实现紧密相关的概念[5]。这或许是他对成功的实业家"应该如何通过道德正当化追求私利私欲并由此获得财富这一根本问题"[6]的回答。不将公益和私利两个概念对立，而是合理统一融合，用"品格"一词来概括，由此我们可以洞见工商业者所处环境的一个侧面。

---

[1]『慈善』第1编，第1号，1909年7月，5页（開会の辞）。
[2]『竜門雑誌』第133号，1899年6月，2页。
[3]『竜門雑誌』第293号，1912年10月，4页。
[4]『渋沢栄一伝記資料』第57卷，179—186页；『竜門雑誌』第276号，1911年5月。
[5]『富豪の時代』，217页。
[6]同上书，225页。

八、结语

涩泽在谈到公益和私利的关系时,积极肯定了为公益提供资助的私益。他认为,"如果公益不是从私利中获取的,那就不会产生效用,如果私利不能成为公益,那就不是真正的私利"[1]。即使是有通过工商业来富国的想法,"如果相关从业人员不能获得利益,那这件事就肯定成不了",所以需要"能够获取相当利益的先进的方法"[2]。他表示,如果在这个时候没有以"真正的学理"和"严肃的品性"[3]为背景的商业道德,就无法提高品格,提升商工业者的社会地位,也无法资助推动国家走向富强道路的公益。

从上述引用部分可以看出,涩泽认识到以提高品格为目的的商业道德的必要性,并从中受到鼓舞。大正元年(1912),已经退出实业界的涩泽这样回忆道:"提高商工业者的地位这一想法不是从《论语》那里来的。这只是我从自己的生活经验思考出的。"[4]也就是说,这是涩泽从自己的生活经验出发得出的结论。养育院转为"东京市营"之时,涩泽成为市参事会员,作为由会员组成的常设委员的委员长来处理养育院的事务。市参事会员是市的编制。有时市会和市参议会的意见会有不同,涩泽认为,这样下去,自己有可能"无法专心做好养育院"。于是,他请辞市参事会员,选择只担任养育院院长这个属于市的公职。[5]从涩泽的行动倾向来看,与其说他是基于道德层面来选择进退去留,不如说他一心扑在实业和养育院上,具备了自发地推动自身行动的品质。

明治十年(1877)以后,在实业上收获了成功的领军人物们受命担任

---

[1]『竜門雜誌』第62号,1893年7月,6頁。
[2]『竜門雜誌』第249号,1909年2月,5頁。
[3]『渋沢栄一伝記資料』第57卷,183頁(前揭『竜門雜誌』第276号,1911年5月)。
[4]『竜門雜誌』第293号,1912年10月,5頁。
[5]『竜門雜誌』第256号,1909年9月,13頁。

起与自身事业的利益无关的公共职务,"作为领导新时代的精英,渐渐被赋予了权势"[1],涩泽也是其中一员。只是对于涩泽来说,60年来他所承担的养育院的使命和责任不止于此。

涩泽想让养育院有效利用自己作为实业家所获得的经济上的财富。他不掩饰金钱很重要这个意识,将通过实业积攒下来的钱作为资助公益的私利,怀着自豪感出资援助没有收益的养育院。只要知道什么是应该给的,什么是不必要的,什么是"适当的方法"就行。[2]

涩泽认为,有关养育院事业的运营,必须"不从道德出发,而从社会经济上"[3]进行"慈善事业"(不拘泥于盈利的公益)。在这一运营问题上,涩泽与东京府及东京市周旋、交锋,只要能顺利进行,也会做出让步。为达成"公共救助贫民"这一实质成果,他坚持"公设"。实际上,他在院内组织慈善会,对外召集伙伴,动员他们把零用钱调动起来做慈善,通过这样的举措,向他们传达"重要的是让人自然而然地觉得这个慈善是自己的事业"[4]的文化信息。

涩泽一边工作一边烦恼,一边烦恼一边找寻伙伴,而且说服了周围的人,让大家意识到自己有让不挣钱的公益稳定下来的责任。他作为实业和慈善两手抓的实践者,也从各路人那里汲取知识,发现合理性,并将其延续下去。

涩泽在明治四十三年(1910)这样说道:"回想起来,明治初期大家

---

[1]『富豪の時代』,189頁。
[2] 例如,明治末期,涩泽与儿子秀雄在飞鸟山附近散步的时候,对于在路边欠身低头乞讨的乞丐未曾看一眼就走过去了。秀雄回忆道:"祖母'荣'的慈悲心穿着社会性组织的外衣遗传给了父亲荣一。"(渋沢秀雄『明治を耕した話』青蛙房,1977年,127頁)此外,在设立中央慈善协会的过程中,由会员组织的募集资金活动陷入僵局,于是他们请求涩泽出资,涩泽表现出"厌烦"。即便是涩泽通过自己的力量募集到足够的捐款,还是表示"慈善事业不仅仅是慈善家的事业",要求政府提供辅助金,还给出了让大多数人觉得这是"自己的工作"的赞助会方式的提案(『渋沢栄一伝記資料』第30卷,337頁)。前者展现的是涩泽基于人道主义的愤怒、恻隐之情,抑或说是有一些严厉;后者展现的是在慈善组织化的过程中他作为实业家的素质和手腕。
[3]『青淵先生』第2卷,567頁。
[4]『渋沢栄一伝記資料』第30卷,336—337頁。

能够看到的工商业者恰好就是今天的慈善家。"[1]虽然作为实业家,涩泽清楚地知道自己参与养育院相关事务的局限性,但是他一直被那些因为宗教信念和个人使命感而将自己的一生投入慈善事业的人所吸引,并和他们产生共鸣。[2]就这样,实业家涩泽再一次踏入太阳照不到的慈善领域。

涩泽在深入参与养育院经营的过程中感受到,在实业这束光的映照下依然有诸如近代的贫困这片阴影。他一方面通过向政府申诉"影子"的责任应该由公共承担,以此影响政界相关人士的见解;另一方面,发挥自身优势,以一种属于涩泽的独特方式积极参与,努力完成国家建设的设计。

那么,我们应该如何理解涩泽做的慈善呢?是否可以将其看作明治时期日本的贵族义务?这里的慈善不是由以宗教信念为基础的慈爱[3]而来的慈善,而是团结以公益=富国为基础的人而来的作为人道的慈善。致力于公私协调的涩泽的这种实践虽说可能有时会公私一体化,或者是处在被公裹挟的边缘,但他还是努力解决了公私间的紧张关系。当今时代要求我们思考真正的公私协作关系,可以说涩泽所做的慈善活动为我们敲响了警钟。

---

[1]『慈善』第2编,第1号,1910年7月,37頁。
[2] 比如,明治十五年(1882)左右开始涉足出狱人员保护事业的原胤浩和涩泽的关系有以下介绍(『渋沢栄一伝記資料』第24卷,303—307頁)。明治三十三年(1900),养育院正在着手感化事业,涩泽找到原胤浩,听取了他的意见。涩泽突然问:"我有给你的项目出资吗?"原胤浩说,自己慈善事业的精神"因为是从基督教的博爱出发的,所以自己没有考虑过所谓慈善家的慈善事业",因此别人建议让自己找涩泽资助,自己也没有提出请求。于是,涩泽说:"真是抱歉。"在谈到原胤浩的时候,涩泽谦虚地表示,"出狱人员从原先生那里受到的保护和感化比我能给他们的多。去原胤浩位于神田的家拜访的时候,发现有很多奇怪的人和他的家人住在一起,才知道原来还可以这样生活,因此佩服不已。涩泽的女儿歌子(穂積陈重之妻)也带着孩子拜访了原胤浩的家人,两家人有很深的交往"(『穗積歌子日記』,473頁)。尊重彼此的主义、主张,积极完成自己的使命和责任这一当时的想法是值得关注的。同时,看到同出狱人员寝食与共的原胤浩和家人的生活,涩泽发现与实业家的"慈善事业"不同,以原胤浩和石井十次等为代表的慈善事业是一种立足宗教思想的"专心投入"地做慈善的方式。
[3] 即caritas。——译注

论涩泽荣一的和平主义教育理念[*]

冲田行司

大正三年（1914）6月，涩泽荣一结束他的中国之旅返回日本。随后，他应同志社大学校长原田助的邀请，来到同志社大学进行了一场关于他在中国旅行的演讲。在讲演的开始，涩泽提到"我与贵校的各位虽然活动领域不尽相同，却依然有很多机会使我们可以怀揣着对彼此的善意展开交流"[1]。身处经济界的涩泽荣一与以基督信仰为办学宗旨的同志社大学虽然看上去关系并不紧密，但是"友好交流的机会"却是很多的。

大正元年（1912），涩泽与森村市左卫门、成濑仁藏等人成立了归一协会。归一协会是一个为促进不同宗教间的相互理解与协作、以"掀起坚实思潮，助力一国文明"为目的而结成的团体组织。参与这个组织的不仅有日本基督教领袖，还有外国传教士。另外，同志社大学的原田助校长也是协会的一员。

当谈到与基督教信徒的交往时，涩泽认为："异门同屋，异坡同岭，攀登道路虽不同，终将欣赏同一山峰与明月，这便是我们之间的关系。"[2]或许，涩泽对基督教抱有的这种灵活的态度成为他日后在推进国际交流的

---

[*] 原文「国際交流を推進する平和主義教育構想」，收录在涩沢记念财团『新時代の創造 公益の追求者・渋沢栄一』山川出版社，1993年。
[1] 『竜門雑誌』第314号，1914年，22頁。
[2] 同上。

舞台上大放异彩的重要原因。笔者将以涩泽荣一与新岛襄以及在新岛襄去世后涩泽与同志社大学的关联为中心，考察涩泽荣一所追求的推进国际交流的教育构想的发展历程。

一、涩泽荣一与基督教

明治二十一年（1888）4月22日，涩泽荣一在井上馨的府邸第一次遇见新岛襄，两人都是前来参加为成立同志社大学而举办的募集基金大会的。在大会召开的前几天，新岛便略感身体不适，大会召开期间因贫血而提前离开会场。不久之后，新岛襄给参会者均寄了感谢信。涩泽的回信是这样的：

> 有关设立专门学校一事，鄙人之前已从陆奥氏处得知。再前日井上伯爵来访，又得聆取君之思虑。吾亦觉悟应当尽力相助君之事业，加之吾素日亦常苦思心学之事，并小有愚论，望拜会光夫时可交流一二。[1]

依照此信不难看出，涩泽对新岛将要成立大学一事表示赞同，并且表明会在财政方面给予支持。另外，关于新岛设立大学的主要目的，从"吾素日亦常苦思心学之事，并小有愚论"[2]不难看出，涩泽对德育教育有着浓厚的兴趣。

自井上外相府邸举办集会之后，又过了将近三个月，7月19日在大隈重信的府邸再次举办关于创办同志社大学的集会。除了涩泽以外，原六郎、岩崎弥之助、大仓喜八郎等在金融界赫赫有名的人物也出席了这次会议。知晓新岛设立大学的坚定信念后，大家商定以涩泽和原六郎为首分别

---

[1]「新島襄宛渋沢書簡」，1888年5月2日（『新島襄全集9』下，同朋舎出版，全10卷）。
[2] 同上。

捐献6 000日元，共计捐献31 000日元。

新岛襄对于东京的政治、经济界给予他的帮助感到非常惊讶。他说，除了陆奥宗光、井上馨、大隈重信等政治家，"像涩泽荣一、原六郎这样被称为经商之王的人都认可基督教精神的教育，并予以援助，就算说这是令人惊喜的明治现象也实属不假"[1]。新岛还表示，"今日可谓我校初次获得天下信用之日，就此而论此现象绝非一小事件"[2]，他非常期待这次捐款活动能成功举办。

这次捐款最终是由涩泽汇总的，但一开始涩泽并未能像当初约定的那样顺利地收集到捐款，在其再三催促下才得以集齐。特别值得一提的是，提议捐出大额款项的原六郎和涩泽之间也因催缴函而生出嫌隙。涩泽对新岛说："原六郎好像不似刚开始说好的那般赞同了。"[3]仅凭涩泽一人之力是无法集齐捐款的，于是涩泽写信给新岛，希望可以由新岛出面直接交涉。从原六郎寄给涩泽的书信中可以看出，虽然他们最初有过直接向新岛汇款的约定，但原六郎曾写信向新岛询问有关大学创办的过程却没有得到任何回复，只收到了由涩泽发来的催促捐款的信件，因此两者才会产生意见分歧。这件事情便是原六郎对新岛产生不信任感的原因。收到涩泽的信件后，新岛将有关大学创办的过程和为何要多次催促交款的理由一并附在道歉信上寄给了原六郎。

关于已筹集捐款的运用，涩泽建议新岛买入政府债券。考虑到政府债券的利息，涩泽建议将一半的金额存为第一国立银行年利率为6%的定期存款。

最初，新岛在东京辗转筹集资金时拜托的人均为井上馨和青木周藏等政府工作人员。从人际关系上看，原六郎的夫人富子曾在同志社女子学校学习，原氏夫妇的结婚司仪便是新岛。但是，实际上为新岛筹集资金四处奔走的却是涩泽。明治二十三年（1890）1月23日，新岛襄于神奈川县大

---

[1]「下村孝太郎宛新島書簡」，1888年8月11日（『新島襄全集3』）。
[2] 同上。
[3]「新島襄宛渋沢書簡」，1888年2月8日（『新島襄全集9』下）。

矶去世。去世前，他给涩泽寄去了遗言。[1]

涩泽荣一先生
  谨此与君告别，吾感念君为同志社大学之奔走尽力，吾身后也恳请君多多挂念大学

明治二十三年一月二十一日
新岛襄

  新岛如此信赖涩泽，不仅仅是因为新岛本身对涩泽抱有期待，涩泽对新岛及同志社的基督教精神教育也有着一种莫名的、颇为主观的"牵挂"。
  新岛离世后两个月，涩泽荣一在工作途中应邀来到同志社大学演讲。在演讲中，涩泽讲述了如下的学术态度，即学问中有如物理学和化学、医学、工学、农学、商学等有形的学问，但也有哲学、历史、文学、政治、法律等无形的学问，"不论学问之有形与无形，若论其目的所在，则尽可归于如何实用于世"[2]。涩泽认为，日本人的风格常常会倾向于无形的学问，许多学生也期望成为官员或教师，有脱离实用主义的倾向。因此，他说了下面这段话，用来表达他对同学们的期望：

  之前与新岛先生会面，犹记先生曾大大感叹：自近来西洋文明进入我国，国民之智力虽颇见进步，然国民之道德却不进反退，如今道德已堕入尘泥，吾辈应悲之。正如君所思，吾辈亦常思虑之。吾欲使吾之学校改革此等风气。君所言之事绝非吾关心之外，谨含泪告君。[3]

  新岛和涩泽均认为，自明治维新以来，西洋文明如怒涛般袭来，瓦解了从古至今的秩序意识，道德水平上也呈现出无秩序的状况。

---

[1]「渋沢栄一宛新島遺言」，1890年1月21日（『新島襄全集4』）。
[2]『同志社文学会雑誌』第33号，1890年5月。
[3] 同上。

新岛严厉批判道：伴随文明开化的进程，从儒学到西洋学的转变不过是从无应用科学的道德学问向无道德学问的应用科学的转换罢了。而且，没有确切的道德观作为支撑，民权学家口中的自由也不过是一种"任性"，很可能会让国家最终走向灭亡。

新岛还认为，文明开化所带来的学校教育，是基于重视智育和功利主义的教育及学术态度而进行的，它掀起主张追求"权宜和计谋"的浪潮，将教育变成谋取生活的手段，以至于自认为具有社会领导能力的人也认为，学问的目的不过是获得个人的名与利。当这样的想法渗透到整个社会时，舍弃"道德义务"、唯争名利的风气将变得普遍。新岛创立同志社大学的宗旨便是德育的复兴。

关于对同志社教育的期望，涩泽说道："大学教育的方针绝不在智育，天才固然必要，但更应当对学生施以仁义忠孝等德育，以育成正直且具刚正不拔之精神之人才"[1]，培养"德智兼备之实用人才"[2]。这才是新岛的夙愿，也是涩泽所期望的。

涩泽支持新岛创立同志社大学的另一动机在于对凡事优先"官员"的、日本传统"官尊民卑"思想的批判。在德川幕府末期前往法国的涩泽感受到最强烈的文化差异便是"官"与"民"的关系。涩泽回忆道："欧洲的风俗习惯与日本不同，若他们是文明的，那日本是野蛮的，文明的国度是舍弃官尊民卑的，而野蛮的国度则是崇尚官尊民卑的，这是谁都能明白的道理。"[3]但是，涩泽认为直到明治十四五年，"官尊民卑"的思想风潮都在主宰着教育，一般来说，大家都会认为"学校不过是受政府约束的事物，是由政府开设的，制度也是由国家掌权者制定的"[4]。

涩泽认为，国家的富强以工商业的繁荣为前提，是需要依靠民间力量的；新岛的私学理论说明了不依靠"官"的力量在民间创立私立大学的意

---

[1]『同志社文学会雑誌』第33号，1890年5月。
[2] 同上。
[3]『竜門雑誌』第330号，1915年，24頁。
[4]『竜門雑誌』第272号，1911年，36頁。

义，两者的想法在某种程度上不谋而合。

众所周知，涩泽的德育观念是以儒教教养为背景形成的。一般来说，儒教的德育理论是很容易走向批判基督教一端的，但回顾涩泽至此的所作所为，他在积极地评价新岛的基督教派德育理论，并尝试接受它。由此我们也可以看出涩泽的"伦理的普遍志向"。接下来，笔者将从"伦理的普遍志向"是如何创造出国际化观念的这一角度进行论述。

二、国际化的观念和德育理论

涩泽认为，明治维新以后学问上的进步"仅仅是科学的进步，或者说是物质方面的进步"[1]，并非伴随"人格或是修养等精神层面的进步"。这样发展的结果便是国民会逐渐趋向功利主义，"个人利益大于一切"的利己主义泛滥，社会上缺少"正义的观念和牺牲主义精神"的人会越来越多。对于涩泽来说，这样的状况正是近代学问发展之"大弊害，吾等不可不忧"。

涩泽对明治维新之后时代的认识还有一个显著的特点，那就是他开始以国际视野思考日本所处的位置。其断言"官尊民卑"的风潮是野蛮国度的恶习，这虽与福泽谕吉的启蒙思想有相像之处，却是他在法国留学时学到的。另外，在与国家保持一定距离的同时，使民间经济繁荣昌盛的这种"在野性"正是近代经济社会与封建经济划清界限的一大原则。如此看来，他在无意识中形成了在国际社会背景中看待日本处境的思考方法。

但是，进入大正年间，涩泽开始有意识地强调国际社会的存在。涩泽认为曾经的日本凡事总是只考虑到国内，而关于今后"凡事都是世界之事"的时代，涩泽是这样讲述的：

今非昔比，如若我们停滞不前，而别人大步不止，那么与其说我

---

[1]『拾周年記念号入間学友会』，1915 年 4 月。

们停在原地，不如说我们正在倒退。别人发展得越来越好，我们便是越来越落后。虽说世界各国进步程度有大有小，但至少每个国家都是在进步的，每日每月都在快速进步着。[1]

如涩泽所言，在国际社会中，政治、经济、军事、工商业等所有领域都在进步和发展，为了与之相匹配而做出的不懈努力正是"国际化"。涩泽认为，在国际化的进程中，实业教育在很长一段时间内被忽视了。但在近几年日本却开始重视实业教育。涩泽就其所见说道："（我国教育）向理、智的一方急进，完全不见纪律、人格、道德仁义。"[2]他再次表达了自己对德育问题的忧虑。

这时，成濑仁藏向涩泽荣一提出成立有关"思潮界改善方法"的研究团体。明治四十五年（1912）4月11日，有关该问题的第一次会议由涩泽召集召开。与会者有井上哲次郎、中岛力造、浮田和民、姉崎正治、上田敏、西德尼·刘易斯·古里克（Sidney Lewis Gulick）、成濑仁藏等。

该团体被命名为归一协会。在归一协会的第一次会议上，涩泽说道："现如今，日本混杂着许多宗教信仰和道德思想，人心浮躁。我们应该放任于此，还是尽力挽救，商讨解决对策是我们常常思考的事情。"[3]随后，据归一协会创始成员之一的井上哲次郎回忆，涩泽创办该协会的意图不仅仅停留在日本的教育问题上，还考虑到日本与美国的国际融合性问题。

归一协会意见书的开头写道："20世纪的文明，必将全世界揉成一团，外贸交通方面的问题自不必说，在精神信仰方面，也显现出要打破人种和国家的固有束缚的趋势。"[4]意见书指出，实际上经济利害关系的对立以及不同人种间的感情对立常常会引起一些国际纷争，这些纷争往往会威胁到人类的和平。在这种环境下，他们提出一个课题："为加深国民间的情谊、拥护国际道义，需要增进世界各国人民，尤其是东西方人民之间的相互理

---

[1]『輔仁会雑誌』第93号，1914年7月。
[2] 同上。
[3]「帰一協会会報」第1号，1913年2月。
[4]『竜門雑誌』第290号，1912年，71—72頁。

解。"[1]归一协会存在的意义正是为了回应这一课题。

此外，每个国民所拥有的民族宗教信仰、精神及社会的理想，如果不参与到有关世界的"死活问题"中而孤立存在，也就意味着无论国民还是宗教早已不再发展。若每个国民、每种宗教都发挥其特质，丰富"世界的人文"，参与"人类理想的大合奏"，那便是所谓的"归一"。

同时，意见书还写道，世界各地区都有其本来的发展与历史，但随着近代文明波及并渗透至全球，各地区也都会遇到共通的问题，如"个人主义与国家团结""经济问题与社会政策等问题""实证主义风潮与宗教理想主义""应符合社会现实的教育与道德"等等。因为这些问题是"世界文明的难关"，如果不经由"世界性的解释"，便无法得出有效的解决方法。在这里，不论东西方，"为推动世界文明未来应有的团结"都是必要的。[2]

为实现上述目标，归一协会发行刊物，刊载了有关宗教、哲学、道德、社会、教育、文学等的论文和评论。另外，协会还策划了汇集国内外学者的交流会和国际会议、演讲会等。只要是认可协会的宗旨，无论是思想家、教育家、政治家、宗教学家还是实业家，任何领域的人都可以无条件成为会员。当时，除了政界、商界的人，宗教界尤其是领导日本基督教的传教士、日本基督教的代表人物等都响应涩泽的号召加入了归一协会。

让涩泽的注意力转移到追求世界和平的契机是第一次世界大战的爆发。他在题为《国民对时局的觉悟》的演讲中表示，基于仁义道德的信义在个人及国内层面可以发挥十足效力，一旦到了国际社会就有可能被武器所替代。面对这一现实，涩泽呼吁："一定要把国际道德统而为一，让世人都认识到弱肉强食之信条在国际上不通用。"[3]他在摸索能够克服"弱肉强食"这种国家利己主义的方法。

1910年代，美国加利福尼亚州发生了针对日本移民的抵制运动，大正二年（1913）通过《排日土地法案》，排日运动愈演愈烈。这时涩泽的

---

[1]『竜門雑誌』第290号，1912年，71—72頁。
[2] 同上。
[3]『竜門雑誌』第328号，1916年，32頁。

注意力便逐渐转向改善日美间的睦邻友好关系上。《排日土地法案》的颁布引起日本国内的不满和议论，他们认为这一法案侵犯了在美日本人的权利，违反了日美条约[1]的精神。为此，日本成立"日美同志会"，涩泽荣一被选为会长。该会最初的名字是"对美同志会"，但涩泽提出"我认为对美一词用得不够恰当。咱们日本人是针对加州的排日运动，希望可以用人道主义和国际正义的道理来促进美国人的自我反省，从而达到两国间友好往来的目的"[2]，于是更改了组织的名称。

大正四年（1915），涩泽第三次到访美国，在白宫会见了威尔逊总统，与罗伯特·兰辛国务卿等政经界的重要人物会面并进一步认识到日美两国相互理解的重要性。回国以后，涩泽为消除日美两国间的误会与摩擦，恢复两国友好关系，成立了以日本主要经济界人士为主体的日美关系委员会。该委员会与早在旧金山设立的组织[3]是相呼应的。

以在美国发生的排日运动为导火索，有些美国人甚至还提出日美开战论。涩泽却认为："虽然常听说要依赖军备维护和平，但发展军备并不会带来和平的曙光，只会招致战祸。这早在几年前便证实了。"[4]他主张通过确立国际上的通用道德来实现和平。

上述涩泽所期待的以国际和平为目标的德育国际化，由新岛襄的弟子，同时也是归一协会会员的海老名弹正和原田助等人付诸实现。

三、继承涩泽国际主义精神的教育论

作为缓和美国排日运动的对策，日美关系委员会提出意见，希望可以派遣宗教学家前往美国。候选人应该是对日美问题有一定了解、在美国

---

[1] 此处的日美条约指的是1907年11月至1908年2月日美两国之间交换的7次备忘录，也称为日美君子协定。——译注
[2] 「神谷忠雄談話筆記　日米同志会に就て」『渋沢栄一伝記資料』第33卷，422頁。
[3] 这里的组织是指在旧金山商会中设立的日美关系委员会。——译注
[4] 『銀行通信録』第72卷，1921年10月。

有知己和友人、可以熟练使用英语,也必须能以"诚意撼动他人的忠诚之士"。与之条件最为符合的人便是曾为归一协会会员的原田助。

原田助在同志社建立初期便跟随新岛襄学习,是一位深受新岛教育理念影响的人。从同志社毕业后,他就职于神户教会,是一名牧师,但不久后便前往芝加哥神学校学习,随后辗转至耶鲁大学学习神学。原田作为神学家代表日本出席了会众派教会的世界大会以及世界YMCA[1]大会,并获得极高的国际评价。他还以教育家的身份于明治四十年(1907)就任同志社的社长(之后称总长),于大正八年(1919)辞去职位。在这12年里,他为同志社的发展做出重要贡献。

新岛在涩泽的支持下创办了同志社大学,创办过程中的具体事务正是由原田助负责的。原田为了加深国际友好和交流,除了美国,他还积极前往欧洲和亚洲各国进行访问。而且,他还从世界各国邀请多位著名学者作为讲师,举办课外演讲,为培养学生的国际意识开展了多种形式的教育活动。

在涩泽希望派原田赴美国之时,正值原田即将赴任夏威夷大学教授之际。最初,原田以此为由拒绝了涩泽,但涩泽再三恳求,且由涩泽向夏威夷大学提交原田的延期入职申请获得了许可,原田终于接受了这项工作。

1920年8月,原田前往加利福尼亚州进行调查。原田利用其人脉关系,以学者、宗教学家、实业家等为对象,实施了有关排日的理由和解决方法的问卷调查。他将调查结果整理成册,命名为《美国加州排日问题调查报告》,提交至日美关系委员会。关于这个调查报告,笔者已在其他文章[2]中论述过,所以在此便不再赘述。不过通过完成日美关系委员会委托的有关排日问题的调查,原田开始以反省的视角重新审视日美相互理解的课题、帝国主义时代的日本国家课题及其外交政策。

---

[1] 基督教青年会(Young Men's Christian Association),简称YMCA,是全球性基督教青年社会服务团体,1844年6月6日由英国商人乔治威廉创立于英国伦敦,现在在世界120个国家和地区有6 500万会员。——译注
[2] 冲田行司『ハワイ日系移民の教育史』ミネルヴァ書房,1997年。

1921年2月，原田就任夏威夷大学教授后不久，便向夏威夷的日文报刊寄出论文稿件《第三维新论》。[1]"第三维新论"是他为实现国际交流和相互理解所提出的改革理论。基于此理论，第一次世界大战后的日本迎来继"大化改新"和"明治维新"后的第三次重大变革期。这不仅是日本国内的需求，也是"全球大局所要求"的产物。

改革的核心是肃清由党派利害关系衍生的"政治颓废"，坚决实行建立在社会奉献观点之上的政治改革，实施认可妇女参政权的普遍选举，提倡"公开明示"缩小军备、没有侵略中国与世界的意图。原田认为，在国际协作的时代，懂得"主张正义、尊重人道"的一方才会成为胜利者，能将这样的理想变为现实的正是教育。

原田认为日本教育的缺点是被"国策精神"束缚着，是一种被"强制注入"的教育，且未做到"重视个人特性，鼓励发展个性"。为纠正教育上的缺陷，他认为将"坚持忠孝"的教育转变为"积极地推崇以人类同胞、世界共通的道义为基础的道德思想和尊重个性的精神"的教育是当务之急。原田还提倡，为达成"第三维新"，需要进行"道德上的革新"，"确立思想根基，树立正统信念"，并根据这些行动培养人类间的兄弟情谊、友爱和奉献的精神。

原田在《第三维新论》中论述的中心思想来自涩泽对新岛私学思想的支持，同时涩泽与基督教教徒一起创建归一协会的目的和意识在此也得到完整的诠释。

在涩泽对日美亲善交流开始产生兴趣的1911年2月，一位夏威夷慈善家访问了日本。他的名字叫西奥多·理查兹（Theodore Richards）。如前文所述，这个时期的美国排日活动愈演愈烈，而西奥多·理查兹为实现日美和平友好，与大隈重信和成濑仁藏等人策划派送日本优秀学生至美国留学一事。为了培养能为日美两国的友好亲善做出贡献的人才，他还提出设立友好和平奖学金（friend peace scholarships）。

---

[1]『日布时事』，1922年1月1日。

与此相呼应，日本方面派出大隈重信担任友好和平奖学金评选委员会委员长，成濑仁藏担任委员会的会计，新渡户稻造和涩泽荣一、尾崎行雄、森村市左卫门、菊地大麓以及同志社的海老名、原田助等均加入其中，成为委员会委员。后来活跃于国际劳工组织（ILO）等国际组织的鲇泽严成为第一个获得该奖学金的学生。

另外，海老名接替原田助担任同志社的总长后，为继承原田的国际交流教育路线，他提出一个名为"聘请留学生担任英文教师"（A Student Professorship of English）的留学生制度。这是为了邀请在美的日侨子女来同志社，并为他们提供学习日语和日本文化的机会，希望他们未来可以为促进日美相互理解和同志社的英语教育做出贡献。

与此同时，友好和平奖学金委员会也开始探讨改变奖学方针，计划把在夏威夷的日侨子弟派往日本学习日本文化和历史，并将他们培养成有利于加深日美理解与交流的人才。为此，在夏威夷，由夏威夷传教公司的日本传教部长 T. S. 斯库德（T. S. Skudder）担任委员长，他和夏威夷大学校长 D. L. 克劳福德（D. L. Crawford）、原田助等共同组成新一届友好和平奖学金委员会。委员会将目光转向了即将承担东西文化交流桥梁作用的第二代日侨身上。

友好和平奖学金委员会于昭和三年（1928）起接管同志社大学的 A Student Professorship of English 项目，将同志社大学设为承办学校，至 1939 年共派出 12 名日侨子女前往日本学习。

1936 年，为纪念友好和平奖学金委员会成立 25 周年，由西奥多·理查兹牵头，将一栋建筑设施捐赠给同志社大学用以进行国际交流，即"同志社布哇寮"。直到日美两国开战前夕，仍有很多在美日侨子女与日本学生在该建筑中共同吃住，这栋建筑作为日美两国学生和平共处、相互理解的平台发挥了一定的作用。在这里学习的在美日籍子女中，很多人在回到美国后成为从事日本研究的专业人才。

为了实现国际和平，涩泽荣一提出的国际交流构想使很多人深受影响，新岛襄便是其中一员。如前文所述，新岛创建同志社大学时，涩泽给予他最大的支持。这里的支持并不单单指资金筹集等金钱方面的援助，涩泽还贡献出他的人脉关系，让新岛的教育理念为经济界、政府要员所接受。不仅如此，还以新岛的立足基督教精神的良心教育为理念培养出大批人才，他们以多种方式推动涩泽的国际交流构想变成现实。同志社在促进日美相互理解所进行的草根交流中发挥着重要作用。但在其背后，新岛和涩泽的交往是不可不提的。在同志社培养出的人才中，有许多人像原田助那样，将在日本国内未能实现的国际主义教育理念寄托在夏威夷的日侨子弟教育中。原田的教育思想承袭了涩泽的构想一事前文已有论述，在涩泽有关国际交流的构想中亦有壮志未酬就被历史的尘埃所掩盖的内容。他想要实现的基于"世界的正义"的国际主义教育，穿越历史的长河，对今天的我们仍有启示意义。

涩泽荣一的"义利"观和商业教育理念
——通过与张謇相比较的视角探讨*

于 臣

中日两国的传统经济思想体现出浓重的"重义轻利"观念。这种观念与身份制度结合起来,成为"轻商"思想的理论基础,阻碍着中日两国近代经济的发展。为此,正确处理"义"和"利"的关系成为中日两国近代实业家们所共有的课题。本文重新探讨涩泽荣一的"义利"观念,发现其"义利合一论"并不仅仅局限为一种经营思想。他在主张把东京高等商业学校升格为商科大学的过程中所体现出来的商业教育理念,和他的这种"义利"观念是一脉相承的。本文通过和张謇的比较,进一步分析涩泽荣一的"义利"观念所具有的独特性,特别是在对"公"的概念的把握方面两者分别体现出各自国家所固有的特征。

一、本文的目的

西方文化的传播为东亚思想界带来近代化这个概念。在此之前,儒家思想中的"义利之辨"乃是以中、日两国为中心的东亚传统经济思想的一

---

* 原文「渋沢栄一の〈義利〉観と商業教育理念　張謇との比較を通じて」载于『日中社会学研究』(15), 2007年。

大核心。"义利之辨"中,"义"是指道义、正义;"利"是指功利,特指私利。儒家思想原本就是官方思想,带有"修身齐家治国平天下"这样浓重的政治特色,而"重义轻利"的思想观念与对士农工商进行排序的身份制度结合起来,就构成"轻商"思想的理论基础。这样的"轻商"思想无疑阻碍了工商业的进步。因而,在经济近代化的过程中,如何正确处理儒学概念中"义"与"利"二者的关系,成为中日两国第一代实业家们共同直面的课题。

一般来说,实业家所做的就是从传统"重义轻利"的观念中解放出来,投身于追求"利"益的工商业。然而,学界却很少有人从教育的视角来看待实业家,关注他们是如何向世人传达自己的言论和主张的。本文所聚焦的日本实业家涩泽荣一,被誉为"日本资本主义的引路人",对日本近代经济的发展起到巨大的指导性作用。[1]学者们提及他的"义利合一论"("论语算盘说"),对其中体现的"义利"观念做出论述时,也仅把它当作一种经营理念去理解。比如,王家骅先生在论及涩泽的"义利合一论"时,指出是它创生出日本式的资本主义精神。[2]

然而,在日本第一代实业家涩泽看来,在教育中普及《论语》精神、培养下一代实业家才是当务之急。自从明治八年(1875)涩泽任东京商法讲习所的经营委员以来,他总共参与了41个教育机构的创建或运营。[3]他非常关心商业[4]教育,特别是在明治三十年(1897),他参与了将东京高等商业学校(以下简称"高商")升格为大学的相关事宜。他在1909年选择退出实业界,专心从事教育活动。值得注意的是,他还出版了《论语与算盘》(1916年)、《处世的大道》(1923年)、《论语讲义》(1925年)等与《论语》相关的著作,这些都可以看作涩泽对自己的"义利"观所做的

---

[1] 土屋喬雄『渋沢栄一』吉川弘文館,1989年。
[2] 王家驊「渋沢栄一の『論語算盤説』と日本的な資本主義精神」『渋沢研究』渋沢研究会,第7号。
[3] 渋沢青淵記念財団竜門社編『渋沢栄一事業別年譜・全』国書刊行会,1985年。
[4] 涩泽说过:"我辈所说的商业理所应当是工商结合的广义的商业。"(竜門社編『竜門雑誌』371号,1919年,27頁)因此,涩泽所说的"商业"可以理解为"实业"。

正式宣传。然而，尽管他付出了巨大的努力，但他兼顾"义"和"利"的目标终究没有实现。昭和三年（1928），他在去世前不久，面对世情感叹道："义利何时能两全？"[1]

因此，笔者将通过聚焦涩泽在教育方面的言行，特别是有关高商升格为大学的问题，来阐明他的"义利"观。并且，我们在通过聚焦涩泽的教育活动来探讨他的"义利"观之际，在关注他的理论的内在逻辑的同时，也需要利用对比和对照来剖析其理论的具体含义。加之"义利"观是儒家思想中的主要哲学概念，[2]中国又是儒家思想的发源地，因而笔者认为，将涩泽荣一的"义利"观与中国同时代的实业家的普遍观念相对照，可以进一步明确涩泽"义利"观的特征。所以，在本文的后半部分，笔者将引入与涩泽荣一齐名的中国第一代实业家张謇（1853—1926）的事例，通过对二者的比较来进一步剖析涩泽的"义利"观。

现有的关于涩泽荣一和张謇的比较研究，均着眼于中日两国经济近代化的不同结果，通过比较两者的企业家形象来探究造成两国经济近代化发展程度不同的原因。

中井英基将同样受到发达国家压迫、同属儒教文化圈的中日两国在经济发展上为何产生差异作为研究目的，对涩泽荣一和张謇进行对比。在论及两人的共同点时，中井认为，张謇在中国民营经济上开风气之先，是中国伟大的实业家，涩泽也堪称"日本资本主义之父"。在他看来，两人的不同之处在于，张謇作为实业家缺乏理性经营者的潜质，"涩泽很幸运地可以只专注于发展近代经济，而张謇却不得不设法兼顾近代中国经济和政治两方面的发展进步"，正是两国不同的政治社会背景决定了两位企业家最终走向不同命运[3]的结局。[4]

---

[1] 渋沢青淵記念財団竜門社編『渋沢栄一伝記資料』渋沢栄一伝記資料刊行会，1955—1977年，別巻8，163頁。
[2] 吕明灼：《儒学与近代以来中国政治》，齐鲁书社，2004年，486页。
[3] 张謇于1924年创立的大生纱厂（纺织公司）后陷入经营危机，最终被银行团接管。
[4] 中井英基「張謇と渋沢栄一——日中近代企業者比較論」一橋大学一橋学会『一橋論叢』第98巻第6号，日本評論社，1987年。

周见以比较经营史学的研究方法，旨在通过对两位企业家的细致考察来阐明东亚后发国家实业家产生和发展的过程。他认为，两位企业家不同的历史结局不单是由企业家个人因素所致，也与近代中日两国的社会环境、政府政策等方面的差异有着密不可分的关系。[1]

马敏则指出，涩泽荣一和张謇有着相似的家庭背景，且均选择了向实业界转型，同是"士商"的代表。涩泽荣一作为新兴工商企业家的成功转型促成对日本社会影响深远的企业家精神的形成，而在中国，官场与商场始终存在着的夹杂不清的联系导致纯粹的实业家阶层难以产生。最终，他通过对涩泽荣一和张謇两人的比较，得出结论：在现代资本主义的发展和企业家精神的形成过程中，文化因素只能起到辅助性的作用，儒家伦理中的某些观念只有与市场法则和相应的现代经济观念相结合方能发挥实效，从而推动该国经济和社会的发展。[2]

在上述先行研究中，马敏所论述的，在企业家精神的形成中，思想观念等文化因素只起到辅助性的作用这一结论是否果真如此？如果涩泽荣一和张謇两人都仅仅拘泥于传统而不在思想观念上革新的话，就不会考虑向实业界转型。此外，上述先行研究在分析导致二者不同命运的主要原因时，过度强调了两国社会环境和政府行为的差异，这就会导致个人的思想观念与社会环境完全割裂。笔者认为，涩泽荣一和张謇如何看待当时的社会环境与政府行为应当属于其思想观念的一部分，这势必关系到两者所展现出来的"义利"观的变化。

因此，本研究在探讨有诸多相似之处的涩泽荣一与张謇在近代化过程中收获了两种不同结局的原因时，着重关注人物的主体性问题，即对涩泽荣一和张謇两人"义利"观的差别进行分析。先行研究所共有的不足之处，正在于对两人"义利"观的探讨不够全面，尤其是缺乏从教育观这一视角对"义利"观进行的阐释。

前面我们已经提到过涩泽荣一对商业教育的重视，张謇作为实业家，

---

[1] 周见：《近代中日两国企业家比较研究——张謇和涩泽荣一》，中国社会科学出版社，2004年。
[2] 马敏：《商人精神的嬗变——近代中国商人观念研究》，华中师范大学出版社，2001年。

同样将教育视为重中之重。比如,张謇这样评价中国彼时的情状,"本中之本,则教育未普及"[1]。他还补充道:"教育必资于经费,经费惟取诸实业,所谓实业为教育之母是也。"[2] 由此可见,在实业和教育的关系问题上,张謇认为实业是为教育服务的。其子张孝若回忆道:"我父亲认为办厂办垦已经渐渐有了成效以后,就该换一张药方子,着重在培植元气,灌输智识,这最后的一个目的,就是教育事业。"[3] 由此也可以看出张謇的教育目标,张謇的"义利"观也正是反映在教育上面的。

综上所述,本文在对涩泽荣一和张謇进行比较之时,将聚焦先行研究所未能重视的教育方面,通过对二者教育观进行分析来阐明涩泽荣一"义利"观的特色所在。

二、涩泽荣一的"义利"观念

(一)"义利之辨"

在考察涩泽荣一关于"义"与"利"的看法之前,我们首先来分析一下儒家传统的"义利"观念。

《论语》说:"子罕言利。"(《论语·子罕》)"君子喻于义,小人喻于利。"(《论语·里仁》)这是说,孔子不谈"利",且通过人们对"义"和"利"的态度来区分"君子"和"小人"。当"义"与"利"相矛盾时,孔子认为应当"见利思义"(《论语·宪问》),即选择"义"。孟子继承了孔子的思想,有意识地指出"义"和"利"的对立关系。他对梁惠王说:"王!何必曰利?亦有仁义而已矣。"(《孟子·梁惠王章句上》)最终,宋代朱子学将"义"和"利"分别与"天理"和"人欲"联系在一起,认为两者关系互不相容,即"仁义根于人心之固有,天理之公也。利心生于物我之相

---

[1] 曹从坡等:《张謇全集》第1卷,江苏古籍出版社,1994年,153页。
[2] 同上书,599页。
[3] 张孝若:《南通张季直先生传记》(民国书·第三编73),中华书局,1930年,90页。

形，人欲之私也。循天理，则不求利而自无不利；殉人欲，则求利未得而害己随之。……程子曰，君子未尝不欲利，但专以利为心则有害。惟仁义则不求利而未尝不利也"(《四书集注·孟子集注卷一》)。其他儒学家在论及"义""利"关系时，虽程度上略有偏差，但大抵都有重"义"轻"利"的思想倾向。

但正如孔子所述"因民之所利而利之"(《论语·尧曰第二十》)，张载所说"利，利于民则可谓利，利于身利于国皆非利也"(《拾遗·性理拾遗》)，儒家反对的是私利，而肯定为民求"利"。

上述"义利之辨"与经济活动相关联，就萌生了一种希望将人的经济欲望控制在最小限度的范围之内的强烈倾向，从而在消费观上形成推崇节约、反对奢侈的观念，将平等的社会分配作为目标。这就导致重视农业生产、轻视工商业的经济发展模式的出现。[1]

江户时代的日本也有类似的"轻商"学说。荻生徂徕（1666—1728）说过，"商人之心……无须努力便可获利"(《政谈》)，对商人不事劳动而谋利的行为表示蔑视。山县大贰（1725—1767）甚至直言，"从商之人乃天下之贱民"(《柳子心论》)。江户时期的日本虽然也有对"利"予以肯定的学说[2]，但仍具有很强的重"义"倾向。

进入近代，日本的启蒙思想家受到西方思想观念的冲击，开始宣传西方的功利主义思想。一直以来以天理和人欲、义和利这样的二分法为基础，一味通过观念上的、辩证性的思维方式来规范世界的传统思想，开始转向重视现实中的社会实践。[3]福泽谕吉说过："私利是公益的基础，经营

---

[1] 小岛祐马『中国の社会思想』筑摩書房，1967年，35—36頁。金日坤也认为儒教的农本主义阻碍了产业的发展，妨碍了追求盈利的风气的产生（参见金日坤『儒教文化圏の秩序と経済』名古屋大学出版会，1984年）。

[2] 例如，山鹿素行（1622—1685）认可"利"，将其视为"义之和"(『山鹿語類』)。尤其江户中期以后，随着商业的发展，肯定商业之"利"的学说不断涌现。石门心学的始祖石田梅岩（1685—1744）说："得售物得利实乃商人之道也。"(『都鄙問答』)主张商人利润的正当性。海保青陵（1755—1817）也肯定了商业资本的发达，嘲笑了舍利轻商的武士阶级（『稽古談』）。

[3] 橘川文三·松本三之介编『近代日本政治思想史Ⅰ』（近代日本思想史大系第3卷）有斐閣，1971年，153頁。

私利方能生出公益。"他强调私利在公益中占据着最根本的位置。西周也认为:"孔教之安贫,是谓不义之富贵不可贪,而非劳力之财不可得……合天下之私利是为公益……公益乃私利之总数……私利出于个人之身体康健、智识通达、财货充实三者。"(《人世三宝说》)西周在批判孔子所代表的传统"义利"观的基础上,倡导"私利",明确地提出"私利"的重要性。

(二)涩泽荣一的"义利"观

涩泽荣一并不认同对商人之"利"持否定态度的学问,他通过独有的"义利合一"观念,对孔子的学说进行重新解读,并以此为契机,从功利主义的立场出发重新认识儒家思想。涩泽荣一说:"认为'成仁则难富,为富则不仁,得利则失义,守义则损利'这样的看法是错误的,余以为,孔子之训绝非此意。"在他看来,把"仁"和"富"、"利"和"义"对立起来的学问是对孔子思想宗旨的一种误解。[1]

涩泽荣一还认为:"非秉持仁义道德、遵守正道所获之财富难以永续,基于此,当今之要务便是将看似分离的论语和算盘二者统合起来。"这里所说的"统合",就是将仁义道德与生产谋利合二为一。[2]关于逐"利"的正当性,涩泽认为:"勿偏袒自己,莫损公利,依道理行事则不应受到指责。"[3]也就是说,不损害公利且遵从道义而谋取的利益就是正当的。与前文中福泽谕吉和西周强调"私利"不同,涩泽将"公利"和"义"放置于同等地位,强调"公利"是其思想的一大特征。

此外,涩泽完全赞同《大学》所说的"国不以利为利,以义为利也",提倡从国家的立场出发,将义利合一,并呼吁实业家"多加自重反省,努力使自己的言行勿违背国家观念"。也就是说,涩泽期待所有的实业家都

---

[1] 渋沢栄一『青淵百話』同文舘,1912年,146頁。
[2] 洪沢栄一『論語と算盤』国書刊行会,1985年,2頁。
[3] 渋沢栄一述『論語講義』二松学舎大学出版部,1975年,168頁。

要心系国家。[1]由此可见,涩泽荣一的"公利"思想与国家观念是紧密相关的。他在区分"公人"和"私人"时说道:"身为公人立于世,必要心怀家国之观念,一切工作须怀着忘我牺牲之觉悟。"[2]涩泽在这里所说的"公",其本质是指国家。益田孝回忆道:"涩泽先生虽然不谈论政治,但若是为国,无论何事都会热心去做,令人难忘。"[3]这进一步印证了涩泽国家观念之强大。

那么,涩泽荣一的这种"义利"观和他的教育理念是如何联系在一起的呢?接下来笔者通过考察涩泽在东京高等商业学校升格问题上的言行,来进一步了解他的"义利"观。

三、东京高等商业学校的升格问题

(一)从倡导大学升格来审视涩泽荣一的"义利"观

明治三十三年(1900)7月,涩泽正式提出提高东京高等商业学校(简称高商)地位的"升格"主张。他说:"[商人]因为一直以来地位低下,所以自己的思想也不够坚定,同时感知自己才能不足之时,也觉得自己越发卑微。……我曾经数次建议把这家商业学校升格为一所大学。"[4]也就是说,涩泽先意识到当时商人身上的自卑因素,才提出将东京高等商业学校升格的建议。在同年的高商第十届毕业证书授予仪式上,他说:"这世上一直在进步的绝不是政治,也不是军备。与列国角逐凭靠的是实力,是实际利益。那实力和实际利益的根源是什么呢?是工商业!而工商业之捍卫者又是谁呢?是在座的各位学生!"涩泽着重强调了自己工商立国的立场与观念,并对高商学生寄予深切期待。[5]这个工商立国的思想直接与

---

[1] 渋沢栄一『青淵百話』同文館,1912年,248—249頁。
[2] 同上书,67頁。
[3] 『渋沢栄一伝記資料』別卷8,329頁。
[4] 『渋沢栄一伝記資料』第26卷,615—618頁。
[5] 同上书,623頁。

他在"义利"观中所呈现的"公"的思想相关。

关于涩泽的相关报道也记载着:"经常强调培养商业在校生的重点在于,不仅要重视技术学识,也要注重人格的培养,尤其要培养具备商业道德的实业家。这也是我提倡升格为大学的目的所在。"[1]由此可以看出,涩泽在主张把高商升格为大学时特别强调了培养商业道德的重要性。他还说:"培养重视德义的心性,即德育是异常重要的。只有这样,培养出来的人才才能注重信用、品行坚定,治学也能气性高远,更能清楚区分公利与私利。工商业者尤须重视道德的培养。"[2]也就是说,涩泽要求通过治学来提高德义、明辨公利及私利。

此外,就"商才"一词的含义,涩泽如是说道:"原本经商就要以道德为底线,违背道德的欺骗、浮夸、轻佻的'商才'……绝非真正的商才。"[3]对于涩泽而言,"德"是"才"的必备属性。

乍看之下,"为提升商业道德,大学是必要的"这样的论说似乎有些牵强。但笔者认为,如若仔细考量涩泽的"义利"观就会发现,他认为大学教育,"不仅要重视技术学识",更要通过高端学问的力量来提升道德标准,这正是涩泽的独到之处。

涩泽在高商所做的关于"伦理"题材的课外讲座有9次之多。在大正七年(1918)2月的第5次讲座中,他说:"大家都争相谈论必须极力重视自身利益,更有甚者说只要自己富有了其他都无所谓。但这些不等同于其不关注社会[4]乃至国家的公共利益……。'私利'一词,若是符合道理的私

---

[1] 酒井龍男編『一橋五十年史』東京商科大学一橋会,1925年,47頁。
[2] 竜門社編『竜門雑誌』第113号,1897年,12頁。
[3] 『論語と算盤』,3頁。
[4] 藤井贤三郎评价"涩泽是将国家与社会两个词作为同义词来使用的"(参见藤井賢三郎『評伝渋沢栄一』水曜社,1992年,123—124頁)。然而,明治以后,"社会"一词作为惯用语固定下来后,也并未将"国家""社会"两词区分使用。并指出,"国家"一词只不过是比"社会"先流行传播的。也就是说,明治维新以来的改革是为达成国家独立这一政治要求而进行的,因此政治价值相对于其他社会价值占据了优势地位(参见松本三之介『明治思想における伝統と近代』東京大学出版会,1996年,225、234頁)。涩泽也说"由常识来判断,国家和社会无非形式上的不同,内容层面其实是同一义的"(参见渋沢栄一『青淵百話』同文舘,1912年,23頁)。

利,那也算得上是公益。"[1]也就是说,涩泽始终着眼于国家社会的"公共利益",主张"符合道理的私利"是有益于公益发展的。我们可以说涩泽这次演讲的内容也完全体现了他的"义利"观。

有关升格后的商科大学的公私所属问题,涩泽志在选择"官立"而非私立的立场,由此可以再次确认他的"义利"观念。如上所述,他的"义利合一论"是以重视国家利益为前提的。高商同窗会干事八十岛亲德说:"涩泽男爵……感慨于从商者被社会轻视,而商业教育亦遭其他教育冷遇的残酷现实,认为作为国家政策,对商业教育的重视也必须等同于对农工其他诸科的重视,因此必须成立商科大学。"[2]涩泽努力谋求这一"国家政策"的立场,也如实地印证了他的"公利"主义志向。

此外,就升格问题,涩泽曾与政府达成暂时的妥协。在涩泽提出升格申请时,政府并不认可单一学科的商科大学,希望通过在现有的帝国大学中设置商科这一办法来解决高商升格的问题。据时任文部大臣的小松原英太郎回忆:"涩泽男爵的意见是正如农有农科大学,工有工科大学一样,商亦当有专门的商科大学,虽说最希望一桥高商成为大学,但若在帝国大学内,如设立工科或农科一般,也设置商科这一点也不是不可以。"[3]也就是说,涩泽同意过在帝国大学内设置商科的处置办法,让处于官立大学最高等级的帝国大学来管理商科教育,涩泽没有抵触情绪。由此可见他是如何地看重与国家、政府之间的关系,应该说这也体现了他的"义利"观的特征。

然而如前所述,涩泽荣一为何如此强调培养商业道德呢?而他在高商升格主张中展现的"义利"观是否反映了当时的时代特色?我们继续考察当时的社会背景。

(二)明治三十年代高商的商业道德教育科目与商业界

从明治二十九年(1896)到明治三十年(1897),高等商业学校划时

---

[1]『竜門雑誌』第358号,1918年,12—13頁。
[2]『渋沢栄一伝記資料』第26巻,629—630頁。
[3]同上书,628頁。

代般的发展奠定了其升格为商科大学的基础。这里值得注意的是"商业道德"这一学科的发展。从高商历史中提到的课程设置可以看出，最初成立的商法讲习所（高商的前身）的授课以英文为主，没有设置伦理科目。明治十七年（1884），尽管日本颁布了《商业学校通则》，但商科学校的课程设置并未遵守此标准，依然以创立初期的西式教育为特色。[1]第一次在预科课程中设置"修身"科目是在明治二十四年（1891）9月。[2]在小山健三担任校长期间（1895年8月—1897年6月），从明治二十九年（1896）9月起，"修身"等伦理科目被废除，新设立了商业道德科目。[3]此后贯穿明治三十年代，商业道德一直是高商的教育科目之一。

那么，高商的商业道德教育课程中，使用了怎样的教科书呢？从曾经承担该课程授课的中岛力造的著说中，我们可以了解到当时所用教科书的内容。

中岛在《商业道德教科书》中写道，"予本对商界情况知之甚少，数年前，受时任高等商业学校校长小山健三君之委托，来此校授商业道德课，……乃平素所怀伦理学观点加之于欧美的二三见闻，将之与我国商界现状做比照，以期改善商业道德、不负职责。之后于同校任讲师数年"，介绍了伦理学出身的自己与高商的关系。他还说："本书虽非完整无缺、尽善尽美，但在纠正我国商界当前的弊风、谋求商业道德进步改善方面，仍不失为我国当前急需的有益之书。"由此可知，此书旨在提升商业道德。在这本教科书的目录中，记述有"总论；第一章：获取信用所需诸德；第二章：商业管理所需诸德；第三章：商人须有公共心"[4]。

接下来笔者将通过分析杂志《桐生之工业》里的报道来考证当时日本的商业道德问题。该杂志19号的论说《工业的四大要素》提到："道德归儒教独占，迷失者甚多，亦有人笑之迂腐。夫百行之基在于道德，人之正

---

[1] 文部省実業学務局編纂『実業教育五十年史正編・続編』実業教育五十周年記念会，1936年，184—188頁。
[2] 『一橋大学学制史資料』一橋大学学制専門委員会編，藤原印刷，1982年，55頁。
[3] 同上书,「解題」，12頁。
[4] 中島力造校閲・同文舘編輯部編『商業道徳教科書』同文舘，1901年。

直乃最佳之商略,此训无疑于工业家亦乃金科玉律章。"[1]换言之,即使是人们深感腐朽古旧的儒教德行,仍被视作"百行之基",是商人(工业家)的"金科玉律"。此后,该杂志38号的《有关桐生纺织工业的振兴之策》提到:"似乎纺织业者中有自身不道不义,且教工人恶习之人。桐生织品的经纪商中……有许多店员之举动极其轻薄……甚至有向织房人员索要财物者,且不觉羞愧……经纪商的业主人或经理应大力训诫其店员,……有时也希望能让店员听一些简单的伦理教化。"[2]也就是说,纺织业者中有人"不道不义",而与之相关联的经纪商的店员也产生了道德问题。为此,文章作者劝告须进行"伦理教化"。

如上所述,在涩泽要求给高商升格的时期,商业道德问题就已十分显著。不难想象涩泽的"义利"观中显示的对商业道德的重视具有重要的现实意义。

同时颇有意思的是,本文中提到的涩泽荣一的比较对象张謇在1903年考察日本时参观了名古屋商业学校。他在《癸卯东游日记》中写道:"五月二十二日八时往商业学校,晤校长市村芳树并教谕斋藤清之丞……市村示其校规,加意于信用服从,斋藤示其伦理书,亦兢兢于私德。日本唯商德最下,二君注意于此,真对症之良药。"[3]就是说,张謇也发现日本存在严重的商业道德问题,但同时也肯定了日本为提高商业道德教育所做出的努力。在日记中,他还说,"嗟乎!日人谋教育三十年……今察其工商业中私德之腐溃又如此。以是见教育真实普及之难……"[4]指出日本商业道德教育的不足之处。

那么,冷静地观察日本所存在的商业道德问题的张謇,究竟持有怎样的"义利"观呢?最后,我们通过把涩泽和张謇的"义利"观及教育活动进行比较,来求证前者"义利"观的独创性。

---

[1] 桐生社『桐生之工業』,1900年4月15日。
[2] 同上书,1901年11月5日。
[3] 曹从坡等:《张謇全集》第6卷,江苏古籍出版社,1994年,498—499页。
[4] 同上书,501—502页。

四、张謇的"义利"观和教育活动

（一）张謇与中国传统的"义利之辨"的转型

几乎与日本同时代步入近代的中国，因遭受西洋列强的侵略，特别是中日甲午战争的战败，面临着亡国的危机。在此背景下，持续已久的"重义轻利"观念发生彻底的变化，功利主义以及西方进化论思想逐步为人所知。而且在经济方面，工商业兴起，以富国和民生为目标的言论亦开始出现。此时，张謇也意识到商战的来临。对于以往的"义利"观，他如此写道，"鸣呼，中国自尊士轻商重义轻利履乎人心，千百年来，凡百营业，听其自生自灭，从未有提倡而保全之者。在闭关之世犹可言也，处廿世纪商战激烈时代，必在天演淘汰之列矣"[1]，批判了长期以来的"轻利"思想。

张謇于1894年通过科举考试成为进士，此后很快投身到实业界，并于1899年成立名为"大生"的纺织工厂。针对当时社会上对自己弃仕从商的批判，他反驳道："人或谓余弃官而营实业，必实业获利有大于居官之所得者……余则若专图个人之私利，则固有所不可；若谋公众之利，奚不可者？"张謇否认是为了追求个人私利，认为自己是在正当地谋求"公共利益"，即肯定了"公利"的正当性。[2]这与涩泽的"义＝公利"的思想有些类似。

那么，张謇所说的"公众之利"中的"公众"到底是指什么呢？他首先就自己独有的"公仆""众仆"概念展开了说明："凡公司成立，其被举为公司办事之人，受大众之委托，即公说也。公仆与众仆理有分别。……故如直接受大众资本家之委托，专为大众资本家私计生财者，众仆之义也。"[3]"渐以开投资合群之风气，此公仆之说也……为有限股东之牛马而

---

[1]《张謇全集》第2卷，95页。
[2]《张謇全集》第4卷，112页。
[3]《张謇全集》第1卷，99页。

悦之，而于世无预，此众仆之说也。"最后，他还提到："为公仆可，为众仆不可。"[1]换言之，张謇所说的"公仆"并非为股东这样的资本家阶层服务，而是为"大众"或社会谋利的角色。因此，可以明确的是，张謇的"公"并不是和国家直接联系在一起的。

（二）二者"公"之区别

从中国传统意义上的"公"的历史来看，《说文解字》对"公"的语源解释道："公平分，从八厶。八犹背也。韩非曰：背厶为公。"[2]也就是说，中国"公"的语源是排除利己、公平处理之意。与此相对，日本的"公"（おおやけ）被认为是在部落首长、共同体的原义基础上发展到指代朝廷、国家的，最后延伸至天皇、朝廷、官府的范围。[3]由此可知，中国的"公"和日本的"公"并无共同性。

除上文所提"公众之利"之外，我们来考察张謇对于"公"的其他用法。

1904年的《析产书》在表述张謇和其兄张詧共同管理与使用家产时所使用的词汇是"公取"，即共同获取和使用，并且决定在使用之前需要"公认"（必须相互认可）。而且，如果义庄[4]的资金不足，就"公补"（共同填补），有余钱就要"公储"（共同积累储蓄）[5]。这里所说的"公"，有很强的家族成员间的"共同"之意。

另外，张謇还使用了"公产"这个词。在《垦牧乡志》中，他这样写道："（有关地方自治之事业）宜筹公产资设施。于是股东议决，以凡岸台地租，资岁修堤、渠、桥、路、仓、宅、闸、洞。"[6]这个"公产"，如果

---

[1]《张謇全集》第3卷，73页。
[2] 许慎：《说文解字·附检字》，中华书局，1961年。
[3] 沟口雄三『中国の公と私』研文出版，1995年，91—130页。
[4] 以氏族共有的土地为主，包含居住地、田地等。其收入除用于土地差配及使用者的报酬外，还会用于资助扶持氏族中的贫困者及寡妇、孤儿，向青少年提供教育等。
[5]《张謇全集》第5卷，143—146页。
[6]《张謇全集》第3卷，396页。

结合"地方自治"和"股东决议"来考虑，可以认为是指地方的公共财产和经济活动。

因此，如果结合上述"公众之利"的"公"，张謇的"公"可以说是从家庭成员之间扩展到地方社会的"共同"的意思。这与涩泽在"公"观念中体现出的国家性格形成鲜明的对比。

张謇生活的时代是清末，在中国的历史大潮中，当时无论是在军事、行政还是财政等各项权利上都呈现出从中央向地方（省）的"下降"，即地方分权化的趋势。[1] 上述"公产"包括育婴堂、义仓、义社、社仓等，均不是由政府直接管理，而是委托给乡绅进行地方自治。社仓、义仓的积蓄主要源于绅士、商人的捐赠。[2]

另外，当时世间有"南张北周"的说法，北方实业家的代表人物周学熙对公司和地方自治的关系做了如下描述："公司之团体，实自治之基础也。……自治以地方之公款，办地方之公益……自治以地方之绅士，握地方之事权。"[3] 周学熙在实际的经营活动中受到官僚庇护，这里暂且不论他作为政商的这一侧面，从他的这段叙述中我们不难发现地方自治在当时已成为社会潮流这一事实。下面将要介绍的张謇的教育活动是他有关地方自治构想中的一环，也是中国近代教育的一种模式。

与此相对，在当时的日本，经营者持有强烈的国家意识，他们追求的富国强兵是明治维新以来日本提出的最高国家目标。在这一背景下，涩泽的"义利"观体现了对国家利益的追求，而涩泽荣一的实业思想也逐渐被定位为当时经营理念的主流。[4]

那么，张謇进行了怎样的教育活动呢？张謇的教育活动是其"义利"观的体现。笔者通过考察张謇教育活动来验证涩泽的"义利"观和教育理

---

[1] 沟口雄三・伊东贵之・村田雄二郎『中国という视座』平凡社，1995年，261—263页。
[2] 王先明：《近代绅士——一个封建阶层的历史命运》，天津人民出版社，1997年，54页。
[3] 周叔媜：《周止庵先生别传》，《民国丛书・第三编731》，中华书局，1930年，181页。
[4] 中川敬一郎『比较经营史序说』东京大学出版会，1981年，173页。同样，藤田贞一郎也视涩泽的实业思想为当时日本国益思想的主流（藤田贞一郎『国益思想の系谱と展开』清文堂出版，1998年）。

念产生的必然性。

（三）张謇的教育观

中日甲午战争战败后，张謇回忆道："乙未马关定约即注意实业、教育二事。"[1]他还说："寸心不死，投身实业界中，稍尽心力，冀得沟通商学两界……"[2]由此可知，张謇在从事实业活动的同时，很重视"学"即教育的发展。

涩泽为了工商立国，站在国家的立场寻求提升商业道德，进而提高工商业者的地位。与之相比，张謇心怀地域社会即故乡南通的民利民生而推行教育的发展。针对当时南通的教育和实业状况，他言道："……教育未能普及。……农工商实业蹈常习故，不知发展；人口繁，生计促，而力不足以好行仁义也。"张謇把握住教育和工农商的发展及"行仁义"[3]之间的内在关联性。对于他而言，"仁义"并非观念性的东西，而是与人民的生活密切相关的。

从上述立场出发，与涩泽工商立国思想中所表现出的重视商业道德的基调不同，张謇的教育活动不仅是为了商业，更是以开启"民智"为中心进行的。他说，"农、工、商、兵皆资学问；专科之始尤重普通。……有普通而后肇国民。……民智苟启，民生自昌，……"[4]为了地方民众的生活，首先必须打开民智，推动基础教育的发展。

张謇在建设小学方面也竭尽所能，不遗余力。根据《二十年来之南通》所载的统计资料，到1924年为止，南通共有350多所初级小学、60多所高级小学。这样的规模在全国范围内都是屈指可数的。[5]

在小学运营方面，与其他地方相比，南通的高级小学具有如下特色：一是学生节约朴素；二是学生诚实，深知历史地理以及生存环境，爱乡思

---

[1] 庄安正：《张謇先生年谱》，吉林人民出版社，2002年，323页。
[2] 《张謇全集》第1卷，99页。
[3] 同上书，53页。
[4] 同上书，82页。
[5] 南通县自治会：《二十年来之南通》，1938年，74页。

想强烈;三是教育实用。而且,为了学生将来能早日自立,南通的高级小学还大力推进职业技术教育。[1]

关于师范学校附属小学的情况,向儿童教授工商知识这一点尤其引人注目。在实践方面,学校除了让学生从事学校自治组织的工作之外,还设置了工作部和销售部,让四年级以上的儿童按顺序轮流实习。[2]此外,在教材方面,学校每周让学生调查物价、制作表格,然后以此作为教材;理科教育据说也采用了适应南通地方特色的教学材料。[3]

实际上,在今天我们所说的义务教育阶段,张謇就已经在应对实际需求的基础上重视工商教育,对儿童也开展了职业教育,堪称中国近代教育史上的新发明。[4]更值得注意的是,这完全是张謇地方自治理念的体现。地方自治是他在南通开展一切活动的目的。[5]张謇说:"窃维自治之本在兴学。"[6]换言之,"学"在他的自治思想中具有决定性意义。同时,他说:"现在外边学风,常常有变更。而本地却没有什么大变更。……教育尤其宜有变动,不过必当顾及本地的需要。例如在南通讲教育,先要想什么是南通需要的,什么是适合南通的。"[7]由此可知,张謇所倡导的"公"具有活动本身须适应"本地的需要"的特点。

相比升格问题中涩泽表现出的对道德教育的重视,张謇是如何处理道德问题的呢?张謇曾言道:"况我国今日尤非振兴实业、教育则不可以立国,而教育非明道德亦不可以当教育。"即为振兴实业和教育,张謇将道德教育作为当务之急。[8]在实践方面,他在自己所创学校的校训中强调了"勤、俭、忠、信"等传统伦理道德。比如,通州师范学校的校训是"忠

---

[1]《二十年来之南通》,75页。
[2] 同上书,80页。
[3] 同上书,83页。
[4] 张兰馨:《张謇教育思想研究》,辽宁教育出版社,1995年,121页。
[5] 卜贵林:《论张謇在中国教育发展史上的地位》,严学熙等编《近代改革家张謇——第二届张謇国际学术研讨会论文集》,江苏古籍出版社,1996年。
[6]《张謇全集》第4卷,31页。
[7] 同上书,207页。
[8]《张謇全集》第1卷,289页。

实不欺、坚苦自立"[1]。另外，该校在推行教育的过程中，时常邀请各地的名人前来演讲，在学生的人格感化方面下足了功夫。[2]南通私立农业学校的校训是"勤苦俭朴"四个字。简言之，地方自治所需要的儒家传统道德也贯穿在张謇的教育理念之中。总之，在当时中国地方自治的潮流下，张謇通过教育实践着自己的"义利"观。

如上所述，涩泽同样希望通过教育这一手段来普及自己的以"国家"观念为中心的"义利合一论"。我们将之与张謇的"义利"观及教育活动进行比较分析后发现，涩泽"义利"观的独特性并不在于"地方"自治，而在于始终以"国家"[3]为中心。

五、小结

本文通过涩泽与张謇"义利"观的比较，明确了涩泽如何以自己的方式处理传统的"义利"关系的问题。

涩泽的"义利"观是通过对《论语》进行特殊的重新解读而形成的。他分析自己对《论语》的解读与学者的解读之不同，如此叙述道："余对于论语原本就不像学者那样进行考证性的阅读，而仅从论语文字中忖度孔子精神之所在也。"[4]关于其活用法，他说："论语的解释应当是在孔子精神的基础上与时代相适应的，不应拘泥于个人，亦不应拘泥于文字。"可见，涩泽对《论语》的解读始终体现着实用主义的特征。[5]

但是，包括《论语》在内的涩泽荣一对儒学的独特解释，不仅源于他本人的个性，日本本土思想背景也不容忽视。涩泽和张謇的比较，也旁证

---

[1]《张謇全集》第4卷，25页。
[2]《二十年来之南通》，49页。
[3] 需要注意的是，涩泽荣一强调的"国家"是和我们容易联想到的昭和以后直至"二战"时期的日本是截然不同的概念，他始终以工商立国为己任。
[4] 渋沢栄一『実案訓』東京成功雑誌社，1909年，49頁。
[5]『論語講義』，594頁。

了在"公"的观念中所体现的日中两国固有的文化差异。正如沟口雄三所说的那样,"如果把'公'作为一个中国固有的概念,那么'公(おおやけ)'也是日本固有的"[1]。可以说,日本人对"公"的理解,包含着极强的对国家的指代。

中国传统的"公"的含义,在《礼记》中也有所展现,即"大道之行也,天下为公……故人不独亲其亲,不独子其子,使老有所终,壮有所用……力恶其不出于身也,不必为己"(《礼记·礼运》)。也就是说,在中国的传统学术思想中,"公"意在谋求天下范围内的人类的利益,有共同性及公共性之意味,张謇的"公"继承了这一倾向。

与此相对,涩泽的"公"正如沟口所言:"日本的'公'字,即使是与中国'公'字的发音相同,也已经和中国的'公'字无缘了。"比起"人类的利益",优先考虑"国家的利益",可以说这正是涩泽"义利"观的主要特征。

涩泽荣一是一名实业家,日本将儒家伦理作为经营理念的人物,除他之外还有金原明善(1832—1923)和矢野恒太(1865—1951)等。特别是矢野,他和涩泽一样重视《论语》,还致力于《论语》的普及。[2] 与金原、矢野相比,涩泽荣一的"义利"观又有怎样的不同之处呢?这也是笔者今后的课题。

---

[1] 溝口雄三『中国の公と私』研文出版,1995年,168頁。
[2] 土屋喬雄『続日本経営理念史—明治・大正・昭和の経営理念』日本経済新聞社,1967年。

第四篇　涩泽荣一的国际认识

论民间经济外交领袖涩泽荣一[*]

木村昌人

本文试图分析涩泽荣一（1840—1931）作为民间经济外交指导者的一面。

涩泽作为经济界指导者活跃在明治和大正时期，经其手设立的企业多达500家以上，被称为"日本近代资本主义之父"。以往的涩泽研究往往聚焦这些方面。[1]并且，这些研究成果也多集中在他91年漫长人生中的30—50岁这段时期，对他在生命最后的30年中所致力的国际交流事业却言之甚少。

在他进入60岁也就是步入20世纪之后，伴随日本国际地位的上升，日本开始被纳入国际社会体系，来自国际社会的影响也越来越大。同时，日本自身所采取的行动对国际社会的影响也不容忽视。涩泽敏锐地把握了这一情况的变化，开始思考如何让日本不被国际社会所孤立。并且，他也

---

[*] 本文由作者两篇论文汇编而成，原文未作修改。一篇是「民間経済外交指導者としての渋沢栄一（1）」载于渋沢研究会编『渋沢研究』創刊号，渋沢史料館，1990年；另外一篇是「民間経済外交指導者としての渋沢栄一（2）」载于渋沢研究会编『渋沢研究』第2号，渋沢史料館，1990年。

[1] 有关涩泽荣一的研究成果很多，对他60岁之前事迹的研究中比较有代表性的是：土屋乔雄『渋沢栄一伝』改造社，1931年；土屋乔雄『渋沢栄一』吉川弘文館，1989年；白石喜太郎『渋沢栄一翁』刀江書院，1933年；幸田露伴『渋沢栄一伝』渋沢青淵翁記念会，1933年；渋沢秀雄『父渋沢栄一　上・下』実業之日本社，1959年；渋沢秀雄『明治を耕した話』青蛙房，1977年等。

在认真思考为了国际社会的稳定，民间的经济界人士能够做些什么，并尝试付诸实践。因此，涩泽研究也应该涵盖把涩泽作为民间经济外交指导者的研究。

此类研究成果还可以作为研究日美关系史的支撑材料。在以往的外交史研究中，研究焦点往往集中于东京——华盛顿之间的政府级别交涉，鲜有关注民间人士活动的研究成果。经济史研究的领域也是如此，研究焦点往往集中于通过对宏观经济指标的比较来分析个别业界以及企业的活动，而对于民间经济界人士对美国有着怎样的认识以及在日美关系发展中起到什么作用这些问题却鲜有涉及。

在思考日本经济近代化问题时，来自美国的影响是最不容忽视的要素。如果要从经济关系的角度去俯瞰日美关系，只关注东京——华盛顿间的政府级别的互动，就会忽视其背后多样的日美关系内涵。通过关注各州、城市级别的，各行业、个别企业、经济团体级别的形式多样的日美关系，我们可以了解到这些可能对东京——华盛顿间的政府级别日美关系产生何种影响，或者说受到了怎样的制约。涩泽荣一作为日本经济界的代表，与美国各地区、各领域的指导者都有着深入的交流。通过追寻他的活动轨迹，我们不仅可以了解到一位民间人士的对美体验，更可以借此描绘出当时日美各界指导者相互交流的全貌。

与上述问题意识相关的研究成果包括涩泽雅英的《横跨太平洋的桥——涩泽荣一的生涯》（读卖新闻社，1970年）一书。该书使用《涩泽荣一传记资料》（全68卷）的第一手资料，是作者以日美外交史的研究成果为基础撰写的一部力作。通过该书，我们首次全方位了解了涩泽的对外活动。

另外，由涩泽担任团长的访美实业团于1909年出发访美，不仅得到来自经济界的支持，更是获得以外务省为中心的政府方面的支持。在日俄战争后日美关系日渐恶化这一背景下，为了维持日美中三国的和平共存局面，日本开始了由民间经济界主导的经济外交。笔者聚焦这一时期的四个实业团的活动，即1908年访日的美国太平洋沿岸实业团、1909年访美的日美实业团、1910年日美各自派出访清的四个实业团,意图厘清日美经济界相互了解的过程,分析以实业团外交为代表的民间经济外交的效果,同时也尝试描绘出在以往的外交史研究中被忽视的日美关系的新角度。[1]

通过上述研究,我们发现涩泽作为民间经济指导者的作用非常重要。本文将探究涩泽作为日本民间经济界的领导者,运用其地位、人脉以及组织开展民间经济外交的过程。[2]

一、涩泽荣一的经历

从民间经济外交指导者的角度去分析涩泽荣一时,我们首先要关注他的经历。

（一）幼时经历

1840年,涩泽作为长子出生于武藏国榛泽郡血洗岛村（现埼玉县深谷市血洗岛）的一个富农家庭。父亲市郎右卫门是一个认真而勤劳的人。涩泽6岁时随其父习读三字经,在一年多的时间里先后读了《孝经》《小学》《大学》《中庸》以及《论语》;7岁时师从其表兄尾高惇忠,开始阅读汉学及日本外史等日本史相关书籍。

幼年时期学习的汉学特别是《论语》此后成为涩泽思想的基础。他以《论语》为准则去经营事业,并说"以前谈论论语的学者认为仁义道德和生产获利是两种完全不相干的事情,这是极大的谬误。此两者一定可以兼而有之"[3]。这表达了他对经济和道德之间关系的重视。

他还说:"论语和算盘虽然看似不相搭配,实则却可以两立。如果不

---

[1] 木村昌人『日米民間経済外交 1905—1911』慶応通信,1989年。
[2] 笔者认为民间经济外交即是从政治、外交的眼光出发,以讨论贸易、投资等经济问题为主要目的进行的形式多样的亲善外交活动。同上书,31—32页。
[3] 渋沢栄一『論語と算盤』国書刊行会,1985年,1页。

是通过仁义道德、正确的道理所积累的财富,它就注定不能长久。吾认为如今之要务乃是如何调和此看似悬殊的论语与算盘。"[1]

如上所述,涩泽领悟到在以追求利润为目标的经济行为中,道德的存在十分必要。这种经济活动不仅限于日本国内,当然也包括海外。涩泽认为在这种日本经济不断增长、日本商品被出口到海外市场,同时资本、技术等也从海外传来的过程中,道德是绝不可被遗忘的。

（二）接触西方

与汉学的素养和《论语》的精神一起成为涩泽思想双翼的是来自西洋的合理主义。虽然可以从众多幕末的日本指导者身上看到所谓"和魂洋才",但是促进攘夷论者涩泽对西洋的想法产生根本性转变的正是他的欧洲之行。

涩泽的海外体验可以追溯到幕末的庆应二年（1866）,那时他跟随德川昭武使节团前往巴黎参加万国博览会,[2]除了法国,还访问了瑞士、荷兰、比利时、意大利、英国等欧洲主要国家。这次为期大约两年的欧洲之旅使他领略到欧洲先进的民主主义和自由主义思想,为他日后推动日本经济近代化发展打下坚实的基础。最吸引涩泽的是巴黎世博会。巴黎世博会可谓是集中了18、19世纪欧洲各个发达国家文明成果的盛会。对于蒸汽机、纺织器械、各国货币、科学仪器等反映了发达国家在社会、文化、经济方面水平的新事物,涩泽充满热情,一一记录下来。对于涩泽而言,最重要的则是从名誉总领事佛洛里埃拉特那里学到的经济知识。

涩泽特别关注的是金融制度。他描述道:"在对经济界的观察中,我发现有二三处与我国的制度有很大不同。其中之一是纸币的流通。如果愿意,纸币无论在何时都可以兑换成黄金,而且也有相关的制度规定黄金应该保持多少的纯度。……虽然对于经济界中的诸如金融的结构、公债证书的发行处理、银行的经营、商工业的组织等具体细节我并不十分清楚,但就我亲眼所见、亲耳所闻,果然国家的富强一定要建立在这些物质事物的

---

[1]『論語と算盤』,2頁。
[2] 須貝裕『徳川昭武　万博殿様一代記』中公新書,1985年,1頁。

发展进步之上。"[1]

上述想法日后也指引着涩泽成为国立第一银行行长。不过对于银行家来说，最重要的是信用。在战后日本对外交往中留下浓墨重彩的一笔的吉田茂曾说过，信用在外交中发挥的作用极大。对于涩泽来说也是如此，他作为银行家推进民间经济外交之时，最重视的就是如何从其他国家获取信任，即如何与其他国家建立信赖关系。

（三）辞去公职

涩泽长期致力于工商业的发展，为提高经济活动的主力军——民间经济界人士的社会地位做了大量工作。他在1867年赴法国访问时首次感受到这件事的重要性，是这样说的：

> 最令我感到新鲜的是，外国的工商业从业者的地位和其与官员及军人的关系与日本的情况完全不同。……这点特别值得我们学习，如若不然就不可能实现真正的发展。[2]

特别是在法国，看起来有相当多的军人很尊敬实业家，涩泽被这种"所有人都生活在平等主义之中"[3]所感动。此时留下的印象对他的影响十分深远，成为他终生为民间经济界培养有生力量的原动力。

明治五年（1872），他辞去大藏省的职务转而投身民间经济界时，是如此表达那时的心境的：

> 如果人才都集中在官场，让没有能力的人去领导民间的事业，那么国家的全面发展将如何实现。坦率地说，让平庸之人来担任官员也

---

[1] 渋沢栄一「維新以後における経済界の発達」国家学会編『国家学会創立満三十年記念明治憲政経済史論』有斐閣書房，1919年。
[2] 同上。
[3] 同上。

无伤大雅，可是工商业人士若不是有才干之人则完全不能运转，况且现在从事工商业的人士又少之甚少。受士农工商阶级思想的影响，人们都认为在政府为官是光荣，而在工商业发展则不然。当下之要务乃是将这种谬误扫除。所以增进工商业人士的力量，提高他们的社会地位和品位、人格是当前的第一要务。也就是说，促进工商业整体的社会地位上升，使其也具有道德仁义的地位，向着这一远大目标前进乃是我等男子汉之本愿。[1]

（四）建设民间经济组织

探讨涩泽的经历时，需要注意的第四点是他对"组织化"的追求。为了实现日本经济的近代化并提高民间经济界人士的社会地位，只靠经济界人士个人的力量是远远不够的。涩泽虽然将西方的公司组织制度介绍到日本又创立了超过 500 个民间企业团体，可是如果不能将民间经济界的意见统一起来，同时建立起能够对政府提出意见的通道，民间经济界人士的社会地位就难以提高。

涩泽着眼于商会（chamber of commerce）组织的设立。[2] 在日本国内，宽政年间（1789—1801）松平定信设立了公共储蓄制度即江户町协会，该制度在明治时期被废除。此外，日本还有负责管理道路、桥梁修缮、养育院、公共墓地等东京市民共有财产的东京营缮会议所。涩泽认为，商会在欧美诸国作为代表工商业人士利益的组织，其存在与经济界社会地位的提高有着明显的关系。因此，他努力学习、汲取欧美商会的经验，将东京营缮会议所

---

[1] 渋沢栄一「維新以後における経済界の発達」国家学会編『国家学会創立満三十年記念明治憲政経済史論』有斐閣書房，1919 年。涩泽荣一对日本工商界为政治界马首是瞻，即对官尊民卑的现象感到遗憾，提倡培育工商界人士独立自主的精神。他在明治四年（1871）的著作『立会略则』中说："经商之道不应为政府的权威所强迫，不应被法制所束缚。"

[2] 关于欧美以及日本的商业协会历史，可以参考以下材料：堀越禎三編『経済団体連合界前史』経済団体連合会，1962 年；依田信太郎編『東京商工会議所八十五年史　上巻』東京商工会議商業会議所，1965 年。

改名为东京商法会议所，并于1890年就任东京商业协会的初代会长。此外，他还积极联系东京银行协会等各个行业协会，以及大阪、横滨、神户、名古屋等各地的商业协会，为将全国的商业协会组成一个联合体而奔走。

涩泽致力培植的商会组织为后来日本民间经济活动的展开提供了坚实的基础，发挥了重要的作用。

（五）信息收集

这一部分将关注涩泽的信息收集能力以及他对信息的敏锐感觉。纵观涩泽前半生的生活，他从种植蓝草的农民、工商业界的商人、尊王攘夷的勤王志士到一桥庆喜的幕臣，明治维新后成为新政府的公职人员，之后经商成为民间经济界的领导人。在幕府末期到明治时期这段动荡期中，他的经历也实属罕见。涩泽经常被视为难以捉摸之人的原因可能与这段经历有关。

本文想强调的是他对信息的敏锐嗅觉和感觉之灵敏。涩泽在前半生的激荡中体会到信息的重要性，这也练就了他的敏锐嗅觉。他和许多组织保持着联系，在政界官界都有着广泛的人脉。因此，他日常接触的信息不仅数量大，而且质量高。换言之，从伊藤博文、井上馨、大隈重信等元勋们所讨论的高级别信息，到听闻涩泽的名声从全国各地慕名而来的庶民们口耳相传的信息，涩泽都可以收集到。

涩泽由于常常与这样高质量、实时生动的信息打交道，自然练就了对信息良好的处理能力。也就是说，哪一条信息是正确的或是富有先见性的，他在实践中就可以对其甄别。

但是为了得到大量信息，涩泽必须获得众人的信赖，为此他必须成为一个健谈的、让人感觉相处愉快的人。在这方面，涩泽是合格的，他是个幽默而开朗的人。这使他周围的人感到安心，也使他的交流范围得以扩展，信息源变得更加丰富。[1] 此外，由于他自身也掌握了大量的信息，他

---

[1] 作为『経済と道徳』和『論語と算盤』的作者，涩泽荣一作为道德家的侧面经常被提及，但他本人稳健的行动力、富于幽默精神的人格也不容忽视。他之所以在海外被各界人士所接受，很可能是因为他的这个特点。他不是那种一般意义的"沉默勤奋的日本人"。

也可以成为一个信息提供者。他对信息的良好感觉,是他之后推进民间经济外交的过程中不可或缺的重要因素。

笔者认为以上所讨论的几点,正是他在 60 岁之后的 30 年间还能在民间经济外交界锐意进取的重要原因。

二、漫游欧美(1902 年)

1902 年,涩泽以东京商业协会会长的身份偕夫人前往欧美巡回访问。这次访问为涩泽之后的民间外交活动带来深远的影响。

(一)世纪转换期的世界和日本

进入 20 世纪的转换期[1],日本借助日清战争[2]占领了台湾,美国借助美西战争占领了菲律宾,不光是外交官,包括实业家和军人在内的民间人士纷纷横渡太平洋,往来于日美两国之间,日美两国在亚洲的民间交流空前活跃。下面继续来看两国企业的动态。

日清战争之后,日本在 1897 年、美国在 1900 年分别在国内实行了金本位制度,加入了当时的国际经济体系。[3]美国企业的对日贸易也就此正式展开。明治初期,当时进入日本的美国商业会馆经过 1880 年代日本的"直出口"运动,到 1890 年代逐渐显现出被日本商社压制的态势。与此相对,美国国内各大产业蓬勃发展,开始把目光投向海外,在日本也成立了多家企业。1899 年,日本首次成功地修改了不平等条约,所谓"内地杂

---

[1] 20 世纪的转换期是对日本而言的。综合分析日清战争、美西战争、义和团事件的研究目前还没有。着眼于日美关系的这一时期的重要研究有:林義勝「電気産業におけるアメリカの技術導入——世紀転換期のもう一つの日米関係」『駿台史学』第 61 号,1984 年 3 月。
[2] 我国表述为"甲午中日战争",现全书保留原日文表达。——译注
[3] 关于金本位制度可以参考小野一一郎「日本における金本位制の成立」(Ⅰ)—(Ⅱ)、同「添田プランと高橋意見書」(『経済論叢』第九二卷第三号、第五号、第九・四卷第三号、第五号,1980、1981 年);中村隆英『明治大正期の経済』東京大学出版会,1985 年。

居"即对外国人不设居留地的限制、允许外国人自由在日本国内居住是得以成功修改条约的先决条件之一。[1]

1899年,美国西部电力公司运用其技术和资本在日本成立的日本电器株式会社,开展本国产品的进口及在日生产等业务。该公司直到1923年与住友合并为止,一直作为美国企业活跃在商业界。之后是在1900年,当时日本的大型烟草制造公司村井兄弟商会与美国烟草公司合作,注资1 000万日元以日美对半出资的方式创立了村井兄弟商会株式会社。直到1904年烟草政府专卖制度确立,公司被政府收购为止,该公司一直保有日本市场巨大的占有率。此外,在石油行业也有标准石油公司进驻。此前日本的石油开采一直是以零散工人作业的形式、以新潟县为中心进行的。1900年标准石油公司买下了位于该县的北越石油矿区,此后继续购买矿区,致力于发展日本采油事业。但是因为没有见到预期的储油量,该公司就将设备和矿区都卖给了日本石油,1906年从日本撤出。[2]除此之外,还有大阪燃气公司于1903年引入美国的资本,美国资本以持有55%股份的方式增资4 000万日元。关于公共福利事业是否可以允许国外注资这一问题,当时也有着激烈的争论。

随着日美企业的活跃,日美两国的实业家们开始往返于两国之间,涩泽荣一就是其中之一。1902年,他从日本出发开始了欧美漫游。[3]涩泽在这一时期的生活尤为充实。明治维新之后,日本的产业迅速发展。在制

---

[1] 小原敬士编『日米交涉史—通商産業編』洋々社,1954年。
[2] 关于标准石油公司可以参考 Ralph W. Hidy and Muriel E. Hidy, Pioneering in Big Business, 1882-1911（New York, 1995）。关于世纪转换期到20年代为止的与美国政府和实业界的关系可以参考 William H. Becker, The Dynamics of Business-Government Relations: Industry and Export, 1893-1921（Chincago, 1982）；Joan H. Wilson, American Business and Foreign Policy, 1920-1933（Lexington, 1971）。
[3] 除了涩泽荣一,还有几位实业家有过前往欧美旅行的经历。例如,大谷嘉兵卫在1901年作为第一次万国商业大会的日本代表赴美,就撤销茶叶税和太平洋海底电缆铺设等事业做了很多工作。关于大谷的事迹可参考茂出木源太郎编『大谷嘉兵衞翁伝』大谷嘉兵衞翁頌德会,1932年。关于涩泽荣一,可参考渋沢青淵記念財団竜門社编『渋沢栄一伝記資料』(以下略称为『伝記資料』)（渋沢栄一伝記資料刊行会,1961年）第25卷中有关1902年访问美国时的资料。

纸、纺织、肥料、水泥、采矿、造船、海运、贸易、保险等几乎所有的行业中，涩泽参与的企业都在成长，为日本的经济打下了基础。在这一过程中，涩泽又有了新的目标，那就是如何与欧美各国建立经济上的联系。要使日本的经济能有更稳健的发展，不了解海外的情况和形势是断然不行的。况且欧洲之行已经过去了30年，欧洲各国的情况也是大不相同了。

在欧洲，英国之外的德国、法国、俄国的近代化进程高歌猛进，英国的地位日渐动摇。但是英国仍凭借英镑作为金本位制度基准货币的地位占据着国际经济体系的中心高地。涩泽认为，"在日美同盟建立之际，日本的工商业人士肩负着重要的使命"[1]。以往，日本的国情往往被欧洲所误解，进而妨碍了日本工商业人士的经济活动。但得益于日英同盟的建立，日本的国际声望开始上升。这正是工商业人士积极采取恰当行动的好时机，不可以只是贪图享受同盟的红利。

但是在涩泽看来，日本的军事和经济的不平衡问题依旧突出：

> 日本的国家建设逐渐地发展起来了，可是回顾以往，虽然一路艰难，但是各领域都有了各自的进步，但若论谁是第一位的，那无疑是军事。工商业的发展只能屈居于军事之下。[2]

涩泽并非轻视军事力量的发展，只是认为如果要将国家进一步发展壮大，就需要依靠经济的力量。因此，日本必须优先考虑国民经济增长的问题。由此可以看出，日英同盟的建立使得日本可以在不增加军备的情况下保障国家的安全，缓解了日本的军事焦虑。因此，涩泽意识到现在正是大力发展经济的好时机。幸运的是，日本彼时已经加入金本位制度，站在了以英国的英镑为中心形成的国际经济体系的基盘之上。只是涩泽当初没有充分理解引入金本位制的国际意义，站在了反对的立场上。这和他当时着力打造的纺织行业的出口减少、受到冲击不无关系。但是之后他意

---

[1]『伝記資料』第25卷，85頁。
[2]『東京経済雑誌』第45卷第1128号，1893年4月19日。

识到了自己理解上的谬误，开始积极思考如何将加入金本位制度的好处发挥出来。[1]

他在全国商业协会联合会的总结发言中指出："特别是这次我国与英国签订的协定，无疑将会为我们事业的进步与发展带来巨大的利好。"[2]

并且，大仓喜八郎等人也说道："我欲委派您前去调查与海外的资本互通、商业手续等相关事宜，以助我国经济信用的提升。"[3]他们请求当时可以代表日本经济界的涩泽前去欧美访问，深化与欧美经济界的交流。

对于来自全日本经济界的要求，涩泽也做出了回应：

> 近来的所谓欧美文明着重于工业的发展，欧美诸国相互竞争、此消彼长。他们在铁路、海运或其他方面的势力变化恰恰反映了他们工业力量的排序。特别在东洋的清韩两国格外能反映这一状况。以往我国的所谓实业家们，没有几个人是有实干能力的，他们始终为政治家们马首是瞻。可是在如今的工业竞争社会，实业家应当率先带头，引导社会走向富足乃至国家走向富强。他们必须在竞争中担负起责任来。……了解欧美各国的情况对我国实业家来说尤为重要。[4]

（二）第一次美国之旅

1902年10月，涩泽偕夫人和儿子从日本出发赴美国访问。涩泽一行经由夏威夷到达旧金山，此次航行意外地顺利。

他们在旧金山上岸后，乘坐越洲铁路开始了美洲大陆之旅。首先让他吃惊的是美国物产之丰富和规模之大。他赞叹美国是"世界第一的理想之

---

[1] 渋沢栄一『維新以後における経済界の発達』。
[2] 『伝記資料』第25巻，85頁。
[3] 同上书，87页。
[4] 同上书，89页。

国"[1]。第一点是农业，就车窗外的风景而言，与日本的农田大不相同。他见到美国的田野后说道："土地辽阔，一眼望去心旷神怡。"[2]"我不由得去想美国个人的农产品生产效率较之我国不知高到几何。"[3]这承认了日本的农业与美国相比仍有相当的差距。

此外，他也对美国工业规模之大和效率之高做出了评价。涩泽在访问尼亚加拉水电工厂和卡内基钢铁厂的时候，吃惊于工厂内井然的秩序和工人数量之少。[4]也就是说，与劳动密集型的日本工业相比，资本密集型的美国工业生产效率极高。其中让涩泽特别关注的是美国庞大的国内需求。涩泽在问到卡内基钢铁厂是否在向欧洲和亚洲出口钢材时，从业人员回答道："光处理国内的订单我们就已经应接不暇了。我们并不会去和海外的其他企业竞争。"[5]涩泽听到这个回答，意识到美国市场大得不可估量。

之后，他还造访了东海岸的纽约、费城、波士顿等城市，与各界首脑进行交流。通过这些交流，涩泽一改之前"美国人无论做什么都想达到世界第一，所以产品都略粗劣，日本人则擅长细致的工作"[6]的想法，转而承认"美国人的精工细作也令人惊叹，我等日本人也应当向其学习"[7]。与此同时，他也认识到了"严谨行事，见到利益不松手的美国人性格"[8]，并认为这些优势来自美国的移民社会。

> 特别令人吃惊的是正如诸君所知美国是由多个人种所共同组成的。并且他们并非这一块那一块地聚居在一起，而是相互融合地生活在一起，实现了所谓的"美国化"。一国的人民相互团结，共同推进事业的进步、国运的发展，在对别国的工商业扩张上也不遗余力地践

---

[1] 『伝記資料』第25卷，418頁。
[2] 同上。
[3] 同上。
[4] 同上书，419页。
[5] 同上。
[6] 同上书，412页。
[7] 同上。
[8] 同上。

行着"美国化"的方式。他们中有一个叫作"摩根"的人成立了工商业的同盟会,他们十分信任摩根的实力。可是如果摩根来到日本,恐怕就不能做出这样的大同盟了。摩根只有在美国才有可能做出这样的事业。这充分证明了只有一国人民同心协力同心同德,产业的同盟才有可能壮大。[1]

对于涩泽来说,国籍和民族迥异的欧洲人民来到美国,在美国国内团结一致发展国家的样子虽然十分令人振奋,但也存在些许隐忧,那就是美国是否会成为世界大国,和位于东洋的日本的关系究竟会走向何方。

> 然而美国以如今之势头继续猛进,将来是否会拥有压制全世界的力量?或者说其势力是否会得以永续,又或者说是否会遭遇挫折受到其他力量的压制?这实在是一个疑问。而看一下有识之士的研究,美国人、英国人和大陆人都曾提出过同样的问题。而对于像我等日本人这样有大抱负大责任、意欲领导将来的东洋工商业的民族来说,如今对如上问题讨论就应当提上日程。[2]

他在高度评价美国实力的同时,也深深地感受到关于美国的未来还有太多的未知数,对美国的研究显得尤为重要。

(三)与美国各界的交往

考虑到日美关系的未来,涩泽认为两国在亚洲的关系将会变得愈加重要。

涩泽怀着这样的对美认识,在与美国总统罗斯福的会谈中,请求将美国经济界的首脑介绍给他。罗斯福对日军在义和团事件中的作为表示赞赏之后,涩泽起誓道:"由于我是从事实业的,所以我想说我国的工商业

---

[1] 『伝記資料』第25卷,431—432页。
[2] 同上书,275页。

的名声比起那美术、军事等来说远远不及。所以我们今后将更加努力发展工商业,他日如有幸能再拜会阁下,定当让阁下对我国工商业不吝赞美之词。"[1]他同时表示:"日本全国商业协会认识到应当加深我国工商业人士与欧美工商业人士之间的交往,故而特地开会决定由我来作为促进双方沟通之桥梁。"[2]他请求罗斯福总统介绍美国经济界首脑。之后,涩泽得以与以纽约商业协会会长M.杰索普为首的各界人士加深了友谊。他还特别提出希望:"如果可能的话……我愿邀请贵国工商业中之有识之士今后来我国访问,并也邀请贵国人员一同前往中国、朝鲜去视察其现况。"[3]此外,基于日英缔结同盟的背景,他说道:"贵国作为有助于我国在东洋发展工商业之友邦极为难得,如今地区局势平稳,贵国资本家着眼于东洋,与我国国民共同开发中、朝丰富资源的机会更是十分难求。两国结为同盟有利于在东洋资源开发中取得事半功倍效果。"[4]接着他又说道:"我国虽在幅员及资源上与贵国不可相提并论,在产业经济上的技术和经验也多有不及,然而我国距中国、朝鲜一衣带水,我国与彼二国也文字相通,其风俗人情也较接近,故而在了解中、朝两国上有些许便利。特别中国自日清战争以后格外着意于引进近代之文化,有意视我国为其模范或领导,有今后与我国更加亲善之倾向。因此在此之际,结合我国之特殊便利,贵国利用贵国之低价资本与优势之技术经验,你我两国相互提携共同开发中、朝之丰富资源乃是当下之要务。"[5]他主张将日本独特的地理历史背景与廉价且丰富的劳动力,和美国的资本组合起来,共同去开发中、朝两国,其中的红利不仅会惠及日本,更会使美国获利。因此,在美国的铁路王哈里曼讲解满洲建设铁路的计划时,涩泽表示出了赞赏之意。涩泽通过这次美国之行,认识到了美国的实力,与美国各界首脑加深了交流。之后,他渡过大西洋前往英国。

---

[1] 『伝記資料』第25卷,438页。
[2] 同上。
[3] 同上书,441页。
[4] 同上。
[5] 同上。

英国不愧是当时世界第一的发达国家，在政治、经济、社会等任何方面都让人感受到一种稳定。英国作为日本的同盟国，也是可以信赖的。可是对于涩泽来说，与 30 年前相比，新兴工业国家美国的发展给他留下了更深的印象，英国则显得缺乏生气。他对英国的前途并不乐观。

经过欧美巡游之后，涩泽的兴趣点迅速转向美国。但是在那时，英国、法国等欧洲各国作为日本引进外资的来源地，在金融方面仍占据着压倒性的地位。此外，就涩泽所参与的朝鲜京畿铁路而言，如何协调同英国和俄国的利益也是一个重大的课题。

三、开启民间经济外交的序幕

（一）日俄战争后的日美经济关系

日俄战争成为日美关系的转折点。日本在日俄战争中的胜利改变了东亚的势力地图，这自然会对日美关系产生很大的影响。民间经济外交也就此拉开帷幕，这种交流从实业家个人层面扩大到商会等经济团体层面。

在分析涩泽的活动之前，我们先介绍一下当时的东亚和日美关系等情况。

19 世纪后半叶，俄国企图通过铺设西伯利亚铁路来扩张其在东亚的势力，对此感到威胁的英国和美国则转头去支援日本。但是在日俄战争之后，当日本取代俄国开始将势力渗透进满洲时，美国从对中国的门户开放政策以及对菲律宾的防务理论等观点出发敲响了警钟。此外，在美国国内，以太平洋沿岸为中心的对日本移民的排斥运动日渐激烈，甚至还出现了以荷马李描写日本海军袭击美国本土的《无知的勇气》为代表的日美未来战争论。[1] 这些都加深了日美之间的对立。

涩泽也对日本的情况和日美关系的恶化深表忧虑。他主张在战后的经济运营方面应当努力实现财政和经济的平衡，尽可能地缩减军费、政治

---

[1] Homer Lee, Valar of Ignorance（New York, 1909）（望月太郎訳『日米必戦論』復刻版，原書房，1982 年）。

费。[1]他还向政府提议：当下的要务乃是对生丝、棉线等海外出口产品的保护，应当通过对铁路运输系统的改良来实现流通机构的重整以稳固经济基础。他特别强调当前首要目标在于重建日本的经济，因此反对会削弱民间经济界实力的增税政策。与此同时，他也关注日本在国际社会的地位。也就是说，日本经济借助日俄战争在重工业化方面取得了显著的发展，国家风险进一步降低。特别是依靠《日英同盟协定》《日法协定》《日俄协定》等文件的签署，所谓同盟协商外交使日本的国际地位得到提升。此外，作为加入金本位制度的红利，欧美的金融资本向日本流入的条件已经具备。可是，现状却是欧美的资本家对日本的实际情况几乎不了解。进入20世纪，涩泽荣一与高桥是清、大谷嘉兵卫等多位经济界的巨头在与欧美经济界的交流中，建立起贸易、金融方面的联系。为了偿还日俄战争中欠下的巨额外债，避免财政破产的危机，日本与欧美经济界改善关系是重中之重。因此，无论如何都要尽量避免与逐渐成为最大经济伙伴的美国交恶。

可是要想改善日美两国的关系，仅凭政府间的外交是不能覆盖所有方面的。涩泽感到有必要建设日美两国间多样化的外交通道。日本政府认识到，在日俄战争中以金子坚太郎为代表的民间外交活动在对美外交中发挥

---

[1] 在涩泽荣一讨论日俄战争后经商策略的著述之中，「日露戦後経営策」（1906年）很有代表性。此外，关于政府和经济界的讨论，有高桥龟吉编『財政経済二十五年誌、第七巻―財界篇（上・下）』（1932年）復刻版，国書刊行会，1985年。
　　1905年10月作为战后经营策略向政府提出的商业协会联合会建议的主要内容如下。
　　（一）关于海外贸易
　　整饬关税及商业港口，新设商工业事务官，增加领事官员序列，改善派遣海外实习生的方法，设置商品陈列船、商品陈列馆以及公共销售点，废除协定税率制度，日韩两国建立关税同盟、对日俄通商条约的意见，降低原材料进口税。
　　（二）关于产业政策
　　设定有关产业保护的政策，扩充工业实验所以及设立模范工厂的奖励机制，鼓励设立工业学校、增设商业学校并完善学徒学校的奖励机制，召开万国博览会。
　　（三）关于运输交通
　　增设铁路以及增加临时、命令航线，完成海陆联络，整理统一铁路事务，修正铁路及船舶运输费率，扩充电话业务。
　　（四）关于财政金融
　　缩减行政开支，改革税制，整理及偿还公债，调节货币流通、融通金融体系，合并国内金融机构，紧急设立日清银行。

了重要的作用。因此，在像移民问题这种仅靠政府间交流解决不了的政治问题不断发生的当时，政府也期待着民间外交能为日美关系改善发挥更大的作用。日俄战争结束后到缔结《普茨茅斯和约》为止，小村和金子致力于分析美国国内的舆论动向，并频繁与各界的领导者接触以求对日舆论的向好。他们也表示仅靠19世纪的首脑外交是无法改善日美关系的。

小村寿太郎在1907年签订《日美君子协定》后，将以涩泽为首的中野武营等商会的首脑邀请至官邸并提出今后的对美外交仅靠政府的努力还远远不够，"如果没有民间层面的外交的话就不会有圆满的国际交往"[1]，邀请经济界人士为外交献力。此外，金子坚太郎也强调："以往的外交是通过帝王与帝王之间的联系或是外交大臣与外交大臣之间的联系来进行的，可是20世纪外交的原动力在于国民与国民之间的交往，因此即使是极有野心的政治家对此也无能为力。"[2]

这样的邀请对涩泽来说正中下怀。自1902年欧美巡游以来，他就认为与欧美诸国建立信赖关系对日本经济的成长是绝对必要的。因此，这份邀请对于想要提高经济界人士社会地位与国民道德水平的涩泽荣一来说正是梦寐以求的。

涩泽认为，在推进民间经济外交之时，要不囿于经济界，广泛地组织人才参与其中，使这一事业能够持续发展。并且，民间经济外交在日本还处于褴褓阶段，不仅经济界人士（实业家）对如何进行外交活动还尚无经验，而且外交活动如果只限于实业家的个人层面，其效果也不会理想。当时涩泽荣一拥有深厚的海外人脉，可是要想使人脉发挥作用并持续下去，有组织的交流是必不可少的。因此，他将目光转向商会。商会是由涩泽创建并培育而成的，设立当初就吸纳了工商界人士的意见，为形成经济界的舆论导向提供了基础。它也是日本与欧美各国进行有组织交流的唯一团体。

---

[1] 『伝記資料』第35卷，151页。
[2] 金子坚太郎1909年在爱知县会议堂举办的府县联合共进会上的讲演，参见『中央銀行通信錄』第62号，1909年，13页。

（二）民间经济外交的形式

日本民间经济外交主要有以下几种形式：给各界有识之士寄送请求书、开展言论活动、举办并参加国际博览会、实业团体相互访问等。涩泽在以上几种形式的民间外交中都发挥了指导性作用。[1]

第一，关于给各界有识之士寄送请求书。他通过商业协会向美国各界施加影响，其对象是对日美关系整体都有着强大影响力的美国政府首脑与各商业协会的会长。例如就移民问题，他呼吁加利福尼亚州州长和各界文化人士要积极行动。此时他不光使用实业家个人的身份，还会使用商业协会代表或者是商业协会联合会代表的身份。在这些请求书中，不光有移民问题相关的内容，还有有关越州铁路运费上涨等直接对日美贸易产生影响的内容。对此，美国方面的反应也很迅速。比如，西雅图和旧金山两地的商会分别回复了决议书。其内容都是表达对发生在美国太平洋沿岸的对日本人移民排斥事件的反对，以及为了日美经济合作关系的发展要努力解决移民问题的立场。从民间经济外交的视角来看，值得注意的是，商会对于像移民问题这种有可能导致日美经济恶化和日美贸易规模缩小的问题，其解决问题的态度也是积极的。

如上，日美两国的经济界通过商业协会来交换请求书。对于涩泽荣一来说，这样有组织的行动必然是要大力支持的。

第二，关于开展言论活动。日美两国经济界的首脑为了防止国民对对象国感情的恶化，都利用大众媒体和其他演讲的机会积极地开展宣传活动。涩泽荣一正是站在宣传的第一线，作为讲师登上由商会和银行协会主办的演讲会，就中国和美国的形势进行了演讲。他还灵活运用商会的月报和年报，各大城市的商会以往每年都会发行年报，但是在日俄战争前后，东京、大阪、横滨等地的月报变得越来越多，协会会向有选举权的协会成员以及国内外的商会派送月报。这种月报涵盖各个地区的经济统计数据，

---

[1]『日米民間経済外交 1905—1911』，36—41頁。

还有演讲实录，也会刊载部分领事报告以及海外大众媒体的论说，每月按时发行以提高工商业人士对国外的关注。涩泽也时常在月报上发表关于欧美和中国的形势介绍以及在与海外各国交往中要留意的事项等内容的文章。

第三，关于举办并参加国际博览会。涩泽荣一与博览会关系匪浅。他第一次出国的目的地是巴黎，当时的身份是参加1867年巴黎万国博览会的将军名代德川昭武一行的随员。

进入20世纪，国际博览会的规模逐渐增大，并且基于各国的外交政策，其逐渐变为市场开发的工具，政治经济方面的色彩日渐浓厚。因此，各国政府不论规模大小，都对其表示保护和承认。各国考虑到与承办国的外交关系，都做好了即使出现赤字也要鼓励国内企业积极参加的准备。[1]

涩泽荣一将博览会视为开展民间经济外交的绝好良机。金子坚太郎就世博会的意义说道："利用本次大型博览会的机遇谋求产业和经济发展固然是当务之急，但是如果能够和相聚一堂的海外的人士们携手，举办宴会并得以交换想法、互通志向的话，在外交上的建树也是极大的。"[2] 由于20世纪外交的原动力在于国民，"所以今日国家的外交从外交场转向博览会的会堂之中，我相信每个国家都会非常赞成这样的做法"[3]。涩泽自然也是十分赞同这种想法的。

第四，是最具代表性的大型实业团外交。自从万延元年（1860）开始派遣赴美使节团以来，虽说有岩仓使节团等大规模派遣使节团的经验，但是派遣以民间人士为主体且达数十名成员的大型实业团却是首次。

1908年10月，作为对美国太平洋沿岸实业团体访日的回访，从第二

---

[1] 关于万国博览会，丸の内リサーチセンター『日本万国博事典』（1968年）有详细记述。万国博览会和东京国际会展经常被混淆，二者之间根本性的差异在于前者对国际关系的方方面面都产生重大的影响。此外，关于从19世纪到20世纪的万国博览会，可参考吉田光邦编『万国博覧会の研究』思文閣出版，1968年。
[2] 『中央銀行通信録』第62号，1909年，13頁。
[3] 同上。

年9月1日开始到11月30日为止的3个月之间,总人数51名的赴美实业团访问了全美,涩泽任团长。

在此之前,在政界有着影响力的所谓大鳄实业家以个人的名义或者几个人的规模经常往返于日美之间。1902年涩泽的欧美巡游就是其中有代表性的例子。进入20世纪,海上交通的安全性得到保障,数十人规模的大型实业团体的派遣容易实现,各国也因此开始积极地向国外派出实业团体。涩泽就这一现象说道:"不止步于个人与个人之间的往来,而是组成一个团体去和远方的对象谋求想法的互通或是事业的成功,这乃是20世纪以来新兴的时代的要求。"[1] 他强调通过派遣实业团体来实现经济界交流的意义。话虽如此,派遣大型实业团体会涉及费用、参加者的人选等各种问题。那么,它的好处到底在哪里呢?

第一,这对日美两国来说都是首次由民间主导的策划,其宣传作用巨大。也就是说,实业家个人的来访和大型实业团体的来访形式不同,大众媒体的报道方式也是大相径庭的。后者对政治界、经济界首脑乃至一般民众产生的效果都远远高于前者。

第二,如果不仅实业家本人前来,而且其家人也伴随着一起出访的话,那么通过加入经济界的社交网络,家族成员之间可以相互交流,能够将民间交流的范围扩展到以基督教为首的各个文化圈。涩泽认为这对有组织地、持续性地推动民间经济外交事业有着极大的帮助。

第三,吸收实业家参与大型实业派遣团出访这种民间外交事业,可以使他们认识到民间经济外交的重要性。涩泽认为,为了提高民间经济界人士的社会地位,培养他们优秀的国际嗅觉是十分必要的,这样的尝试将成为极为合适的体验教育。也就是说,大力推行民间经济外交不仅能使政府认识到经济界的重要性,还能让实业家舍弃只追求自身利益的狭隘视野,进而深切地体会到今后必须开展具有大局观的经济活动。

基于以上观点,日美两国的经济界都在大力推行大型实业团体的互

---

[1]「東京商業會議所月報」第3卷第7号,1910年7月,3页。

派，特别会选在举办博览会和美国舰队来日等大众媒体格外关注的时期推行实业团体互访。

四、赴美实业团（1909年）的经历

"本团体将爱国之心视为个人精神，永不忘记站在我们身后的日本国民。"[1] 这是涩泽荣一在实业团乘坐开往西雅图的明尼苏达号离开时给团员的意见和忠告。1909年8月，共计51名成员的赴美实业团离开了日本，从9月1日至11月30日，历经3个月遍访全美。涩泽身为团长，虽已是70岁的高龄，仍然身体力行地访问各地开展日美亲善交流。然而，组成赴美实业团的过程并不是一帆风顺的。[2]

1908年11月，在美国太平洋沿岸实业团（以下简称赴日实业团）的访日成功结束后，以涩泽为中心的日本经济界将如何开展民间经济外交活动呢？这个时期，涩泽主要做了三件事：（1）与中国经济界的交流；（2）与美国东部经济界的交流；（3）组织赴美实业团。

第一件事是推进与中国经济界的交流。涩泽、中野、土居等商会的首脑们认为，1908年的赴日实业团访日对缓和日美关系起到重大作用。涩泽在飞鸟山的私人府邸邀请他们前来赴宴，并发表如下讲话向美方致意：

> 敝国国民衷心希望借助美国的帮助成为发达国家，敝国国民对美国的情感如师亦友直至今日不渝分毫。故而两三年前于贵国太平洋沿岸发生之上学儿童问题、移民问题、劳工问题等风言风语被好事媒体传入敝国，虽尔等喋喋不休报道不稳重，但我国国民却鲜少为意。我

---

[1]『渋沢栄一伝記資料』第32卷，76页。
[2] 关于赴美实业团组成的过程，可参考外务省「日米両国民ノ親善ヲ図ル為両国有力家相互訪問交換一件」、「米国太平洋沿岸連合商業会議所ヨリ本邦名上招待接伴一件」（以上资料由外交史料馆珍藏）以及上述的『渡米実業団誌』和参与者的回忆录。但是上述史料均未提及具体情况。

深信今此番各位来访敝国则更是增长双方昔日之情谊，也令前言之风言风语烟消云散。[1]

听罢，美方代表纷纷鼓掌。

涩泽认为，日美关系恶化的源头是美国对日本的多次误解。虽然美国方面的误会已经解除，但移民问题并未得到解决。与此同时，中国作为第二个民间经济外交的对象国出现在视野之中。因此，当美方访日实业家们在离开日本前暗示涩泽希望日方可以赴美访问时，涩泽说道："我等实业家赴美的必要性自不必说，访日的美方代表表示希望我们前往美国也实属不假，但这些都须遵从他们个人的意愿。"[2] 即使已经有了访美邀请，得以实现也要到1909年的夏秋之交。并且，日美双方于1908年11月末签订了《鲁特－高平协定》（《日美协定》），关系得到进一步改善。对于涩泽来说，这一时期和美国的交往固然重要，但是他更想优先推进和中国的交流。

涩泽第一次访问上海是作为德川昭武使节团的随行在前往巴黎的途中顺访中国的。1877年，受大藏卿大隈重信委托，涩泽与三井物产社长益田孝一同前往上海交涉一千万日元借款一事。最终交涉难产，借款以失败告终，但涩泽与中国依然保持着联系。1884年，他邀请了清政府的驻日公使在飞鸟山府邸进行深入交流。涩泽的思想根基源于《论语》，对中国有着崇敬之情。

1908年11月，清朝的光绪皇帝与西太后慈禧相继去世。以第二辰丸事件[3]为契机在广东各地发生的联合抵制日货运动刚刚得以平息，如果此时派遣日本实业团前往中国，可能会激起民愤从而产生逆反效果。上述种种理由导致日中两国间的经济交流也停止了。

在支那问题上，我们想扑灭南方的排日热情但终究不得，又欲将

---

[1] 『竜門雑誌』第24号，1908年10月，2頁。
[2] 中野武営「対日及対清所感」『東京商業会議所月報』第1卷第6号，1908年12月，5頁。
[3] 关于第二辰丸事件，可参考菊地贵晴『中国民衆運動の基本構造』（大安，1966年）和林权助述『わが七十年を語る』（東京第一書房，1935年）。

北方的权利收入囊中可又不得。在这种不安状况之下，如若招惹了清人，则可能新恨旧怨一齐爆发。现在应当深思对华政策，以求拯救对华关系于危局之中。[1]

面对这样的情况，日本经济界无能为力。最终，1909年未能实现日中两国经济界的具体交流。

第二件事是促进与美国东部经济界的交流。涩泽早在1902年便访问过美国东部地区，在纽约、波士顿等地都有经济界的旧相识，但他想进一步扩大交流圈。于是，他通过外务省的驻外机构和在美企业，打探美国经济界邀请他们访日的目的。在纽约，水野总领事和日本协会（Japan Society）负责推进活动。[2]他们计划不仅让实业家交流，还打算邀请50名对美国舆论影响巨大的报纸、杂志的记者参与到活动中来。

> 熟知日本情况之人数量甚少。而无知是误解之源，故而应让新闻、杂志业者多在两国之间互访。[3]

从长远的角度看，这件事对日后日美关系的改善产生了相当积极的影响。正巧那时，东洋汽船会社社长浅野总一郎也在纽约，他非常赞同这一计划，并约定如果利用东洋汽船往返日美，将全部免除交通费用。[4]

---

[1] 中野武营「対日及対清所感」，6頁。
[2] 外务省「日米両国民ノ親善ヲ図ル為両国有力家相互訪問交換一件」中记载得较为详细。另外，关于纽约的日本教会，可参看Japan Society, The Japan Society of New York: To promote friendly relations between the United States and Japan; 1909-1910（New York, 1909），Edwin O. Reischauer, Japan Society 1907-1982: 75 Years of Partnership across the Pacific（New York, 1982）。日本协会的理事中，除了驻日大使Schiff、Obrien，日本人中有高峰让吉、新井领一郎、村井兄弟等。关于新井，在Haru Mstsukata Reischauer, Samurai and Silk: A Japanese and American Heritage（Cambridge, 1986）（广中和歌子译『絹と武士』文芸春秋社，1987年）中详细提及。
[3] 1908年12月21日由水野总领事自纽约寄出的小村外务大臣收「米国二於テ本邦ノ代表的人士ヲ招待ノ件」（『日米両国民ノ親善ヲ図ル為両国有力家相互訪問交換一件』）。
[4] 同上。

但是，美国东部经济界对这一计划持消极态度，人选也难以确定。日方提出如果媒体从业者难以赴日，那便回到最初的计划，希望美国东部实业家可以赴日交流。不过美国方面对这一提案也并不积极，只有雅各布·亨利·希夫（Jacob Henry Schiff）和爱德华·亨利·哈里曼（Edward Henry Harriman）等亲日派实业家确定可以参加。[1]另外，芝加哥的经济界对交流活动的反应也很迟钝。"我们有必要利用这次机会引导他们获得对日本正确的认知"[2]，芝加哥的沼野领事就美国实业团体来日对当地的商业协会做着如此嘱托，但是由于"他们对我们的情况并不关心"[3]，这一构想终究难以实现。在纽约和芝加哥的经济界，虽然生丝进口产业从业者和丝织物制造业从业者都对日本心存感激，但从整体来看，美方对日本的关注度还是比较低。这时，美国太平洋沿岸的经济界积极邀请日本实业团体赴美访问，于是在东部经济界的推动工作就此中断。

第三件事是组织赴美实业团。如上所述，涩泽代表的日本经济界为了优先推进与中国经济界和美国东部经济界的交流而努力过，但结果并不乐观。最后，日本经济界决定接受美国太平洋沿岸经济界的邀请，向美国派遣实业团。

赴美实业团的设想最初是美方于1908年10月28日提出的。来日的西雅图商业协会代表委员E.F.布莱恩（E.F.Blaine）在京都的都酒店（Miyako Hotel）召开会议，邀请了东京、大阪等五地的商业协会会长与副会长以及旧金山总领事小池等参加会议。在会议上，布莱恩发表了关于招待日本实业团的个人方案。他将该方案于第二年（1909年）1月19日提交至西雅图商业协会总会。经商讨后，西雅图商业协会总会认为日美两国的贸易往来还有进一步扩大的空间，于是决定邀请日本商业协会代表团访美。[4]

另外，以西雅图商业协会为中心的美国太平洋沿岸经济界对日美交流

---

[1]『日米両国民ノ親善ヲ図ル為両国有力家相互訪問交換一件』。
[2] 1908年12月10日芝加哥的沼野领事发出，小村外务大臣收的电文。
[3] 同上。
[4]『渡米実業団誌』，22—23页。

积极回应。4月12日，小村外相通过田中领事得知此事后，认为需要正式启动赴美实业团的选拔。于是，他邀请了涩泽荣一、三井八郎右卫门、岩崎久弥、高桥是清、中野武营、大谷嘉兵卫等约25名实业家聚集于官邸，召开会议。会议结果为，涩泽、高桥和中野三人被推荐成为委员，负责调整参与者人选、日程和访问地点。

在此期间，美国方面以西雅图商业协会为中心紧锣密鼓地进行准备工作。尤其是为了准备在芝加哥以东地区的活动，布莱恩和J. D. 罗曼（J. D. Lowman）等筹备委员访问了东部的各个城市。另外，铁道王詹姆斯·希尔（James J. Hill）也为赴美实业团向东部移动准备了大北铁道的特别列车。就连当年消极应对赴美实业团的旧金山商业协会也积极合作，决定以太平洋联合商业协会的名义向赴美实业团发送邀请函。[1] 最终，除了旧金山，奥克兰、洛杉矶、圣地亚哥等商业协会也加入其中。6月11日，美国驻日大使托马斯·约瑟夫·奥布莱恩（Thomas J. O'Brien）亲手交给小村外相一封邀请函。

涩泽被委派选拔赴美实业团人选，为此他做了很多工作。一开始由于年事已高，再加上英语不流利等，他对参加实业团一事并不积极。但是，由于涩泽在美国经济界有着"日本摩根"的极高知名度，而且拥有可以调动数十名日本各地企业家大鳄的能力，所以团长人选非涩泽莫属。最后，涩泽被中野武营和高桥是清说服，担任实业团团长一职。

这样以涩泽荣一为团长，有50余名成员的赴美实业团诞生了。[2]

五、赴美实业团的特色与目的

前文所述均为赴美实业团出发前的经过，下文将从该团在美国的行动及其特色出发，分别从规模、目的、各参与者的反馈方面进行阐述。

---

[1] 『渡米実業団誌』，14页。
[2] 赴美实业团团员姓名可参考『渡米実業団誌』。

（一）规模

值得特别一提的是，这是日美关系史上第一次由民间主导的大型实业团体互访。明治维新以后，日本派出了以岩仓使节团为代表的大量海外视察团。而且，美方也有过数次个人或多人的访日经历，如1879年的格兰特前总统、1905年的塔夫脱陆军部部长、哈里曼等政治家和实业家的访日。但这次访问是由民间（经济界）主导、政府支援的大规模实业团体互访，是前所未有的突破。20世纪初，包括妇女在内的50余人横跨太平洋，在日美两国各地旅行访学。这是一次耗资巨大、费时费力的大工程。访日实业团的欢迎费用中，仅大阪商业协会便支出5 000日元，由此我们可以推算出总费用为10万—15万日元。[1]在大阪，大部分经费是由加盟协会的企业和个人提供。[2]对于赴美实业团的耗资，我们也无法得出准确的数字。从西雅图商业协会和美方的筹备委员会提出（1909年6月9日于西雅图开会）日本赴美实业团的旅行费、接待费共需5万美元，可以推算出耗资为5万美元（10万日元）左右。[3]

此次欢迎活动动员人数庞大。例如，访日实业团体移动时，在车站迎接的当地商业协会会长及成员有百人左右。依此简单推算，24天的欢迎活动需要动员数万人手。这作为民间团体欢迎活动来说是一个特例。[4]另外，赴美实业团在美国的53个城市也得到盛大的欢迎，其动员规模应该不亚于日本。

互访的规模大小从实业团和欢迎方的出席者人数可以推测。赴日实业团团长F. W. 多尔曼（F. W. Dohmann）同时任职旧金山运输公司内森多

---

[1] 根据大阪商业会议所『米国合衆国太平洋沿岸実業団招待に関する資料』（1908年7—10月）的预算表试算得成。
[2] 同上，捐款明细表。大阪欢迎活动费用全部由捐款资助。主要的资助方有大阪瓦斯、大阪商船、三井物产大阪支店、住友吉左卫门、鸿池善左卫门等。
[3] 『渋沢栄一伝記資料』第32卷，24頁。日元换算美元的比率约为1美元=2日元。
[4] 例如，大阪邀请乐队在御堂筋举办盛大游行（参考大阪商业会议所前出资料、欢迎活动一览表）。

尔曼公司（Nathan Dohrmann Co.）的社长，也是旧金山市商业协会的会长。另外，罗伯特·大来（Robert Dollar）是大来汽船公司社长，在扩展太平洋沿岸各城市间沿岸贸易的同时，也开拓了与中国的商业贸易往来。其他的实业家也都是太平洋沿岸主要行业的代表人物，如木材运输、银行等。除此之外，美国东部的著名实业家也为迎接日本赴美实业团做出贡献。其中，最引人注目的是铁道公司的经营者。50余名成员的赴美实业团若要在广阔的美国大陆移动，参与各地的欢迎活动，那么高效率的铁路运行是必不可少的。为此，北太平洋（Northern Pacific）铁路公司社长吉姆斯·杰罗姆·希尔（James Jerome Hill）全面负责铁路运输。他为赴美实业团准备了专用的特别列车，免除从西雅图到芝加哥、纽约的交通费用。北太平洋铁道铺设至西雅图，连接西雅图与亚洲的北美航线载客量决定了铁道事业的成败。对于美国来说，亚洲最大的贸易对象国是日本，因此，吉姆斯·杰罗姆·希尔认为应该向日本经济界传达一种善意。暂且不说吉姆斯·杰罗姆·希尔的思虑，因为使用了特别列车，所以赴美实业团体才可以寻访美国主要城市，与各地商业协会的实业家进行深入交流。此次日本赴美实业团是亚洲首个于20世纪初访问美国并受到美国各地经济界人士欢迎的团体。他们有机会与吉姆斯·杰罗姆·希尔、雅各布·亨利·希夫、J.P.摩根（J.P. Morgan）等美国经济界著名实业家进行交流。[1]

日本方面也有许多当时著名的实业家参与其中。例如，参加完美国赴日实业团的欢迎活动后，三井、三菱、住友三大财阀分别举办晚宴；东京等五大商业协会、东京银行集会所、株式交易所也举办午餐会或晚宴。[2] 另外，赴美实业团也由涩泽团长及经济界代表人物组成，无论是从规模还是费用方面，这样大规模的实业团互访在日美民间交流的历史上前所未有（见表1）。

---

[1] E. Harriman 于1909年9月去世，因此没能会见赴美实业团。
[2] 关于日俄战争后的经济界，可参考原朗「財界」中村隆英·伊藤隆共编『近代日本研究入門』東京大学出版会，1983年。

表 1　日美实业团互访概要

	访日实业团	赴美实业团
时间	1908 年 10 月 12 日—11 月 4 日	1909 年 9 月 1 日—11 月 3 日
主办方	东京、大阪、京都、横滨、神户五地商业协会联合举办	美国太平洋沿岸商业协会联合举办
主要参加者	F. W. Dohmann（旧金山 / 商业协会委员长、Nathan Dohrmann 社长） C. M. Cook（夏威夷 / 夏威夷银行行长） R. Dollar（旧金山 /Robert Dollar 汽船公司社长） A. Kendal（奥克兰 / 太平洋沿岸木材公司社长） E. Brien（西雅图 / 律师） O. M. Clarke（波特兰 / 木材商人）	涩泽荣一（团长 / 第一银行行长） 中野武营（东京商业协会会长） 日比谷平左卫门（东京商业协会副会长 / 钟渊纺织株式会社社长） 土居通夫（大阪商业协会会长 / 大阪电灯株式会社社长） 西村治兵卫（京都商业协会会长 / 众议院议员） 大谷嘉兵卫（横滨商业协会会长 / 日本制茶株式会社社长） 松方幸次郎（神户商业协会会长 / 株式会社川崎造船所社长） 神野金之助（名古屋商业协会议员 / 明治银行行长）
访问地点	横滨→东京→日光→京都→奈良→大阪→神户→东京→横滨	西雅图→塔科马→波特兰→温哥华→斯波坎→安纳康达→明尼阿波利斯→圣保罗→芝加哥→底特律→克利夫兰→纽约→波士顿→华盛顿→圣路易斯→洛杉矶→奥克兰→旧金山

来源：根据「米実業家招待一件」与「本邦名士招待接伴一件」（外务省外交史料馆珍藏）制成。

（二）目的

这里特别值得注意的是，日美两国关于派出实业团体互访的目的有微妙的差异。首先，从日本经济界考虑，涩泽的意图与普通的经济使团不同，他并非希望促成单个商业谈判，而是希望可以改善日美的通商关系，进而改善日美两国整体关系。他尤其希望能够解决以移民问题为核心的美国境内的排日情绪。这种倾向特别体现在美国太平洋沿岸经济界赴日一事上，从邀请访日成员均来自太平洋沿岸地区一事可以佐证。[1]

涩泽对移民问题的重视从赴美实业团人选上可以看出来。例如，驻波特兰的沼野领事是这样描述实业团赴美目的的："首先，通过创造机会，让太平洋沿岸的美国人与日本国民中最优秀的人员亲密接触，使其从根本上消除对日本国民一直以来的错误观念，以此平息排日、恐日情绪。……其次，为了向日本工作人员澄清美国太平洋沿岸的情况。"[2]特别是"需要向日本工作人员说明，美国太平洋沿岸地区在很多方面都与美国其他地区有着显著的差异，需要将其与其他地区区别对待"[3]。他提醒日本工作人员应该认识太平洋沿岸地区在美国的地位以及该地区内部的差异。涩泽是从上述观点出发确定赴美实业团的人选的。除实业家之外，南鹰次郎（东京帝国大学教授、农学博士）、石桥为之助（大阪朝日新闻社记者、众议院议员）、松村敏夫（律师）、原龙太（横滨市水道局工务长）等也参与其中，从这一点也可以窥见涩泽的用意。

当日本经济界对移民问题已经有较高程度的认识时，美国太平洋沿岸的经济界参加此次交流活动的目的是什么呢？

第一，与日本经济界一样，为了促进日美关系的友好亲善。这一目的从赴日实业团团长F. W. 多尔曼的讲话中可以证实。F. W. 多尔曼说："我并非作为一介商人来到日本，而是作为美国国民的代表来访日本。我热切地希望这次来访能使两国不为太平洋所隔绝，乃至更加相亲相爱。我是为了向日本人民表达对和平和友情热切的希望而来的。"[4]

第二，为纠正日美间的贸易不均衡问题。即增加对日出口以改善对日贸易收支、推销美国太平洋沿岸地区的产品，这可以说是真实目的。接下来笔者将依据罗伯特·大来的见解进行分析。罗伯特·大来认为，日美关

---

[1] 从本文前述涩泽在飞鸟山私宅的演讲中可知。
[2] 1909年4月1日由波特兰的沼野领事发出，小村外务大臣收（「本邦名士招待接伴一件」）。
[3] 同上。
[4] 『東商月報』第1卷第4号，1908年10月，64頁。

系摩擦源于日美贸易不均衡问题。当然,与1970年代以后至今的日美间贸易不均衡问题相比,当时的对日贸易赤字额并不大。宏观统计结果显示日美贸易的趋势变化,从中可以发现1905—1909年美国的所有贸易活动中,对日本的贸易输出和输入分别仅占2.3%和5%。而且,美国对日贸易赤字在1905—1909年间年均约为2 000万美元。如此推算,对于当时坐拥每年4亿—5亿美元贸易黑字的美国来说,对日的贸易赤字并不十分显眼。但是,如果将范围缩小至亚洲贸易,日本便是占有美国与亚洲贸易往来1/3贸易额的亚洲最大贸易对象国。作为对亚洲的贸易窗口,洛杉矶和西雅图的经济界尝试增加对日本出口工业制品、木材、石油等物品,以达到更为平衡的对日贸易。但是,对于当时的日本来说,在进口工业制品方面,从英国、德国等欧洲国家的进口是占有压倒性优势的。对于这一点,罗伯特·大来在访问函馆时,他感叹道:"在工厂中运作的巨型锯子,几乎每个都是英国产的。我认为美国产的制材专用锯是世界顶尖的,但美国商人不善推销,所以才输给英国制造了吧。"[1]

罗伯特·大来指出,美国的对日贸易出口迟迟不增长的原因有三点:(1)从事对日贸易的美国商人数量稀少,尤其是几乎没有在日本开设分店和事务所的商人,因此被英国和德国的商人压制了在日本的销售途径;(2)美国各州的州际通商委员会为限制对日贸易实行征税;(3)美国商船数量不足。[2]罗伯特·大来总结了美国方面的问题后,要求日本增加从美国的贸易进口。

> 美国从日本购入大量商品,日本却极少购入美国产品,几乎全权依赖英德两国。为使日美两国今后发展紧密友好的关系,我们应采取互惠主义(reciprocity)。[3]

---

[1] Robert Dollar, Trip through the Far East, July 8, 1902, p.30(The Dollar Collection, carton6, 23/112).

[2] Robert Dollar, Address at the Reception in the Merchants Exchange to the Japanese Commissioners, Nov., 1909(The Dollar Collection, carton 5, 70/114).

[3] Ibid.

另外，从海运从业者的角度，罗伯特·大来认为若日美贸易结构不均衡，从日本海运至美国的货物数量很多，但美国却仅仅是付出相应的钱财，而没有向日本运输货物。[1]

罗伯特·大来认为，两国间的贸易应将进出口平衡作为核心，遵从增进彼此利益的互惠主义，采取公平公正的贸易态度。这样的想法是当时美国太平洋沿岸实业家们共有的认识。[2]因此，美国赴日实业团在与日本的政界、商界的交流欢迎会上，竭力推销实业团成员公司的产品。[3]

此前笔者已经分析了日美两国互访的目的。但有趣的是，作为访问背景的移民问题、两国贸易不均衡问题，两国经济界对此有不同的解读。笔者将从这一点出发进行深入分析。

第一点，移民问题。应该注意的是，1909年日本实业团赴美时涩泽等人代表日本方面对移民问题的看法已经与1908年美国实业团赴日时有所不同。当然，通过实业团互访，日本实业家认为，移民问题对日美关系的影响，特别是对日美贸易的影响将会减小。但是，如何处理移民问题与之前相比则有很大的不同。1908年赴日实业团到达日本以后，涩泽、中野等日本实业家致欢迎词时，几乎每次都会提到"排日问题"以及美国对日本或日本人"误解"的问题。但是，当赴美实业团在美国各地交流巡访时，我们可以从他们的寒暄致辞中发现，除在加利福尼亚州以外基本没有提及移民问题。比如，当西雅图的报社记者询问赴美实业团此行目的是否在于解决移民问题时，涩泽对此的回答是否定的。涩泽还表示，不希望把赴美实业团与移民问题联系在一起。[4]

让涩泽态度发生转变的理由主要有以下五点：（1）赴日实业团让美国对日本的误解消除了；（2）将日本移民被排斥问题摆在最显眼的位置，反

---

[1] Robert Dollar, Address at the Reception in the Merchants Exchange to the Japanese Commissioners, Nov., 1909 (The Dollar Collection, carton 5, 70/114).
[2] 这样的想法，在赴日实业团制作的 Honorary Commercial Commissioners representing the Chambers of Commerce of San Francisco, Annual Report, 1910、1911年中也可以看到。
[3] 『東商月報』第1卷第5号，1908年11月，45—51頁。
[4] 『渋沢栄一伝記資料』第32卷，93—94頁。

而会刺激美国国内的排日者；（3）日本政府将根据《日美君子协定》约束前往美国的移民，以免发生此前日本移民涌入美国时伴随产生的冲突；（4）伪满洲国代替美国逐渐成为更多日本人选择的移民地；（5）美国太平洋沿岸经济界期望增加对日本的贸易出口。面对加速的移民排斥问题，涩泽期待美国经济界采取相应的措施。涩泽尝试将移民问题放在更大的日美关系框架中思考。

当日本经济界对移民问题的对策发生变化时，美国太平洋沿岸经济界关于移民问题几乎不做意见阐述，其话题集中在如何扩大与日本的通商关系上。除西雅图等坚决反对排斥日本移民的城市以外，对于深感移民问题之根深蒂固的旧金山等城市的实业家们来说，日本实业家的态度正中其下怀，于是对移民问题只字不提。

美国太平洋沿岸经济界之所以反对排斥日本移民，并且害怕"日美战争论"的流行风潮，是因为他们担心此事可能会引发日本对美国开战，或者即使不开战，也有可能在日本各地发生类似中国南方的抵制美货运动。由此可以看出，美国太平洋沿岸地区由于远离美国中心地东部地区，经济上相对脆弱。当1908年美国实业团抵达日本且得知日本对美国并无敌意，也不会发生日美战争后，他们便知道解决移民问题并非需要动用经济界全部的力量开展政治活动。对于经济界而言，只要遵守《日美君子协定》，剩下的就是提高日本居民在美国的地位问题，这与欧洲系移民的问题同样费时。关于这一点，太平洋沿岸经济界难以达成一致意见。

因此，日本经济界将解决移民问题作为派遣实业团的主要目的之一，美国太平洋沿岸经济界却只将移民问题作为影响日美经济关系的一个要素对待，并没有将其纳入目的范围。这一点反映了日美两国经济界对民间经济外交的不同看法，引人深思。

第二点，对待贸易不均衡的想法差异。与1970年以来美国经济界对日美贸易不均衡的有些情绪化的态度不同，笔者不认为当时美国经济界的不满会影响日俄战争之后的日美关系。但是，如果将范围限定至美国太平洋沿岸经济界的话，因贸易不均衡而产生的对日本的不满却是很强烈的。

从实业团体互访时日美两国实业家的发言可以看出，他们对贸易关系的认识是存在差异的。也就是说，以罗伯特·大来为代表的美国太平洋沿岸经济界认为，对日贸易结构对日本过于有利，应该改变太平洋沿岸仅作为连接日本和美国东部市场交易中转站的地位，他们强烈要求日本增加进口美国产品。[1]对于日本实业家来说，日美贸易具有吸引力，因为它是为数不多的可以让日本产生贸易黑字的交易之一。因此，他们从未用"公平"或"公正"的概念考虑日美贸易。神户商业协会会长松方幸次郎毕业于耶鲁大学，英语水平高超，他常常进行英语演讲。在演讲中，他是这样对美国经济界的要求提出不同意见的：

> 我常常看见在美国的报纸中有类似这样的报道和不满："美国从日本购买很多商品，但日本却只求购欧洲的产品。"我坚信，这并非"公平"（fairness）或"不公平"（unfairness）、"公正"（justice）或"不公正"（unjustice）的问题。为何美国太平洋沿岸地区比欧洲距离日本更近，但却没能增加与日本的贸易，关于这件事美国人产生疑惑也是合理的。……我个人的观点是，这是日美两国人民的无知而引起的。日美间的贸易现状是由两国贸易从业者的无知，也就是市场调查的不足而引起的。[2]

松方认为，如果日美两国的实业家通过相互交流，了解双方的供需状态，便可以扩大贸易量、增加对日出口，那便无关公平或者公正的问题了。[3]

---

[1] 与 Dollar 那样认为对美国海运业是巨大打击不同，有人认为，日本出口到美国的货物极多，但从美国返航时如果空载对日本海运业来说损失很大。比如，有人议论道："贵国的货物由巨型货轮运载到美国后却空船返航，实在是对一国经济的巨大损耗。改变现状，保持均衡的相互进口的关系，难道不是双方共同期许的事情吗？"这是 Frank L. Horrar（奥马哈商业协会会长）在奥马哈欢迎招待赴美实业团时致辞中的意见。『渋沢栄一伝記資料』第 32 卷，293 頁。
[2] Kojiro Matsukata, Speech at a Luncheon Party on s.s. "Saikyo Maru" in honour of the visit of the Honorary Commercial Commissioners representing Chambers of Commerce of the Pacific Coast of the U.S.A., Nov.1, 1908, pp.8, 9（The Dollar Collection, carton 6, 69/113）.
[3] 同上。

涩泽也持相同意见。他们极力主张,最重要的是增加日美两国整体贸易量。

因此,日美两国的实业家通过深入交流,就日美间的通商关系扩大一事达成一致,但是对于贸易不均衡的问题,两者想法仍有差异。1970年代以后,围绕日美经济摩擦,美国方面常常强调的"公平""公正""互惠主义"等概念,这些概念在日俄战争后不久便出现在美国太平洋沿岸实业家的演说和大众媒体中,这一点耐人寻味。以洛杉矶为例,港口交易的货物中有接近四成是对日交易的贸易品,而且进口与出口呈4倍左右的不平衡关系,因此美国萌发出"不公平""不公正"的想法。虽然对于美国整体而言,对日贸易赤字并非大额数目,但是对于太平洋沿岸地区来说,它们作为对日贸易的窗口,此事也成为对日批判加剧的原因。

(三)参与者的反馈

关于实业团体互访的目的,日美间有微妙的差异,这件事也对日美两国各界的反应产生较大影响。

日本方面以外务省为中心的政府各部门全面赞成此次计划,并且在实行时将不遗余力地给予援助。例如,欢迎赴日实业团时,桂首相、小村外相亲自准备晚餐会,众多政府人员也参与到此次活动中去。

与会者中,石井外务次官、能势、小池总领事几乎出席了所有在东京的午宴和晚宴。令人瞩目的是,除外务省相关人员的高出席率外,访问城市的知事、市长的出席率也相当高。[1]自日俄战争以后,日本各城市都在推进大规模的城市建设,计划将美国的资本作为建设资金导入,因此各县、市的知事和市长都积极参加与美国经济界的交流。[2]赴美实业团也是同样的情况。第二年,也就是1909年8月赴美实业团出发之际,甚至连明治天皇也在芝离宫准备了送行午餐会。

小村外相对此事尤为上心。小村外相认识到在日本发展道路上美国力量的重要性。为发展与美国的经济关系,进一步改善日美关系,他认为,

---

[1] 依田信太郎编『東京商工会議所八十五年史 上巻』東京商工会議所,1965年,863页。
[2] 小原敬士编『日米交渉史—通商産業編』洋々社,1965年,206页。

以实业团体互访代表发展民间经济外交的效果是显著的。小村外相之所以重视对美民间经济外交，是因为在朴茨茅斯讲和会议上俄罗斯代表维特的舆论对策比小村快了一步，小村以此作为反省。总之，以小村为中心的外务省、农商务省都在实业团访问的时候给予了帮助。此外，海军也为欢迎美国赴日实业团体，爽快接受了太平洋舰队欢迎活动的邀请。海军次官加藤友三郎回信给石井外务次官表示，他理解实业团赴日的目的，并很荣幸地欢迎他们。[1]因为得到了海军的协助，美国太平洋沿岸实业团便可以参加太平洋舰队欢迎典礼和阅兵式，这也成为消除他们对日本恐惧感的重要原因。

日本方面，政界、经济界一同协力，而美国方面的应对却并未像磐石一般团结。在主办者方面，太平洋沿岸经济界的步调并不统一。具体来说，是以旧金山为中心的加利福尼亚州和以西雅图为中心的华盛顿州、俄勒冈州的对立。虽然美国在组织赴日实业团时，由于日本方面的努力平安无事，[2]但围绕着日本赴美实业团欢迎活动，旧金山商业协会的态度消极，这与西雅图、塔科马、波特兰和斯波坎四个城市的商业协会之间的对立明显。旧金山市不希望使用国库辅助金，因此无法举办令人满意的欢迎仪式。[3]影响这个决定的，是移民问题。加利福尼亚州当选参议员表示："在太平洋沿岸的排日活动逐渐发酵之时，这样的招待我认为是缺乏考虑的，我反对使用国库辅助金招待。"[4]对此，西雅图商业协会召开总会，在表达对加利福尼亚州排日运动不满的同时，也对旧金山对赴美实业团的欢迎活动持不成理由的保留态度进行了严厉批评，决定由前述四个商业协会联手举办赴美实业团欢迎会，并着手准备。[5]关于向东部各大城市移动一

---

[1] 1908年9月24日加藤海军次官发出，石井外务次官收「米国艦隊歓迎海上ヘ同国実業団ヲ来加招待ノ件」。
[2] 赴日实业团最初打算招待旧金山的几位实业家，后采纳了西雅图和波特兰的领事的意见后，决定平衡各个城市的与会者数量。（外务省「米実業家招待一件」）。
[3] 『渋沢栄一伝記資料』第32卷，18頁。
[4] 同上书，19页。
[5] Seattle Chamber of Commerce, Records of Special Meeting, March 27, 1909.

事，詹姆斯·希尔将准备特别列车，并且由美方支付约500 000美元的运费。被西雅图的积极行动刺激后，加利福尼亚州各城市也在美国政府的斡旋下，最终加入此次活动，但是赴美实业团欢迎活动的主导权始终握在西雅图手里。当然，旧金山也全力支持此次赴美实业团的欢迎活动，但是因为派遣赴中国实业团一事罗伯特·大来等人已经尽力，所以无法像西雅图那般接待和欢迎赴美实业团。

人们认为，美国太平洋沿岸经济体内的这种冲突是由以西雅图为中心的西北地区对加利福尼亚州尤其是旧金山的竞争意识引发的。西雅图与旧金山分别为通往亚洲和美国东部的交通要道，但两者的经济利害关系未必相同。1896年，日本游船开设连接西雅图和日本的太平洋航路。开放港口前，西雅图还是一个不足7 000人的寒村，却在一夜之间变成亚洲贸易的窗口，引人注目，及至1910年，更是成长为超过200 000人的太平洋沿岸第二大都市。因此，西雅图对日感情良好，同时以旧金山为目标发展经济。所以，虽然两者在同日本改善关系这个大目标上达成一致，但是在移民问题等个别问题的处理上意见有所不同，这一点在赴美实业团欢迎活动上表现得尤为明显。

接下来，笔者将目光放在美国政府首脑的应对上。总体而言，他们比日本政府首脑更为冷静。塔夫脱总统和诺克斯国务卿虽然都欢迎并接见了赴美实业团，但两者对实业团体互访的评价却十分微妙。他们表示涩泽等日本经济界首脑"作为商业的使节在我国备受崇敬实乃可喜之事"[1]。议会资料中是这样评价实业团互访的：

> 日本帝国与我国的历史关系，同以往一样亲密，太平洋沿岸商业协会的代表曾经得到日本的盛情款待，这次他们邀请日本知名实业家访美，对发展太平洋贸易，升温两国情感，毫无疑问会大有裨益。[2]

---

[1]『実業之日本』第12卷第23号，1909年11月，28页。
[2]『東京商工会議所八十五年史 上卷』。

可以看出，塔夫脱总统最多将日美经济界民间经济外交的主要目的放在扩大贸易往来上。也就是说，他没有提到移民问题，而仅将其作为通商的一环。关于这点，美国的想法与日本完全不同，日本政府明里暗里都提及此事，希望可以利用此次实业团的相互访问，解决移民问题。进一步分析塔夫脱总统的发言可以发现，他对移民和贸易问题有独特的思考。他认为歧视包括日本人在内的亚洲人绝不是好事。

我屡屡听闻"如果和日本走得太近，就会导致难以对亚洲贸易出手，或是失去利用亚洲劳工的机会，进而会错失与亚洲各国进行贸易，倾销机械、棉花等商品的机会"。这些都是毫无意义的。鄙人愿意提倡美国将不会进行这样的倾销贸易政策，乃至于鄙人现在所进行的将亚洲劳工排除这一事，也不会对和亚洲的贸易产生影响。[1]

他认为排斥移民与贸易并无关系，而且对日本实业团体发出以下警告：

即是说我等美国人在开始竞争之前不免会有些迟钝，又在如何获得自己的利益上显得略微迂腐，那我们是在切实地做着准备的。我想敬告在座的日本人诸君，在和美国人竞争时一定不可掉以轻心。[2]

如此，塔夫脱总统虽然评价日美两国经济交流活动很有意义，但对待移民问题和贸易问题却发表了大胆的意见。也就是说，他认为亲善归亲善，贸易归贸易，应该分开来考虑。塔夫脱总统的想法对于美国太平洋经济界来说不一定有利。对于欢迎赴美实业团一事，太平洋经济界为实业团互访做出努力，并取得令人满意的成果。[3]但是，塔夫脱总统仅仅将此次活动定位为民间层次的亲善活动，因此其间也能听到不满的声音。另外，

[1]『渋沢栄一伝記資料』第32卷，第151頁。
[2] 同上书，146頁。
[3] Seattle Chamber of Commerce, Records of Special Meeting, Dec.13, 1909.

由于总统的发言中包含一些对日本经济界的挑战性内容,为此西雅图商业协会也感到为难、困惑。[1]

最后,笔者将介绍涩泽所期待的日美两国的大众媒体的反应。值得注意的地方有三点:(1)对于实业团互访的评价,日美两国的报纸都有助于改善两国关系;(2)在报道数量上,日美两国间可见差异;(3)从在美日本人发行的日文报纸上可以看到,它们对待实业团互访的评价前后有变化。

第一点,日美两国代表性报纸和与商业协会相关的月报、年报都有助于密切日美关系。[2]第二点,关于实业团报道的数量,日美两国不尽相同。首先在日本,东京、大阪、横滨、神户等地的报纸有几乎相同的报道量。当然,在大西洋舰队来航之际,横滨的接待规模最大,但并没有那么强的地域差异。商业协会的月报也是如此。但是美国的地域差异非常明显。关于赴日实业团的报道并没有太多差别,但关于赴美实业团,西雅图的报道数量明显多于其他城市。西雅图的报道将赴美实业团的团长涩泽荣一称为"日本摩根",强调此次日本实业团体的来访基于日本经济界全体意见,还介绍了同行夫人们的侧影,高度评价她们为日美亲善做出的贡献。[3]第三点,在美日本人协会尤其是旧金山的《新世界》杂志对赴美实业团的评价产生变化一事,引人深思。也就是说,直接制造契机促成实业团互访的在

---

[1] Seattle Chamber of Commerce, Records of Special Meeting, Dec.13, 1909.

[2] 在1908年的赴日实业团和1909年的赴美实业团中,对后者的宣传力度更大。但是,两个团体的活动几乎都在各自城市的代表性报纸、杂志中出现过。例如,在东京,就有『東京日日新聞』『中外商業新報』『時事新報』『東京経済雑誌』等。而且,除了商会的月报,『銀行通信録』等商会以外的行业报纸也进行了报道。

[3] 参考Seattle Times, Aug.31, 1909和Seattle Post-Intelligencer, Sep.1, 1909。在旧金山也有San Francisco Chronicle和San Francisco Examiner两家报纸刊登了有关日美两国实业团的新闻。例如,San Francisco Chronicle, Oct.12, 1908中写道"Japan welcomes Pacific Coast Delegates",报道了在横滨的美国舰队的欢迎仪式等在日本举行的欢迎活动。同刊在9月23日的社论上就美国太平洋沿岸实业团赴日一事表达了积极的意见"对日美关系尤其对贸易扩大有所帮助"。一般来说,在一个刊登排日事件的报纸上看到这样的评论是耐人寻味的。而且,关于赴美实业团,在1909年11月8日的报纸上也介绍了欢迎情况,在第2、3版面介绍了实业团的欢迎新闻,但并不像西雅图的各种报纸那样刊登含有照片的新闻。另外,在纽约的经济报纸The Journal of Commerce and Commercial Bulletin上详细介绍了有关赴美实业团的新闻(1909年10月12日、13日)。但是几乎没有提及1908年的赴日实业团。

美日本人协会自 1908 年赴日实业团访问日本以来，一直期待着日美两国经济界的交流。他们对赴美实业团在美国的行动每天都进行报道。观察赴美实业团在西雅图和美国东部的言行举止后，他们开始担心，因为关于日本人移民问题的话题很少被提起。[1]当赴美实业团接近旧金山时，虽然他们承认实业团赴美的意义，但是同时也发出警告，如果他们就这样离开旧金山，那么这次活动将在不了解在美日本移民问题的情况下结束。而且他们认为，赴美实业团应该多和在美日本人接触，了解真正存在的问题；与此同时，对于在美日本移民来说，也应该努力让日本的实业家了解到移民问题的深度。[2]日美君子协定的缔结，使涩泽等人乐观地认为已经越过移民问题的隘口，然而在现实中处于排斥情绪旋涡里的在美日本人对此并不赞同。

六、对民间经济外交的影响

如今，从日本到纽约乘坐飞机只需 12 小时，从日本到旧金山只需 9 小时，而那时与现在不同，横跨太平洋需要花费 2 周之久。在那个时代，即使可以保证安全航海，但要让包括女性在内的 50 名以上的经济界代表们横跨太平洋访问日美各地，其困难是超出想象的。两国经济界仍然克服困难举办此次活动，由此可以看出当时日美经济关系之密切。[3]笔者在前文中从多个角度分析了赴美实业团给当时的日美经济关系甚至日美整体关系带来的影响，下面将探讨赴美实业团是否起到了涩泽所预期的加深两国各界相互认识的作用。

---

[1] 1909 年 8 月，在『新世界』中开设了「実業団通信」专栏，几乎每天都会介绍赴美实业团的动态。在赴美实业团即将到达旧金山的 11 月 19 日的专栏"对实业团的期待"中对实业团似乎不太关心在美日本人的现状这一情况表达了担心。
[2] 「実業団と在留民」『新世界』1909 年 11 月 20 日；「渋沢男爵訪ぶ」『新世界』1909 年 11 月 23 日。
[3] 此后的活动还有，1920 年由日美关系委员会主办的美国实业团、1934 年以原驻日大使 William C. Forbes 为团长的经济使团等美国实业团的访日活动。另外，日本方面也以欧美视察团的形式派遣过 2—3 次实业团。但是，直到太平洋战争爆发，都未能再次实现如此大规模的互访。

第一，为搭建日美经济界人脉做出重要贡献。在此之前，虽然美日实业家彼此之间有个人私交，但是未能实现组织间的联结交流。涩泽荣一于1902年以东京商业协会会长的身份赴欧美进行视察旅行，虽然他在美国经济界扩展了自己的交际圈，但也仅局限于个人交往层面。通过本次互访，日美各地的商业协会都建立了大范围且细致的联络网，这次对接将对此后日美经济关系发展大有裨益。1909年11月29日，赴美实业团在旧金山与美国达成以下两点共识：（1）双方商业协会将共同推动日美贸易的扩大；（2）为达成此目标，双方应在常任委员会中特设委员负责双方的联络工作。[1]赴日实业团中的华莱士·麦金尼·亚力山大（Wallace M. Alexander）后来在旧金山商业协会内设置日美关系委员会，这也推动日本设立了相应的委员会。[2]

第二，日美两国的实业家通过观察两国实际情况，都重新认识了对方国家的重要性。一方面，对于美国太平洋沿岸经济界来说，他们领先于东部经济界，派遣大型实业团赴日，由此了解到日本轻工业技术发达以及劳动生产率高的现实，这为探讨下一步扩张日本市场提供了可能。但是对于美方改变对日贸易失衡的需求，日本经济界反应迟钝，也没有开展具体的商业谈判。在这一点上，太平洋沿岸经济界的真实目的在短期内并未达成。另一方面，对于长期欢迎引进欧美市场资本的日本经济界来说，日本市场的优秀得到美国太平洋沿岸经济界的认可，这是非常重要的。此外，日本经济界的访问目标是美国东部经济界，而实业团此次赴美能够访问到纽约、芝加哥等美国经济中心地区，这对他们来说也是极大的收获。

不过，以涩泽为首的日本方面对美国太平洋沿岸经济界的期待在于，希望他们能够尽力平息排日活动。在1908年的赴日实业团欢迎活动以及1909年的赴美实业团招待活动中，日本经济界观察美国太平洋沿岸经济界的态度后，开始对美国持有乐观态度。原本日本经济界认为，所有问题的根源在于美国对日本产生的误解。实业团互访结束后，他们与中野武营相

---

[1]『渋沢栄一伝記資料』第32卷，366頁。
[2] 关于为日美民间外交做出贡献的国际主义团体，可参绪方贞子「国際主義団体の役割」細谷千博·斎藤真他編『日米関係史—三、議会·政党と民間団体』東京大学出版会，1971年。

似，对美国的认识如下："如今，我们同美国的关系因太平洋沿岸实业家的访日和太平洋舰队的来访，已经消除所有误会，彼此肝胆相照，这可以说是我国国民外交取得的成功。"[1]即便塔夫脱总统、罗伯特·大来在会见赴美实业团时毫不留情地表达了对日本的看法，这也没有改变他们对美国的乐观认识。对于美国国内的排斥日本移民运动，涩泽也乐观地认为：

> 即便今日，在美国社会的某个角落仍存在所谓的排日思想，也绝非我国人民想象中那般严重。美国政府和有识之士认识到，数年以后，作为人口扩张之后的转移路径，他们不得不寻求东方的帮助，为此他们有必要与我国人民合作，并意识到和平地执行该政策的重要性。[2]

然而，1909年12月诺克斯国务卿满铁中立化方案的提出和1913年排日土地法的颁布等一系列体现美国对日强硬姿态的事件，将日本经济界的乐观论纷纷摧毁。

第三，实业团的互访对日本政府的影响要大于对美国政府的影响。将目光聚焦在日美关系全局上可以发现，美国太平洋沿岸实业团体的访日和美国太平洋舰队停靠横滨港一事，让日美两国人民更为冷静，为签订《鲁特·高平协定》（《日美协定》）营造了氛围。另外，赴美实业团也同样为改善日美关系做出贡献，这一点可以通过前面介绍的大众媒体和商业协会内部资料确认。在这样的环境中，日本方面以桂首相和小村外相为首，官民一致欢迎美国太平洋沿岸实业团。他们将当地经济界视为移民问题的中心、美国太平洋沿岸地区的亲日派，并高估他们是解决移民问题的强有力支持者。对此，熟知移民问题根源的太平洋沿岸经济界对日本的要求感到十分困惑。美国当地经济界试图通过对日美两国实业团的互访进行大规模报道，以引起联邦政府的注意。但是塔夫脱总统以及其他政府高级官员在

---

[1] 中野武营「对日及对清所感」，5—6页。
[2] 『竜門雜誌』第260号，1910年1月，49—50页。从文中赴美实业团成员的感想可知，其中很少有人会担忧未来的日美关系。

欢迎日本实业团的同时也将其划进民间经济交流活动的范畴。[1]

第四，日美两国实业团互访结束后，日美两国间的民间经济外交也告一段落，两国经济界的重心一起转移到与中国的经济关系上。这不仅仅是日本与中国、美国与中国之间的关系，而且日美中三国关系框架初步形成。

像这样的民间经济外交对日本经济近代化产生多大的影响，我们尚无法推断。但是在日俄战争后的巨额债务偿还和日本经济重建时，对美国出口量增加而获取的外汇以及从美国引进的资本和技术是无可替代的。尽管日本的国际地位在上升，但是对于曾经多次陷入经济危机的日本来说，美国已经成为其最可依赖的国家。具体而言，在贸易方面，日本与美国的进出口交易额占到整体进出口交易额的三成以上。另外，以振兴关东地区为核心的日本主要城市的重建都是依靠美国的资本和技术完成的。

进入1920年代，日本开始走上稳健的近代化之路。在民间经济外交方面，1920年代是最充实丰富的时期。例如，1920年以范德利普（Vanderlip，花旗银行行长）为团长的美国实业团访日，1921年以团琢磨为团长的欧美视察团和日美关系委员会等友好亲善团体举办各种活动。虽然美国1924年通过的《排日移民法》对这种友好的氛围是一次极大的打击，但美国实业界对日本的信赖却是不断加深的。

七、小结

本文通过考察涩泽1902年的欧洲漫游和1909年的赴美实业团活动，形塑涩泽荣一作为民间经济外交领袖的形象，希望通过此类研究，为思考日美关系提供全新视点。

第一，对涩泽荣一的评价。涩泽对民间经济外交的意义理解到位。他对赴美实业团有两个期望：一是加深对美国的理解，二是希望促使日美双

---

[1] 涩泽并非夸大这次赴美实业团的成果，但是让这种民间外交持续发展是很有必要的。为此，他强烈建议诺克斯国务卿和美国东部商业界来日本访问。

方的实业家思考日美关系。

1902年的访美，美国国家版图之大、地区之辽阔、民族的多样性等给涩泽留下了深刻的印象。涩泽认为日本人必须了解统一这一切的"美国精神"。因此，赴美访问地除了工厂、农场、经济团体以外，还选择了大学、教会、慈善团体等推动美国社会发展的各个代表领域。涩泽同时意识到，实业家想要活跃于国际社会，就必须对对象国的政治、经济、历史、文化等有较为全面的理解，这是不可或缺的。他认为："真实的日美友好，在国民与国民消除隔阂、握手言和后才会成立。"

涩泽荣一抱有这样的想法，以70岁的高龄辗转各地致力于推动日美友好和亲善。与现今的经济使节团最大的不同在于，当时的访问地点基本上都包含了大学。从哈佛大学、普林斯顿大学、耶鲁大学等东部常青藤联盟大学到UCLA等西部大学，在访问团体密集的行程表中，大学必不可少。

另外，涩泽希望可以让美国的知识分子对日本产生关注并尝试去理解日本，以消除双方的误解和疑虑，努力建立信赖关系。

第二，涩泽拥有天生的行动力，为消除民间经济外交障碍，以身作则地站在实践的第一线。这个时期的日本实业家并非都是亲美派，也并非都在积极响应民间经济外交。例如，1906年旧金山地震发生后，日本经济界捐款17万日元，此数额超过其他国家的合计金额，但反对企业支付地震慰问金的声音也有很多。这时，涩泽反驳道："在面对关乎国家命运的公共事业时，实业家难道不应该捐献充足的钱款吗？"他首先提出自己担任行长的第一银行捐赠1万日元。也因为涩泽的身体力行，义捐活动才得以顺利进行，这让美国实业界十分感动。

涩泽的这些努力直接促成日美关系史上第一次日本大型实业团访美活动取得成功，日美民间经济外交也结出了丰硕的果实。

涩泽能够充分发挥领导力，主要是因为他在日本国内的政、官、财界都是赫赫有名的人物。明治时期的元勋伊藤博文、松方正义、西园寺公望、桂太郎、小村寿太郎等政界大佬都与涩泽有交往，另外，他还是东京商业协会会长，同时担任有近百家企业和经济团体的领导。涩泽拥有的这些广博的人脉网络也是他获得成功的基础。

第三，涩泽在国际上知名度高。幕末，他访问了法国等欧洲各国，还通过两次访美，凭借天生的好奇心和体力，与各国领袖进行广泛的交流。特别是在美国，除了罗斯福、塔夫脱等总统外，爱迪生、哈里曼、希夫、范德利普、摩根等美国经济界、宗教界、教育界大腕也对涩泽荣一均有耳闻。涩泽大概是当时对美国来说最知名的、可以信赖的日本人之一。如前文所述，涩泽被选为赴美实业团团长后，西雅图的报纸对此事是如此报道的："日本的摩根，涩泽男爵当选团长，本次实业团是可以代表日本的。"

第四，日本政府首脑和外务省均十分理解涩泽的民间经济外交，并予以全方位支持。极少出现政府（外务省）、陆军、大陆浪人、经济界等在日中关系中常常出现的复杂的利害对立局面。以涩泽为代表、被视为拥有大局观的实业家们开展的民间经济外交成为日本外交的助力。

进入1990年代，日本被国内外视为经济大国，日美摩擦成为当时更重要且严重的问题。综观日本经济界的领导层，像日俄战争后率领赴美实业团的涩泽荣一那样，能够从大处着眼，思考在日美关系、国际关系中日本的职责和未来并且拥有成就伟大事业的坚韧性格的人，是否还存在呢？现状十分令人担忧。

此次赴美实业团是日本至今为止的经济使节团的先驱。恐怕如今每月或者每周都会有大大小小的经济使节团从成田或者福冈、札幌、名古屋起程，飞到世界各国去。从这个层面解读的话，涩泽开创的事业已经深深扎根于日本，其效果和影响都是巨大的。但是，来到日本的海外商人和从日本出发前往海外的商人们到底有没有对当地的大学进行访问呢？近年来，随着交通的便利，据说在会议场地和飞机场间往返的商人越来越多。在这种情况下，国际关系可以得到妥善处理吗？通过1909年赴美实业团的活动，我们能看出现在日本经济界面临的新课题。

本文的另一个目的在于，通过涩泽荣一，综观20世纪初日本对美民间经济外交的整体状况，探寻发展日美关系的新维度。下面对这方面的成果和今后的研究课题作一总结。

第一点，发现可以长期分析日美关系史的全新视角。因为在以往的日美关系研究中，中心思想为研究两国对立局面，纵使有个别研究取得优异成果，但很少有人将视线放在 50—100 年的长期范围中进行研究。引入民间经济外交的连续视角，有可能从不同角度把握日美关系的历史。

第二点，可以尝试描绘出日美协调发展的历史。详细分析协调发展的内涵同样可以启发当今的日美关系。

第三点，明确在日美关系史中经济界的作用。在美国，经济界拥有强大的力量，有时可以影响政府的外交政策，也可以跨越外交政策的架构组织开展对日交流活动。从以上角度来看，厘清日美经济界的交流活动具有十分重要的意义。

涩泽荣一与中国
——以其对华态度为中心 *

片桐庸夫

涩泽荣一是从明治年间到昭和初期日本极具代表性的实业家，他在致力于日本近代产业发展的同时，还活跃在教育、社会事业、福祉、民间外交[1]及其他领域，为日本的近代化做出巨大贡献。本文将对其从事的国民外交，特别是占有较大比重的对华交往进行分析。为此，文章将通过分析涩泽的政治立场、理想的国家形象、国际视角以及在此前提下产生的对待东亚兴业、中国兴业、日华实业协会的态度来了解涩泽对华国民外交所具有的特质、长处、不足、局限性及障碍，同时将实业家涩泽所表现出的对华策略作为日本民间对华策略的一个缩影，与日本政府所采取的对华政策进行比较，得出异同。希望可以从不同于政府层面外交关系的视角对"二战"前的日中关系进行分析，从而产生新的视角和认识。日中两国已经迎来邦交正常化30周年，笔者相信以上分析对两国关系今后的发展也能有所启示。

---

* 本文的第一、二、三部分出自原作者载于『渋沢研究』中的论文「渋沢栄一と中国-その対中姿勢を中心として-（1）」（渋沢研究会編，第15号，渋沢史料館，2002年）。从第四部分开始是基于原作者『民間交流のパイオニア・渋沢栄一の国民外交』（藤原書店，2013年）的第三章「中国とのかかわり：実業人の組織化による経済交流の試み」（129—206頁）进行翻译的。

[1] 涩泽荣一称之为国民外交，以下援引这一说法。

一、国际视角

进入涩泽对华态度这一主题之前,本文首先对涩泽的政治立场及国际视角进行考察。其目的在于了解涩泽对其他国家的评价,以此为基础把握他的对华态度。

庆应三年(1867)1月,涩泽27岁时,奉德川庆喜之命,作为随员加入了以德川昭武为团长的巴黎世博会使节团,从横滨出发前往巴黎。对于年轻的涩泽来说,由于他曾经是一名尊王攘夷运动的支持者,这次出国让他多少感受到一些嘲讽的意味。但是以巴黎为中心,他在欧洲大陆体会到许多新鲜且极具冲击性的异国文化。这给涩泽的内心带来堪称革命性的变化,甚至可以说对他之后的活动产生了决定性的影响。

次年,回国后的涩泽已然成为一名开国论者、近代化论者,他面前的祖国也发生了翻天覆地的变化。当时日本已经进入了明治时代,这对于曾经的幕府家臣涩泽来说,是个不小的打击。涩泽曾在昭和二年(1927)7月回顾道:"我自法兰西归国后,所面临之状况极为可悲,我深感国家之事情竟会有如此之变化,致使我无法从政,决心于他处为国效力……由于日本官尊民卑之弊端极甚,经济上极为落后,我旅居法国之际就曾想过,回到日本后要致力于改善这一点……归国后,我认为致力于发展实业是对国家最好的贡献。另外由于庆喜公大政奉还,从情感上来说我也无法继续从事政治。"[1]涩泽出生于一个富裕的农民家庭,年轻时他对尊王攘夷运动倾注了大量热情,不但试图占领高崎城,顺势烧毁横滨的外国人居留地,还制订了坚决攘夷的计划。从这些举动可以看出,涩泽对政治具有异于常人的深刻关切和敏锐感知。然而,他最终还是选择投身于实业建设。他的这段回忆印证了他自己不得不做出这种选择的历史背景和

---

[1] 渋沢青淵記念財団竜門社編『渋沢栄一伝記資料』別卷第5,528—529頁。

事情原委。

后来，除了对日英缔结同盟及日俄开战表示支持，并对日韩合并表示认可外，涩泽一直极力避免政治性发言。碰上不得已要进行此类发言时，他都会有意识地从经济的视角来谈，内容翔实的《涩泽荣一传记资料》（共68卷）可以印证这一点。但正如前文所述，这绝不代表涩泽不关心政治或是缺乏政治敏感。他说过："国家之实力在于实业，保卫国家、为国争光亦在于实业，无人不倚仗实业之力。而政治，称其为实业社会中用以除害之物也并无不妥。"[1] "经济社会不仅不是政治之奴隶或臣仆，相反政治军备可以称为经济之奴隶或臣仆，不然真正的富强便无法实现。"[2] 这是涩泽一直以来所追求的政治与实业之间的关系的理想状态。为了避免误读，这里补充一点，涩泽对于两者之间的关系，也有较为现实的态度，即"我并非希望政治与实业全然分隔开来，实业的发展需要政治保护这自不必说，然而，只有实业家的地位及势力达到促使政治家行动之高度，才能求得真正的发展，此乃我心之所愿"[3]。

涩泽将自己理想的国家形象寄托在沿海国家——英国身上。他之所以这样做，一方面是基于上文所述的他对于政治与经济之间关系的理想或态度，另一方面，他认为英国的海运事业"自平素便有商业活动且促进工业繁荣，不仅如此，非常之时甚至有捍卫国家之力量"[4]，"海运最为昌盛之国，无论着眼何处俱为强国，反之，海运最为衰弱之国，无论着眼何处俱为弱国，这一事实已然得到证实，由此可见此事关系重大"[5]，因此"应当将海运视为重中之重"[6]。

这些阐述是在说明什么呢？是涩泽从经济主义出发来审视国家之间关系的三个基本立场。第一，他说"于今日之物质社会竞争中，实业家

---

[1] 『渋沢栄一伝記資料』別卷第5, 7頁。
[2] 同上书, 35页。
[3] 同上书, 29页。
[4] 同上书, 8页。
[5] 同上。
[6] 同上。

理应率先增加社会及国家之财富,有责任在竞争中拼尽全力"[1],也就是说,作为后发展国家的实业家,他们对于严峻事实必须有觉悟和责任感。第二,日英同盟缔结后,他认为日本"军队信用较高,相反经济信用较低"[2],要有改变这一现状,并谋求经济发展的觉悟。第三,他从"经济无国界"[3]的视角出发,"将国民与国民之间的利害关系紧密相连,稳固两国间之联系"[4]。需要强调的是,涩泽在这里所说的国民并非普通国民,而是偏向于特指实业家或实业团体。再进一步说,他认为贸易不仅能为双方国家带来利益,实现国家富裕,还能加强两国间的相互依存关系,增进相互理解和信赖,最终对构筑和平关系也能产生一定贡献。这也可以看作涩泽所追求的公共利益之一。同时也能看出,涩泽原则上并不认同通过发动军事行动来达到扩张领土或获得殖民地的目的,换言之就是并不认同通过军事来发展国家的模式,而是倡导作为海洋国家的和平发展主义,追求通商带来的经济繁荣及共存共荣,简单说就是贸易立国的思想。

接下来,我们继续分析涩泽认为哪些国家对日本来说是更为重要的。他的判断标准包括:对他国的既有认知,与海外高端人士的交流,访问欧美、朝鲜、中国后的体验及思考。基于以上标准,他最重视的国家,是在上文中已经提到过的、让米字旗高高飘扬在世界各大港口的沿海国家——英国。在涩泽眼中,将通商范围扩大至整个世界的大国——英国,是日本最应该学习的典范。同时,涩泽说过:"日本若想进行资本方面的磋商,对象一定是英吉利,说到金钱,英吉利依然保持着世界第一的姿态……对日本之事了解甚深者亦为英吉利,因而从现在至将来,日本若要谋求资本之共通,模仿英吉利即为成功之最佳捷径。"[5]从中可以看出,他对英国的信赖程度之高,评价也极高。

[1] 『渋沢栄一伝記資料』第25卷,89页。
[2] 同上书,87页。
[3] 『渋沢栄一伝記資料』第54卷,37页。
[4] 同上书,22页。
[5] 『渋沢栄一伝記資料』第25卷,271页。

日本对英国的态度，按照涩泽的理解是，"我日本欲在与本国地理相近、文字、人种皆相同之邦国，如清国、韩国大举扩张本国事业，此中利害与贵国（英国）相同，此番望两国通力合作，其中绝无不当之要求……保障清、韩两国之独立，维护东洋之和平，以供各国平等之机会"[1]。在经济上具有深远意义的日英同盟缔结后，这种对英态度应该得到进一步强化。这与涩泽倡导的"道德经济合一论"也是一脉相承的。涩泽在欧美各国中最重视英国是因为他认为英国的商业道德水平较高，同样，英国在东亚取得快速发展的理由也在于此，这让涩泽对英的态度更为坚定。[2]也就是说，涩泽认为对英关系是日本外交中支柱般的存在。但其中也存在一些令涩泽担忧的事情，比如日英缔结同盟后，"日英之间虽政治上达成同盟，却并未推进经济合作，东亚市场中的日英实业家的感情亦较疏远"[3]，"与英吉利之间的国民往来颇为贫乏"[4]，因此，他通过派遣实业团访问欧洲各国或者邀请欧洲各国实业团访问日本等手段来实现"在贸易上除支那、美利坚外，还要加强与欧洲各国联系"的设想。[5]

　　众所周知，涩泽重视儒教理论，同时儒教和繁荣的近代文明大国——美国所信仰的新教有一定的相似之处，因此他对美国是抱有好感和亲近感的。但对于美国在农业和工业上超乎寻常的发展速度与巨大规模，他表现出"比起钦佩，更多的是恐惧"[6]。此外，涩泽还颇具前瞻性地分析道："我在游历过欧美各国后，认为美利坚这一国家将来必定会和日本在东亚产生发展上的冲突……美利坚的发展有如日出之势，它正以惊人的力量不断生产着廉价产品，若是他们突飞猛进地闯入东亚市场，我们又当如何……将来，我们在东亚市场上最可怕的商业对手将会是美国。"[7]特别是美国进入

---

[1]　『渋沢栄一伝記資料』第25卷，268頁。
[2]　同上书，423頁。
[3]　『渋沢栄一伝記資料』第54卷，25頁。
[4]　同上书，26頁。
[5]　同上书，27頁。
[6]　『渋沢栄一伝記資料』第25卷，177頁。
[7]　同上书，244頁。

中国市场一事，让涩泽感受到竞争的威胁，也让他想象到未来日美两国在中国市场中可能产生的摩擦并为此感到担忧。正因为如此，涩泽才说"意图创造日本之富裕、国运之发展者，当将我国之事情告与美利坚，开拓资本共通之道，执行携手共进之方针，此乃吾之夙愿"[1]。同时，他自己也致力于实现以实业家互访为主的国民外交。

涩泽对于英国之外的欧洲各国也并非全盘轻视的态度。他将这些国家所在的发达地区看作日本今后重要的伙伴，或者说要努力让它们成为日本重要的通商对象。明治三十五年（1902），日英同盟缔结之年，涩泽访问了欧美。当时取得飞跃性发展的德国给他留下了深刻的印象。涩泽将自己的观察记述道："除了美国，德意志的工商业之强盛也使我震惊，我认为目前在世界大国中最为昌盛且今后定会有长足发展的国家就是德意志和美利坚。德意志之强盛只要看看汉堡的港口便能明白……其繁荣程度甚至让我觉得可以力压伦敦，先不论德意志的工商业，单单看铁路、船舶等便能窥得一丝近来发展之昌盛，可以想象今后它将成为欧洲大陆最为欣欣向荣之地。特别是德意志之进步极为有序，其基础之牢固可以想象。"[2] 如此评价德国工商业发展状况及近代化进程的确符合他本人的特点。

另外，对于日本在国家安全上不得不关注的俄国，涩泽并没有将它作为欧洲的一部分进行考虑。这不仅是因为两国在地理上接近，而且与日本在俄国的主要贸易对象——西伯利亚地区的发展也较为滞后有关。《实业之世界》的大正五年（1916）10月1日号刊登了涩泽的一篇文章——《战后贸易发展策略》。其中提到，对于俄国"已经不能采取姑息之策。日本应当建立以俄国为目标的专门生产公司，在充分调查该国实情的基础上，按需生产货物，并想方设法将其卖入该国"[3]。对于两国在与贸易相关的运输、金融、关税等方面存在的问题，他认为"加强日俄贸易，除实业家

---

[1] 『渋沢栄一伝記資料』第25卷，244页。
[2] 同上书，323页。
[3] 『渋沢栄一伝記資料』第54卷，34页。

外，还需政治家的合作，官民一致应对乃是重中之重"[1]。由此也可以看出，虽然俄国对日本是存在威胁的，但涩泽并没有以此为出发点提出军事战略上的建议，而是采取一种更为谨慎的态度，即通过通商关系的密切化及形成相互依存体制来达到和平的目的。

在日本周边，涩泽最为重视的必然是朝鲜和本文的考察对象——中国。

首先关于朝鲜，涩泽在大正十五年（1926）11月的雨夜谭会上说道，"我惯常是不提政治的，但从商业角度来看朝鲜也是我们的对手"[2]，还说"日韩合并是否时机过早，这种政治之事我等素人不宜妄议"[3]，对吞并朝鲜这一问题表现出好像不愿回答的态度。但他同时又表示，"只有关于朝鲜之事才能让我这个实业家也对政治有所兴趣。大概因为这是历史教给我的吧……要想维持日本的安宁就必须在朝鲜占据势力。若是朝鲜被俄、支占领，那日本便不得安宁。我在朝鲜开设银行分行大约是在明治九、十年（1876、1877），当时与其说是我个人的意愿，不如说是政府的邀请，政府以三分利贷给我们10万日元"[4]。与山县有朋提出的主权线理论不同，这一说法意味着日本是为了保护韩国而举国上下为其提供大量的经济支援，助力朝鲜半岛的近代化以及国家富裕，从而让朝鲜能抵挡住俄国的南下或中国的扩张。

涩泽于明治三十一年（1898）3月，在釜山发表言论称："从地理上看，世人皆知我们两国唇齿相依，古时，正是你们将儒教传入我国以滋养我国文化，同时还是佛教以及工艺技术传入我国的媒介……日韩两国之间的关系，正如同这难以剪断的姻缘一般，不可分割。"[5] 这些言论能够体现出涩泽对朝鲜的基本态度之一。以此为基础，他认为："为这个国家效力，引导这个国家，是我们日本国民的责任……这个秋天正是我们为这个国家

---

[1] 『渋沢栄一伝記資料』第54卷，34頁。
[2] 『渋沢栄一伝記資料』別卷第5，536頁。
[3] 同上书，639頁。
[4] 同上。
[5] 同上书，30—31頁。

贡献力量之时"。[1]

涩泽还认为："正如变侵略为通商，化攻击为殖民一般，这是如今世界文明外交的一部分。"[2]他所说的文明外交，旨在以通商关系为中心，构筑一个满足双方利益、可以共存共荣的关系，也就是涩泽所谓的国民外交，即以实业家为中心的民间经济外交。因此，涩泽非常重视世界文明外交，他希望在推进外交的过程中发挥自己的作用。

以上发言与日清战争后的明治三十三年（1900）末，涩泽在广岛商业协会举办的朝鲜视察报告会中发言的思想一致。他说："现在想来，我国人民或者说国家在朝鲜半岛的活动、所建的设施多由政治人士推进，通过经营实业参与其中者寥寥无几。在我看来，这一方式是错误的……我不想多谈从那［指日清战争］之后，我国是如何依照政治方向在朝鲜半岛增强势力的，这也并非我本职，即便我有所了解也惮于谈及。简言之，我国对于朝鲜半岛之用心，远不及其他国家之多，此乃不争之事实。我深信，为贯彻对朝宣战的要义及我国国策，换言之为了扶持朝鲜半岛的独立并使其长期保持下去，工商业即实业要比政治力量更能达到这一目的。工商业的力量能发挥更多实际效果，对于增加他国利益亦是上上之策。同时，扶持他国不单有利于我国永久利益，于我国国防事业来说，对他国实业之扶持亦是必不可缺之要紧事。"[3]这也描述了涩泽对朝鲜的基本态度。

不过，在前面引用的雨夜谭会中，他说"我本不赞成日韩合并，如今却是大势所趋"[4]，揭示了自己后期渐渐接受日韩合并势在必行这一事实的心境。这是因为朝鲜不同于从幕府末期到明治时期的日本，在本国的独立面临危机的情况下，依然没有为避免被殖民地化做出足够的努力。不仅如此，它还在缺乏危机感的状态中出现了政治上的腐败堕落，缺乏建设近代

---

[1] 『渋沢栄一伝記資料』別巻第5, 31頁。
[2] 同上。
[3] 『渋沢栄一伝記資料』別巻第5, 46—47頁。
[4] 同上书, 536頁。

国家的热忱和进取精神。对此，涩泽渐渐感到失望。结合日本很多青年认为"明治维新是改革之典范"[1]这一看法，涩泽的改变也不难理解。关于朝鲜的论述到此结束，后续将在其他文章中讨论。

虽然在这里提及可能有些不妥，但我还是想稍微谈谈台湾和伪满洲国。涩泽在前述的雨夜谭会中，与井上馨一同表明，与朝鲜相同，"我们当时反对出兵台湾的原因也是出于财政经济方面的考虑［认为比起增加国防费用、增强经济实力，应该更加优先产业发展］"[2]。由此可以看出，对于台湾的占领，涩泽一开始是和对朝鲜的态度一样，并不赞同。

关于朝鲜旁边的满洲，他在明治四十年（1907）4月表示："今日之日本已无法满足于国内经营，保护朝鲜或经营开发满洲皆为当然之举。"[3] 这也说明他当时对满洲并无侵占之意。只不过与对待朝鲜不同，日本并不是要将满洲置于自己保护之下，进行贸易垄断，而是要在门户开放、机会均等主义的基础上，对满洲进行国际共同开发，或者说重视该地区贸易的发展。由于美俄等列强均在满洲进行经济扩张，涩泽将这里看作一个各国利益错综复杂、竞争与合作并存的区域。他的上述设想正是要防止俄国的南下或势力扩张，保障日本国家安全。

---

[1] 中村義『白岩龍平伝 アジア主義実業家の生涯』研文出版，1999年，110頁。涩泽曾致力于对日本东北贫困地区的开垦，并因此登门拜访过原敬首相。当时涩泽担任东北振兴会会长，他在振兴会调查报告书中写道："东北地区可用于开垦之良田虽广，但地区内人口稀少，劳动力不足，此乃一大憾事。因而当今要务是进行国内殖民，令其从事开垦工作。"（『渋沢栄一伝記資料』第54卷，203頁）为解决这一问题，日本积极推动东北救济会、东北振兴会、大开垦会社的成立和开垦助成法的制定，相关文章可以在原奎一郎编『原敬日記』乾元社，第5卷「内相時代編（三）」、第6卷「野党総裁時代編」、第7卷「是々正々時代編」、第8卷「首相時代編（上）」等文献中找到。这里需要注意的一点是，涩泽不论对于国内还是国外的贫瘠地区，都一视同仁采取殖民的方式，并以此促进区域开发，改善人们生活或者说帮助他们致富，他是从经济学的角度去认识这个问题的。这种想法在当时并不罕见，比如曾任札幌农科大学校长的佐藤昌介在大正四年（1915）10月20日举办的东北振兴会上演讲时就说到了"将东北六县视为国内殖民地，成立开荒移民之会社乃扶持中小农户上上之策"（『原敬日記』第6卷「野党総裁時代編」，337頁）。另外，《原敬日記》是在1950—1951年间依次出版的。

[2] 『渋沢栄一伝記資料』別卷第5，536頁。涩泽认为比起增加国防费用、增强军事实力，应该更加优先产业发展。

[3] 同上书，78頁。

明治四十五年（1912）6月20日，南满洲铁道株式会社的中村是公总裁邀请涩泽就任该公司的监事，被涩泽婉拒。[1]原因是在收到这一邀请的3年前，也就是明治四十二年（1909）6月，他便与益田孝、近藤廉平、大仓喜八郎、时任外交次官的石井菊次郎等人一同协商，遵循自己在中国境内开展各项活动的想法，成立了对清事业团体暨日清企业调查会。满洲虽然是由关东都督府、关东军以及满铁三方共同经营的，但实际指挥权在军队手中。从山县有朋的"利益线"理论来看，满洲在政治和军事上的意义是十分重大的。但涩泽更希望通过日清企业调查会等媒介，在中国本土与中国实业界开展自由的交流，也就是通过开展涩泽流的国民外交来扩大贸易，实现经济上的相互依存和共存共荣。涩泽认为这种做法更有意义。从这一点来说，满洲地区以外的中国，虽然长江中部流域，即从上海沿长江回溯至汉口一带附近的区域是英国在华权益的集中地，同时也是列强为获取或扩大经济利益而不断展开竞争的战场，但日本还是有很大的发展空间的。

二、对华国民外交的开端——东亚兴业

（一）日英同盟

涩泽一方面希望通过与欧美的协同发展及与经济主义国家之间建立关系来谋求世界和平；另一方面，在对中国和朝鲜采取类似态度的同时，又将它们与欧美各国加以区分。这是因为他在与中国、朝鲜共同面对欧美列强时，会萌生一种同仇敌忾、保持国家独立的亚洲主义精神。决定涩泽对华态度的是西方列强对东方的入侵、日中两国之间悠久的历史和文化关系以及由此带来的对中国的亲近感及谢意。涩泽将经由朝鲜扶余国传入日本的《论语》作为自己的人生哲学和行动指南，其对华态度的核心价值观就是《论语》中代表换位思考、同情、宽恕的"恕"[2]和"己所不欲，勿施于

---

[1]『渋沢栄一伝記資料』第54卷，482页。
[2]『渋沢栄一伝記資料』别卷第5，308页。

人"[1]的思想。

基于以上前提,涩泽摸索日中两国之间应有关系之动机,可以从他对中国的判断中看出来。他说:"中国大体经济状况及其与我国之间的关系,我是抱有一定期许和希望的……支那从来就是天然财富聚集之地,农产品的米和茶、生丝、畜牧等的产额在世界中的排名屈指可数,铁、煤炭、石油、锑等矿产资源亦是颇丰。特别是铁和煤炭可谓是取之不尽,关于煤炭……完美满足了两千年间整个世界的需要,铁矿中如大冶铁矿……我们枝光制铁所也要仰仗此处之原料,否则别无他法。虽有数不尽的财富,但人民智慧、交通设施、外资引入等方面仍有不足,即便有上海、广东地区的机械制作、上海棉纺织业、汉阳制铁业、上海造船业等值得瞩目的发展,但其还未完全成长为近代文明产业,尚存的开拓余地颇多。因而欧洲列强趁此次骚动[2],使出各种手段,争相尝试在这一宝库进行投资,一心谋求利权。"[3]

然而现实却是,"两国文字、人种相同,也因古老历史之联系,于思想、风俗、兴趣、习惯上皆有共通之处,我国在开发方面本应压过其他列强一头,然事实与之相反,仅有横滨正金银行、三井物产会社、大仓组等少数大公司在个人层面开展部分活动……开拓支那之财富,当务之急在于交通设施之完备及各类企业大量资金之供给,列强正竞相投入这些方面"[4]。虽然与其他各国相比日本和中国之间存在历史上的文化接点和许多共通之处,但日本在中国的发展扩张依然落后于他国,对此涩泽显出不满,也为此感到焦急。因此,涩泽认为:"基于经济无国界、实业无南北这一立场出发,两国国民应当加强普遍交往,共同投入资金,创立一个能在稳固我国经济基础的同时,增进支那国家富裕的机构。"[5]具体来说,就是模仿英

---

[1] 『渋沢栄一伝記資料』第5,78頁。关于涩泽的思想,参见坂本慎一『渋沢栄一の経世済民思想』日本経済評論社,2002年。另外,关于当时中方如何看待日方,参考藤井昇三「中国人の日本観」『社会科学討究』第20巻第二、三合併号,1974年9月号。
[2] 指二次革命。——译注
[3] 『渋沢栄一伝記資料』第54卷,544頁。
[4] 同上。
[5] 同上书,545页。

国建立其为在中国长江中部流域进行铁路建设而创立的辛迪加。

长江中部流域正如上文所述，是英国在华权益的中心部分。涩泽认为，这一区域虽然是列强竞争经济权益之地，但出于对中国市场及其无限的开发潜力的认识，他的想法至少在初期与当时日本外务省的一些认知有所出入，他并不认为日本在华铁路建设会对英国造成经济威胁，进而成为日英关系摩擦的原因。

有关日英同盟，涩泽发表了以下见解："吾为日英同盟之存续而欣喜万分之时，亦为两国于支那一国之利害相背而深感遗憾。若说日英同盟不过是政治上之同盟，我认为此言有所偏颇，日英同盟绝不止于政治，而是同样体现于经济中。英国在长江流域势力之大自不必说，只要同盟国双方利益没有冲突，便可相互让步，求得共同利益，若是日本能与英国合作经营长江流域之事业，吾绝无半点踌躇。欲求一国之发展进步，经济上大体需要三项必备条件，一乃天赐之富源，二乃资本，三乃知识及经验，支那既有无限之资源，英国又有丰富资金，而日本对支那了解甚深，知识及经验丰富之人可谓众多，因而于支那之富源开发中，日本愿提供这般人才及材料，与英国资本通力合作。"[1] 至于日本在中国的经济发展是否会伴随着对英国经济上的威胁，涩泽进一步阐述道："除个人开展商业活动外，日本通过大型组织开展支那事业者寥寥，南满洲地区暂且不提，北京以南之支那中部地区，日本所参与项目，不过大冶铁矿和汉阳铁厂，即所谓的汉冶萍而已。"[2] 正如他所说，这些项目规模之小让他并未放在心上。

涩泽将实施铁路建设的主要原因归结为中国政治的不稳定性。他认为："日本实业家与［中国的］政治家协同一致，稳固支那政体，在国内达到彻底和平状态之后，他们最为重要的任务便是为各项事业的发展进步添砖加瓦。"[3] 这些政治家指的是后文中涉及的、对涩泽创立中国兴业并开展事业一事满怀期待的孙文以及在孙文没落后他们不得不选择与之合作的袁世凯。

---

[1]『渋沢栄一伝記資料』第32卷，514頁。
[2] 同上书，611頁。
[3]『渋沢栄一伝記資料』第54卷，34頁。

（二）东亚兴业

涩泽具体参与到与中国的经济交流中，是通过上文提到过的日清企业团体——日清企业调查会实现的。这一团体原名为日清起业调查会，自明治四十二年（1909）3月开始在三井集会所召开会议，参与者包括涩泽、益田、近藤、大仓、白岩龙平等人。创立目的是了解北京马车铁路的情况；在日本实业家参与清朝铁路建设后，学习英国人及德国人开展清朝铁路事业的举措。其背景在于涩泽等实业家坚定了"日本在支那的发展，必须以铁路为主"[1]的观点。

在这一情况下，中国实业家向日本驻清朝领事馆提出用于粤汉、川汉两条铁路建设的借款请求。这件事刺激了当时的日本政府和外务省，他们正为对华权益扩张的滞后，或者说为日本进入中国市场的滞后而深感忧虑。于是同年6月，外务次官石井、政务局长仓知铁吉也参与到调查会中。在他们两人或者说在外务省的提议下，日清起业调查会更名为日清企业调查会。这一调查会最初的目的是建立一个英国式的企业联合组织，即所谓的辛迪加。但由于日本在法律上并未承认辛迪加，且出资者并不习惯无限责任制，因而调查会有所犹豫，最终成立一个资本金为100万日元的股份有限公司，其主要业务是为清朝铁路建设提供枕木等建筑材料。[2]确立这一事业计划之前，首相桂太郎曾邀请涩泽等日清企业调查会会员共同商讨，为调查会发展提供了大力支持，甚至专门拨付了补助金。[3]总之，一方面，政府需要一个国家战略下的企业来谋求对华经济权益的扩大；另一方面，由于调查会也面临着民间力量难以解决的资金不足等问题，从而需要政府的支援或协助。所以不难理解，最终调查会具有很浓厚的政府操控的国家战略企业的色彩。

这一时期，围绕该调查会的一系列举措令人眼花缭乱。7月，在桂首

---

[1]『渋沢栄一伝記資料』第54卷，484頁。
[2] 同上书，483—484页。
[3] 同上书，484—485页。

相和小村寿太郎外相"接生婆一般的苦心"[1]指导下，调查会改名并发展成为日本唯一的对华投资机构——日清兴业公司（日文名：东亚兴业株式会社；英文名：The Oriental Exploitation Company）。其原因在于日清企业调查会的资本规模较小，业务范围也并非铁路建设本身，而是枕木等边缘性业务，这样的业务内容和规模本身并不足以让人满意。此外，"欧美各国的资本家及实业家纷纷在各自国旗光辉的指引下，或是以国家为后盾注入资本，在铁路或矿山开展土木工程，醉心于开发资源、夺取利权"[2]。在这一认知基础上，紧随其后的日本也应当官民合力，"在清朝建立辛迪加乃当务之急"[3]。从这一角度来说，日清兴业之所以能够成立，本身就是因为它满足了涩泽通过开展国民外交来创造公共利益的诉求，同时和政府将其作为国家战略企业，通过经济合作、资本输出、借款等方式实现经济权益扩张的目的正好吻合。

但是需要指出的是，从涩泽的观点来看，这并非一件完全让他觉得满足的事。涩泽虽是日清兴业发起人的总代表，但他依然不满于现状，他说："无官府支持便无法成立企业，一想到日本人竟如此缺乏企业精神，我便禁不住感到沮丧。"[4]涩泽虽然非常愿意推进与国家之间的合作关系，但他希望在这个过程中，从计划的制订到实行都以民间力量为主。而且，当时还流传着一些谣言，称三菱、住友两家公司在日清兴业都拥有特殊地位，因此造成很多人对购买日清兴业股票存有犹豫。本来没有这种传言之前，涩泽就很担心日清兴业资本不足，之后他更是忧虑道："这虽不至于像国家经营阿利山一事那般露骨，甚至令人对当局权益之道心生疑虑，但如今要想压下这些谣言，凭我国政府与企业间的不良关系是无法做到的。"[5]

就这样，日清兴业在政府主导下成立了，其实质是一个国家战略企业。日清兴业的主要经营业务是进行清朝铁路、土木、矿山、造船、电器

---

[1] 『渋沢栄一伝記資料』第54卷，486頁。
[2] 同上书，489页。
[3] 同上。
[4] 同上书，486页。
[5] 同上。

等各种项目的调查设计和承包工作,并对该项目进行直接或间接的投资或资本供给。总部设在东京,资本金100万日元,采取有限责任股份制,但也有一定的辛迪加性质。[1]

公司理事之一白岩龙平很早便投资航运业,经营大东汽船、湖南汽船、日清汽船等企业,主要在长江流域活动,他还是一个中国通。他的经营能力也得到涩泽的高度评价。涩泽就是接受他的提议担任了日清兴业的董事长。[2]不过日清兴业成立那年,涩泽就迎来了69岁生日。从他辞去其他多家企业及团体的董事职务也能预想到,他并没有参与该公司的实际经营。主要经营人员是总经理古市公威,董事小田切万寿之助、山本条太郎、门野重九郎、岩下清周、白岩龙平,还有监事大桥新太郎、中岛久万吉等人。主要股东除了以上人员外,还包括三井八郎右卫门、岩崎小弥太、高桥是清、安田善三郎、涩泽、藤田平太郎等人。贷款方包括日本兴业银行、横滨正金银行、住友银行、台湾银行、安田银行、十五银行、第一银行、三井银行、三菱银行、鸿池银行、朝鲜银行、古河银行、古河电工、日本棉花、国库等。借款方包括向政府贷款的有线电信、京绥铁道等,向民间贷款的江西南浔铁路、日华纺织、开封电灯、汉口水电公司等。大正六年(1917)3月,资本金增加至300万日元。次年,即大正七年(1918)一举增加至1 000万日元。同时,总投资额也从当初的900万日元增加到1 100万日元。这些成绩使时任公司总经理、顾问,同时居于日清兴业运营中心地位的古市被中华民国授予一等大绶嘉禾勋章。此外,白岩因为在中国担任日清兴业的重要职务,作为实业家活跃在经济领域的同时,还创建了日华学会,担任东亚同文会理事长,为两国文化事业做出了重要贡献,也被授予三等大绶嘉禾勋章。

---

[1] 『渋沢栄一伝記資料』第54卷,486—487頁。由于日清兴业具有一定的辛迪加特性,所以其股东必须在董事会许可之下才能将股权转让给其他人。另外,关于日清兴业作为国家战略公司的特点,在这篇文章中也有所提及。明治四十五年(1912)2月1日,涩泽拜访内相原敬。他在前一天为了增加对清投资而扩大日清兴业规模一事就与井上馨进行了商议,原敬对这一问题也表示支持。见『原敬日記』第5卷,27頁。
[2] 中村義『白岩龍平伝 アジア主義実業家の生涯』,159頁。

此外，上述资本金与总投资额的增加归因于，在第一次世界大战的影响下，日本实现经济飞跃并一举由债务国转为债权国，实现了大幅度的国际收支顺差，民间资本也得到很好的积累。[1]还有一个背景因素是大正七年（1918）就任首相的原敬与涩泽、古市以及白岩等人私交甚好。第一次世界大战后，美国的国际影响力有所增加，同时由于俄国革命，日本失去了俄国这个日俄协约的伙伴。原敬为了应对这一新的国际形势，将日本对外交往的重心放在与美国合作的路线上。对于中国，他一方面继续保持日本在满蒙地区的权益，另一方面改变了对中国本土的外交路线，实行不干涉内政的政策。同时，大正九年（1920），日本加入新四国银行团，对中国采取与列强合作的政策，同时采用以民间为主体的经济主义的发展模式。[2]这意味着国内环境对于涩泽的国民外交来说是十分有利的。不过，正如上文所说，涩泽只参与了日清兴业的成立过程，之后他将经营权交给了中国通白岩和古市等人，除了提些建议，没有参与更多的经营活动。[3]

遗憾的是，日清兴业的业绩最终未能得到改善。其中一个例子就是日清兴业最大的投资项目——南浔铁路的贷款问题。这条铁路以九江为起点，贯穿整个江西省，南至广东，西至湖南，东至福建、浙江，位于长江腹部，虽然线路不长，但在涩泽看来是一条穿越华中地区中心地带的重要线路。大正元年（1912）9月，由于资金不足，九江和南昌之间的320千米的铁路建设，在完成九江和德安之间的100千米后就被迫中断了。其原

---

[1] 三谷太一郎『増補　日本政党政治の形成　原敬の政治指導の展開』東京大学出版会，1995，337頁。

[2] 同上书，332—337页。同时参见以下资料：川田稔『原敬転換期の構想　国際社会と日本』未来社，1995年；服部龍二『東アジア国際環境の変動と日本外交 1918—1931』有斐閣，2001年；川田稔・伊藤之雄『20世紀日米関係と東アジア』（風媒社，2002年）中的第4章「政党政治の中国政策構想と対米観」。

[3] 涩泽曾表示"因除中国兴业公司以外，余平素并不经营直接与支那相关之业务……"其中并未提及自己与日清兴业的关系。这一内容出自前述『渋沢栄一伝記資料』第54卷，543—544页。涩泽的这一言论，与前述中村著作第165页中提及的内容有共通之处。白岩把有关日清兴业运营问题的内部报告寄给涩泽，但涩泽却偏偏将这份报告交给了白岩的竞争对手——三井的仓知，这件事必定让白岩对涩泽产生情感上的隔阂。

因在于借款名义人——大成公司对铁路公司及日本方面的失信行为。[1]再加上公司与白岩的竞争对手——三井系集团下属的旭公司[2]以及三井的山本、森、高木陆朗等人之间的各种矛盾，也间接导致铁路修建中断。[3]

不过从宏观角度来看，虽然日清兴业被寄予了极大的期望，但它所面临的是清朝灭亡后还没有建立起一个统一的国家和一个强有力的中央政府并且政局一直不稳定的中国。对于大正四年（1915）日本提出的《对华二十一条要求》，涩泽曾感慨："对中国所怀友爱之念及亲善之情太少。"[4]以此为起因，中国高举抗日民族主义的旗帜，还有华北地区发生的洪灾、大正九年（1920）直皖战争的爆发、大正十一年（1922）和大正十三年（1924）分别爆发的直奉战争和北伐战争，这些导致日清兴业的本利回收陷入困难。日清兴业本来希望在大正十四年（1925）10月召开的北京关税会议上通过关于回收放款资金本金及利息的整理提案，但北京会议的中断直接导致日清兴业难以收回债权，其资产状况逐渐恶化。而且，同年上半年公司没有分红，最终被迫重组。[5]

三、日中合营企业——中国兴业（中日实业）

（一）中国兴业的创立及其目的

日清兴业成立6年后，一个崭新的面向中国的窗口打开了，这一窗口将涩泽的理想付诸实践。那是大正二年（1913）2月，中国国民党领导人孙文访日，第一个日中合营企业——中国兴业公司在这一契机下得以成

---

[1] 『渋沢栄一伝記資料』第54卷，498頁。关于南浔铁路问题，参见服部龍二『東アジア国際環境の変動と日本外交 1918—1931』，23—27頁；中村義『白岩龍平伝　アジア主義実業家の生涯』，166—168頁。
[2] 这家公司与我们接下来的分析对象中国兴业也有关联。——译注
[3] 关于白岩和旭公司、山本、森、高木等人的竞争关系，参见中村義『白岩龍平伝　アジア主義実業家の生涯』157頁、161—163頁。
[4] 『渋沢栄一伝記資料』第55卷，117頁。
[5] 『渋沢栄一伝記資料』第54卷，505頁。

立。日清兴业虽然也有一定的辛迪加特性，但本质上还是遵循日本法规、纯粹的股份制公司，因此在业务上存在很多不便和障碍。所以，中国兴业在克服这些问题方面被寄予了厚望。[1]

中国兴业成立的契机确实在于孙文，但这与白岩的竞争对手——三井物产派系中的山本、森、高木等人及旭公司也不无关系。[2] 这些暂且不论。中国兴业的成立，对于经历过日清兴业失败的日本实业家和政府来说无疑是值得期待的。

孙文访日时，东亚同文会在华族会馆为他举办了欢迎会，此外中华民国公使馆、三井物产、大隈重信、东京市等也都相继举办了欢迎会。会上，孙文指出："经历革命后的中国须以实业立国，因而我将政治交与袁先生，自己则投身于实业之中，成为实业大臣。为发展实业，第一举措便是在中国铺设10万里铁路，我正是为此前来请求涩泽子爵的援助，子爵也决心做成此事。"[3] 还说："今日，革命已成，我亦不愿只埋头于政治，而是想要专心于促进中国经济之开发。我们需要借助日本的知识和财力，以帮助中国开发富源。我深知其中经济合作方针之重要性，然而要实现这一方针，还须设立合办机构以达成经济联络之目的，其资本金约为一千万日元。"[4] 涩泽出席了所有的欢迎会。从中可以看出，一直提倡国民外交，即增进实业家或实业团体之间相互交流的涩泽对于中国兴业是抱有极大期待的，同时他对中方的合作伙伴——孙文也心怀期待与敬意。另外，上文提到的孙文的发言，恰恰就是涩泽所追求的东西，因而这些话对涩泽的触动很深。

为了正式落实孙文的提议，涩泽于同年2月21日在涩泽事务所与孙文、戴天仇、益田、山本等人进行会谈并制定了备忘录。该备忘录在4天后，即25日被呈给大藏省次官胜田主计。3月1日，相关人员在三井集会所进行磋商，就草案内容进行了充分商讨并达成共识。3日，涩泽在三

---

[1]『渋沢栄一伝記資料』第54卷，529—530頁。
[2] 中村義（1999）『白岩龍平伝　アジア主義実業家の生涯』，162—163頁。
[3]『渋沢栄一伝記資料』第54卷，519頁。
[4]『渋沢栄一伝記資料』第55卷，34頁。

井集会所就达成的草案与孙文、益田、大仓、山本进一步进行磋商。第二天，即4日，涩泽再次围绕在确立中国经济基础时必不可少的货币制度和银行制度问题与孙文、益田、山本进行了探讨。[1]

在此基础之上，涩泽提议的第一次发起人会议于3月20日在三井集会所召开。日方大仓、安田、益田、仓知、三村君平、山本出席会议，中方孙文及随行翻译戴天仇出席会议。在这次会议中，中国兴业的大致方针得以确定，之后涩泽和孙文之间的调整工作是通过高木和森来完成的。1个月后的4月20日，召开第二次发起人会议，地点依然在三井集会所。这次会议商定了公司发起人的数量、人选、公司资本金及章程等内容。第三次发起人会议于5月19日在帝国饭店召开，决定日中双方各出8名发起人，就发起人的具体人选和所持股份进行了商议。

完成上述工作后，发起人大会于6月1日正式召开，大会对公司章程及发起人会议相关事务进行了决议。具体内容包括：日方发起人为涩泽、大仓、安田、益田、仓知、三村、中桥德五郎、山本等8人，中方发起人为孙文等8人，商号定为中国兴业公司（日文名：中国兴业株式会社；英文名：The China Development Co., Ltd.），资本金为500万日元，业务范围是承担或介绍各种企业的调查及设计工作，为企业直接或间接提供资金供给及融通渠道，认购或包销各种债券等，总部设在东京，分部定在上海。[2]

日方的主要股东是日本兴业银行、第一银行、第百银行、住友银行、台湾银行、日清汽船、日本邮船、大阪商船、满铁、三井、三菱、日本棉花等资本雄厚的法人，以及涩泽、大仓、久原房之助、仓知、益田、古河虎之助、井上准之助、服部金太郎、桦山爱辅、高木、中野武营、武藤山治、山本、浅野总一郎、小田切等有实力的财界人物。中方则有孙文及其

---

[1]『渋沢栄一伝記资料』第54卷，515页。涩泽出席了4日的会议后，参加了在帝国饭店举行的孙文送别会，并于5日将要启程回国的孙文送到码头。从中也能看出涩泽在孙文访日期间对他表达了最高的敬意。

[2]同上书，530页。

他10名主要股东。[1]

关于中国兴业成立的宗旨,在大正二年(1913)3月,由孙文、涩泽两位发起人作为代表发布的《中国兴业公司成立之主旨》中有非常明确的说明,那就是"中日两国是东亚两大国,两国人种相同,我们要进一步加强两国国民间的情谊,建立唇齿相依的紧密关系,为创造更多合作成果,最佳方法便是加强两国国民间的经济联系,因而中日两国的著名实业家相聚于此,为东亚百年之大计贡献诚意,呼吁在中日合办下成立中国兴业公司。如今新的中华民国已然建立,实现国家富裕刻不容缓,而中国兴业公司将会在中国探求富源、开拓有益事业,中日两国国民为解决实际问题贡献应有力量"[2]。

(二)孙文失势带来的影响

如上文所述,中国兴业的成立承担着涩泽等日本实业家以及政府等多方的期待。[3]然而,它的成立却并不合时宜。中国兴业成立的前一年,也就是明治四十五年(1912)1月,中华民国成立临时政府,之后短短3个月内,就发生了宣统帝退位、清朝灭亡、孙文就任临时大总统、袁世凯就任大总统、孙文与袁世凯走向对立等一系列事件,中国进入一个长期的大规模政治变动期。这种动荡一直持续到中华人民共和国成立才得以结束。可以说中国兴业的成立,恰好处于这种基本不可能让它开展经济活动的政治经济情势下。日本与中国之间,文字、人种相同,地理相近,因此有很多日本人是非常了解中国的。但不可否认的是,在中国进行田野调查或钻研其历史及区域研究,能够对中国的现状进行实证性分析并对政治决策产生影响的"智者"[4]仍然不足。

---

[1] 『渋沢栄一伝記資料』第54卷,528—529页。
[2] 同上书,516页。
[3] 涩泽说在中国兴业成立后便功成身退,将一切经营事宜交由仓知铁吉负责,自己只负责一些顾问的工作。但从中国兴业成立到迫于形势改名为中日实业这一艰难的过程中,涩泽仍然发挥了不可忽视的重要作用。『渋沢栄一伝記資料』第32卷,498页、580页。
[4] 中村義『白岩龍平伝 アジア主義実業家の生涯』,134页。

这一点早在中国兴业成立之初就成为公司发展的绊脚石。《中国兴业的沿革 一》中有相关的描述:"本公司成立之时,日本发展正顺风顺水,而中国则面临着政界的阴雨密布,第二次革命战争的爆发不过是时间问题……北方政府23日[1]将孙文撤职,孙文由于政治事务繁忙而无暇他顾,成立大会的出席人员及要职候选人也未能定下,在高木、森两人的极力斡旋下,要职候选人才得以确定,但原定到达东京的与会代表由于时局所迫无法成行,故而将一切事务委任于森恪,令他代为处理大会上的所有事宜。"[2]同时,"孙文在归国途中[3],听闻政界友人宋教仁遇刺,深感在谋求中国经济觉醒前须先行实现政治上的彻底改革。于是念头一转,从长崎寄送书信来解释其中原因,取消了前几日的约定"[4]。可以看出,一开始孙文所说的革命成功后由袁世凯负责政治、自己负责实业的大前提早已崩塌,加上袁世凯与孙文形成的对立局面,中国兴业的中方主要人员孙文陷入不利境地,作为日中合作项目的中国兴业未来的前景也令人担忧。

中国兴业就是在这样的背景下成立的。原定于大正二年(1913)8月11日举办的中国兴业成立大会在会期迫近之时,涩泽寄给了孙文一封书信,其中写道:"贵方突逢政变……应当充分沟通两国经济界、增进共同幸福自不必说,在下此次颇感遗憾之处就是无法看到阁下成为新公司之总裁……在下不愿使阁下此次一游毫无所获,便提议成立第一个中日两国合办公司,如今公司成立,我本应与阁下相见共同庆贺,然而事不遂人愿,想起上次相见距今不过半岁而已,却犹如隔世"[5],表达了自己的遗憾之情。

在这种情况下,白岩作为少数智者之一对在华日本人及中国国民对中国兴业的看法进行了分析,并将自己的建议写成书信寄给涩泽。由于推动成立中国兴业的三井是白岩的竞争对手,所以其笔锋难免咄咄逼人,但其中的分析却是一针见血。接下来引用的内容略长,但完全体现出他的独具

---

[1] 指1913年7月23日。——译注
[2] 『渋沢栄一伝記資料』第54卷,536頁。
[3] 指孙文与涩泽等要员就中国兴业相关问题进行商谈后,离开日本回国途中。——译注
[4] 『渋沢栄一伝記資料』第55卷,34頁。
[5] 『渋沢栄一伝記資料』第54卷,538—539頁。

慧眼。白岩说：

中国兴业成立之时，在该国［指中国］评价颇低，虽花费大量心力建设，然其前途实在悲观……在东京，虽然男爵［指涩泽］促成了许多与各方重要人士及政府当局的协议，通过众人合议找寻到了最佳方法，但在中国当地，三井未能达成与相关代表的任何协议，甚至最终也没有机会得到日本领事之建议。但领事不忍坐视不管，出于为国效力、恪尽职守之愿，于9日通过电报告知外务省，以目前的局势可以让公司的成立暂时延期……另一方面，支那国内除国民党外无不对其避之唯恐不及，拒绝参与其中，认为本公司完全是在政党授意下成立……原本以三井为中心推进所有成立相关工作便不妥当，应当不时便与三菱、正金、大仓等其他颇具实力的代表以及当地总领事共同商讨。若是像男爵于东京主持大局一般经营，便不似一般个人企业之经营，从更广意义上来说，我们应聚集更多政党之外的实业家才是。因此在这般事态激变之中，我们仍要坚持成立唯一联系日支两国之企业，并团结一切可以团结之力量，全力保证合适的代表列席成立大会。……我提出事已至此，别无他法，如今唯有先于11月大会上宣布公司成立，之后再改善其内容。然而形势急转直下，由于孙文、黄兴等人陆续逃亡至我国，我以为这样一来便不会延期，总领事也有持相同意见之电报，这打乱了我的计划……孙文、马君武、宋嘉树等人被从理事中除名后，公司得以摆脱政治色彩，而现任理事沈缦云也正在逃亡之中……王一亭虽因日清汽船之关系留在上海，但处境危险，不能出家门一步。而张人杰为孙、黄二人军费管理者，比王、沈两人更和政党有所关联，故而三人均遭袁世凯派下令抓捕……在支那人看来，孙文虽未担任董事长之位，但此公司实际上依然为他所用，王一亭在认识到自身处境愈加危险之后，提出辞职……日本方面情况也并不很乐观，董事中有两名来自三井财阀，且世人评价仓知也是个狠角色，他在当地给中国人造成公司为私营之假象已是事实，而且该公司看似一个日本大富豪参与的国家性组织,却是有名无实。所以将来公司的经营能否发挥其作为公共机构之作用让人很是担心。……再看支那方面,公司的理事人选,是否由分店长以上或同等重要职务者担任是个未知数。另外,有人认为即使让其他人加入理事阵营且增设一个顾问职位,如果负责公司业务执行的人员由日本唯一的资本团体派人来担任且使其成为公司的代表会让人深感遗憾……此乃对外之事务,且恰逢支那情况千变万化之际,是我们最需要小心经营对支业务之时期……[1]

尽管收到了白岩的书信,但是对于中国兴业的成立,涩泽说道:"世人皆知,中国兴业株式会社成立后,我国方面已按照计划分发股权、整理完毕,然而中国内部却仿若南北分隔,彼此大动干戈,因此该国股东无法如我国股东一般遍布全国,北方人士[指袁世凯一方]误认为会社之成立是由于日本支持南方一派,或是出于厌恶而不愿加入,这实乃中国产业开发之憾事。然而即便在北方人士误解偏见之下,会社依旧按计划成立,这于我们两国来说都可谓是无上之幸福,我深信中国兴业会社之成立绝非无用之功。另外,中国兴业株式会社所涉及之业务,除上述直接参与经营活动外,亦着眼于企业性质调查、承担资金供给之媒介等事务。公司成立至今,前来寻求资金融通者为数众多,现在调查中之项目亦是不少。若能接连振兴多种大型业务,必将为双方经济界做出巨大贡献,我对此深信不疑。"[2] 在此,涩泽虽然承认了中国兴业被卷入中国国内的南北对立中,但他还是更看重该公司的成立。同时,他说过"关于中国兴业公司的成立,有对今日贵国之改变心存忧虑者,然而不论政局如何变化,中日经济界间

---

[1]『渋沢栄一伝記資料』第54卷,539—541页。对于白岩写给涩泽的这封书信,涩泽在回信中表示,若推迟中国兴业成立,一旦发生某些障碍便会前功尽弃,之前的辛苦也没有了意义;借孙文之名推荐更多与政治无关的实业家购买股份,有一定成效之后,就召开临时股东大会,力求日中双方股东能够合而为一;届时可适当增加担任要职之人数。这并不足以对白岩的书信做出充分的回应。有关这封信的内容请参考,542页。
[2]同上书,545页。

的联系对东洋和平之贡献、所创造利益之大，广受认同"[1]，"不论这次南北之战况如何，本公司不会受分毫影响"[2]，我们可以看出涩泽有意把政治和经济分为不同的两个次元来看待，完全将经济与战况的推移切割开来。从中可以看到其乐观的态度影响着他的行动。

（三）中日实业

撇开涩泽乐观的态度不谈，袁世凯在中国政局之后的发展中占据了优势。大正二年（1913）9月，袁世凯收复南京，将整个国民党势力一举拿下。同年10月6日，袁世凯正式就任大总统，当天立刻便有日本、英国、德国等13个国家承认了中华民国，孙文明显失势。

在这一背景下，袁世凯借视察实业之名目，派遣李盛铎、孙宝琦二人访日，授意他们对中国兴业的现状等进行调查。二者依照袁世凯刻意分割中国兴业与孙文之间关系的意图，向日方暗示北方政府将来会参与中国兴业的经营，之后两人回国。但国民党惨败后，驻日公使汪大燮提议将该公司交到北方派手中，从而为中国的实业开发做出贡献。

事已至此，以涩泽为首的日本一方需要尽快想出具体对策。涩泽对当初与孙文之间的商谈十分重视，试图在条件允许的情况下，尽可能沿用已有的组织形态。但当时对在华各项业务制定具体对策是十分困难的，所以他便先行打探孙文是否认同北方派加入进来。他坚信只要孙文同意，那么日清兴业的基础将更加牢固，也能开始着手成立该公司的本来目的——实业开发，为实现日中经济合作这一主旨而不断努力。依照这一想法，涩泽给身处广东的孙文寄去了书信，慎重商讨是否参与南北两方交涉事宜。[3]

上述商讨也展现了中国兴业作为国家战略企业的特点。商讨会于同年10月27日下午在外务次官官邸举办，外务次官松井庆四郎、政务局长小池张造、大藏省次官胜田、理财局长山崎四男六、正金银行行长井上、山

---

[1]『渋沢栄一伝記資料』第54卷，532页。
[2] 同上书，539页。
[3] 同上书，547页。

本、仓知[1]及涩泽出席会议。讨论分为6个项目进行。当时中国兴业由于董事王一亭、张人杰、监事沈缦云等人辞职因而出现人员空缺，经会议讨论决定，由北京政府相关人员补足；公司组织尽量维持现状；若北京提议增加资本金，同意资本最高增加到700万日元，若日方增加资本金，则通过合并东亚兴业来实现增持股份。由北京政府相关人员填补理事空缺，这自然不是日方想看到的局面，但袁世凯在与孙文的斗争中取得了胜利，这意味着日方也不得不将原来以孙文为中心的方针调整为以袁世凯为中心。[2]孙文则在回信中写道："此次加入北方之事我欣然同意，若贵方需要，现股东也可毫不犹豫将所持股份全部让与北方。"[3]

以政治策略见长的袁世凯牢牢把握时机，通过汪公使将涩泽请到了北京。他的理由是想让中国实业成为"中国政府实业开发之机构，兼作两国亲善之源泉"。他说："我希望与相当于该公司的生身父母的发起人，即现任首席顾问的涩泽男爵面对面亲切交谈。然而由于现处大统领之要职，实在不便出国，若是涩泽男爵能借旅游之际前来燕京，便是我的荣幸了。"[4]涩泽是《论语》的忠实实践者，参观曲阜孔庙也是他多年夙愿，因此他便接受了袁世凯的邀请。但是他年岁已高，再加上感冒、哮喘病发，于是不得不接受医生和身边人的建议，放弃了正值11月寒冬的北京之旅。他派遣了副总裁仓知作为代理前去，他本人虽然计划在第二年春天访问北京，但最终未能成行。[5]

仓知于11月20日从新桥出发，途经釜山、京城[6]、奉天、长春、吉林、抚顺煤矿、旅顺、大连、济南、天津等地，于12月5日到达北京。他在北京停留了10多天，其间会见了袁世凯，并与袁的心腹杨士琦进行多次商谈，对股份认购方法、公司名称变更、公司国籍、总部及分支机构所在

---

[1] 山本指的是三井物产常务理事山本条太郎，仓知指的是中国兴业公司副总裁仓知铁吉。——译注
[2] 『渋沢栄一伝記資料』第54卷，546页。
[3] 同上书，547页。
[4] 同上书，548页。
[5] 同上书，549—550页。
[6] 指的是首尔。——译注

地、理事权限等有关公司组织变更的重点问题进行了汇总，于 24 日返回东京。第二天，即 25 日，他便向涩泽进行了汇报。[1]基于这次商谈，袁世凯命令财政部支出国库现金，购买中方人员所持的股份。[2]为配合这一举动，次年，即大正三年（1914）4 月，中国兴业第一次定期股东大会在东京商业会议所召开，会议决定将公司名称改为中日实业株式会社。

袁世凯为什么要如此积极地招揽中日实业呢？大正十一年（1922），高木就任中日实业副总裁。他被涩泽等人推荐，受命重建当时已经陷入困境的中日实业。根据他的描述，袁世凯一直非常担心以孙文为首的中日实业会被国民党利用，"便假装好意相迎，背地里却是算计着要拘禁、控制我公司［指中日实业］，妨碍其事业发展，使其无能无为"[3]。所以，高木认为袁世凯对中日实业"不过假意表现出庇护、援助之意……后来他便再也不是那种态度……不仅如此，袁政府对我公司态度日益冷淡，甚至隐隐有暗中牵制我公司发展之倾向……在支那国土萌芽的事业却受支那政府打压，这事业是绝对无法健康发展的。袁世凯坚持政治策略万能主义，恐怕是出于政治策略的考虑而将我公司的一半股份握在自己手上了吧"[4]，"若袁世凯没有采取这一对策，我公司将在成立后几年内便能发挥全部功能，在实现我国部分国策的同时，进一步稳固其基础。此乃不言而喻之事"[5]。

对于中日实业，孙文是从经济角度看待，袁世凯则从政治角度理解，高木对二人的不同作出颇有深意的评价。他说："他对于我公司成立之看法，应与孙文存在根本性差异。即他并不认为日支实业合作如何迫在眉睫，果断收购公司一半股份不过是他削减国民党势力的惯用手段。从他对我公司之冷淡态度来看，我只能得出这一结论。"[6]同时，高木还吐露心声

---

[1]『渋沢栄一伝記資料』第 54 卷，550 页。
[2]时任中日实业副总裁的高木陆郎指出，在袁世凯收购孙文所持中日实业股份时，日本政府的从中斡旋对收购起到了很大作用。『渋沢栄一伝記資料』第 55 卷，99 页。
[3]同上书，32 页。池井優「日本の対袁外交」『法学研究』第 35 卷 4、5 号。
[4]同上书，100 页。
[5]同上书，92 页。
[6]同上书，100—101 页。

说,当初对袁世凯抱有多大期待,后来便感受到了多大的幻灭。[1]

大正三年(1914)5月,涩泽延期踏上了自己的访华之旅。当时中日实业正面临着严峻的状况,而涩泽作为经济界泰斗时隔40年再次访华,引起了广泛关注。《字林西报》(North-China Daily News)、《日本广告》(The Japan Advertiser)等媒体及多方人士都在猜测涩泽访华的真正目的是要获取在长江流域的利权。另外,还有其他猜疑,这些看法其实是不可避免的。涩泽留心考虑了这些问题,每当别人问起他访华的目的时,他都会回答:"我最大的目的是到曲阜,到我一直衷心敬仰的孔夫子的庙中参拜,实现我多年夙愿,同时也借此机会游历中国各地风光;第二个目的是就中国兴业迫于形势更名为中日实业一事,来会见大统领袁世凯,内务总长朱启玲,国务卿徐世昌,外务总长孙宝琦、盛宣怀[2]、杨士琦[3]等政经界重要人士并与他们交换意见,力求取得中方谅解。"同时表明这一项目是两国共同出资的合资项目,符合双方利益,应在各个方面为中日实业的良好运营及经营创造条件。[4]

虽然高木和涩泽费尽心力,但在日中关系陷入僵局的情况下,中日实业的业绩难以改善,严峻的状况依然持续。在这一过程中,大正三年(1914)7月,第一次世界大战爆发了。大正五年(1916),段祺瑞代替死去的袁世凯成为新的政治权力中心,日本则建立了寺内正毅内阁。从经济上来说,第一次世界大战所带来的影响是正面的,经济状况有所好转,日本银行、经济界人士的对华投资热情有所提高。其中担任投资中介这一角色的便是中日实业。据高木所言,"在资本家强烈劝诱之下,不知不觉间便形成了巨额投资"[5]。但第一次世界大战的结束,却造成中日实业乃至整个日本经济的大混乱,给它们带来了沉重打击。当时的情况十分严峻,"所有对支事业均陷入了后备不足的惨烈状况中。再加上大战结束对经济之影响,于支那于我国并无差别,因而我国资本家在支那投资的大部分项目皆

---

[1]『渋沢栄一伝記資料』第55卷,101页。
[2] 时任汉冶萍公司董事长。——译注
[3] 时任招商局董事会会长。——译注
[4]『渋沢栄一伝記資料』第32卷,494—501页。
[5]『渋沢栄一伝記資料』第55卷,101页。

是血本无归,造成一场悲剧。我公司也没有逃过这一劫,且因对桃冲矿山投入大量资金而遭受致命打击。即铁价前所未有之暴跌导致公司经营异常艰难,之后亦长期苦于短期高利贷之中,终于在大正十一年(1922)末迎来了彻底毁灭的命运"[1]。大正十一年(1922)11月,在这样的危机状况中,"民国内政经济之纷乱,每每与我期待相背离,因而我也无法达到所想之目的,如今我对维持公司经营感到了极度困难"[2]。为此,高木在书信中对涩泽说:"此番难为阁下并非要为我公司筹措葬礼,而是要令其起死回生。"[3]出于这一理由,涩泽请求高木担任中日实业副总裁。

不论高木如何投入,公司业绩还是毫无起色。自日本提出《对华二十一条要求》以后,中国出现了抵制日本及日货运动、西原借款、张作霖宣布东三省独立、第二次直奉战争、上海等地国人经营纺织工厂罢工、南京事件、入侵山东、北京关税会议问题、不平等条约改定问题等一系列事件。在这样的时局变迁中,尽管高木做出了最大的努力,但还是没能找到改善业绩的有效对策。高木认为,中日实业没能完全发挥其功能的原因在于前文中所提到的袁世凯的态度、中国方面财政的紊乱以及对履行合同的诚信意识的缺乏。[4]此外,高木还认为:"昭和二年(1927)国民党结束北伐战争后,受所谓革命外交余波影响,支那一方全无诚意可言,当局者之间相互推卸责任,不愿出面交涉,因此回收借款一事再次陷入僵局。我经过深思熟虑,认为在这种情况下最为有效之法乃是采取强硬手段,迫使对方从迷梦中清醒,让其认识到在有规则存在的地方万不可从事歪门邪道。"[5]

然而,由于无法找到根本性的解决方法,在反日民族主义蓬勃发

---

[1]『渋沢栄一伝記資料』第55卷,101頁。
[2]同上书,92页。
[3]同上书,96页。高木陆郎之所以接受这个艰巨的任务,原因主要有以下两点:(1)若不能有效地利用中日实业这样的机构,便无法在中国发挥日本人的能力;(2)今后很难再建设出一个类似中日实业这样的理想机构,一旦中日实业消失,且不论对中国会产生何种影响,对日本必然是一个重大损失。同上书,102页。
[4]同上书,93页。
[5]同上。高木之所以如此强硬,是因为在日本入侵山东时,公司成功收回山东省博山电灯的贷款,且成功取得了对博山轻便铁路贷款的担保权。

展、银币价格暴跌、张作霖被炸身亡事件爆发等背景下，到了昭和六年（1931）中期，中日实业的维系已经非常困难。高木描述自己当时的痛苦心情："这个秋天，解决眼前燃眉之急的唯一办法，便是收回吉长铁路之利润以归还交通部电话借款之本利。为此，需要仰仗我国政府当局的热心援助及满铁的果断支持。若是不能求得政府当局之庇护及满铁当事者之决断，我也只能说一句别无他法了。"[1]

涩泽收到高木关于中日实业现状的汇报后，觉得是自己把经营困难的中日实业硬塞给了高木，自然应该满足他的要求，于是便派乡诚之助到外相币原喜重郎那里，向他转达高木的意思。[2]币原答应了涩泽的请求，于同年8月给满铁总裁内田康哉发送电报："中日实业公司本有意通过诉讼手续拿回与吉长铁路利润相关的贷款的本金及利息，本大臣希望对此举提供彻底支援。另外关于该公司申请以此贷款为担保垫付支出一事，乃关乎其公司存亡之紧急问题，望贵方尽力支持。"[3]这表达了强烈的庇护和培育之请求。这也是因为涩泽、高木、币原以及其他相关人士都很清楚，中日实业是关系到国家百年大计的重要机构，一旦倒闭，便再也无法重建。

但没过多久，9月18日就爆发了九一八事变，中日实业的外部环境越发严峻，其发展更加困难。就在这种情况下，11月11日，涩泽91年的生命亦走到了尽头。

四、日华实业协会

（一）日华实业协会的成立

大正九年（1920），全国商业会议所联合会的代表们会集在帝国饭店

---

[1] 『渋沢栄一伝記資料』第55卷，92頁。高木提出满铁每年要从吉长铁路的利润中取20万日元以上交给中日兴业（参见本书95页）。
[2] 同上书，97页。
[3] 同上。

发起成立日华实业协会。协会成立得到与日中有经济往来的企业、银行、商店以及个人实业家的支持。会长由涩泽担任，但由于年事已高所以退居二线，副会长由和田丰志、藤田平太郎担任。此外，还有名誉顾问三井八郎右卫门、岩崎小弥太、大仓喜八郎、近藤廉平、古河虎之助、井上准之助，评议员藤山雷太、大谷嘉兵卫、服部金太郎、添田、武藤山治、伊藤忠兵卫、小池张造、白岩龙平、门也重九郎、小野英二郎等共计50人。他们都是声名赫赫的人物，而且来自全国各地，从中可以看出实业家们对这一协会的重视以及很强的危机意识。

前文有过相关叙述，大正八年（1919）6月签订的《凡尔赛和约》规定，德国应将自己在山东省的权益让渡给日本，中国拒绝签署该条约，同时以此为引火线，国内抵触日本、拒买日货的情绪日益高涨。同年11月16日，反日学生扣押了运输途中的日本纤维制品并与日本商人发生冲突，史称福州事件。这一事件让上述反日情绪达到顶峰。在国际经济竞争异常激烈的中国市场，日本实业家表示这次反日拒买运动"于我方贸易损害之巨大，令人意外"[1]，日中贸易前景也由此布满阴云。在这一背景下，涩泽等日本实业家认为，找出一个能从根本上改善日中经济关系的对策迫在眉睫。

大正四年（1915）7月27日，东京商业协会主办的日中人士招待会在上野精养轩召开，中华民国的与会人员包括驻日公使陆宗舆和其他使馆人员及总领事等，日方参会人员则包括大隈首相等。在这次招待会上，涩泽就说过日中"亲善之利益及相互关联乃众所周知，双方有必要分享有形及无形之利益，两国亲善需要日支实业家志向相同，需公使阁下及驻日支那商业家们团结一心，鄙人衷心期待贵国实业家与我日本实业家为达成亲善共同努力"[2]。这也是他日后成立日华实业协会的一个基本想法。

在此基础上，涩泽又于1920年1—2月间，同大仓、仓知、山科、安川、近藤以及全权代表日本参加巴黎和会的牧野伸显等人一道，就日中邦

---

[1]『中外商業新報』，大正九年（1920）1月3日。
[2]『竜門雑誌』，大正四年（1915）8月号，第327号，65—67頁。

交问题、如何解决山东问题等展开多次讨论，根据需要还拜访了原敬首相。涩泽的上述想法及行动，都为日华实业协会的成立做了铺垫。与此同时，同年1月，在东京商业协会召开支那恳谈会代表协议会商议相关对策，主要参会者有全国8家商业协会，与中国有业务往来的银行、企业、实业家。会议决定同年2月15日开始召开由恳谈会代表、10家商业协会及实业团体代表参加的为期5天的联合协议会。经过以上铺垫，即将迎来6月18日召开的日华实业协会成立大会。[1]

同时，根据全国商会联合大会决议成立一个专门委员会，试图从根本上解决抵制日货问题。该委员会于同年2月20日做出的决议与涩泽的主张一脉相承。[2]即尊重"门户开放、机会均等、领土保全的日本国家策略"[3]，以"彻底贯彻日中共存共荣的宗旨……密切两国间经济关系"[4]为目的，从实业家的立场出发，建立全新的对华政策，打开新局面，并为此致力于推进日本商业会议所与中国各地商务总会之间的联系，促进日本国内商业会议所与在华的日本人商业会议所及实业协会的相互联络、相互协商。同时，推进日中之间协会的成立，以加强彼此在各项事业上的携手合作。

以《凡尔赛和约》的缔结为契机，为了展现日中两国亲善的成果，全国商会联合会决议成立发起人协议会，以使涩泽的上述构想更加具体化。协议会于同年3月25日在东京商会召开，时任东京商会副会长的杉原荣三郎欣然允诺被提名的160名发起人参加此次会议。其中包括来自大阪商会的藤田、久原房之助及其他50人，来自京都商会的奥村正雄及其他10人，来自名古屋商会的伊藤守松及其他12人，来自神户商会的武藤、松方幸次郎及其他15人，来自横滨商会的原富太郎、大谷、茂木惣兵卫及其他10人，还有来自函馆商会的10人，来自东京商会的三井、三菱、古

---

[1]『渋沢栄一伝記資料』第55卷，169頁。
[2] 同上书，150頁。
[3]『中外商業新報』，大正九年（1920）2月21日。
[4] 同上。

河、大仓、高田、森村、村井以及其他日中相关贸易公司的代表共50人。最终的发起人总数达到250人左右。经过以上准备工作，最终迎来日华实业协会的成立大会。[1]

　　日华实业协会成立的宗旨遵从涩泽的构想，即"日支共存之基础在于经济的相互提携，此乃第一要义"[2]，其意图在于以经济关系为中心重新构建一个新的日中关系。对于日中关系的恶化，实业家们表示："事情发展至此地步，自然与两国为政者脱不开干系，然两国国民之责任亦不可轻视，我等从事日支间实业工作之人，亦将直接感受到其中利害，应自觉责任之重大……支那国内交通、产业及自然资源均处于激励国际竞争中，值此关头，为政者应顺应大势，避免错误方针，既往政策中有使两国国民误解之处，对此应纵览大局，即刻更改……"[3] 同时，与其直接利益相关的实业家应清醒认识自己的责任以及为改善两国关系中所应承担的责任并立志承担这一责任。此外，为了应对中国市场中激烈的国际竞争，在必要时为政府献计献策、发行各种启蒙刊物等。从成立宗旨可以看出，成立日华实业协会的主要意图有三点：一是相较于日清兴业及中日兴业，进一步发挥作用来重新构建日中经济关系；二是通过这一举动最终达到修复政治关系之目的；三是在中国市场的国际竞争中取得胜利。

　　涩泽本来因为年事已高，对就任会长一事态度并不积极，杉原、日本邮船社长伊东米次郎和白岩说服道："'一战'后，国际经济竞争愈加激烈，受此浪潮刺激，我等认为有必要加强对支实业家团体的活动……日支关系之紧密已然超越日美关系，因而唯有德高望重的涩泽子爵担任会长，才可

---

[1]『中外商業新報』，大正九年（1920）3月26日。
[2]「日華実業協会主意書」，前述『渋沢栄一伝記資料』第55卷，169頁。
[3] 同上。关于"日华实业协会主意书及规则"，参见『渋沢栄一伝記資料』第55卷，179—183頁。担任评议员即发起人的，除本文中提到的人物之外，还有团琢磨、藤原银次郎、浅野总一郎、森村开作、久原房之助、住友吉左卫门等人，以及从事日中贸易或与之关联颇深的日本棉花同业界、大阪贸易同志会、大阪工业会、大阪出口同盟会、大阪棉布商同盟会、大阪棉线商同盟会、大阪实业组合联合会、神户海陆产物组合、神户外米进口组合、神户火柴同业组合、神户火柴木条商同业组合、大日本纺织联合会、北支那出口同业界等业界团体，发起人分布在小樽、函馆、东京、横滨、大阪、京都、神户、长崎、大连、上海等地区。

在内外皆受重视,进而达成协会之目的。"[1]最终涩泽同意出任会长一职。

涩泽对日中亲善表达了自己的见解:"日支两国并未达到实质之亲善……日本不论在实业界抑或是政治上对支那的做法都可谓恶劣,因而无法达到亲善,当然支那人之做法也并不令人满意……支那不单国土广阔,自然资源亦是丰富,此次日支经济界联手开发其中富源,必给对方带去相当之利益,不可以仅为日本之利益……正所谓,己所不欲勿施于人,若能对万事皆怀同理之心,自然有绝佳效果显现。"[2]

《中外商业新报》在日华实业协会成立两天后发表题为《日华实业协会　共存共助之大义》的社论。该文提到,"究竟采用何种方针、依靠何种事业,以达成该协会之目的仍是未知数,但协会之健康发展、达成既定目的,仍为不少人所期望"[3],在对日华实业协会的行动准则、具体内容、成果等提出疑问的同时,也表达了期待之情。

另外,《中外商业新报》还从经济视角出发,对中国的反日民族主义的本质进行分析,认为其背后有欧美列强支持。由于这一观点当时被包括实业家在内的广大阶层人士所接受,所以在此引用。"如今再提及日支两国共存共助之大义,颇有老生常谈之感……然即便深知共存共助之大义,两国国民却仍未贯彻这一原则,实在令人遗憾。欧美人大力宣传反日,虽无须赘言,但其之所以如此,是认为日支两国共存共助之观念一旦为两国国民彻底接受,则支那四百余州广阔国土之富源,将在我国资本及技术协助下得以开发,支那工业将得以振兴,同时我国国力亦会提升,而最终从而抢夺欧美人企业之机会,独占拥有四亿人口之支那市场,欧美人必定担心自己终将被东亚市场扫除出局。白人长期于东亚作威作福,自然无法忍受此事,因此便寻可乘之机利用支那人之脆弱心理,污蔑我国心怀不良企图或有侵略支那领土之意并以此宣传反日,抑或是直接在背后支持其运动……我由衷希望我辈打破支那国民之迷梦,推进日支两国亲善和睦,令

---

[1]　白岩竜平談話筆記「日華実業協会と青淵先生」,『渋沢栄一伝記資料』第55卷,169—170頁。
[2]　「日支親善の妙諦」『竜門雑誌』第398号,大正十年(1921)7月号,65—66頁。
[3]　『中外商業新報』,大正九年(1920)6月20日。

东亚成为东亚人之东亚，正所谓卧榻之侧，岂容他人鼾睡，愿吾东亚自立自强之观念早日实现。"[1]

（二）协会对反日行为的态度

日华实业协会采取的第一个行动，就是以协会理事为中心，从日中关系尚未取得具体的亲善成果这一观点出发，在大正十年（1921）6月15日举办的全体大会上决议后通过涩泽向原首相、田中义一陆军大臣、加藤友三郎海军大臣三人提交了具有实效性的建议书。

其具体内容首先包括对日中关系的基本理解，即日本暴露出对华方针欠缺一贯性、外交政策不统一的缺点，从而导致国家威信下降，也招致邻国的怀疑和蔑视，同时让人误解日本在领土上抱有野心并采取侵略主义。作为中国的友好邻邦，为了永远保证日中两国相互利益的根本要义在于让中国人自己去处理本国事务，对于中国官民所提出的正当要求，日方即便有所牺牲也要大力支持。建议书还提出两点日华实业协会需要尽快落实的任务：将山东铁路看作两国国民合营项目，迅速撤回所有铁道守备队，将这件事与青岛的经济特权问题分开处理；在中国革命动乱之际派遣的驻屯军，不仅对两国邦交产生负面影响，也无力达到在紧急情况下保护在华日本人的目的，应迅速撤回。[2]

其他预定开展的活动中较为重要的有两项。一是两个月后的8月5日，在丸之内的银行俱乐部为中华民国大统领徐世昌的使节朱启玲一行的访日举办欢迎会；二是推进被涩泽视为重要项目的青岛商科大学的设立。商科大学这一计划体现了涩泽的风格。有关此计划，在召开了26次干事会和1次评议会并且多次于北京同中方交涉委员长王正廷商议之后，日华实业协会才终于着手成立的准备工作。但不幸的是，计划开始前不久，日本遭受关东大地震这一国难，干事会只好决定暂且将计划延期实行，但后来再也

---

[1]『中外商業新報』，大正九年（1920）6月20日。
[2]「日支親善方策の建白　日華実業協会公表」『中外商業新報』，大正十年（1921）6月21日。这次献策在当时属于绝密。

没有重新开启的机会。[1]

在这一过程中，出现了一个令涩泽甚至日华实业协会都感到十分失望的情况。大正十二年（1923）3月10日，中国提出所谓的废除二十一条通告，日本在4天后，即14日表示拒绝。同年5月左右，反日、反日货运动以长沙、汉口为中心轰轰烈烈地展开，辐射至九江、厦门、汕头、广东甚至新加坡、河内等地，使日本的对华贸易蒙受巨大损失。涩泽等人一直视为中方合作伙伴的中国总商会在这些运动中发挥了主导作用，这对涩泽及日华实业协会造成沉重打击。

涩泽表示，"3月以来，支那人用尽各种手段在各地策划开展反日货运动，此事令人颇感遗憾。且近来此类运动已不局限于部分有志之士及学生，甚至本该阻止此类运动之总商会亦成为运动的中心。眼看在华同胞生命财产安全处于威胁之中，我等已无法坐视不管。然以暴制暴自然不妥，我等亦无须大惊小怪，须采取更为稳妥、持久之态度以期待圆满解决此次事件。即我等在要求外务当局与支那政府协商根本性预防措施的同时，与支那各地及日本全国商会，还有各实业团体密切取得联系，全力防止反日货运动"[2]，对一直以来认为是自己友好伙伴的中国总商会流露出失望之情，同时代表日华实业协会表示要改变对中态度，并提出具体对应措施。

在上述观点的基础上，同年6月11日，涩泽与和田两位正副会长前往外务省拜访内田外相并献计献策。内田表示，外务省将通过电报给北京代理公使吉田伊三郎下达训令，让他在保持目前强硬态度的同时，避免在今后的策略执行方面出现疏漏。[3]于是，日华实业协会于同年6月14日召开协议会，涩泽、和田、白岩、儿玉、杉原等人出席会议。会议中达成一致的事项包括：就反日、反日货问题联络全国及中国各地的商会及各实业团体，力求圆满解决，并会见外务省当局者，商讨防止反日、反日货运动

---

[1]「第三回総会及評議員会二於ける会務報告　青島大学ノ件」,『渋沢栄一伝記資料』第55卷，198—199頁。
[2]「今や如何にも黙視し難い　渋沢栄一子談」,『中外商業新報』，大正十二年（1923）6月15日。
[3]「支那排日問題対策」『竜門雑誌』第421号，大正十二年（1923）6月号，60頁。

的根本措施。[1]

同时，协会邀请亚洲局长出渊胜次、情报部次长广田弘毅于19日到访日本工业俱乐部并交换意见。《都新闻》报道了相关人士发言的具体内容："我等希望借此机会，从根本上解决支那境内屡次发生的反日货问题，不依赖政府，由我等实业家团结一致，为事态得以圆满解决尽微薄之力。"[2]

可见日华实业协会此时非常积极地希望能彻底解决这一问题。[3]他们也将这一主旨传达给东京商业协会、东京实业组织联合会。为听取多方意见，协会于25日在协会事务所与这两个团体的核心人物进行会谈。协会出席人员有涩泽、角田隆、荻野原太郎、油谷恭一等，实业组织联合会出席人员有星野锡、阿部吾市、山崎龟吉等，东京商业协会出席人员有杉原、山科、守谷吾平、大冢荣吉等。会议由涩泽主持，他对目前为防止反日货运动的相关举措以及与政府及外务省当局进行交涉的具体内容进行说明，之后听取了参会者的意见。[4]协会在7月2日再次召开干事会，出台具体方案，并于3日在丸之内的银行集会所再次与外务省交换意见。外务省的出席人员有外务次官田中都吉，中国公使芳泽谦吉，通商局长永井松三，情报部次长广田，亚洲局长出渊，各部门课长坪井、栗野、冈部，等等；协会出席人员有涩泽、和田、杉原、白岩、小野等。会议中，协会要求外务省在禁止反日货运动、处罚反日责任人、赔偿损失、保证善后这四

---

[1]「日華実業協会と支那排日貨運動」前出杂志第422号，大正十二年（1923）7月号，61—64頁。
[2]『都新聞』，大正十二年（1923）6月20日。
[3] 日華实业协会之所以想要彻底解决这一问题，除了有中国形势恶化的原因外，也是因为协会需要合作的东京商业会议所内部组织形成"反日货问题决议实行委员会"。山科礼藏、堀内伊太郎、大山斐瑳磨等人出席了于大正十二年（1923）6月16日召开的第一次委员会。会上，对前一天会见农商务次官和外相的结果进行了汇报，决定邀请小幡酉吉公使并听取其意见。同时，预定调查反日货运动给对华贸易造成的影响，接受汉口日本人大会对反日货运动的陈情，并要求其向横竹商务官汇报当地情况之后商务官报告如何合理应对，还希望日华实业协会及东京实业组合联合会取得联络并合作。此外，在25日召开的第二次委员会上，决议通过对中国采取更加强硬的态度，并将这一决定转达给涩泽。相关内容可以参考『東京會議所會報』，大正十二年（1923）6月号，第6卷第7号，10—12頁。
[4] 前述「日華実業協会と支那排日貨運動」，61—64頁。

点上采取相应措施。外务省认可了协会提出的请求,表示"田中次官及出渊局长等人对此基本认同,将商讨合适的方案"[1]。于是,协会发表声明,"在督促支那人士反省同时,协会将继续为该问题之圆满解决不懈努力"[2]。

后来,随着中国的反日、反日货运动的扩大,包括日华实业协会在内的日方的上述举措也相应地加速扩展。比如,由贵族院和众议院两院重要人士及民间有识之士组成的对支国民同盟会,于7月8日在丸之内的华族会馆召开协议会,邀请日华实业协会、全国商会联合会、东京实业组织联合会三家团体代表参加,探讨如何引起国内舆论对中国反日货运动的重视。对支国民同盟会出席人员有蜂须贺正韶、青木信光、上杉信吉等,日华实业协会出席人员有涩泽、白岩、和田等,全国商业联合会出席人员有杉原稻畑胜太郎、井坂孝等,东京实业组织联合会出席人员有星野、阿部等,共41人。会议决定于15日在日本工业俱乐部召开由4家团体联合主办的对支国民大会,此外还决定由涩泽提名的蜂须贺、和田、木内、杉原、山科、涩泽、和田、白岩、星野、山崎、阿部等16人在7月15日于东京举办对支国民大会之后,再依次在全国六大城市分别举办国民大会来唤醒舆论界。[3]

根据这一日程,7月15日下午,对支国民大会在丸之内的日本工业俱乐部召开,蜂须贺、涩泽、头山满、上杉等贵族和众议两院议员及各团体代表共500人出席大会。会议由蜂须贺主持,涩泽做会前致辞。他在致辞中说明了大会的宗旨和目的:"支那不顾邻邦之谊,多次策划反日运动,是为无视与邻邦之交。因此我国目前紧要之事并非探求反日运动之既往原因,而是思考如何镇压此种现象,望两国当权者给予十分注意。"[4]从中可以看出,涩泽认为比起求证反日、反日货运动的原因,当时最应该优先

---

[1]「穏忍するにも限度がある 排貨の解決策と日華協会の声明」『中外商業新報』,大正十二年(1923)7月4日。
[2]同上。
[3]「排日対策国民大会六大都市で開催 聨号協議会で決定す」『中外商業新報』,大正十二年(1923)7月8日。
[4]「対支聯合大会決議案可決へ」『中外商業新報』,大正十二年(1923)7月16日。

采取的行动是镇压。值得一提的是，上杉也表明了自己的立场："如今防止反日货运动，已不仅仅是为了工商业界之利益，我等必须追究反日运动发展至这一地步责任在谁，也必须清楚认识到其中必然有日本国民怠慢之责，借今日之机，官民觉醒，确立坚定的国策尤为紧要。"[1]

会上，蜂须贺、粕谷义三、和田三人被选为反日陈情委员，将作为代表拜访政府当局。当时全场一致通过了一项决议，其内容十分严厉，即"支那频繁发动反日暴动显然是对我国国民表示敌意，有悖于国交之常理，有害于东亚之和平……我等警告支那官民即刻改善现状并防止局面之进一步恶化，如若不然，日本国民只好采取适当措施以求自卫，事情发展至此我深感不幸，然而其中最大责任在于支那官民"[2]。不难看出，对支国民大会的举办和决议内容的目的在于唤起国内舆论，并通过这种方式要求政府及外务省当局采取强硬的对华态度。蜂须贺与和田二人在决议通过后的第二天，也就是16日拜访了内田外相，并于18日拜访了加藤首相，向他们提交了决议书。内田和加藤均对决议内容表示赞同，且在回复中表示会尽全力支持决议的实施。[3] 19日，涩泽与和田向加藤首相及农商务大臣荒井贤太郎提交决议书，请求他们尽力配合使决议能够顺利落实。[4]

日华实业协会在国内行动的同时，还谋求加强与在华商会之间的联系。比如，协会代表森弁治郎参加了从7月10日开始的在华商会联合会；侨居汉口的3名日本人代表陈情人、侨居长沙的1名代表、侨居天津的2名代表前往东京说明与反日对策相关问题时，于7月12日受到涩泽会见，之后协会又在16日听取了他们所在地区的实际反日情况，同时为他们拜访政府当局、贵族院各团体和各政党重要人物及商业会议所等牵线搭桥，提供方便。同样，在华商会联合会代表米里纹吉在携该联合会决议书于7月30日进京时，协会也在8月10日召开干事会，从米里处听取了在华商

---

[1]「対支聯合大会決議案可決ヘ」『中外商業新報』，大正十二年（1923）7月16日。
[2] 同上。
[3]「支那の排日活動ニ対シ本協会ノ採リタル措置報告」，『渋沢栄一伝記資料』第55卷，217页。
[4] 同上书，212页。

会决议及对策等,同时还将他介绍给政府当局、政党要员,帮助他达成陈情的目的。[1]

此外,驻天津总领事吉田在8月24日寄给田中外相的396号工作信件《关于转交文件给日华实业协会会长涩泽子爵一事》中写道:"当地总商会的前任及现任总办卞荫昌等数人与当地有权者即警察厅长杨以德联合签署相关文件,托我方转交于子爵。子爵等人精通支那之事,对日支两国国交颇为顾念,然而如今亦是对支那有所误解,实在令人遗憾。幸而子爵成立日华实业协会,想必其目的在于增进两国感情与友好,我方愿与协会合作以达成协会之目标。"[2]此文件解除了涩泽的误会并回应了他的愿望,转告他总商会期待与日华实业协会合作。之后,吉田还在信中对中方进行分析,表达了对善后之策的期待。"此次支那商人已发觉反日风潮于支那利益损害之大,当地主要实业家提议反日问题之善后须以两方合作为开端……支那当地重要商人参与上述联合署名者,除阅历深厚之人,亦有总商务历代总理事。可见当地总商会及商民代表同意彼我双方实业家经济合作之提议。日华实业协会亦于提出具体方案后,决定派出相应代表,借此机会推进与支那方之协议……支那商人本身亦已对反日风潮产生厌恶情绪,此事之推进可有意外之效果,若协会有意认真对待这一提议,可令支那方除了当地之外,与上海、汉口等其他地区取得联系,扩大合作活动之范围,若对支那有此提议者务多有照应,则必为善后当下反日问题之上策。"[3]

叶登榜、窦世福、杨以德、卞荫昌、王贤宾五人联合署名写给涩泽的信件于9月20日由亚洲局长出渊寄给了涩泽。书信中写道:"中日两国唇齿相依、利害与共,近来虽提倡中日亲善,但其成效尚未彰显,且两国间多有分歧,实乃有识之士之憾,此非我国一家之忧,于贵国亦是十分可惜……因而翘首盼望得贵会[指日华实业协会]之赞同,仰贵会之高示,

---

[1]『渋沢栄一伝記資料』第55卷,212—213页。
[2] 大正十二年(1923)8月24日吉田茂天津总领事发送给内田康哉外相的公信第396号,同上书,218—219页。
[3] 同上。

求能相互合作、共同进步,以此结下深情厚谊。"[1]这与吉田所转达的内容相同,提到的具体善后措施也符合涩泽的希望。

涩泽于10月2日出席日华实业协会干事会,就上述五人提出的为增进两国亲善、合作的提议及如何感谢关东大地震后中国政府及国民表达的同情进行了商议,并在两天后的10月4日召开干事会,招待正在东京的天津总领事吉田,并与其多次磋商,于10月6日回信给了天津总商会的五位成员。

涩泽在回复信中这样说道:"两国经济合作之密切已无须赘述……然不幸的是多数国民之心仍然疏远,相关合作亦未见成效,特别是今年春天以来,贵国反日风潮较以往更为激烈,极端行为多有出现,因而我国国民舆论亦是沸腾,如此下去恐有危及两国国交之忧,令人不胜慨叹,本协会在此情形下……进言本国政府,要求采取措施控制目前形势,商讨善后之法。唯有求得两国国民之理解,才可谋求共荣……此次贵方意图合作研究、推进友好之事乃本协会素来所期盼,本协会会员均欣然赞同。只是目前日本正遭遇前所未有之灾难[指关东大地震],恰逢百事匆忙之际,因而无法直接将提案展示给贵方,故将其转交给目前在京的驻津总领事吉田,待他回津后,望贵方切身听取其言,相信我国商民侨居贵国者亦会欢迎贵方之盛情,全力配合并献计献策。"[2]

在这一背景下,天津的反日货运动出现暂时的缓和。对此,天津商会在1923年8月28日寄给涩泽的《关于天津反日货运动缓和之报告》中描述了当时的状况:"其后,天津反日货运动形势日益缓和,商业交易等亦渐次恢复。究其原因,一方面受困于政局艰难的直隶派有所觉醒,另一方面也是我政府官员的强烈抗议及国民外交不断努力渐见其效的成果,支那商民已厌烦反日之骚乱……若今日之局面一直持续,普通商家交易及金融则难以维系。"[3]此外,对其中的具体原因做以下追加描述:"反日货运动以宋则久一派的团体代表会为中心,活动依然屡禁不止,初衷不改。此事

---

[1]『渋沢栄一伝記資料』第55卷,219頁。
[2]「日華実業協会第四回報告書」,『渋沢栄一伝記資料』第55卷,221頁。
[3]「最近天津排日貨運動衰退報告ノ件」,『渋沢栄一伝記資料』第55卷,221—224頁。

固然令人焦虑,然该运动存活之关键在直隶派态度,如今直隶派态度有所缓和,普通商家亦出于自身立场产生共鸣……最初反日风潮爆发之际,支那官方对所有暴行均持默许态度,然而如今亦有取缔之意。7月初,内务部曾数次发布训令,命直隶警察厅杨以德进行取缔并积极采取行动平息运动……当局对于取缔之事态度已然十分明确,另一面,杨警察厅长招待团体代表会的干事,警告其停止相关运动,并将当地主要日支实业家会集一堂,旨在令其于谈笑间交换意见。又于7月中旬通过我方总领事馆联络本商会,劝说我方参与日支实业家之会谈……会谈后,行事稳健之日支实业家们气势高涨,同时仍存在不稳定因素之反日货运动者则显露出之势,如今禁止售货的放行单几乎也是有名无实……趁此机会,在前述杨以德氏斡旋下,我方又于8月20日接受天津总商会会长卞月庭等商会18名商会代表提议及其他120余名会员之邀请,共160余名会员出席日支联谊大会,卞会长致辞后,竹内会长致谢辞……相互理解对两方都颇有裨益,因而我方预定于9月1日于当地公会堂主持召开第二次日支联谊大会,邀请第一次大会主办方天津总商会会员等人参会。目前准备工作正在进行之中。日支间日益亲近,因此当地汉文报纸之论调亦是一改往日,已不见过激之词。在我方交涉下,支那警官将以前发放至团体代表会及总商会之放行单取消,日货监视员之活动及反日演说者之聚集亦被禁止,取缔措施日渐具体化……其中最令人欢喜、值得大书特书之现象是,我方希望以上述日支集会为契机,以本商会及总商会为中心于当地组织一中日联合会,网罗日支各方重要人物,此愿望符合日支双方期待……卞会长说……如今已进展至中日联合会会馆建设之阶段,为消除双方误会,达成毫无隔阂之亲善,详述数小时谈创设一言论机构是如何紧要。"[1]

如上文所述,与当地掌权者及实业家等人建立协作及合作关系并通过维持这一关系来取得成果,达成既定目的,可以说是涩泽所谓的国民外交的一个方面。不过,虽然反日货运动曾经有一段时期得到区域性、暂时性

---

[1]『渋沢栄一伝記資料』第55卷,221—224頁。

的缓和，日方也曾将遭遇关东大地震的中国留学生用日清汽船的船只送回宜昌及重庆等地并受到感谢，但从整体上说，反日货运动并没有结束。例如，担任日本棉花股份公司、日华制油股份公司董事长的喜多又造在1923年11月7日写给涩泽的书信中对此事有所提及：

> 激励我国政府极力支持国民外交乃最合时宜之处置，吾等唯有衷心感激。从那以后，由于我国政府官员之努力及支那官民之觉醒，部分反日热潮出现缓和之势，特别是在关东地方发生前所未有之大震灾之际，我国得到世界一致同情，支那各地亦组织物资及其他救济义捐以表善邻之好意。我本十分乐观于反日热潮由此出现转机，然其结果令人惋惜，活动于武汉之"湖北全省商界后援会"旗帜鲜明地发起组织性反日运动，反日色彩日益浓厚，其高呼应分开看待"震后救援"与"反日"两问题，形势不仅不见好转，甚至还出现进一步恶化之势，此事于日支经济发展之危害自不必说，对我等在该地拥有分店、资产固定，于多个机构配备完整设备之商人来说，亦是实在难以忍受之打击，直接间接损失巨大，甚至感到前途无望……
>
> 我的"日本棉花会社汉口分店"
>
> （A）处于后援会严密监视之中，被阻止与支那棉花商人交易，因而不能购买原料棉花，实际业务被迫中断；
>
> （B）附属之汉阳棉花压榨工厂采购产自省内之产品卸货时亦受阻碍，我所雇用之支那人因恐于后援会胁迫而无法工作；
>
> （C）进口棉线的布商均在反日团调查员密切监视下，不能销售日本产品，因而华人客户多跑去与支那商人或其他外国商人交易，我国商人无法持续经营……
>
> 以上不过我司分店一例，真实案例数不胜数……近来，湖北全省外交协会成立大会，宣扬扩大经济断交，是为第三期反日煽动之策……支那政府所谓取缔毫无诚意，暗中依然默许反日团行动……恐怕我国将失去历经多年所建立起来的在支那中部之势力范围，使其成

> 为英美及其他各国争相抢夺之香饵……唯日本商人受迫害，于商业买卖中受束缚，实在有悖日支亲善之情谊……汉口方面反日热潮之渊源在于精打细算、计较得失之结晶，不难看出其煽动者中有支那纺织业者。[1]

日本棉花股份公司汉口分店店长土井米市在两天后，即11月9日给喜多董事长提交了题为《关于当地反日、反日货问题》的报告，讲述了汉口日益严峻的形势，"7月1日后相关举措极为严苛，已定好之产品亦不允许交货……调查是否与日本商人有交易往来，一经发现便进行传唤，直接收取罚金，若有拒不接受传唤者，便同对待流氓地痞一般，对其进行殴打或烙上火印"[2]，并在最后说"虽7月通过日华实业协会向外务省提出上书之请求，然公使馆尚未得到通牒训令，公使便只能在其职责范围内，寻找合适机会应对反日、反日货运动，望其在我国政府当局严厉训令下，尽全力与北京政府交涉"[3]，强烈要求政府发布训令，让北京日本公使馆参与与中国政府的交涉。同时，土井也向北京日本公使馆的芳泽公使提出以下请愿书，要求曹锟大总统妥善处理相关问题，责成萧督军严格执行对反日运动的坚决取缔：

> 林总领事于6日拜访萧督军，针对取缔反日活动、处罚反日暴行者进行严正交涉，萧督军亦抓捕反日团中重要分子两三名，严明迅速镇压此恶劣风潮之方针……然当地反日恶行反而极尽阴险毒辣，反日团之日货调查员自4日以来，逞如附表所示掠夺之暴行。上月，支那海产商家裕记号主人因经手日货，面部被用药水刺上卖国奴之烙印，游街示众……萧督军近来传唤外交后援会会长吕超伯，对此等蛮行严

---

[1] 参见大正十二年（1923）11月7日，日本棉花株式会社、日华制油株式会社社长喜多又造寄给日华实业协会会长涩泽荣一的书信，『渋沢栄一伝記資料』第55卷，225—226頁。
[2] 参见大正十二年（1923）11月9日，日本棉花汉口分店店长土井米市寄给该公司董事长喜多又造的报告书「当地排日排货二就テ」，同上书，227—228頁。
[3] 同上书，228頁。

加斥责，令其对执意采取如此暴行者实施逮捕，却无任何检举之行动。数月以来，萧督军对反日暴行一直持默许态度……借助反日而窥得实际利益之纺织业者、棉花棉线从业者及英美进出口的足头业、航运业者依然执意唆使名为调查员的反日混混继续破坏并妨碍日本商人权益……总之虽然在湖北实施反日运动者是那些对自己有切身利益的职业混混，但是反日团，特别是外交委员会背后，有约半数省议会会员，亦可谓之旧王占元派，绝对反对直隶派。从其被湖北新闻媒体所报道的惯用手段来看，如果他们将来要具体实施反直隶派行动，目前他们所标榜的取消二十一条、收回旅大货运，虽然不过纯粹是为了自家发展而获取利益，但其会伺机把所有风向转化成反直隶派运动，即反直系的湖北扰乱派会让长官萧耀南等直隶派对内对外失去信用以便为反直运动争取主动。为此，此等为谋取自身利益的反日运动将会依然存在，且若从以往反日行为之实情来推断，此恶习着实难改。如今长江一带已逐渐酝酿反直热潮，正如湖北省内的民党系、安福系及其他各党派之间的关系之日益错综复杂，四川、湖南之局面亦会受其牵动而变化，秩序恐遭到破坏。今年四五月以来，在反日恶毒暴行下，日本侨民不仅经营自由被剥夺，有时甚至受到生命威胁。在以往巨大损失之上，又被禁止不许在今年秋天贸易旺季中有任何交易行为，日本数十年来耗费无数劳力及财力开拓而来的支那中部之事业策源地，如今已蒙受巨大损失，唯有接受倒退之命运，我深感我方正面临十分危急之状况。关东大地震以来，为恢复帝国国力，我以为对外贸易乃主要使命，且帝国对支贸易中，扬子江一带之事业乃重中之重。然汉口的日本商人在过去半年的重要贸易旺季中，行动一直受反日团制约，损失极大，无法与有意进行交易之顾客自由往来。从小处看，此会导致长江中游以上的日本人势力覆灭，从大处看，会使国家之威名受辱，实在令人痛恨。[1]

---

[1]「請願書」,『渋沢栄一伝記資料』第55卷，228—229頁。

请愿书中的言辞与之前相比更为激烈，可以看出，有一些势力在利用反日民族主义的爆发来谋求扩大自身利益，再加上直隶派在英美支持下巧借民众反日情绪与反直隶派形成对立，日本人在华处境十分艰难，走投无路。参考其中提到的附表，可以得知，在洋针、报纸用纸、蚕丝原料、麻布、棉布、针织品、海带等商品贸易中，出现了日本人被中国人拘传、被妨碍运送、公司组织被无赖闯入、被殴打烙火印等事实以及受害程度。[1]

在这一严峻形势下，日华实业协会第三次总会于1923年12月24日在丸之内的日本工业俱乐部召开。会议对政府当局提出了几项要求：处罚对取缔反日行动有所懈怠的中国官员、取缔反日运动、赔偿损失、保障善后。此外，会议还提出反日运动常常是在与美国相关的学校或学生基督教青年团带领下进行的，教唆者应该多是美国传教士，因此外务省应对美国公使［应为大使］做出警告或提出抗议；为保护本国民众增派炮舰并配备相当数量的陆战队员，以免错过镇压保护的时机；在反日行动平息以前，中止与中国文化事业及其他领域有关的各项工作。[2]

对外务省的要求，涩泽表现出的态度略带严厉。他说："对于排斥日货之事，日华实业协会当初便有所担心，为改善事态，我曾与诸位常任干事一道同外务当局于此处或银行俱乐部数次会面，虽不是讨论会性质，但也达成意见交换之目的。我还曾与和田君一道前往外务省拜访外务次官，又与亚细亚局长促膝而谈，从未有过外务当局无能等辱骂之词，唯有恳切的请求。我想问问国家机关是否能对此事做出举措？不为我等事业担心吗？抑或是国家不应担此等责任？"[3]同时，他还对当局者一直以来所做的工作表达了看法。其中，他高度评价了芳泽，说："特别是在亚细亚局长芳泽君即将赴任公使前后屡屡出现此类问题，为此芳泽君在就任时便深有感受……然其能倾注大量心血，对此事也颇有担心。"[4]

---

[1] 「別表　邦商被害一覧表」,『渋沢栄一伝記資料』第55卷，230—231頁。
[2] 「第三回総会報告」,同上书，260—262頁。
[3] 「第三回総会議事速記録」,同上书，263頁。
[4] 同上。

由于芳泽的努力，或如涩泽所说的"本协会力量虽小但并非无用"[1]，大正十三年（1924）开始，反日运动出现暂时的平息。涩泽对此表示："其后之反日状况，虽仍有扬子江汉口地区之反日风潮尚未结束等令人遗憾之处，天津、上海等其他地区均逐渐缓和……此次反日自然存在政治原因，但经济原因亦不可忽视，请各位直接接触对支业务之会员特别留意此处，本协会今后将致力于促进两国实业家贸易合作，商讨如何将连年频发之反日风潮防患于未然，同时也在研究今后发生类似事件时如何救济支那境内的商人。"[2]在讨论中国的反日理由时，涩泽认为除了政治原因，实业家应更进一步注意到其中的经济原因，并从经济视角制定预防之策。

日华实业协会在此之前一直在探讨如何参与到防止反日的行动中去，在反日运动取得暂时性平息后，协会做出几个举动。一是在同年11月12日召开的日华实业协会干事会报告了上海中华学艺社一事。上海中华学艺社原名丙辰学社，1923年6月改名。1919年，丙辰学社由47名亲日派中国留日学生发起成立。他们曾在东京帝国大学、早稻田大学、高等工业学校、高等师范学校、千叶医学专门学校等留学，回国后就任北京大学教授等职位，活跃在社会第一线。学社成立的目的是探求真理、交流知识信息、促进文化进步。成员们通过发行学艺丛书、学艺汇刊等书籍，举办演讲会等方式来达成这一目的。学社人数不断增加，有很多留欧、留美学生加入其中，很快达到了一千多人，学社在中国国内颇具影响力。其不仅在文化教育界影响巨大，就是在政治、经济及其他各个领域都直接或间接影响着社会舆论。驻华日本人中的有识之士评价："支那各地尤其长江一带长年以来激烈的反日运动之所以能逐渐缓和甚至平息，其中虽有诸多原因，但该社成员主导提倡的反对反日运动之举动极为重要。"[3]于是，在

---

[1]「第三回総会議事速記録」,『渋沢栄一伝記資料』第55卷，263頁。此处"本协会"指的是日华实业协会。
[2]「第三回総会報告」,同上书，262頁。
[3]「中華学社ノ内容及ヒ同社発起ニ係ル学芸大学ニ就テ」,同上书，303頁。

上海中华学艺社准备筹办大学时，日华实业协会表示要对他们进行资金援助，并在大正十五年（1926）12月实际捐赠了15 000日元。[1]

二是日华实业协会于1924年3月31日与日华学会、东亚同文会合作，在丸之内的日本工业俱乐部举办招待会，欢迎北京大学、北京医科大学、北京农业大学、北京师范大学、国立北京美术专门学校的师生。

三是日华实业协会在得出中日两国民间亟须设置一个交流机构的结论后，为实现这一目标做出一系列努力。协会干事角田隆郎先是从4月18日开始，用2个月前往上海、汉口、北京、天津、奉天，希望与张謇、吴佩孚、黎元洪等政界、实业界、学界等领域的中方及日方名人交换意见，进行沟通；后来又在9月前往广东、香港、华南地区进行了同样的活动；11月还作为会长代理拜访了当时正在神户的孙文。孙文对建立一个日中交流机构的提案十分欢迎，认同中方也有必要设立一个同样的机构，并承诺尽力完成此事。[2]此外，汉口报纸《中报》由于其创立者是华鄂学会中的有志之士，而华鄂学会中多人有过留日经历，因此在当地"尽力去除反日之风，主张推进两国亲善"[3]。当地的在华日本人对此做出高度评价，并组织中报会对其进行资助。于是，日华实业协会也因为《中报》在改善对日舆论中所做出的成效而决议对其大力协助。

（三）日支混合委员会设置计划

大正十四年（1925）5月30日，由于五卅惨案发生，上海民众举行反日反英游行。以此为导火索，镇江、武汉、广州、重庆、南京等中国各地举行了反日反帝运动，打破了反日运动的短暂平静。这件事发生在涩泽失去自己的重要合作伙伴孙文两个月之后。

日华实业协会对五卅惨案的看法可以从当月10日日华实业协会干事

---

[1] 参见「上海中華学芸社へ寄付金ノ件」，『渋沢栄一伝記資料』第55卷，439—440页。捐款方是横滨正金银行、三井物产、三菱合资会社、日本邮船、日清汽船。由于日华学会也捐赠5 000日元，因此上海中华学艺社共收捐款20 000日元。
[2] 「四、両国親善機関施設促進ノ件」，同上书，274—275页。
[3] 同上书，274页。

会的召开通知中看出，外务省亚洲局长木村锐市也预定参加这次会议。通知被认为是由喜多执笔的，写道："此事性质全然不同于劳资纠纷，深究其根本，乃是源于反帝国主义思想，其标榜之主意、列举之要素，皆未超出政治问题之范畴，其诉求在于恢复领事裁判权、行政权，即废除不平等条约、恢复国家权力、获得完整的行政权……若只是因劳资纠纷而产生暴徒，考量工资、待遇等条件后，事件之解决较为容易……而本次运动，本就全然不同于劳工运动，无法依靠劳资协调来解决。"[1]当时的实业家所面临的困局，就是难以找出解决事件的方法。

根据上述干事会的会议结果，涩泽作为日华实业协会会长给外相币原喜重郎寄去书信，先是提到"列国关于此事之对策，多立足于华府会议[2]之精神，对支那国民之立场多有同情，将对支援助支持作为第一要务，对此无人有异议。我国比起其他列国与支那关系特殊，支那之安危直接影响我国盛衰，因而面对此种危急局面，应时时保持慎重态度，站在指导、启发之立场，尽可能保持支那及其他列国不超越常规，或出现重大错误"[3]，从安全保障及经济视角出发，阐释了日本与中国之间关系的特殊性，并主张正是因为这样，才更有必要发挥指导作用，避免中国及其他各国误入歧途。之后，针对上海工部局问题的解决方针，涩泽提出了自己的见解："基于华府会议之精神，以进一步援助支那为第一要务自不必说。此外，充实租界警察之人数以保障租界秩序以及今后之安宁，乃善后之策之关键所在，因此有必要维护租借之威信，勿为支那一时之情感而左右。"[4]要求政府坚定立场，为上海、汉口、重庆、九江及广东等地日本人生命财产所遭受的损失索取赔偿。他还提到"在解决这一事件上，世间或许认为我们会充分利用此次机会以瓦解英国势力，然我等持不同意见，虽不说有必要与列国协调，但就目前而言，与支那切身利益关系最为密切的日英两国必须

---

[1]「国権回収運動」,『渋沢栄一伝記資料』第55卷，324頁。
[2] 指华盛顿会议。——译注
[3]「一九二五（大正十四）年七月八日付外務大臣宛書簡（案）」,『渋沢栄一伝記資料』第55卷，326頁。
[4] 同上。

做好协调"[1],提出在改善与中国之间关系的同时,也可以通过争取列国之协调,特别是日英协调来解决问题。这体现了他对实现在中国日侨的经济利益抱有强烈危机感,即"此事影响甚广,若有一步差错,支那境内我国商工业者之利益将陷入不可收拾之困境"[2],同时也显现出他对未来的冷静分析以及要在长江中部流域发展经济的打算。

与此同时,冯玉祥于1925年7月22日寄给涩泽一封书信阐释自己对中日间亲善关系的看法,涩泽于8月16日回信。其中,涩泽表现出自己对日中关系的基本立场,即两国之间由于文化相通,应当建立一种以经济联结为中心的共存型关系。涩泽说:"未来的世界和平在于东西洋文化之融合,而其实质便在于贵我两国与美国之间国交如何……依我拙见,真正的国交亲善往往有赖于两国之间的经济关系,我可以肯定若相关人士不能因公益而弃私利从而获取所谓共存共荣之成果,两国关系便无法持久。小生数十年来对此倾尽薄力,却仍未取得任何成效,实在惭愧。然真理确实如此。"[3]这一思想与石原莞尔的世界最终战争论相对立。石原莞尔认为,第一次世界大战是以大规模杀伤兵器的开发,长期的消耗战、持久战,国家整体作战为特征的战争。同时,他把这一理解和自己信仰的日莲宗教义相结合,认为作为东亚盟主的日本和作为欧美盟主的美国之间必然会进行最后的战争,胜者将会通过武力统治全世界。这也表明涩泽对为中日关系虽然付出过长时间的努力但仍然得不到改善这一局面的忧虑。

同年10月26日起,北京关税特别会议在北京召开,中国及日本、英国、美国、法国、意大利、荷兰、西班牙等13个国家出席会议。这一会议是在大正十一年(1922)2月6日于华盛顿签订的中国关税相关条约的基础上召开的。会议结果将对日本实业界与中国的交易产生巨大影响。因此一进入9月,涩泽便作为日华实业协会会长向币原外相提交了意见书。意见书主要包括:有关提高关税的范围及限度、提高关税的条件及其作用、

---

[1]『渋沢栄一伝記資料』第55卷,326页。
[2] 同上书,327页。
[3] 参见大正十四年(1925)8月16日涩泽寄给冯玉祥的书信,同上书,353页。

希望的条件、关于关税自主权的见解、对日本整理对华债券的见解。涩泽的基本立场是从本国经历出发,对中国希望恢复关税自主权之想法报以同情并不惜为其达成目的而提供支持。但同时,他又说"期望于本次会议中完全实现此事[指恢复关税自主权的愿望]极为困难,支那应展现出遵守现存条约规定之诚意,同时整顿内政,准备改善其他各项设施,努力促成实现前述目的之环境……中央政府准备将关税提高12.5%,并以废除厘金税及其他内地税为条件的想法,无法取得各地方的权力机构的认同……在目前所有规定及法规均未完全实行的状况下,提升关税几乎不可能,如果勉强实施,只能让列国无利可图,亦令支那自身信用内外皆失,结果反而增加弊端"[1],认为中国实现关税自主为时尚早。

9月26日,日华实业协会在丸之内银行俱乐部召开的会议中,邀请了即将就任北京关税特别会议全权代表的日置益并交换了意见。席间,涩泽发表的见解与提交给币原外相的意见书内容相同。北京关税特别会议最终由于中国内政上的问题——军阀割据未能取得进展,再加上1926年4月10日鹿钟麟发动政变使段祺瑞下台,北京陷入无政府之混乱状态,会议准备陷入停滞,最终未能进行。这一事件很明显无法缓和中国民众在五卅惨案中所表现出的要求废除不平等条约的民族主义情绪,也再次引起日本对中国可能爆发反日运动的担忧。不难推测,涩泽等日华实业协会会员这时都感到束手无策。

这时,来自中国方面的一个消息带给他们打开僵局的希望,那就是上海总商会会长虞洽卿将作为团长率领中华民国实业团,即所谓的访日民国实业团抵达日本。此实业团本来定于同年4月访日,但神户商业会议所的鹿岛房次郎会长提出,希望访日团能召集到除了上海之外,来自北京、奉天、汉口、南京、镇江、福州及其他各个城市的优秀实业家一起参与,从而形成一个名副其实的中国实业界代表团进行访日活动。为此,鹿岛答应即便将访日日期推后一个月也毫无问题。中方接受了这一提议并最终于6

---

[1]「支那特別関税会議ニ対スル意見」,『渋沢栄一伝記資料』第55卷,367—368頁。

月成行。[1]于是,从地域上看,包括满洲、中国北部、长江各地总商会代表在内的58人组成一个大规模的代表团,实施了访日计划。日方对访日民国实业团十分期待,认为"自明治四十四年(1911)我国实业家代表团一行渡支以来,中断许久的两国实业团交往得以复活"[2],并期望着这次访日能对两国间的交往产生极大的正面效应。

民国实业团一行于6月5日参加了由日华实业协会和日华恳话会共同主办的欢迎午餐会,欢迎会在涩泽位于飞鸟山的家中进行。民国实业团列席人员有虞洽卿、谢仲笙、顾子槃、孙梅堂、乐振葆、袁履登、郭外峰、余日章、钱孙卿、谭明卿等,日方列席人员有涩泽、三井、岩崎、大仓、浅野、古河、门野、藤山、儿玉谦次、白岩、安川雄之助、荻野原太郎、森弁治郎、小野、油谷等,外务省列席人员有币原外相、出渊次官、亚洲局长木村等。

会中,虞洽卿代表民国实业团进行致辞,说到访问日本的主要目的在于"了解两国国民真实想法"[3],然后又说"现在我国政治与国民的广泛期待存在一定距离,在此前提下,若想令两国将来保持真正之亲善,须远离政治之交涉,国民之间直接交往,此事值得双方充分考虑"[4],这番话与涩泽的见解相同,也因此带给涩泽巨大的期待。但虞的前提是"首先必须帮助废除令中国国民厌恶且对两国贸易通商造成不良影响之不平等条约,或解除领事裁判权。如此,一方面可消除两者间障碍,另一方面若想将两国国民亲善落于实处,唯有如此才可完全实现两国之间的圆满关系……如若可能,希望此事能有一定成果,并以此作为我归国之际所带回之珍贵礼物"[5]。虞要求日本实业界为废除对华不平等条约而努力。

对此,涩泽在欢迎词的最后说道:"虞团长适才之演讲于这般宴会实

---

[1] 参见4月17日上海商业会议所寄给商业会议所联合会的来信「中華民国実業団渡日ニ関スル件」,『渋沢栄一伝記資料』第55卷,418页。
[2] 「民国実業団ノ来朝」,同上书,422页。
[3] 「虞洽卿氏の意見」,同上书,422页。
[4] 同上书,422—423页。
[5] 同上书,423页。

属沉重，团长愿吐露心声，定是将我及本协会中人看作真心朋友，我等深刻理解团长及贵方一行人之所想。我并非认为商贾之人皆厌恶政治，但政治并非玩物，政治终是政治，若不细究其中缘由，肆意评价而不保持慎重，一不小心便会使国家政治成为孩童玩物，对政治不得不谨慎对待。近来贵国有此种不良风气，我日本亦时有出现，每每令我等老人也眉头紧蹙，因而请尽可能给予注意。不过贵方之心中所想我亦很是理解。"[1]虽然只是一个开场致辞，但从两人所说的内容来看，他们已经出现立场上的隔阂。

欢迎午餐会的新闻报道大多是比较正面的。比如，《时事新报》报道"此次交流将成为日支经济合作之重要转换期……席间有关具体合作事务的氛围甚是浓厚，不似单纯欢迎宴会……实现经济合作之势头颇高"[2]等。不过很快，双方的矛盾便显现了出来。

6月8日，虞洽卿、郭外峰、余日章、郭冬泉、涩泽、儿玉、角田隆郎、白岩共8人齐聚涩泽位于飞鸟山的家中，就日中经济合作展开协商。日方站在政经分离的立场，主张日中经济合作的必要性已经无须赘述，为实现日中贸易通商的顺利进行，希望能从两国实业家中推举合适人选新成立一个日支混合委员会。民国一方虽然要求日方废除二十一条，但这并非实业家而是政治家的工作，所以日方希望不要将二十一条问题与经济合作混为一谈。民国一方则站在政经不分离的立场，主张政治和经济一直以来都是密不可分的，双方不可能撇开政治来谈论经济。两国国情不同，他们虽然不知道日本的情况，但至少在民国政经分离是绝不可能的。所以，在讨论日中经济合作之前，必须要先解决二十一条问题。[3]

对于基于涩泽提案而提议成立的日支混合委员会，日方做了以下说明：由日华实业协会会员及其他能力出众者成立一个以真正推动日中两国经济合作为目的的团体，并在中国也组织成立同样的团体。双方各自从国

---

[1]「渋沢子爵歓迎演説」,『渋沢栄一伝記資料』第55卷，425—426頁。
[2]『時事新聞』大正十五年（1926）6月6日。
[3]『中外商業新報』大正十五年（1926）6月9日。

内选出30人以内的能力出众者作为委员，重要事宜由这些委员进行研究，其讨论结果由日支混合委员会负责尽力去实现。研讨范围包括与日支混合委员会相关的经济合作、有关两国国民衣食住房方面的必要事项、合办事业的推进、有关仲裁和解决商业争端的事项，也包含政治教育方面有可能妨碍两国通商发展的事项等。[1]

对于双方的协商结果，当时很多人采取乐观态度。6月9日的《中外商业新报》报道："两国实业家之间虽出现意见相左的情况，然对于日支经济合作之必要性，双方皆深有感触并相互理解，一致同意今后采取各种方法推进此类协议的实施。"6月10日的《东京日日新闻》报道："为紧密联系日支经济关系，须努力新成立一联谊机构，网罗两国实业家代表。若在实际商业往来中不幸发生利害纠纷，可分别推举仲裁委员，力争圆满和谐解决纠纷事宜，此乃推进日华两国共同繁荣之良方，是取得两国共存共荣成果之最佳经济交往方式。"

上海总领事矢田七太郎在报告中也提到，访日民国实业团一行回国时心情很好。虞洽卿团长在回国之后的汇报演讲中说："我等一行访日之任务乃是求得两国之间真正意义上相互理解，此次访问可谓总商会史上空前之壮举……在日比谷公园的欢迎音乐会上，我为日本国民之热诚所感染而不禁落泪，我发现虽然日本政府及部分资本家还未觉醒，但大多数国民与我等相同，已然察觉日支联络之必要。此次访日定会对国民外交大有裨益，日本政府亦会最终为多数国民之意见所动，也会逐步推进解除阻碍两国之间紧密经济合作的不平等条约。"[2]此外，关于政经分离还是政经不可分这一问题，虞洽卿还告诉矢田总领事："我们并非要求日方马上取消二十一条，而是希望日方理解支那国民之心愿，循序渐进实现此目标，实为我肺腑之言。涩泽子爵等人对我之所论听取过于认真，反而令

---

[1]「六月五日晚銀行俱楽部及同八日渋沢子爵邸二於ケル民国実業団代表トノ懇談会談話交換要項」,『渋沢栄一伝記資料』第55卷，430頁。
[2] 大正十五年（1926）6月19日「赴日支那実業団二干スル在上海矢田総領事来電」，同上书，432頁。

我苦恼。"[1]

矢田还给币原外相发送了电报，其中提到"二十一日虞洽卿来访，云'涩泽子爵［在日支混合委员会上］对日支经济问题提出了建议，我便充分认可其必要性，然总商会会员中亦有提出种种说辞对派遣访日团表达异议者，若回国后不能说服这些反对者，便无法将提议落实并参与其中。归沪后，反对者对我之疑虑已然消除，为网罗各方重要人物共同参与，我苦心经营，待有定案后便会马上转达'"[2]。矢田主要表达了访日团回国后中方情况有所改善，中方同意涩泽等日方人员的想法、提议并将为之做出努力。对因参加反日运动而在学生中具有较大影响力的余日章，矢田也进行了汇报："此人在学生中极具信望及势力……访日时自不必说，归沪后亦是面临学生团体种种问题及责难，然而余自身想法已开始倾向日本，趁此机会积极说服安抚余等人乃是本次访日团体之一大收获，令人骄傲。"[3]对民国实业团的访日也做出一定评价。

站在今天的角度来看，电报内容对访日民国实业团的访问成果评价较高，对之后的发展也抱有很大期待，甚至可以说有些许乐观。那么，日方代表涩泽又是怀着怎样的想法应对访日民国实业团的呢？

这次访日的重要课题，即日方提出的日支混合委员会，是涩泽参考日美关系委员会想到的。[4]他想在东京和上海组织两个相应的团体。不过"虽由于情势变化而未能实现，此时之交涉仍赋予日华实业协会之历史以特殊意义"[5]。虽然日支混合委员会最终未能成立，但涩泽对于其意义表示了认可。涩泽还说："自我懂事时到如今已过去八十余载岁月，八十年间我

---

[1] 大正十五年（1926）6月19日「赴日支那実業団ニ干スル在上海矢田総領事来電」,『渋沢栄一伝記資料』第55卷，432頁。
[2] 参见大正十五年（1926）6月22日矢田总领事发送给币原外相的电报第169号。同上书，432—433頁。
[3] 同上书，433頁。
[4] 关于日美关系委员会，可以参见拙著「渋沢栄一と国民外交—米国に於ける日本人移民排斥問題への対応を中心として—」『渋沢研究』創刊号，1990年3月号，9—12頁。
[5] 白石喜太郎『渋沢栄一翁』刀江書院，1933年，765—767頁；『渋沢栄一伝記資料』第55卷，434—436頁。

不断思考世间各种事物,知道世界之进步……今后也必将如此进步……政治、军事之进步自不必说,现代社会中经济之进步亦十分必要。我们应思考何为经济进步之目的。不然即便发展至一定程度,亦会如孩童玩耍堆积石块般,由于其基础不牢而在高处崩塌。始于大正三年(1914)并持续七年之欧洲大战是很好的例子,其本来便是经济战争,却反过来破坏经济发展。如今英吉利、露西亚等国之所以将势力延伸至东亚,想必经济关系亦占据其原因之主要位置。因而即便有战争,经济关系亦会发展。而发展途中又会有战争。战争发展至一定程度,辛苦积累之经济基石便会崩塌……因此须防止此事发生。为此不单是知识进步,亦有必要追求精神之进步,此事便与教育息息相关……若想实现人类之进步,最终唯有使经济与道德合二为一。若能彻底实现此事,日支两国间国际友谊及亲善便全然不成问题。况且日本与中华民国本就在国民性上存在可以亲密交往之本质,所以两国亲善指日可待。"[1] 这里,涩泽阐释了经济将会不断进步发展并生成战争的规律,同时提出为防止战争,应当努力实现道德与经济合一,并强调日中之间具备实现这种可能的条件。

（四）处于困局中的日华实业协会

中国的时局后来朝着与涩泽预测完全相反的方向不断发展,形势愈加混乱。日华实业协会也一直忙于应对中国形势的变化,活动的可选范围因此缩小,最终发展到不得不追认现状的地步,即承认既定事实。

1926年12月10日,日华实业协会事务所邀请外务省亚洲局长木村参加干事会,涩泽、白岩等人也出席会议,就中国时局问题、汉口罢工问题等提问并交换意见。但对于日华实业协会提出的5个问题,木村做出的说明反映出中国处于混乱不清之局面,前景不明且难以预测,世人亦持悲观态度。因此,日华实业协会也难以从木村的说明中得到启发或找到方向。例如,对于"听闻南军将于近日移政府至武昌,他们是否会内部团结

---

[1] 白石喜太郎『渋沢栄一翁』刀江書院,1933年,765—767頁;『渋沢栄一伝記資料』第55卷,434—436頁。

且成立强有力之政府来对峙北方"[1]之提问，木村的见解是："据目前形势无法或难以直接断定……南方军……虽向来以蒋介石为军事指导者，其手中握有绝对权能，但中心人物……但认为右倾派之著名中心人物唐绍仪为权力中心之提法亦相当有力……北方政府亦不可谓基础牢固，段执政内阁倒台后，列国皆不认可北方政府为支那政府，我国亦是将其看作地方之支配者……观察判断支那之时局甚是困难……目前胜败处于难以判断之中。"[2]对于涩泽及日华实业协会均希望与之保持和谐的英国的动向，木村也只是说："广东政府因财政不足而宣布推行华府条约所定之附加税，各国对此提出抗议……而英国态度却并不明确，英国似乎对上述抗议表示异议，然听说近来汉口与广东相同，出现准备课税之动向，英国或许对此表示无条件认同，其理由在于，此次实施附加税乃依照华府条约之举，有益于维持关税制度。南方政府欲被承认为支那的中央政府，然英国似乎并不想承认，目前英国政府之方针仍无法判断……"[3]不过可以预料的是，与南方军队扩大势力同时发生的汉口罢工事件，将在全国各地频繁发生并对日本企业造成重大影响。但对于应该采取何种对策应对这一问题，木村只是说："若有万一，陆战队将保护在华日本居民，另外考虑到可能遭遇敌方切断粮食补给，政府将做好充足的粮食准备……江浙地区并不愿被北方军阀所控制，亦不欢迎南方占领，对孙传芳至目前为止的做法表示大致认同，欲维持现状……希望能保证该地区秩序，另近来上海有罢工运动兴起之势，参照去年之事态，亦考虑来自工部局的请求，我方正在推进内部交涉用日本巡查员代替支那巡警以求彻底取缔相关活动。"[4]

后来，日华实业协会为了解、分析中国形势，于12月23日邀请上海日本商会会长田边辉雄对中国时局做出报告并听取其意见，于昭和二

[1]「十二月十日幹事會二於テ協會側質問二对スル木村局長談話要旨」,『渋沢栄一伝記資料』第55卷，445页。
[2] 同上书，445—446页。
[3] 同上书，446页。
[4] 同上书，447页。

年(1927)1月13日邀请在华日本纺织同业会常务理事船津辰一郎参加干事会并起草了《时局说明书》,并于1月14日发布《关于支那时局之声明书》。《关于支那时局之声明书》提到,"自1926年9月广东国民革命军进军长江以来,其主要目的在于使政治、社会及产业组织发生近乎根本性之变革,因其手段过激,汉口地区金融、产业几乎完全被封锁,民间贸易陷入极度低迷,南方派又通过暴力收回汉口英租界等势力日益壮大,其影响不单限于对内,甚至波及对外国际关系并对其产生异常之影响。不只南方,北方亦受南方过激主张之影响,对外发动强硬运动,表现于自主处理附加关税及回收外国租界运动,时局变化难以推测……首先确实有必要唤起民间舆论……因而发表如上声明书"[1]。它在对中国形势做出分析的基础上,阐释了起草《关于支那时局之声明书》的理由,是"我等忧心对支关系到达无法收拾之局面"[2]。其中,"支那近来态度稍不注意便会脱离正轨,使时局更为纷乱复杂,此事实在令人遗憾……虽然以互让之精神对待邻邦本是理所当然之事,然对于支那如今之不合法、不合理行动,万一列国间无法保持协调,我国将迫不得已依照上述精神独自采取自卫之举"[3]。这段话一方面表明了希望各国和谐相处的愿望,另一方面第一次肯定了如果各国无法达成协调,日本只有选择单独行动的意见。这一意见在当月17日作为政策建议被提交给政府当局。2月17日的建议书对危及日本的中国经济行为进行概括:"支那无视条约、不履行对其他国家之义务乃……南北共通之状况,因各地常年动乱不止,且时有排外运动发生……迄今为止所蒙受损失数额巨大,再加上此次南方势力进入扬子江,导致掺杂共产主义色彩之运动爆发,我等工商业者于通商及企业经营上所遭受之打击更甚……此处无暇将支那过去违反条约及不履行义务之举一一列出……如今支那似乎已忘记此事,着手成立新公约,其态度之不诚实一目了然。此外,正如近来汉口方面的种种不当课税及由此而产生的对产业之压迫,使我等工商

---

[1]「時局二対スル声明書発表」,『渋沢栄一伝記資料』第55卷,451頁。
[2]「支那時局二対スル声明書」,同上。
[3] 同上。

业者之立场实在令人担忧。"[1]然后又对日本在中国的经济地位进行说明，日本对华公私债权共7亿日元，且不论本金，有的款项连利息都尚未付清。在对华投资中，日本给上海、汉口、天津、青岛的纺织业投资2.3亿日元，对航运业投资5.7千万日元，对各制造业投资1.1亿日元，对不动产投资1亿日元，除了这四个城市以外，在其他地区投资2.5千万日元，共计5.2亿日元；在伪满洲的投资额中包括运输业3.3亿日元，商业1.15亿日元，工业7.4千万日元，农业1.9千万日元，矿业8百万日元，水产1.5千万日元，银行及其他一般投资6.26亿日元，不动产1.5亿日元等，共计13.37亿日元，投资总计约达19亿日元。此外，对中贸易出口额为6.21亿日元，进口额为5.05亿日元，说明中国在日本贸易中占据了重要地位。该建议书最后还要求政府保护日本的经济权益。[2]

2月21日，涩泽邀请外务省条约局长佐分利来干事会交流，其内容涉及以南方政局及关税会议为中心的中国时局，其中提到，"关于南方政府内部的国民党派系与共产党派系之间的内讧有种种传闻，这是否属实？有人认为南方政府如今已被过激的共产主义派阀所控制，实情究竟如何？……一旦中国实行国民党所宣言的政策，在经济层面上，将来定会对两国的经济关系造成极大压迫，该如何对待？"[3]等等，同时对关税会议的未来前景等也交换了意见。同样，3月17日，涩泽又邀请国民党访日特使戴天仇参加在银行俱乐部举行的午餐会，与会人员还有日华实业协会会员中的有志之士。会上，在双方交换意见的同时，还出现了日方要求南方政府反省的一幕。[4]

就在这一时期，3月24日爆发的南京惨案对涩泽来讲是一个重大打击，这让他想起了当年的义和团运动。此时居住在长江流域的日本人正因为南京惨案而面临着生命财产安全的威胁。关于此事，4月2日，涩泽拜访首

---

[1]「時局二関スル建議書（昭和二年二月十七日）」,『渋沢栄一伝記資料』第55卷，454頁。
[2] 同上书，454—455页。
[3]「佐分利局長卜ノ意見交換会」,同上书，456页。
[4]「戴氏招待有志懇談会」,同上书，458页。

相若槻礼次郎、外相币原。涩泽说:"和平政策或许不错,然而我们不能一味倡导无抵抗主义,沉默无语地看着在华日本人的生命财产被支那暴民踩躏。我等殷切希望政府下定决心,果断采取行动。"[1]这意味着涩泽一直以来费尽心力想要在《论语》、算盘合一基础之上达成的日中两国的共存共荣面临着无法实现的局面。之后,涩泽在发言中提出一个对他来说十分悲痛的决议,这就是要让中国当地的日本商会采取强硬手段以求从根本上解决问题。"越是像如今这样不懈努力地深入接触支那,我越不明白究竟该如何是好。以我等平凡之智,实在难以判断应当这般抑或是那般。"[2]就像他自己所说的一样,面对越发扑朔迷离的中国局势,他很难再做出积极并有效的应对。

因此,南京、重庆、杭州、汉口、上海等长江流域的在华日本人代表要求政府对避难的国人提供救济援助并推进积极的对华政策时,也要求日华实业协会做出相应努力。为此,涩泽于6月7日拜访了田中外相,请他向中国提出以下要求,即遵守现存条约、居住安全、通商自由、废除武汉政府各项暴令、改善总工会、驱逐共产主义过激派、将防卫扩大至旧五大租界所有区域、确保船舶航行安全等。不过,他采取的并不是献计献策的形式,而是非常严肃地直接要求"为达此目的,望您在交涉中做好充分的思想准备"[3]。田中外相的态度是"驱逐共产派、废除暴令是绝对必要的,我自然同意。我已发送训令与高尾总领事,命其一一交涉"[4]。同年6月28日、7月5日和7月9日,他又三次邀请参加完东方会议回国的芳泽公使到东京银行俱乐部及筑地新喜乐等地坦诚交流。同时,上海总领事矢田、汉口总领事高尾亨也参加了9日的会议。日华实业协会提交给公使及两位总领事的意见书并未公开,但其内容主要包括:若不彻底遏制总工会的横行,日本工商业也难以存活。若不实施有效计策反抗不当课税以及对二分

---

[1] 参见2月2日日本新闻联合社发送给欧美各报社的通稿,『渋沢栄一伝記資料』第55卷,461頁。
[2] 「支那問題に就て」『竜門雑誌』昭和二年(1927)4月号,第63号,1—7頁。
[3] 「外相の会見に就き御報告の件」,『渋沢栄一伝記資料』第55卷,478頁。
[4] 同上。

五厘及其他附加税的征收，便会使日本的对华通商贸易面临瓦解，唯有日英间精诚合作才能让中国从根本上纠正态度，所以要做好必要时两国合作来行使权力的心理准备。[1]从中我们可以看出意见书中没有太多值得一提的新内容。

之后，日华实业协会开展活动的重心就成为推进废除不当课税、维护商业权利、促使关税会议重新召开。涩泽和白岩、儿玉等人一起，于10月26日和11月4日两天，分别在飞鸟山和东京银行俱乐部与正在访日的中华民国前国民革命军总司令蒋介石和前南京政府总参赞张群进行了推心置腹的交流。有人推测当时谈到的问题应该包括在反日运动背景下的共产主义势力问题、不当课税、维护商业权利等等。

昭和三年（1928），涩泽经过1月和2月在日华实业协会干事会上的讨论，于3月23日同白岩、儿玉一起拜访了兼任首相及外相的田中，提出两点建议：（1）提倡中华民国南北和平；（2）致力于重新召开对日中贸易及经济关系都最为重要的关税会议。一周后，也就是30日，关于此事，涩泽召开了第三次干事会。他在会上对访问田中的过程做了汇报，公布《关于支那关税问题及时局之意见书》并将其发送给政府、政党及民间各方人士，意图落实自己的意见，与实业界联合唤起舆论，同时准备在下一周举办的干事会上确定具体实行方法。

意见书包括三个部分，分别是"对恢复和平之劝告""推进关税会议重新召开"和"外交委员会之设立"。

其中最长的一部分是"对恢复和平之劝告"，其中这样写道："我国向来尊重支那主权，严守不干涉内政主义，任何时候均期待支那国民依靠其自身努力，恢复政局及秩序之安定，然而十分不幸，事实与我等期待相背……未见丝毫恢复和平之兆……前年以来，因南方国民革命军蜂拥而起，南北斗争延续至今，因而支那国内普通民众皆疲惫至极，其战火及苛政之惨状亦无须多言。观时局之走向，南方国民革命虽达到短暂强势，然

---

[1]「公使外総領事に差し出した意見書」,『渋沢栄一伝記資料』第55卷，478頁。

中途遇挫，内讧分裂……北方军阀亦焦虑于如何勉强维持其地盘，双方皆疲于战事，无力积极采取手段应对……因多年内乱，相关列国亦直接或间接蒙受巨大损失，最近贸易通商又因过激排外运动及不当课税等受到阻碍，企业投资受到极度压迫，若如此下去，今后国内不单生产力减退，需求亦会减少，其影响将波及国民经济。关税会议依然未开，中国与日本及法、比、西等国间条约改定之期已到，却因国内不统一而无计可施，国际通商关系日趋恶化……最近南北双方有能力者提倡成立外交统一委员会，另有强力实业团体发起运动以求设置上海之中立地带，从而免于内乱之惨祸，此乃对国内统一必要性之觉察。从南北两派之主张及社会思潮来看，并无继续抗争之理由，尤其关于满蒙之事……目前东三省主权者以此为根据，与中央争夺权力，满洲不久将同支那其他地方一般，为剧变之政局所支配，祸及将来，政变每每令对外关系愈加复杂……而满洲这片安乐之地亦会被牵扯其中，其在住或即将迁入的国内外居民之安定将会被颠覆已是自明之理。因此我国出于维护远东和平及人道主义考虑，应即刻商讨对策。针对支那内外之现状……此时我国应率先对支那做出权威之劝告，使其恢复和平。实施该劝告之际，我国应主动促使相关他国亦拿出相同之态度，以中止其内乱，令其尽快成立负责任之政府，同时令其提供维持和平之适当保障，如在京奉、京汉、津浦线等主要铁路上严守中立态度，限制军事相关活动等。相关国对上述提倡劝告之事恐有不同态度或有所踌躇，我国应先确保独立解决之决心而后进行提议。"[1]

"推进关税会议重新召开"部分提出："关税会议之重新召开，可推进支那关税改革，解决现行种种不当课税问题并促进内外债务之整理，从对内对外两方面来看，均有必要尽快开会，可与上述劝告之落实相关联，以此达成国内统一之形势。"[2] "外交委员会之设立"这一部分则提到了"对支政策是我国对外关系最重要的内容，每逢内阁更迭政策有所改变之时最应慎重，因而采取上述行动时，自然应首先确定我国国策，同时引导舆论

---

[1]「支那関税問題並二時局二関スル意見書」，『渋沢栄一伝記資料』第 55 卷，491—492 页。
[2] 同上书，492 页。

趋势，为此须设立临时外交委员会……将其建立成为跨越政治派别、公平且具有永续性的机构。此乃最紧要之举"[1]，要求成立一个超党派的临时外交委员会。

之后，特别是在同年4月以后，《涩泽荣一传记资料》中有关涩泽身体不适的记载有所增加，比如提到他专心在家中疗养、因病缺席日华实业协会干事会等。其间随着济南惨案、山东出兵、张作霖被炸身亡、北伐结束等事件的发生及演变，日华实业协会频繁召开干事会。5月17日，协会在从北京到访日本的王朝祐那里听取了有关日中合作的意见。6月1日，协会邀请外务省通商局长武富敏彦交换意见。通过这些交流，大家一起商讨了协会应当做出的应对措施。协会与日本商工会议所、日本经济联盟会、大日本纺织联合会共同举办支那问题联合协议会，制定《关于支那问题之决议》。协会又在6月13日召开干事会寻求与相关各国协调共处，除了疗养中的涩泽外所有会员均到场。"如今面临重大新局面，吾等越发期待这一主张之实现"[2]，会后起草了相关意见书。但是其内容并未超出"关于支那关税问题及时局之意见书"的框架。

8月18日，日华实业协会干事会的议事录记载："会长涩泽子爵自今年春天以来便因病疗养，最近已然痊愈，本月上旬移至它地休养。"[3]休养中的涩泽当天就在箱根小涌谷三河屋旅馆投入工作。由于干事会之前针对与中国相关的各种问题进行过讨论，特别是围绕修改通商条约问题还与日本经济联盟会成立了一个联合特别调查委员会，总结出一份《关于日支通商条约改定之意见书》。涩泽及时从油谷那里听取了意见书的审议经过，之后指示把该意见书提交给政府。其内容包括：中国恢复关税自主权后会上调关税，对日本的对华出口造成很大影响，因此提出希望以十年为期限签订一个日中互惠协定，保证不频繁修改互惠商品种类及税率，以免造成经济界的动荡不安；虽然承认废除治外法权，但前提是要求中国实施1926

---

[1]『渋沢栄一伝記資料』第55卷，492頁。
[2]「意見書要旨」，同上書，503頁。
[3]「日華実業協会第八回報告書諸記録（昭和二年十二月以降）」，同上書，505頁。

年各国法权调查会议所决定的劝告事项；日本立刻无条件放弃领事裁判权还为时尚早；让中国认可继续行使现行的内河及沿岸的航运权并坚持不放弃该权利。[1]

9月11日，涩泽与日华实业协会会长谷口房藏一起拜访田中外相，针对中国从同年10月开始实行暂行差等税率、从次年即昭和四年（1929）1月开始实行自主固定税率一事商讨应对之策。涩泽说，"首先与日英及其他相关各国进行充分协商，同时，关于关税一事，主要代表国在关税会议中商讨得出七种差等税率，须以此税率为基准，使其维持相当长一段时间，并确保让中国答应与关税用途相关的各项条件，关于以上几点……请问政府采取何种方针"[2]，询问政府对新产生的中国关税问题有何方针。

1929年4月24日召开的日华实业协会干事会讨论了如何应对济南惨案后中国各地发起的反日运动，并一同讨论了如何处理与之相关的、发生在沙市下游并造成19人死伤的涪陵炮击事件。协会决定发表声明促使政府、外务省做出反应。[3]但从内容上说，并没有特别令人耳目一新的建议。不过涩泽力求抓住每一次机会，于是在同年10月22日，他给太平洋问题调查会第三次京都会议理事长新渡户稻造寄去书信。该会议在京都的都饭店举行，会议开至11月。涩泽在信中提议将反日货问题作为会议议题进行讨论，内容如下：

> 抵制运动在支那已有二十年历史，其对象不单仅限于日本一国，英国近年来于沙面及长江一带亦遭遇激烈抵制，不过日本在地理、经济、政治上皆与支那紧密相关，因而对日抵制最为频繁且显著。
>
> 若支那发生对外冲突事件，多以抵制为对抗之法，若要贯彻对外国某种要求，亦惯用此手段。
>
> 去年以来对日抵制之性质本是对济南惨案表示抗议，其后明显成

---

[1]「日支通商条約改訂ニ関スル意見書（案）」,『渋沢栄一伝記資料』第55卷, 513—514頁。
[2]「外務大臣田中義一宛意見書」, 同上书, 506頁。
[3]「日華実業協会第九回会務報告書」, 同上书, 519頁。

为政治手段以求达成废除不平等条约等之目的。

....

凡有要求他国之事，应由政府间来交涉，若有必要采取适当举措，也应由政府抉择，而不应允许民众直接付诸行动，此乃国际通例。另，若国家间发生须得抗议之不幸事件，政府当然可以采取手段，即便民众确有必要表述其意见，亦不应采用肆意扰乱治安、无视国际友好关系之方法。

....

政府显然完全有义务取缔抵制运动，虽国民政府向来称抵制为爱国运动，以为不应取缔，煽动并指导抵制运动者乃国民党，若国民党与国民政府本质上为同一之存在，国民政府此态度甚不可解。

....

独立国家间向来不应容许民众直接行动，既然否认战争为国策之工具，若否认抵制亦为国策之工具，便无法期待国家间之完全和平。[1]

以上是涩泽对中国罢工、反日民族主义，以及国民党、国民政府采取态度的理解和认识，可谓意味深长。不过，之后涩泽的身体便不尽如人意。昭和五年（1930）7月29日的日华实业协会会务报告提到："是年召开之协会干事会，荣一几乎均因病缺席。"[2]事实上，涩泽在飞鸟山居家静养的日子越来越多，就连年末的全体大会也没有参加。次年，即昭和六年（1931）9月18日，违背涩泽意愿的九一八事变爆发。日华实业协会发表声明，称"支那官民对我国之言行举动逐年脱离正轨，作为友好国实在不可饶恕……特别是支那政府首领竟是反日思想之主要煽动者，其甚至公然污蔑我国，有挑衅之言行，令人难以忍受……因而我国为确保条约中既

---

[1] 参见日华实业协会会长涩泽荣一寄给太平洋问题调查会理事长新渡户稻造的书信，『渋沢栄一伝記資料』第55卷，522—523頁。关于太平洋问题调查会第三次京都会议可以参考拙著『太平洋問題調査会の研究 戦間期日本IPRの研究を中心として』慶應義塾大学出版会，2003年，第5章「第三回京都会議と満州問題」。
[2] 「日華實業協會第拾回会務報告書」『渋沢栄一伝記資料』第55卷，526頁。

得权益，采取应急自卫手段亦是当然之举"[1]，以此对关东军的行动做出解释。约3个月后，涩泽在他最不想看到的日中关系发展形势中与世长辞。

五、结语——对中外交的特质及问题所在

涩泽的葬礼于11月15日在青山斋场举行。儿玉谦次在悼词中说道，"本会［指日华实业协会］在阁下伟大人格及充满热诚之指导下，致力于日华国交之和睦及经济合作，其巨大贡献受中外认可。然近年来民国情势变化，双方主张相背，最终导致此次事变的爆发"[2]，言辞简洁并一语中的。其实这段话不只适用于日华实业协会，也适用于日清兴业、中国兴业（中日实业）等各种不同性质的组织。

实业家涩泽理想中的国家形象，与第一次世界大战后的国际思潮一致。他认为日本应当成为一个寻求国际和平的海洋国家，在国际协调、门户开放、机会均等、尊重主权等基础上通过贸易来追求双方利益，以实现共存共荣。因此，他希望实现和平发展主义，即贸易立国，并以英国为具体模范。

深究其背景，就要首先理解涩泽对于现代社会的两个看法。一是他认为现代社会是一个物质竞争社会，实业家有责任和义务在国际竞争舞台上竭尽全力以增进财富。为了履行这种责任和义务，实业家应当从经济无国界的观点出发，强化本国国民和其他国国民之间的利害关系，加强国家间联系，跨越国境，使实业家之间的关系以及经济关系更为紧密，构筑一个共存共荣的关系。这与涩泽所提出的公共利益和文明外交观点一致。二是他认为现代是一个进步的时代，应该特别重视经济水平的进步。他认为战争的根源其实也在于经济。涩泽认为战争会抵销经济上已有的积累或成果，应加以控制。控制手段便是他提出的国民外交，换言之就是以实业家

---

[1]「昭和六年九月二八日付日華実業協会声明」,『渋沢栄一伝記資料』第55卷，536—537页。
[2] 参见日华实业协会副会长儿玉谦次氏所作的悼词，同上书，537—538页。

的经济交流为中心来实现共存共荣、文明外交，最终使得教育、经济与道德合而为一。

涩泽提出的共存共荣关系建立在《论语》与算盘合一的基础之上，他认为在构建这一关系过程中最重要的国家是中国。涩泽认为，中国不仅是孔子的出生地，也是与日本有长期历史渊源、文字及人种相同的邻国，是要携手应对西力东渐的合作国，拥有丰富的天然资源和巨大的市场。他认为先一步实现近代化的日本应当通过贸易、通商推动中国经济发展，使其国富增加，以构筑共存共荣的友好关系。然而，日本却晚于其他强国进入中国，实业家积极经营企业的事业心不足，涩泽对此感到不满和焦虑。这是涩泽从事对华国民外交的渊源，也是他筹建日清兴业、中国兴业（中日实业）、日华实业协会的动机，更是他一直以来坚持的理念。

涩泽之所以能够实现这些举措，主要是因为第一次世界大战后日本成为债权国、国际收支盈余国，民间资本得到一定程度的积累，原敬首相的外交路线也随之转变。他的这些举措与政府所希望的通过资本输出、贷款等方式扩大经济权益的想法相一致，所以尽管涩泽之前从未有过相关经验，日清兴业作为辛迪加的性质也不够明显，但他还是推动日本唯一的对华投资机构东亚兴业的成立。

不过，该机构并未取得令人满意的业绩，其发展也进入了瓶颈期。在克服东亚兴业所存在的问题、力求弥补其缺陷的期待之中，第一家日中合营公司——中国兴业（中日实业）以孙文的访日为契机得以成立。从其取得的经济合作成果、实现共存共荣的目的上说，该公司的发展完全符合涩泽的期待。但由于孙文势力的衰退、袁世凯的精心谋略及其想摆布日本的企图以及中华民国的混乱、民族主义的蓬勃发展等诸因素，东亚兴业和中国兴业（中日实业）在成立之际均面临着极为严峻的状况。在涩泽眼中，中国是儒教的发源地，与日本文字、人种相同且有着悠久的历史文化交流，是一个重要市场。再加上涩泽对欧美各国采取对立态势，因此他对中国是十分重视的。但他也做出一些错误的判断。比如，也许是因为他从实业家的立场出发来思考问题，他十分乐观地认为经济与政治，或者说通商与战况变化完全可以分开看待。再如，他认为正是英美在背后煽动才使得中国的民族主义勃然兴起。不过，当时中国的情况已经远远超出涩泽等实业家可以应对的范畴。

日华实业协会是为改善日益严峻的日中经济关系，意图推进两国实业家联手合作的全国性组织，可以说是集结了所有陷入困局的实业家的全部力量。协会成立是基于一个新的构想，即实业家以落实涩泽提出的改善日中关系、打开新局面为己任，站在门户开放、机会均等、领土保全的立场上与中方实业家们共同努力来改善两国关系。

协会以涩泽为中心，当时必须面对的难题包括如何应对抵制日货问题、保护在华日本人企业、反对中国课税、维护商业权利、推进北京关税特别会议重新召开等。为此，协会开展了以下活动：以访日民国实业团的到来为契机，尝试设立日支混合委员会；与原、大隈、币原、田中、加藤、若槻等政界人士，吉田、广田、出渊、林、日置、船津、木村、田中、武富、永井等外务省阁僚进行商议，实现信息的交换并提出建议；与中方的总商会及在华商会开展合作；开展对中文化事业，使舆论转向对日友好；等等。

从结果上看，从奉直战争开始到北伐战争结束的一系列政变及反日运动兴起的形势下，协会取得暂时缓和一部分地区反日运动的成果，但除此之外便没有其他值得关注的成就了。尤其在涩泽由于年岁渐长而越发需要静养之后，实业家们没能促成政府、军队使日中关系向着他们所期望的方向发展。他们认为在应对中国民族主义中需要与英国合作一事，也由于英国不同的对华态度而搁浅，除了在南京惨案发生后果断采取明确行动之外，协会未能对政府的对华政策施加影响。

今天，距离中日两国恢复邦交正常化已经过去30多年了，两国间通商合作和人口移动都大幅增加，但改善政治关系、推进相互理解和亲善关系的状况并不乐观，甚至可以说民间交流反而有所倒退。平成四年（1992），弗朗西斯·福山的著作《历史的终结》[1]出版，该书认为共产主义和法西

---

[1] フランシス・フクヤマ、渡部昇一訳『歴史の終わり』三笠書房，1992年。

斯是威胁自由主义和民主主义的两大敌人，随着它们的消亡，我们将会迎来历史的终结，此后经济实力将成为国家力量的源泉。先不论究竟是历史的终结还是一段崭新历史的起点，但在所谓的经济实力成为国家力量源泉的时代，涩泽的观点更具深远的意义。

追求精神世界的统一
——涩泽荣一面临的挑战 *

见城悌治

一、退出实业界后的课题

1909 年，涩泽荣一迎来了古稀之年。除第一银行行长等部分职务外，他辞去了 60 余家企业顾问及监事会等职，并在 1916 年，他 77 岁（虚岁）"喜寿"之际，正式离开第一银行，完全退出实业界。同年 10 月，涩泽宣布辞去第一银行行长一职。他的告别致辞内容如下：

> 今天是我要退休的日子，有几句心里话想与大家分享。……请允许我暂且不提物质方面的事，多谈谈精神世界的问题。我知道自己今后精力有限，但我仍想为精神世界的发展尽一份绵薄之力。……如今，实业界在物质上已取得了巨大飞跃，但论精神上能否齐头并进，我是抱有怀疑的。……我恳请在座的各位，今后在提升物质生活的同时，也多关注精神层面，尽量兼顾二者协调发展，这是我由

---

* 原文「精神界の統一を目指して：渋沢栄一の挑戦」收录在见城悌治编著『帰一協会の挑戦と渋沢栄一：グローバル時代の「普遍」をめざして』ミネルヴァ書房，2018 年。

衷的期望。[1]

1909年，进入古稀之年的涩泽开始转向公益事业。1916年以后，他为此倾注了更多心血，并表示自己的工作重心将从物质层面转向精神层面，并为此竭尽全力。[2]

1912年6月20日，归一协会正式成立。笔者认为，对于涩泽而言，这也象征着他开始将理想付诸实践。本文旨在研究涩泽对归一协会的抱负，比较他与归一协会其他成员思想上的异同，尝试通过1910—1920年间涩泽的公益活动及慈善事业对其进行重新定位。

二、涩泽荣一对"统一的宗教"之见解

（一）在涩泽公馆的会谈及其影响

1912年4月11日，为探讨"改善现代思潮界的对策"[3]，7名有识之士（井上哲次郎、中岛力造、成濑仁藏、浮田和民、上田敏、姊崎正治及西德尼·刘易斯·古里克）齐聚位于飞鸟山的涩泽公馆[4]，此后本次会谈被称为"归一协会第一届筹备会"。当时涩泽作了以下发言：

---

[1] 渋沢栄一「実業界引退披露会において」『竜門雑誌』第344号，1917年，『渋沢栄一伝記資料』第50卷，145頁。
[2] 見城悌治「大正時期における渋沢栄一の思想面での活動」『渋沢研究』第28号，2016年。
[3] 在1912年3月4日的涩泽书信中，有这样一句话："成濑仁藏氏曾提出要一起探讨改善现代思潮的对策。但我们不是此领域的专家，没有什么良策。然而这个问题是不能草率应付的大事。所以我希望各位能人志士可以聚在一起，进行深入研究。"（「帰一協会記事一」『渋沢栄一伝記資料』第46卷，46頁）。从这封书信来看，提出要探讨"改善现代思潮对策"的是成濑仁藏氏。此外，资料里没有明确记载此封书信的收件人，想必是发给那些3月11日相聚在涩泽公馆的人吧。
[4] 姊崎正治在1938年回忆道："明治四十四年（1911）9月起，我与涩泽子爵、森村市左卫门、中岛力造、浮田和民、井上哲次郎相聚在飞鸟公馆，就今后如何利用日本精神道德论的问题进行积极探讨。"由此可知，后来正式成为归一协会会员的有识之士大约从半年前就开始了讨论。「姉崎正治談話筆記——帰一協会今昔談」1938年5月7日，『渋沢栄一伝記資料』第46卷，415頁。

目前，日本社会混杂着多种宗教信仰和道德思想，导致人们常对于自己心之所向感到茫然若迷。对此，我们难道应安于现状吗？没有任何的解决对策吗？

据悉，涩泽之所以有这样的想法，离不开"十几年前某德国学者"的提问。例如，面对为何明治维新后国家能快速统一的问题，涩泽答道："因为皇室是国家的中心，同时儒教道德也操控着人心，确立了君臣之纲。"但对于未来会如何变化的问题，他却充满不安。涩泽认为只要有儒教就足够了，但其他人又怎么看呢？"佛教和基督教，无论舍弃任何一个都有现实的难处，究竟怎样才能找到给予人心归宿的精神力量？"涩泽向其余的参会学者问道。对此，大家纷纷积极谏言，明确了大方向的宗旨，即"现代文明缩短了东西方的距离，社会上多种行为活动、各具特色的宗教道德、经济、教育、政治等相互碰撞、交流，从此趋势来看，从根本上完成信仰理想的统一极有必要"[1]。

此处涩泽提到的德国人是一位关键人物，他的身份其实并非学者，只是一位从事抄纸工作的普通工人。并且从其他史料中，笔者也确认了他们交谈的时间已是30年前的1881年。[2] 1881年是自由民权运动最高涨的一年。当时涩泽在"归一协会筹备会"上再次谈到自己对"民众内心信仰"

---

[1] 『帰一協会会報』第1号，1913年，『渋沢栄一伝記資料』第46卷，407—408頁。
[2] 涩泽在演讲中多次提到过这个逸事，但他每次讲述自己答德国人问的时间都不一样。渋沢栄一「竜門社諸子に告く（青淵先生演説）」『竜門雑誌』第59号，1893年（『渋沢栄一伝記資料』第26卷，153頁）是经笔者确认的最早史料。其中明确记载着"明治十四年（1881）"，因此笔者认为涩泽回答德国人问题的准确时间应在1881年。

相关资料如下所示：

"明治十四年（1881），我与一个德国人进行了交流。他曾因抄纸工作而奔赴美国，结识了由王子制纸公司派来研究制纸方法的员工，在回国路上途经日本，经由同公司职员的介绍我们才见面。这个德国人只是一名普通的工人，没有太高的学识，也不精通哲理和宗教。所以当他对我国的哲理有感悟时，都会向我提问并探讨。……他问我："儒家思想、佛法现在普及了吗？那些固有的美德习俗是否能永远流芳于世？恐怕还是无法避免渐渐消逝的命运吧。若现在还不废除旧教育，培养新的教学方法，能够抓住民心的人迟迟不出现，那现存的恶习陋俗还会继续贻害社会吧。"此外，在这篇文章的末尾还有些关于德国人的补充信息："他叫弗林斯（フリンス）""刚好三十整""和他同行的是大川平三郎"。

的担心，这也恰恰证实了涩泽已意识到1910年初期思潮危机可能再次爆发。

涩泽公馆的"改善现代思潮界的对策"会谈于4月11日召开。在距此一个多月前的2月25日，由床次竹二郎内务次官主导的"三教会同"也顺利举行，佛教、基督教及神道（教派神道）相关人士纷纷出席。[1]经过4月的筹备会，6月20日归一协会正式成立。部分媒体却批判归一协会不过是"三教会同的复刻"，刊载相关负面报道。如《二六新报》报社怒批道："三教合同计划虽以失败告终，但如今又出现了归一协会等人。若归一不做丝毫的改变，同样意在宗教的统合，那不过是前者的复制罢了，换汤不换药。"[2]此外，《万朝报》也刊载了一篇题为《三教会同的幽灵》的评述，指出"某些攀附权威的谋士仍不畏三教会同的失败，为实现宗教的统合、逢迎政府，计划频繁开展社会运动，迫使各宗教妥协，同意作为一个宗派参与其中。这些人企图利用此番机会联络实业家，说服富豪中较了解宗教思想的涩泽氏和森村氏，〔虽说归一协会已经成立〕但实际上，此举不过是官僚学者联合富豪、实业家及宗教各派，为三教合同失败善后的穷极之策"[3]。

由此可以确认，当时社会上认为归一协会的成立是为重新实现宗教"统合"的无谋之举，不乏批判之声。

从4月筹备会上涩泽荣一的发言来看，我们确实也可这么理解。并且，在2月13日推行"三教会同"前，他围绕"宗教"也发表了自己的见解。"世上所谓的信仰一旦成了极端，便容易陷入迷信，有的沦落为歌颂神力奇迹的工具，有的误入供奉淫祠的歧途。虽然这已成为社会习俗根植于世，但我仍想改变这多年来的愚昧"，"此外，民众一般对宗教都心有存疑，现在的宗教能否帮助人们找到真正的信仰？君子贤人又能否靠它安心立命？再者，取现在儒教、佛教和基督教等所有宗教的长处，相互融合，能

---

[1] 冲田行司「宗教統一論と国民道徳」見城悌治編著『帰一協会の挑戦と渋沢栄一：グローバル時代の「普遍」をめざして』ミネルヴァ書房，2018年，34—53頁。
[2]『二六新報』1912年6月24日。
[3]「三教会同の幽霊」『万朝報』1912年6月24日。

否形成一个统一的大宗教？"[1]等等。

涩泽的上述想法在4月22日的筹备会和6月20日归一协会正式成立后，受到多家媒体的批判，在日本社会引起多种反响。

（二）涩泽荣一的本意

然而，归一协会成立后却未把"统一的大宗教"作为讨论的主要课题。据悉，创立者之一的成濑仁藏确实有"成立新宗教"的意向，计划实现"宗教统一"（后述）。但这样的构想却遭到佛教思想家大内青峦的反驳，他嘲讽道："这么奇葩的事怎么可能实现！"[2]他继续指出："宗教统一从前就弊病百出，若此番能够达成，又将出现一个叫归一宗的新教，这实际上和你们的本意相悖。"[3]并且，传闻当时有一人在会上半冷嘲热讽道："你们也就只能在不归一的事上实现归一了。"据悉此番话使涩泽不悦，"他以多少有些愤慨的语气答道，希望你更认真地想想"，面露不满之意。[4]

关于归一协会成立初期那些围绕"宗教"的争论，涩泽晚年时这样回忆道："我以前不依赖宗教，我坚信只要有孔子的教义就已足够。……森村氏［指森村市左卫门］与我不同，他不依靠儒教，最初迷茫是该选佛教还是基督教。但他听了我的话后也感慨道'你说得很有道理，但单单口头谈人道，这无法令人信服。只有亲自吟诵阿门、南无妙法莲华教等，信仰才会坚固'。然而，我怎么也做不到随声附和、装腔作势地歌颂南无妙法莲华经。依个人之见，那些志士仁人也无法盲目地说出自己一心信教的话。"[5]此外，涩泽也表示："特别是成濑氏［指成濑仁藏］，虽然他有创立新教的想法，甚至起好了'孔子教'的教名，但组织教派这件事确实

---

[1] 参见同文馆1912年6月26日发刊的『青渊百话』乾卷，51页「七　统一的大宗教」，文末也明确记载「2月13日谈」。然而，『渋沢栄一伝記資料』第46卷，420页收录的『青渊百话』不知何故把1913年8月刊「三版」列为出典，其所记载的内容明明与「初版」一致。
[2]「雨夜譚会談話筆記」1928年1月24日，『渋沢栄一伝記資料』第46卷，413页。
[3]「姉崎正治談話筆記」『渋沢栄一伝記資料』第46卷，416页。
[4]「帰一協会催故渋沢子爵追憶談話会」，1931年11月24日，『竜門雑誌』第519号，1931年，『渋沢栄一伝記資料』第46卷，721页。
[5]「雨夜譚会談話筆記」，1928年1月24日，『渋沢栄一伝記資料』第46卷，412—413页。

也如他所言，并不是我们的本职工作。所以我们最终还是决定借用西方的 Concordia 一词作为教名，成立归一协会。然而，这些事只有我实际做了，才真切地体会到它实属不易。"[1]

简言之，涩泽认为"只要有孔子的教义就已足够"，他为了从整体上改变"现代思潮界"，与众多有识之士共同探讨宗教统合能否可行，询问众人的意见。这与事实是八九不离十的。

此处，我们可以从归一协会的中心成员姊崎正治的话来窥见涩泽"宗教观"的独特之处。1905 年东京帝国大学开设宗教学课程伊始，姊崎就作为第一任教授赴东京帝国大学治学。在涩泽离世后，他这样说道：

> 就人心感化这一问题，青渊先生认为在德川时期的儒教风潮下可见"君子之德风也，小人之德草也"的倾向，即先觉者树立了良好的教养模范，再传承给今后的子民。另外，虽然各宗教间意见相左，即使存在不合理的观点，但在某特定主张上却各有张力。对此，我们通过研究宗教后发现，那些注重给予百姓生活力量的宗教，他们的着眼点与青渊先生"引领百姓"的观点相差无几。所谓"信仰的问题并不只在于引领众生，而必须要有强大的力量，做到民信相依，生死与共"，这是我根据现状所给出的建议。[2]

如此看来，姊崎作为研究以近代知识为基础的"宗教学"专家，他考虑的是人们的"生活""信仰"和"生死"，涩泽则坚持应由不沉溺于"宗教"的"仁人志士"引领民众。[3] 二者的观点是否存在较大的认知差异尚

---

[1]「雨夜譚会談話筆記」，1928 年 1 月 17 日，『渋沢栄一伝記資料』第 46 卷，412 頁。
[2] 姊崎正治「青淵翁と宗教問題」『竜門雑誌』第 542 号，1933 年，『渋沢栄一伝記資料』第 46 卷，729 頁。
[3] 据姊崎回忆，涩泽认为"如果社会的领袖们能聚在一起讨论商议，那一定会产生杰出的良策。从万物中取其精华，以此来引领百姓，这该有多好啊！"姊崎的表述虽有一定出入，但内容意思大致相同（姊崎正治「帰一協会催故渋沢子爵追憶談話会」1931 年 11 月 24 日，『竜門雑誌』第 519 号，1931 年，『渋沢栄一伝記資料』第 46 卷，718 頁）。

须考证。

然而，即使存在差异和不同，也不意味着归一协会会立刻四分五裂，因为"统一宗教"以及一些内容更为广泛的课题都是归一协会所肩负的使命。

三、第一次世界大战前后涩泽荣一的精神世界

（一）归一协会例会上涩泽的提问

日俄战争至第一次世界大战期间，如何应对社会主义和劳动运动等问题成为政府当局亟待解决的事。因此，为谋求国民意识的统合，井上哲次郎开始鼓吹"国民道德论"，政府推行三教会同等等，都希望通过道德及宗教来统一民心。[1]

在这样混乱的局面下，归一协会正式成立，"旨在根据思想归一的大趋势，加以研究，并推动进程，以形成更坚定的思想，促进一国文明发展、前进"（规章第一条）。然而，正如前文所述，此时的归一协会也被多家媒体认为与"三教会同"目的相同、动机不良，遭受舆论的质疑。

在这里，我们重新确认一下归一协会组建的宗旨。关于协会的职责和方针，他们提出清晰的战略，要"率先促进国内思想的统一，……再渐进实现国外同人的思想统合。在实现途径上，可以先确立集合讨论的中心，开设研习机构，在出版、演讲领域先发制人，最后助力开展国际运动"。同时，归一协会也明确表示，"此番团结是为了在国民间发起以精神为主

---

[1] 参见冲田行司「宗教統一論と国民道徳」『帰一協会の挑戦と渋沢栄一：グローバル時代の「普遍」をめざして』，34—53頁；町泉寿郎「漢学からみた帰一学会—服部宇之吉の儒教倫理と日露戦後の国民道徳涵養」『帰一協会の挑戦と渋沢栄一：グローバル時代の「普遍」をめざして』，76—97頁。关于井上哲次郎「国民道徳論」的部分，参见見城悌治「井上哲次郎による『国民道徳論』改訂作業とその意味」『人文研究（千葉大学）』第37号，2008年。

题的群众运动,以助今后世界文明的长远发展"[1]。并且,为实现这样的理想,他们还公开宣称将依次探讨信仰问题、风俗教化问题、社会经济政治问题(主要以思想问题为中心)及国际和人道主义问题,并进行深入研究。

涩泽作为发起人之一,他的主张和协会的宗旨相通,不再拘泥于建立"统一的大宗教"。例如,在1914年3月的归一协会例会上,涩泽就向参会人士提出三大问题:"第一,经济与道德的发展是否相符;第二,为何只有道德发展迟缓;第三,教育究竟能否改善人的性格。"[2]对于第一点,他答道:"我个人坚信仁义道德与生产营利的发展是互相协调的。……若二者完全协调即是真理,那我们对其感到困惑是因为其中确有谬论,还是另有其因?希望通过各位的指点,我想弄清这个问题。"关于第二点,他接着说道:"道德是随着社会进步、文明发展而共同前进的。但道德的进步和其他动物的进化却不同步,这是什么现象?又或者,实际上二者是一致的?这是我所不解的地方。"第三,他继续补充道:"有一点我一直感到疑惑,教育修养究竟能对人的性格本质起到多大的影响?"[3]涩泽希望大家能对这些问题进行充分的讨论。

首先,就涩泽的问题,井上哲次郎认为,经济与道德的关系恰如孔子的教诲——"若二者无法两全,则取道德而舍经济"。中岛力造也进行了评述,他表示:"我认为实业和道德的发展绝没有倒退。……正因为生产方式发生了变化,只要我们随之改变道德的践行方式,那它就能随着经济的发展与时俱进。"[4]此外,在次年4月的例会上,吉田静致、中岛力造、江原素三人也对涩泽提出的问题发表了自己的见解。此后至11月召开例会前的一段时间里,以道德和宗教为主题的演讲、讨论也频繁展开。

其次,涩泽在1915年3月发表了一篇演讲,名为《国民对时局的觉

---

[1]「趣旨(帰一協会)」『渋沢栄一伝記資料』第46卷,430,432頁。
[2]「帰一協会記事 一」3月例会,1914年3月,『渋沢栄一伝記資料』第46卷,498頁。
[3] 渋沢栄一「経済・道徳及び教育に関する疑問」『帰一協会会報』第6号,1915年11月,『渋沢栄一伝記資料』第46卷,503—505頁。
[4]「右に関する諸氏の批判」,同上書,508—509頁。

悟》，他主张："当今世界，文明的发展仍有欠缺。"涩泽不是强调弱肉强食，他认为"己所不欲，勿施于人。我们应推崇东方之德，更加维护和平，促进各国实现国泰民安。……诸国互相协商，尽可能遵循王道。若与之相对，渐渐走上霸权主义的道路，那最后只会互相吞并。……此次由我们归一协会来代替民众，说出内心长年的期盼，自然地感化人心，谋求制造舆论之道。……无论身处何地，道德都能长久地守护人心。然而在国际社会却不存在遵守道德一说，这是多么的可悲！无论如何，国际上一定有无法推行仁义道德的人，因为那些统治者根本不了解王道的深意。"[1]

再次，涩泽在阐述自己对"和平""幸福"的见解时，也开始注重使用"王道""霸权"等词语。众所周知，1924 年 11 月，孙文（1866—1925）在神户进行《大亚细亚主义》演讲时也用了同样的词汇来牵制日本政府。换言之，早至 10 年前涩泽就用了同样的说法，谈论关于世界"和平"的问题。简概之，我们应认识到，对涩泽而言，归一协会是一个探讨道德的场所，他们所追求的道德并非仅局限于日本国内的道德，而是一种适用于全世界的道德。

最后，在 1922 年 3 月的例会上，涩泽还从侧面指出："当下的人心状态及社会风气似乎在各方面都不正派，事实确实如此吗？若属实，这种现象的原因是什么？我们又该如何应对？"根据他的倡议，例会决定发起"现代风气调查"，在"政治、法制、组织上的问题""经济问题与精神状态间的联系""风俗、道德、教育相关的问题""宗教及精神生活"这 4 个大项之下，分别设置 6—10 个具体的调查项目进行分析。[2]

（二）第一次世界大战时期涩泽荣一面临的挑战和现实

本文介绍了涩泽荣一在 1916 年辞去第一银行行长时的告别致辞。然

---

[1] 渋沢栄一「時局に対する国民の覚悟」『竜門雑誌』第 328 号，1915 年，『渋沢栄一伝記資料』第 46 卷，585—586 頁。
[2] 『現代気風調査事項に関する報告』1922 年，『渋沢栄一伝記資料』第 46 卷，659—661 頁。

而在1918年他辞职后的第二年，涩泽也做了同样的讲话，即"自我77岁起正式退出实业界后，我将为专注精神世界的发展竭尽全力。作为此生最后的付出，我想为改善三对矛盾贡献力量。它们分别是商业道德、资本家和劳动者、调整贫富关系，我希望这三对矛盾能够相互协调妥洽"等等。[1]

首先，针对商业道德的问题，"论语与算盘论"被大力宣传。传闻涩泽之所以能将二者联系起来，与他在古稀之年（1909年）收到的一幅卷轴画密切相关。当时涩泽听完三岛中州对此画含义的讲解后，颇受启发。[2]他将书取名为《论语与算盘》，该书于1916年正式发行。此后，涩泽开始不断发表自己的论作，如1917年的《处事论语》、1922年的《实验论语处事谈》、1925年的《论语讲义》。他提倡在社会上运用《论语》学习为人处世之道。[3]

除此之外，在一系列的"道德"宣传活动中，还发生了一件重要的大事。涩泽荣一为挽回曾经的领导者德川庆喜（1837—1913）的声誉，特此著书《德川庆喜公传》，该书于1918年正式发行。这是涩泽20年来的夙愿。他在《自序》中写道："主公将国家的危难揽于一身，至死不渝。他伟大的精神是万民众生的表率，也象征着大无畏的牺牲气魄。因此，即使在千百年后这本传记也能激励人心，对国民的精神具有巨大的感化作用。"想必对涩泽而言，发行此书的目的不在于编撰史书、公布史实，而在于对"思想界"的感化效果。[4]

其次，关于"资本家和劳动者"和"调整贫富关系"的问题，1919年

---

[1] 渋沢栄一「物質精神併進論」『竜門雑誌』第365号，1918年，『渋沢栄一伝記資料』第31卷，615頁。
[2] 町泉寿郎編『渋沢栄一は漢学とどう関わったか』ミネルヴァ書房，2017年；見城悌治『渋沢栄一——「経済」と道徳のあいだ』日本経済評論社，2008年。
[3] 关于近代日本论语评价与涩泽的关系，参见桐原健真「『論語講義』再考」前出町泉寿郎編『渋沢栄一は漢学とどう関わったか』。
[4] 見城悌治「渋沢栄一による歴史人物評伝出版とその思想」見城他編『近代東アジアの経済倫理とその実践』日本経済評論社，2009年。

成立的协调会就是涩泽的具体行动。协调会的会长是德川家达（任贵族院议长），涩泽和大冈育造（众议院议长）、清浦奎吾（枢密院议长）共同担任副会长一职。当时涩泽批判道："资本家容易带有一种偏见，自以为给了资金就是主人，只要拿了钱就成了自己的仆人，这是封建观念。"他也表示："劳动的根本意义在于奉献社会。劳动者生产出社会运转所需的物质材料，为社会做贡献。但这离不开资本家和劳动者的共同合作。……因此我们要从合理的构想出发，通过节制和实践来成立工会，……为保持劳动者与资本家的和谐与共而竭尽全力。"[1]他传达了希望与劳动者"协调"的态度。

然而，涩泽的想法在现实中却受到劳动者们严厉的批判。其中最具代表性的就是友爱会领导铃木文治的发言。他直言："协调会议基金是这些富豪资本家出资的。虽然协调会议是以公平无私的态度来面对劳资问题，但基金来源仰仗着资本家，又如何保持它的公平性？……若是如此，这就是将劳资问题同慈善救济问题混为一谈。……总之，在现在的大正时代，协调会议等组织的诞生已是落后于时代的产物。今天妄想避开立法、利用道德言说解决劳资问题，不过是在愚弄百姓罢了。"[2]

1927年，涩泽在晚年时也谈到了劳资问题，他叹息道："现在不是对劳资问题发表感想的时候。到底应该做些什么，我目前也很困惑。我会说自己的意见，但无法评判是非。我绝不认为劳资二者之争在今天就能平息。"[3]

虽然涩泽宣布自己退出实业界后将致力于重建精神世界，但是从上文他的行动中可以看出，他很难找到"解决"第二、第三对矛盾的头绪。不过我们也不能忽视他为了建设精神世界而积极开展的包括归一协会在内的各项活动。可以说，这就是涩泽荣一在第一次世界大战期间面临的挑战。

---

[1] 渋沢栄一「労働問題解決の根本義」『社会政策時報』1920年9月号。
[2] 友愛会機関紙『労働及産業』1919年9月号，卷頭論文。
[3]「雨夜譚会談話筆記第18回」1927年12月20日，『渋沢栄一伝記資料』別巻第五，646頁。

四、归一协会和涩泽荣一面临的挑战

（一）归一协会失败了吗？

前文已提到，人们先入为主地认为归一协会就是"旨在建立统一宗教的协会"，并为此进行了诸多批判。在归一协会成立前的2月，涩泽的谈话确实也提及"我希望能产生一个统合各个宗教的大宗教。……这究竟是缥缈的空想，还是切合实际的理想？"[1]

然而，在此期间的涩泽书信及日记中，那些有关设立组织的内容却不常提及"宗教"二字。例如1912年3月4日，涩泽写道："为探讨'改善现代思潮界的方法'，希望能够和'诸专家'进行会谈。"[2] 3月23日的日记记载了"要与思想界的学者们进行会谈"。实际上，学者们的会谈是在4月11日。在那天的日记里，也只出现"为'改善思想界'进行讨论和谈话"的语句。只有在4月29日的日记中，他写道："成濑仁藏氏来到我处，就宗教统一的问题进行多番探讨。"这里才终于出现"宗教统一"的字样。[3]

从上文的内容来看，对于涩泽荣一来说，恐怕"宗教"的概念和"精神世界"及"道德"几乎属于同一范畴。所以，笔者推测，涩泽是基于此理解才选用了"宗教统一"这个词。[4]

在1928年1月24日的归一协会例会上，涩泽时隔许久再次站上讲台，发表题为《对归一协会目标所感》的演讲。他说道：

---

[1] 渋沢『青淵百話』58頁。『渋沢栄一伝記資料』第46卷，423頁收录的是该书第三版。
[2] 『帰一協会記事 一』，『渋沢栄一伝記資料』第46卷。
[3] 「第七款 帰一協会」『渋沢栄一伝記資料』第46卷，406頁。
[4] 山口辉臣的研究指出提出实现"宗教统一"的方针时，成濑仁藏就有极强的意愿。参见山口辉臣「帰一というグローバル化と信仰問題—姉崎正治を中心に」前出見城悌治編著『帰一協会の挑戦と渋沢栄一：グローバル時代の「普遍」をめざして』，206—221頁。

> 自归一协会正式成立以来，已经过去十多年了。这么多年，我甚至都记不清协会的变化了。从归一协会成立前，我就懵懂地希望能创立一个统合道德及思想的集会团体。……协会成立后，各位频繁开会讨论，但至今无太多精彩的见解，我也是经常缺席。但正所谓"不为也、非不能也"。好不容易才创立的协会，现在要中止真是太可惜了。好机会能降临吗？哪怕遥遥无期，我们也要耐心等待。我曾提过归一论，指的是道德和经济的归一。我希望诸位能够在协会中多多思考此类问题。[1]

在这番发言中，我们其实已经看不到"宗教统一"的字眼了。

并且，在当日例会开始前还举行了对涩泽的访谈会。在访谈会上，涩泽被问及归一协会时，他这样答道："实际行动了才知道真不容易啊……我没办法次次都出席例会参与研究，但既然成立了这个协会就不能轻易解散，我只能做到偶尔参会加入讨论。确实没能做到有始有终，即使受到大家的批评，我也无可奈何（1月17日）。"[2] 他有些消极地总结道："至少我要严于律己，不犯错误。因此，就更不能解散已经成立的协会了。幸好有姊崎正治氏一直帮忙打理，现在归一协会既不是一个宗教团体，也不是学术研究的协会，只是一个座谈会，我也不常出席（1月24日）。"[3] 这些话都似乎与外界的评价相契合，即"归一协会的实践最终以失败落幕"。

然而，尽管涩泽本人在晚年对归一协会的总结略带消极，但我们不能草率地断定其所有的努力都毫无意义。

（二）向公益活动和国际关系问题的延伸

迄今为止，在笔者多次引用的史料中，我们都可以看到《青渊百话》

---

[1] 渋沢栄一「帰一協会の目的についての所感」『帰一協会記事 六』，『渋沢栄一伝記資料』第46卷，688頁。
[2] 「雨夜譚会談話筆記」1928年1月17日，『渋沢栄一伝記資料』第46卷，412頁。
[3] 「雨夜譚会談話筆記」1928年1月24日，『渋沢栄一伝記資料』第46卷，413頁。

（1912年）的"统一的大宗教"一词。在归一协会成立前的2月13日的谈话中，也出现了以下内容：

> 当今时代，和平论证由政治发起，对语言统一也由学界所提议。如果能够实现完全的和平，就不存在成立国家、诸国相争一说，最终便能实现全世界的团结统一。此外，语言因人种的差异而不同，所以这还不是一个理想的世界。总有一天，经学者们的研究，某种世界语（esperanto）将成为全世界通用的语言。这样一来，宗教也将实现统合，任何人都能拥有信仰。这是缥缈的空想，还是合乎实际的实际理想？[1]

简言之，在归一协会成立前后比较早的时期，涩泽发表过"空想"论，空想世界终有一天会实现"和平"，语言、宗教的统一也指日可待。

在1921年龙门社春季大会的演讲中，涩泽表示在创立归一协会时，他有过这样的想法："放眼将来，当耶稣和孔子、释迦都不复存在，我们是否需要建立一个能容纳百川、包罗万象的信仰？或许这只是荒唐的幻想，但若真心渴望世界和平，那么期盼统一的信仰也不是虚无的空想。作为社会的一员有这样的思考更不是错。所以，空想家们才会聚集讨论，提出所谓的归一论，要求统一宗教。"[2]

从中可以看出，涩泽不断强调自己的主张，他坚持要为了"人类的未来"而"统一宗教"，为了"世界和平"哪怕是空想也要实现"归一"。

在归一协会的例会上，演讲者们积极地分享自己关于"世界和平"及国际关系的看法。例如，在1914年10月的例会上，添田寿一（1864—1929）受到菊地大麓（1855—1917）《教育与宗教信念的关系》演讲的启发，认为日本人应该探索一种能够符合当下世界大战背景的思想。他讲

---

[1] 『青淵百話』，58—59頁，『渋沢栄一伝記資料』第46卷，423頁。
[2] 渋沢「利幣相伴を警む」『竜門雑誌』第559号，1935年，『渋沢栄一伝記資料』第46卷，653頁。

道:"我认为宗教家为取得国民信任,应不断端正、完善自己。……并且像对忠君爱国等词的解释的方法也需要大大改进。既然国民中也包括一些朝鲜人和台湾人,且今后范围还会继续扩大,那么日本人就更应舍弃封建观念,摆脱岛国风气,努力与世界接轨。"[1]

在1921年7月的例会上,内崎作三郎(1877—1947)表示:"日本是个岛国,支那是大陆,朝鲜是半岛,人的性情特质果然也会因此不同。然而,有些人却想强迫人们接受岛国文明,这是绝不可取的。日本也会因此遭受排挤。……日本应尽力完成传播东洋文化的使命,多往支那、朝鲜派遣研究学者,与他国进行文化交流、相互融合。在这方面,归一协会等组织也应做相应的努力。"[2]此处,内崎向参会人员强调,日本要想对中国及朝鲜在文化上有所贡献,就必须积极输送人才。在这项国家大计上,归一协会也有其应尽的使命。

在涩泽荣一去世后的1933年,姊崎正治为他撰写的追悼文里有这样一段:"青渊先生此生对社会做出了诸多贡献,例如主张协调劳资纠纷等。我相信这都是因为他出于儒家主义,为实现统合而付出的努力。"在那个时代,无论解决劳资问题有多么困难,涩泽都主动要求协调纠纷,这是不争的事实。姊崎继续总结道:"归一协会的宗旨是,不仅要平等对待传统意义上的宗教,还要无差别地对待不同的国家、民族、阶级、人种。通过这些,人们才能发自内心地遵循和睦共处的精神,对未来人类文化的发展产生积极的作用。"[3]

说到归一协会的发展,成濑仁藏在其成立后奔赴美国,与友人商议后

---

[1] 摘自添田寿一对菊地大麓演讲的感悟。『帰一協会会報』第6号,1915年11月,『渋沢栄一伝記資料』第46卷,557頁。
[2] 内ヶ崎作三郎「戰後の欧米・支那・朝鮮の眼に映ずる日本」「帰一協会記事 四」『渋沢栄一伝記資料』第46卷,651—652頁。内崎当时就任早稻田大学的教授(1924年当选众议院议长),1920年起在美国、欧洲、中国、朝鲜等120多个国家进行长达1年多的演讲,并在归一协会例会上发表其所得所感。
[3] 姊崎正治「青淵翁と宗教問題」,730頁。

在 1912 年 11 月成立了"美国归一协会"[1]，并从 1914 年春天起，开始在与外国联络的信纸中加入"Concord and Cooperation between Classes, Nations, Races and Religions"（不同阶层、国度、种族以及宗教之间的协同与合作）的字样[2]。可以说，通过这句标语，归一协会的理想一目了然。

此外，姊崎在其他追悼文中也提及涩泽的公益事业。他写道："回顾涩泽的国际事业，那就是国际联盟协会了。"姊崎笃定地讲述道："我认为国际联盟协会是归一协会精神的延伸。"[3]姊崎认为，1920 年由涩泽主导成立的国际联盟协会就是归一协会新的分支。

事实上，涩泽为改变美国"抵制日本移民政策"，开展了"国民外交"[4]，志在实现"不同的国家、民族、阶级、人种"的"统一"。在 1919 年 2 月的演讲上，他说道："论此次战争为何会爆发，我认为主要原因在于英国和德国的经济战。……只靠物质文明，我们对世界和平的憧憬终将落空。若真想实现和平，每个人都须提高自己的道德品质，再扩展至国家及全社会。只有人们彻底摒弃了弱肉强食的观念，才能达成真正的国际联盟。"[5]从这个角度看，涩泽的想法是单纯的、某种意义上比较理想化的，与他创立归一协会时提出的"统一的大宗教"的构想相同，并无太大改变。

1910—1920 年间，归一协会是知识分子们探讨如何促进日本国内及国际社会稳定的"场所"。在归一协会，大家能够相互理解，认识到理想与现实之间的距离，涩泽也不例外。他创建归一协会的初衷，就是想构建"同时代精神在世界范围内发展"的桥梁。也因为归一协会，涩泽得以交出自己的答卷。然而，在世界大战爆发的国际大背景下，在劳资矛盾激

---

[1] 辻直人「成瀬仁蔵の帰一思想」前出見城悌治編著『帰一協会の挑戦と渋沢栄一：グローバル時代の「普遍」をめざして』，143—163 頁；岡本佳子「初期帰一協会の国際交流活動と宗教的自由主義―成瀬仁蔵・姉崎正治の活動と米国ユニテリアンを中心に」前出見城悌治編著『帰一協会の挑戦と渋沢栄一：グローバル時代の「普遍」をめざして』，164—185 頁。
[2] 「姉崎正治談話筆記」『渋沢栄一伝記資料』第 46 巻，416 頁。
[3] 「帰一協会催故渋沢子爵追憶談話会」『渋沢栄一伝記資料』第 46 巻，721 頁。
[4] 片桐庸夫『民間交流のパイオニア・渋沢栄一の国民外交』藤原書店，2013 年。
[5] 「添田博士送別午餐会・渋沢男爵演説」『東京商業会議所報』第 11 号，1919 年，『渋沢栄一伝記資料』第 46 巻，637 頁。

化、社会巨变的国内大环境中,大家纷纷意识到实现"归一"将困难重重。不过,若没有一个可以讨论的"平台",又怎会有这样清醒的认识?毋庸置疑,这就是归一协会存在的意义之一。可以说,归一协会是涩泽荣一等人未完成的挑战。

附 录

涩泽荣一生平简介

涩泽荣一，生于 1840 年 2 月 13 日，卒于 1931 年 11 月 11 日，幼名市三郎，别名荣一郎、笃太郎，号青渊。出生于江户北部武藏国榛泽郡血洗岛（现埼玉县深谷市）的一个武士归农的富农家庭。家中世代从事农业、养蚕并兼营蓝靛染料（时称蓝玉商），经济上颇为优裕。自幼习读汉学，通读《孝经》《小学》《大学》《中庸》《论语》等儒家经典著作，成年后协助父亲从事农商活动，显示出过人的经商能力。在德川幕府末期的讨幕运动时代潮流的影响下，一度参加过尊王攘夷运动。在看到盲目攘夷于国无益后，遂改弦更张成为一桥家（德川家的一支，御三卿之一）的家臣。由于在一桥家编制农兵、改革财政方面显示了过人的才能，在家主一桥庆喜（1837—1913）于 1866 年就任末代将军后，获得了随庆喜之弟德川昭武一行访欧的机会，体验了以法国为首的欧洲各发达国家的先进制度、理念，眼界大开。1868 年 12 月回国时，日本经历了明治维新的巨大变革。由于明治政府要选拔了解西欧现行制度的优秀人才，1869 年被特别邀请担任大藏省租税官（相当于税务总局局长），兼管制度改革工作，着手改革了度量衡制度、租税制度、货币制度及俸禄制度，制定了银行条例、铺设铁路方案以及各官厅的行政管理章程，发布了许多与废藩置县有关的条例。但在 1873 年，因主张健全财政制度、反对增加军费开支与政府意见相左，辞去了大藏省少辅次官（相当于副部长）之职，从此投身实业界，先后创办了日本第一国立银行（1873 年）、大阪纺织公司（1883 年）、日本第一家私营铁路公司"日本铁道会社"（1881 年）等，参与创立的企业总数达到 500 多家，其中大部分企业至今仍是日本的一流企业。他还参与了大约

600个团体的社会福利事业以及以商业教育为代表的教育机构的创立和运营。于 1909 年 70 岁时逐渐退出职业界，晚年以民间人士的立场专注于社会教育事业和国际友好往来。

涩泽荣一生平年表

时间（年）	年龄（岁）	事项
1840	出生	2月，出生于武藏国血洗岛（现埼玉县深谷市血洗岛）的富裕农家。
1847	7	跟随表兄尾高惇忠学习"四书五经"、历史等。
1856	16	代表父亲前往冈部藩宅邸交涉缴纳税款事宜，因为身份地位不同受歧视，深感封建等级社会之腐朽。
1858	18	12月，与尾高惇忠之妹千代结婚。
1861	21	前往江户进入知名汉学家海保渔村的私塾学习，同时在神田的千叶周作道场学习剑术。
1863	23	10月，以攘夷为目的占领高崎城、烧毁横滨居留地的计划被迫中止，与堂兄涩泽喜作一起逃往京都。
1864	24	2月，得到平冈圆四郎的推荐，与涩泽喜作一同在德川幕府一桥家任职。
1866	26	12月，作为幕府将军德川庆喜之弟德川昭武的随从前往巴黎参加万国博览会。
1867	27	3月，到达巴黎，随同德川昭武访问瑞士、荷兰、比利时、意大利和英国等国。
1868	28	11月，国内发生明治维新，回国。
1869	29	1月，在静冈县设立商法会所，担任理事长；11月，出任明治政府民部省税务局长。
1870	30	10月，就任官办富冈制丝厂事务主任。
1871	31	就任大藏少辅，出版《立会略则》，鼓励创办公司。
1872	32	9月，调任大藏省，修改东京营缮会议所规则，改组为东京会议所。

续表

时间（年）	年龄（岁）	事　项
1873	33	2月，东京会议所在上野设立养育院；5月，由于改革财政的意见不被接受遂与井上馨一同辞去大藏省的职务；6月，创立第一国立银行并担任监事。
1874	34	11月，成为东京会议所公共基金管理人，负责养育院事务。
1875	35	开设商法讲习所（现在的一桥大学）。
1876	36	5月，担任东京养育院和东京瓦斯局事务局长。
1878	38	3月，创立东京商法会议所并担任负责人。
1880	40	组织成立东京银行集会所。
1883	43	10月，创立大阪纺织株式会社。
1887	47	11月，担任帝国饭店理事长；12月，担任东京票据交易所创立委员。
1888	48	9月，当选为贵族院议员。
1891	51	就任东京商业会议所（商会）会长。
1892	52	发起成立全国商业会议所（商会）联合会。
1893	53	就任王子制纸董事会会长、日本邮船董事。
1894	54	1月，担任东京瓦斯董事会会长；11月，担任东京海上保险董事。
1896	56	担任日本劝业银行成立委员会委员。
1897	57	倡导在日本导入金本位制。
1900	60	5月，被授予男爵爵位。
1902	62	5—10月，与夫人一同访问欧美各国。
1905	65	日俄战争结束，开始致力于推动民间经济外交活动。
1906	66	创立帝国剧场并担任董事长。
1908	68	宴请美国太平洋沿岸实业家访日团一行。

续表

时间（年）	年龄（岁）	事　项
1909	69	迎来古稀之年，辞去所担任的大部分企业的董事职务，致力于推动国际亲善以及社会公共事业；9月，率领赴美实业团前往美国，与塔夫脱总统会面，参观工厂、大学、福利设施等地。
1912	72	8月，就任中国兴业公司董事；成立归一协会。
1913	73	4月，担任日美同志会会长；招待孙文等中国使节。
1914	74	5月，为促进中日两国经济界的交流，自神户出发访问中国。
1915	75	4月，设立涩泽同族株式会社；10月，第三次访美。
1916	76	1月，结束访美回国；7月，辞去第一银行行长职务，宣布从实业界退休；9月，出版《论语与算盘》。
1918	78	1月，出版发行《德川庆喜公传》。
1919	79	12月，设立协调会并担任副会长。
1920	80	4月，就任国际联盟协会会长、日华学会会长；9月，受封子爵。
1921	81	10月，为考察华盛顿限制军备会议并处理美国反日等问题访美。
1922	82	就任日印协会会长。
1924	84	5月，美国通过排日移民法；就任日法协会会长。
1925	85	就任太平洋问题调查会会长。
1927	87	就任日本国际儿童亲善协会会长；与蒋介石会面。
1931	91	4月，就任日本女子大学校长；11月11日去世。

人名索引

中译名	日文原名	页码
A		
阿瑟·迪奥西	アーサー・ディオシー	096
安达宪忠	安達憲忠	192，193
安德鲁·卡内基	アンドリュー・カーネギー	025
安田善三郎	安田善三郎	294
B		
白岩龙平	白岩龍平	292，294，309
阪谷芳郎	阪谷芳郎	044，194
贝原益轩	貝原益軒	140，141
币原喜重郎	幣原喜重郎	308，327
C		
仓知铁吉	倉知鉄吉	292，299，304
陈焕章	陳煥章	038，039，040，044，045
成岛柳北	成島柳北	182
成濑仁藏	成瀬仁蔵	200，206，210，211，349，352，359，362
D		
大仓喜八郎	大倉喜八郎	064，074，078，082，189，201，245，289，309

中译名	日文原名	页码
大谷嘉兵卫	大谷嘉兵衛	243，250，259，262，309
大久保利通	大久保利通	180
大隈重信	大隈重信	101，124，125，201，202，210，211，241，256，297
戴天仇	戴天仇	297，298，337
德川庆喜	徳川慶喜	069，281，357，373，375
德川昭武	徳川昭武	069，238，253，256，281，371，373
德鲁克	ドラッカー	061，062
荻生徂徕	荻生徂徠	140，141，153，218

E

中译名	日文原名	页码
儿玉谦次	児玉謙次	330，344

F

中译名	日文原名	页码
芳川显正	芳川顕正	185，187，190
芳泽谦吉	芳澤謙吉	315
冯玉祥	馮玉祥	328
服部幸正	服部幸正	106
浮田和民	浮田和民	206，349
福泽谕吉	福沢諭吉	001，151，205，218，219

G

中译名	日文原名	页码
高木陆朗	高木陸郎	296
高桥是清	高橋是清	107，250，259，294
古河虎之助	古河虎之助	298，309
古市公威	古市公威	294
谷口房藏	谷口房藏	342
桂太郎	桂太郎	277，292

H

中译名	日文原名	页码
海保渔村	海保漁村	008，373

中译名	日文原名	页码

J

吉田伊三郎	古田伊三郎	314
角田隆郎	角田隆郎	326，331
金子坚太郎	金子堅太郎	250，251，253
近藤廉平	近藤廉平	289，309
井上馨	井上馨	128，179，201，202，241，288，294，374
井上哲次郎	井上哲次郎	044，206，349，354，355
井上准之助	井上準之助	298，309

K

康有为	康有為	038，044

L

朗福德	ロングフォード	096，098
李鸿章	李鴻章	117，127
镰田荣吉	鎌田栄吉	107
梁启超	梁啓超	125，127，133
梁漱溟	梁漱溟	005，036，037，038，041，042，043，044，045，046，049，050，051，052，053，054，055，056，057，058
刘师培	劉師培	039，040
陆宗舆	陸宗輿	309
罗斯福	ローズベルト	247，248，278

M

牧野伸显	牧野伸顕	309

N

内崎作三郎	内ヶ崎作三郎	362
内田康哉	内田康哉	308，318

中译名	日文原名	页码

Q

千叶周作	千葉周作	008，373
浅野总一郎	浅野総一郎	074，078，082，107，257，298，311
乔治·特兰布·拉德	ジョージ・トランブル・ラッド	105

S

三井八郎右卫门	三井八郎右衞門	064，259，294，309
涩泽秀雄	渋沢秀雄	198，235
森村市左卫门	森村市左衛門	107，108，200，211，349，352
山本条太郎	山本条太郎	294，304
山鹿素行	山鹿素行	140，218
山县有朋	山県有朋	108，187，286，289
上田敏	上田敏	206，349
上田贞次郎	上田貞次郎	151
盛宣怀	盛宣懷	306
石井十次	石井十次	193，199
石桥为之助	石橋為之助	263
石田梅岩	石田梅岩	022，140，218，366
石原莞尔	石原莞爾	328
松方正义	松方正義	277
松冈康毅	松岡康毅	101
孙宝琦	孫宝琦	303，306
孙文	孫文	291，296，297，298，299，300，301，302，303，304，305，326，345，356，375

T

塔夫脱	タフト	260，270，271，275，278，375
藤森照信	藤森照信	186
藤田平太郎	藤田平太郎	294，309

中译名	日文原名	页码
添田寿	添田寿一	361, 362
田边辉雄	田辺輝雄	335
田口卯吉	田口卯吉	182
田中义一	田中義一	313
团琢磨	団琢磨	111, 276, 311

W

丸山真男	丸山真男	139, 143, 144, 150, 156, 157
王心斋	王心斎	050, 051
王阳明	王陽明	050
尾高惇忠	尾高惇忠	007, 008, 010, 194, 237, 373
尾高长七郎	尾高長七郎	010
武藤山治	武藤山治	298, 309

X

西园寺公成	西園寺公成	074, 082
西园寺公望	西園寺公望	277
小村寿太郎	小村寿太郎	251, 277, 293
小田切万寿之助	小田切万寿之助	294
新岛襄	新島襄	006, 201, 202, 203, 208, 209, 211
新渡户稻造	新渡戸稲造	211, 342, 343
幸田露伴	幸田露伴	003, 004, 108, 235

Y

亚当·斯密	アダム・スミス	013, 024, 027, 028, 029, 030, 033, 071
烟山八重子	煙山八重子	173
岩崎弥太郎	岩崎弥太郎	032, 061, 062, 155
岩崎小弥太	岩崎小弥太	294, 309
岩下清周	岩下清周	294

中译名	日文原名	页码
杨士琦	楊士琦	304，306
伊藤博文	伊藤博文	241，277
益田孝	益田孝	074，082，101，187，189，190，220，256，289
由利公正	由利公正	179，187
虞洽卿	虞洽卿	329，330，331，332，333
袁世凯	袁世凱	038，291，299，300，301，302，303，304，305，306，307，345
原敬	原敬	243，268，288，294，295，310，345
原六郎	原六郎	201，202
原田助	原田助	200，208，209，211，212
原胤浩	原胤浩	199
约翰·洛克菲勒	ジョン・ロックフェラー	025
约瑟夫·托马斯	ジョセフ・トーマス	096

Z

中译名	日文原名	页码
增田义一	增田義一	106
张謇	張謇	001，002，005，113，117，118，119，120，121，122，123，124，127，130，131，133，213，215，216，217，224，225，226，227，228，229，230，231，326，366
张作霖	張作霖	307，308，341
章太炎	章太炎	039
中村是公	中村是公	288
中岛力造	中島力造	104，105，206，223，349，355
中野武营	中野武営	251，256，257，259，262，274，275，298
庄田平五郎	荘田平五郎	074
姊崎正治	姉崎正治	206，349，353，360，362

论文作者简介

井上润（INOUE Jun）
公益财团法人涩泽荣一纪念财团业务执行理事、事业部长、涩泽史料馆馆长
研究方向　日本村落史
主要著作　『新時代の創造　公益の追求者・渋沢栄一』（合著）山川出版
　　　　　社，1999 年。
　　　　　『渋沢栄一　近代日本社会の創造者（日本史リブレット人
　　　　　085）』山川出版社，2012 年。
　　　　　『渋沢栄一伝　倫理に欠けず、正義に外れず』ミネルヴァ書
　　　　　房，2020 年。

田中一弘（TANAKA Kazuhiro）
一桥大学研究生院商学研究科教授，商学博士
研究方向　经营哲学、企业治理
主要著作　『渋沢栄一と人づくり』（合著）有斐閣，2013 年。
　　　　　『「良心」から企業統治を考える』東洋経済新報社，2014 年。

于臣（YU Chen）
横滨国立大学国际战略推进机构基础教育部门副教授，教育学博士
研究方向　教育思想史、经济思想史
主要著作　『渋沢栄一と〈義利〉思想——近代東アジアの実業と教育』
　　　　　ペリカン社，2008 年。

『石田梅岩：公共商道の志を実践した町人教育者』（合著）東京大學出版会，2011 年。

『国際交流に託した渋沢栄一の望み——"民"による平和と共存の模索』（合著）ミネルヴァ書房，2019 年。

岛田昌和（SHIMADA Masakazu）

学校法人文京学园理事长、文京学院大学经营学部教授，经营学博士，涩泽研究会会长

研究方向　经营史、经营学

主要著作　『渋沢栄一の企業者活動の研究——戦前期企業システムの創出と出資者経営者の役割』日本経済評論社，2007 年。

『渋沢栄一——社会企業家の先駆者』岩波書店，2011 年。

『時代を超えた経営者たち』（合著）日本経済評論社，2017 年。

珍妮特・亨特（Janet　HUNTER）

伦敦政治经济学院名誉教授，剑桥大学博士

研究方向　近代日本的社会经济史

主要著作　『歴史の中の消費者：日本における消費と暮らし 1850—2000』（合編）法政大学出版局，2016 年。

"Deficient in Commercial Morality"? Japan in Global Debates on Business Ethics in the Late Nineteenth – Early Twentieth Century, Palgrave Studies in Economic History, 2016（with K. Ogasawara）

周见（ZHOU Jian）

中国社会科学院世界经济与政治研究所研究员，经营学博士

研究方向　比较经济史、日本经济

主要著作　『近代中日两国企业家比较研究——张謇与涩泽荣一』中国社会科学出版社，2004 年。

『渋沢栄一と近代中国』現代資料出版，2016 年。

中岛哲也（NAKAJIMA　Tetsuya）
神田外语大学外国语学部讲师，学术博士
研究方向　日本政治思想史
主要著作　「渋沢栄一の職分思想——日本資本主義創成期のエートス—」
　　　　　『法政大学大学院紀要』第 60 号，2008 年。
　　　　　『「公益主義」と「職分」』『渋沢研究』第 23 号，2011 年。

杉山（石井）里枝（SUGIYAMA　Rie）
国学院大学经济学部教授，经济学博士
研究方向　日本经济史、经营史
主要著作　『戦前期日本の地方企業——地域における産業化と近代経営』
　　　　　日本経済評論社，2013 年。
　　　　　『日本経済史』（合編）ミネルヴァ書房，2017 年。

山名敦子（YAMANA Atsuko）
社会福祉法人麦之家常务理事，元立正大学社会福祉学部教授
研究方向　社会福祉实践论
主要著作　『新時代の創造　公益の追求者・渋沢栄一』（合著）山川出版
　　　　　社，1999 年。
　　　　　『東アジアにおける公益思想の変容——近世から近代へ』（合
　　　　　著）日本経済評論社，2009 年。

冲田行司（OKITA　Yukuji）
同志社大学名誉教授、琵琶湖学院大学校长，文学博士
研究方向　日本教育文化史、日本思想史
主要著作　『新訂版日本近代教育の思想史研究——国際化の思想系譜』
　　　　　学術出版会，2007 年。
　　　　　『藩校・私塾の思想と教育』日本武道館，2011 年。
　　　　　『日本国民をつくった教育』ミネルヴァ書房，2017 年。

木村昌人（KIMURA Masato）
关西大学客座教授、神田外语大学外聘讲师，法学博士
研究方向　国际关系史
主要著作　『財界ネットワークと日米外交』山川出版社，1997年。
　　　　　Tumultuous Decade: Empire, Society, and Diplomacy in 1930s Japan, edited by Masato Kimura and Tosh Minohara, University of Toronto Press, 2013。
　　　　　『渋沢栄一――日本のインフラを創った民間経済の巨人』ちくま新書，2020年。

片桐庸夫（KATAGIRI　Nobuo）
群马县立女子大学名誉教授，法学博士
研究方向　国际关系学、外交史
主要著作　『太平洋問題調査会の研究――戦間期日本IPRの活動を中心として』慶應義塾大学出版会，2003年。
　　　　　『民間交流のパイオニア・渋沢栄一の国民外交』藤原書店，2013年。
　　　　　『横田喜三郎1896〜1933　現実主義的平和論の軌跡』藤原書店，2018年。

见城悌治（KENJYO　Teiji）
千叶大学国际学术院教授，文学博士
研究方向　日本近代思想史
主要著作　『渋沢栄一――「経済」と道徳のあいだ』日本経済評論社，2008年。
　　　　　『近代報徳思想と日本社会』ぺりかん社，2009年。
　　　　　『留学生は近代日本で何を学んだのか――医薬・園芸・デザイン・師範』日本経済評論社，2018年。

编译者简介

戴秋娟

北京外国语大学全球史研究院副教授、硕士生导师。日本学习院大学经济学博士。全国日本经济学会理事，中国经济史学会外国史专业委员会委员。研究方向为日本企业文化、企业治理、日本企业史、日本经济思想史。

主要成果：

专著《中国的劳动事情》，日本社会经济生产性本部，2009年。

专著《人才流动：从国营企业到日资企业》，社会科学文献出版社，2014年。

于　臣

日本横滨国立大学国际战略推进机构基础教育部门副教授，东京大学教育学博士，研究方向为教育思想史、经济思想史。

主要成果：

专著『渋沢栄一と〈義利〉思想——近代東アジアの実業と教育』ペリカン社，2008年。

译著『渋沢栄一と中国——1914年の中国訪問』不二出版，2016年。

后　记

涩泽荣一（1840—1931）被誉为"日本资本主义之父"，一生参与创建企业500余家，关联企业1 500余家。各国经济学界、日本学研究界对涩泽荣一的关注经久不衰。

日本经营史学界著名学者由井常彦教授2004年来北京日本学研究中心讲学期间，我有幸旁听了教授的"日本经营史"课程，也是在那时对涩泽荣一有了初步的了解，惊叹于涩泽荣一的巨大能量。此后我在日本留学期间曾多次前往位于东京都北区飞鸟山公园内的涩泽故居，参观了故居院内现存的晚香庐和青渊文库，希望能全方位地了解涩泽荣一的传奇一生。院内还设有涩泽史料馆。史料馆除了收藏与涩泽荣一相关的大部分资料以供学者研究之外，还定期开展有关涩泽生平的展览活动。同时，以史料馆为中心，涩泽荣一纪念财团对涩泽荣一的相关资料进行了电子化整理，包括68卷的涩泽荣一传记资料。国内外读者均可利用互联网免费查阅。史料馆成为传播涩泽荣一经营理念的重要平台，有力地推动了涩泽荣一研究的发展。

我在北京外国语大学负责"日本经营史"这门课程的教学工作，介绍涩泽荣一是必不可少的内容，通过分析涩泽荣一的经历使学生了解日本近代资本主义发展的特点。2017年，我在参加北京外国语大学承办的第九届东亚文化交涉学会的分科会"涩泽荣一：近代日本实业家与慈善事业"期间，同与会的日本学者就以涩泽荣一为代表的日本实业家的社会活动和经营理念进行了广泛而深入的交流。以此次交流为契机，我应邀参与由公益财团法人涩泽荣一纪念财团资助、横滨国立大学于臣副教授主持的"企业家在东亚近代化进程中所起的作用"合作研究项目。其中，来自中国、日本、美国、英国和韩国的学者对东亚地区实业家的思想、活动分别从不同的国别视角进行了考察，希望更为客观地评述他们在东亚近代史上所起的作用。通过这次国际合作研究，我进一步认识到加强国际学术交流的重要性。

除了创办企业，涩泽荣一一生致力于民间外交与社会公共事业、教育活动以及传播"道德经济合一说"的企业家理念，可以说，他是东亚近代化进程中具有代表性的实业家。虽然涩泽荣一在日本家喻户晓，但是在中国的知名度并不高。即使涩泽荣一的著作《论语与算盘》已有多个中文版本，但是对涩泽荣一的经营思想脉络所进行的考察仍不全面。由此，我萌发了将在日本具有代表性的涩泽荣一研究成果介绍到中国的想法。这一想法得到我的同事柳若梅教授、顾杭副教授的支持。经过多次交流与碰撞，明确了选编日本国内具有代表性的涩泽荣一研究的成果，并以其精神思想为主线结集翻译出版的目标。2020年，本书纳入顾杭副教授主持的2020年北京外国语大学"双一流"建设科研项目，获得学术出版的立项支持。

本书以涩泽荣一的思想为主线，分别从涩泽荣一的论语与算盘、企业家精神、公益理念和国际认识四个方面选取日本国内发表的、具有代表性的14篇论文进行编译整理。首先，感谢本书各位原作者不吝赐稿以及原作出版机构的授权，正是因为他们的支持，我们的构想才能成为现实。此外，在与原作者、出版机构取得联系和文献搜集等方面，我们得到了公益财团法人涩泽荣一纪念财团原研究部部长木村昌人先生、涩泽史料馆馆长井上润先生的无私支持与帮助。日本涩泽研究会会长岛田昌和教授在百忙之中特意为本书撰写了序言，为今后加强中日两国在涩泽荣一研究领域的合作提出新的方向。

在本书即将出版之际，还要特别感谢恩师严安生教授。我和本书另一位编者于臣在北京日本学研究中心读书期间有幸受教于严老师，在严老师的引领下开启了研究之路。在编译本书的过程中，我们曾多次就近代化发展过程中东西方文明的冲击与回应等问题请教严老师，对此老师提出了很多富有启发意义的问题和建议。老师还应允为该书题写了序言，对我们今后的研究工作提出目标。严老师能为本书撰写序言对我们是一种莫大的鞭策，只有加倍努力工作才能回报恩师的教诲与期待。

最后，衷心感谢我在日研中心读书时期的前辈学长、日本横滨国立大学的于臣副教授在本书的构思、论文选篇、资料搜集、与日方原作者的联络、文稿翻译、译稿审校等方面付出的辛劳以及所做的细致工作，还要特别感谢周洁如、谭静秋、宫乔瑞、马彦瑞、曹思涵、林睿抒、叶鑫宇、蔡璟昱等同学协助翻译、整理文献。

本书也是在北京外国语大学 2017 年中青年卓越人才支持计划下的研究成果，感谢历史学院对研究工作的支持。感谢学苑出版社的李耕老师和徐志琴老师，正是她们一丝不苟的工作态度，才使得本书得以顺利出版问世。

由于学识有限，书中错误、疏漏之处在所难免，在此真诚期待读者的批评指正。

戴秋娟

2020 年 11 月